청소년복지론

백사인 · 배양자 · 박병훈 · 염영미

창지사

머리말

우리 사회는 자살, 학교폭력, 가출, 인터넷 게임중독 등 청소년 문제가 급격히 증가하고 있다. 특히, 우리나라는 '자살공화국'이라는 오명이 따라붙을 정도로 자살사망률이 높다. 인구 10만 명당 자살률이 10년 연속(2003~2012) 경제협력개발(OECD)회원국 중 1위다. 또한, 가출청소년은 해마다 약 14만 명이 넘는 것으로 추정하고 있다.

이에 대비한 사회안전망은 전국청소년상담복지센터 209개소, 학교 밖 지원센터-꿈드림 194개소, 청소년쉼터 119개소로 절대적으로 부족한 실정이다.

현대사회에서는 다양한 청소년 문제로 인해서 청소년복지의 확대가 절대적으로 필요하다.

청소년복지란 청소년의 기본적인 욕구를 충족케 하고, 정신적, 정서적, 신체적으로 최상의 발달을 기하기 위해서 청소년 자신들에게 직접적으로 또는 가정이나 사회를 통해 간접적으로 제공되는 모든 사회제도적, 전문적 활동을 말한다. 즉, 청소년복지란 청소년이 정상적인 삶을 영위할 수 있는 기본적인 여건을 조성하고 조화롭게 성장, 발달할 수 있도록 제공되는 사회적, 경제적 지원이라고 할 수 있다.

이 책의 저술 목적은 사회복지사, 청소년상담사, 청소년 지도사 등 청소년현장에 종사하는 분들과 대학에서 청소년 분야를 전공한 학부 학생 및 대학원생의 전문성을 개발하기 위해서 쓰였다.

본서는 총 13장으로 구성되어 있다.

내용은 청소년의 이해, 청소년상담의 이해, 청소년복지의 실천방법, 청소년복지의 개념 및 과제와 전망에 대해 다루었다.

오랫동안 청소년복지정책을 입안했던 행정전문가이면서 지금은 후학을 가르치는 교수님, 20여 년간 청소년상담을 했던 상담전문가의 동참이 있어 가능했다. 다시 한 번 감사의 말씀을 드린다. 그리고 청소년상담복지센터에서 만났던 수많은 청소년과 청소년상담사 선생님들에게도 고마움을 전한다.

막상 쓰고 나니 좀 더 다양한 내용을 담아서 더 알차게 구성될 수 있는 부분이 보인다. 또한 여러 가지 미진한 점도 많이 있을 것으로 생각된다. 향후 계속 수정·보완할 예정이다.

청소년 전문가의 아낌없는 조언을 부탁드린다.

촉박한 일정임에도 불구하고 흔쾌히 허락해 주신 김기섭 사장님을 비롯한 창지사 선생님들에게도 감사드린다.

2015년 9월

저자 대표 백사인 씀

차 례

chapter

01 청소년의 이해

청소년은 인간생애주기과정에서 아동과 성인의 중간단계에 있다. 따라서 청소년기는 시대와 사회적 변화에 따라 청소년기가 거의 생략된 시대도 있었고 현대와 같이 청소년기를 별도의 생애주기로 인정하여 활발한 연구가 전개되기도 한다. 청소년에 대한 학문적 관심은 초창기에는 심리학과 교육학, 문화인류학에서 시작되어 차츰 사회학, 사회복지학 분야로 확대되었다. 청소년에 대한 학문적 연구는 서구사회는 20세기 초에 이루어졌으며 학교교육제도의 발달에 따라 아동과 분리되는 청소년기에 대한 관심의 폭이 넓어졌다. 한국사회에서의 청소년 연구는 6.25전후 세대의 청소년기인 1960~1970년대에 청소년에 대한 관심이 높아졌다. 이를 기회로 청소년 문제가 사회문제의 한 축으로 부각되었고 청소년의 복지에 대한 연구도 활발해졌다. 이 관심은 정부기관형태의 명칭에서 찾아볼 수 있다. 1989년과 1990년에 청소년의 정책을 연구하는 청소년연구원의 개원과 정부부처에 청소년의 명칭을 포함한 체육청소년부인 전담부처의 탄생이 그것이다. 최근에는 청소년정책, 청소년활동과 실천현장이 발전하면서 독자적인 학문으로 청소년학에 대한 논의가 형성되고 있다.

이런 점에서 본 장에서는 청소년복지의 실현을 위해 청소년에 대한 개념 및 정의와 이를 기반으로 청소년기의 발달적 특성을 알아보고자 한다. 아울러 청소년 발달에 따른 다양한 이론들을 통해 청소년에 대한 이해를 돕고자 한다. 한편 청소년기는 성인과 다르게 청소년을 에워싼 환경의 영향을 많이 받게 된다. 청소년에게 영향을 미치는 환경 등에 대해서도 살펴보고자 한다.

1. 청소년의 개념

1) 어원적 개념

한국사회에서 청소년과 비슷한 말들인 아동, 소년, 미성년자 등은 법률적 용어에서 찾아볼 수 있고 관념적 용어로 10대, 사춘기 등이 있다. 서구사회에서는 child, adolescent, youth, puberty, juvenile, young person 등 다양한 형태로 호칭하고 있다. 청소년에 대한 다양한 호칭은 사회역사적 · 학문적 배경과 연계하여 그 개념과 의미가 다르게 해석된다.

adolescence와 puberty는 발달심리학, 생리학적 접근에서 teenager와 youth는 사회학과 문화인류학적 접근에서 이해된다(최윤진, 2008).

청소년에 대한 정의를 국립국어원의 표준국어대사전에 의하면 '청년과 소년을 아울러 이르는 말'이라고 하고 있다. 더 나아가 청년은 '신체적 · 정신적으로 한창 성장하거나 무르익은 시기에 있는 사람'이고 소년은 '아직 완전히 성숙하시 아니한 어린 사람'이라고 하고 있다. 한편 청소년기는 아동이 신체적 · 정신적 · 사회적으로 성인이 되어가는 도중의 시기이며, 주변적 위치에 따른 갈등과 방황으로 정체성의 혼란을 겪기도 하는 시기라고 하고 있다. 이러한 측면에서 볼 때 청소년은 부모에게 의존하던 아동기에서 신체적 · 정신적 · 사회적으로 성인으로 전환해 가는 과정에 위치해 있는 집단으로 아동과 성인의 경계에 위치하여 갈등과 방황으로 정체성의 혼란을 겪기도 하는 연령층에 있는 사람들이라고 할 수 있다.

서양에서 사용하는 용어의 의미를 살펴보면 먼저 발달심리학, 생리학적 접근 차원인 청소년(adolescent)은 청소년기(adolescence)에 있는 연령층을 의미한다. 'adolescent'는 라틴어의 'adolescere'에 연유를 두고 있고 '성장하다', '성숙에 이르다'라는 뜻을 가지고 있다. 학문적으로는 미국의 심리학자 Hall이 1904년에 「청소년기(Adolescence)」라는 저서에서 처음 사용하였으며 그 이전까지는 청소년기를 철학적 · 신학적 · 교육적 측면에서만 논하였다(김성이 외, 2013).

사춘기(puberty)는 청소년기(adolescence)와 함께 20세기 이후 심리학 및 발달 이론적 접근에서 확산된 개념이다. 청소년기(adolescence)는 아동에서 성인으로 발달해 가는 과도기적 시기로 여러 가지 생리 · 심리, 정서적 변화를 포함하는 시기를 말한다. 사춘기(puberty)는 청소년기의 생리적 전환과정, 생식기능, 출산이 가능한 시기를 말한다. 사춘기를 인간 발달과정 중 신체적 변화가 가장 많이 나타나는 시기로 2차 성징의 출현과 발달을 들 수 있다. 사춘기에 관한 연구는 2차 성징의 출현과 발달에 관한 생물학적 연구와 이 시기에 청소년들이 겪는 스트레스, 갈등의 문제, 자기 이미지, 정체성에 미치는 영향 등에 관한 심리학적 연구들과 연계되고 있다. 다음으로 사회, 문화적 접근으로 youth와 십대(teenager)는 역사적 변화과정과 사회문화적 맥락 속에서 시기적 역할, 지위, 또래집단이 만들어낸 문화양상의 특징을 중심으로 출현하여 발전해 온 용어이다. youth는 서구전통사회에서는 아동기 이후의 반 자립적 시기로 구분되기도 한다. 전통사회에서는 10대를 전후로 출가하여 자신의 삶을 스스로 책임지는 자립시기로 결혼 전까지는 완전한 자립시기가 아닌 반 자립시기로 분류하고 있다. 이런 의미의 youth기는 산업사회에서는 학교교육제도의 발달로 youth기가 사라지고 성인으로서의 역할과 책임을 유예하고 장래를 위한 준비시기, 교육받는 시기로 청소년기가 자리 잡게 되었다. 오늘날에는 다시 youth기가 재등장하고 있다. 의존적이던 청소년기는 벗어났지만 사회적 여건상 결혼과 취업이 늦어지는 등 경제적 자립의 지체로 20대 후반 30대에도 성인기에 진입하지 못하고 있는 사람들이 나타나 이들을 후기 산업사회적 youth기라고 지칭하기고 한다.

학문적 연구 방법도 아동에 관한 연구는 20세기 초부터 교육학, 심리학에서 이루어진 데 비해 youth에 관한 연구는 1950년대와 1960년대부터 범죄학, 사회학, 문화인류학 등의 분야에서 다루어진 용어이다.

십대(teenager)는 10대들이 공유하고 창출하는 독특한 사회문화 현상과 함께 등장하고 발전한 개념이다. 1900년대 초반까지는 10대가 보여주는 독특한 문화와 공유된 라이프스타일이 존재하지 않아 teenager라는 용어는 존재하지 않았다. teenager는 1930년 후반에 나타난 용어로 1990년대 이후 10대들의 소비성향, 패션, 음악, 영화 등의 대중문화 양상과 라이프스타일을 함축하여 상징하는 보편적 용어로 자리매김하였다. hip-hop문화 등 젊은 층이 주도하는 대중문화 양상의 영향을 주고받으며 그 개념의 확산과 발전을 가져왔다.

최근에는 미디어 및 사이버 매체의 확산과 발달, 소비주체로서 청소년을 겨냥한 광고 등의 영향을 받으며 대중문화의 주도집단으로서 그 위상이 높아지고 있다(최윤진, 2008).

이상에서 알아본 청소년에 대한 어원은 논의 관점에 따라 다른 의미로 사용되기도 하였다. 청소년복지와 관련하여서는 한국어의 청소년과 영어의 adolescent와 youth가 사용되고 있다(천정웅, 2013).

2) 역사적 개념

청소년이라는 용어가 등장한 것은 20세기 초이다. 청소년이라는 용어를 사용한 지는 100여 년 안짝으로 그리 길지 않은 역사를 가지고 있다. 농경사회에서는 아동 아니면 어른이었다. 아동기(7~8세)를 벗어나 장자를 제외한 다른 자녀들은 자신의 집을 떠나 도제생활 등 독립적인 생활을 하며 어른의 옷이나 언어를 사용하여 어른의 축소판으로 살았기 때문에 청소년이라는 용어는 존재하지 않았다. 산업화와 의무교육은 인간의 발달단계에서 청소년기를 고유한 발달 시기로 인식하게 하는 데 결정적인 영향을 미치게 되었다. 산업화는 교육받은 노동력을 필요로 하였으며 이는 도제교육의 감소와 학교교육의 의무화를 촉진시켰다.

학교교육의 의무화는 청소년들이 교육을 받는 기간 동안 노동시장에 유입되지 않고 경제활동에서 제외되는 특권이 부여되었다. 청소년들의 교육기간이 초·중·고등교육 기관 사이의 학제가 성립되고 입학, 졸업, 학년의 학령기준 등은 청소년기의 범주설정에 많은 영향을 주었다. 초등교육 시기를 아동기로, 중등교육 시기를 청소년기로, 그 이후 대학교육 시기를 청년기로 간주하여 중·고등학교 재학 시기를 청소년기로 인식하게 되었다.

우리나라에서 청소년이란 말은 청년과 소년의 합성어로 일제강점기의 신문과 잡지에 간헐적으로 등장하였으나 대중적인 개념은 아니었다. 이때의 청소년은 훈육되고 규율되어야 하는 존재라는 의미를 내포하고 있었다(한국청소년정책연구원, 2014).

청소년 분야의 학문연구는 학계의 이론적인 발전에 따라 성립된 것이 아니라 사회적인 변화와 정책입안자의 결정에 따라 구축되었다. 한국사회의 도시화·산업화의 결과물로 1980년대 이후 청소년 폭력, 약물남용, 성문제 등이 사회문제로 부각되면서 국민들의 관심과 우려의 목소리가 높아졌다. 1980년대 말부터 이로 인해 청소년전담부서 신설과 국립연구기관 설립 등 청소년에 관한 관심과 연구가 이루어지고 있으나 아직까지 청소년학의 독자적인 학문영역으로의 발전은 미흡하다고 볼 수 있다(한상철, 2009).

청소년의 개념을 역사적으로 봤을 때 사회·문화·시대적 상황에 따라 상이

하게 정의되어지고 있다. 사회문화적 배경에 따라 청소년기는 짧을 수도, 길 수도 있고, 존재하지 않을 수도 있다. 청소년기가 뚜렷하게 존재하지 않은 원시문화에서는 사냥의식이나 할례의식 등 통과의례를 거치면 성인으로 받아들여졌다. 우리나라의 성인식도 여기에 해당된다. 현대사회에서는 고등교육기간의 연장, 직업훈련 기간의 연장 등으로 청소년기가 길어지고 있는 것이 보편적인 현상이다(홍봉선 외, 2014).

3) 법률상 개념

(1) 국내법에 의한 청소년 구분

청소년 관련 연령구분은 법률마다 다소 차이가 있다. 대한민국 현행 법률에서 사용되고 있는 청소년 관련 용어를 보면 아동, 미성년자, 연소자, 소년, 청소년, 근로청소년 등이 있어 법률에 따라 용어의 사용과 정의가 다양함을 알 수 있다(김성이 외, 2013).

먼저 〈표 1-1〉에서 보면 청소년 관련 6개 법률에서 청소년의 연령 규정이 일치하지 않음을 알 수 있다.

〈표 1-1〉 청소년 관련 법률상 연령구분

법령명	제정연도	연령
청소년기본법	1991년	9~24세 이하
청소년보호법	1997년	만19세 미만
청소년활동진흥법	2004년	9~24세 이하
청소년복지법	2004년	9~24세 이하
아동·청소년의 성 보호에 관한법률	2009년 전부 개정	만19세 미만
학교 밖 청소년 지원에 관한 법률	2014	9~24세 이하

출처: 국가법령정보센터 법령검색 구성.

청소년의 육성과 관련한 정책의 기본방향을 담고 있는 청소년기본법과 청소년 활동의 적극적인 지원 방향을 제시하는 청소년 활동 진흥법, 위기청소년의 건강한 성장을 지원하는 청소년복지법, 학교 밖 청소년의 사회적 편견과 차별예방을 위한 학교 밖 청소년 지원에 관한 법률에서의 청소년이라 함은 '9세 이상 24세 이하의 사람을 말한다.'고 규정하고 있다. 반면 유해한 환경으로부터 청소년의 보호를 위한 내용을 규정하고 있는 청소년 보호법과 아동·청소년의 성범죄로부터의 보호를 위한 아동·청소년 성 보호에 관한 법률에서는 만19세로 규정하고 있다. 청소년 대상의 정책 방향 설정과 활동지원 등에 관한 규정들은 현행 학제 편제상 대학생의 연령까지도 청소년으로 규정하고 있는 반면에 유해환경이나 성범죄로부터의 보호 대상에는 민법의 성년 연령을 따른 것으로 간주할 수 있다.

민법에서의 성년은 19세로 규정하고 있어 미성년자는 만18세 이하로 규정한 것으로 볼 수 있다. 소년범죄에 관한 내용을 규정하고 있는 소년법에서의 소년은 19세 미만인 자로 규정하고 있다. 근로기준법상 근로의 최저연령은 15세 미만인 자로 하고 있고 보건상 유해 위험한 사업장에서의 근로금지 연령은 18세 미만으로 규정하고 있다. 아울러 아동의 건강한 성장과 정책 방향을 제시하는 아동복지법에서는 18세 미만으로 규정하고 입양특례법에서도 아동을 18세 미만으로 규정하고 있다.

청소년에 대한 법률상 연령이 다른 것은 그 법령 제정 당시의 사회적 환경과도 관련성이 있다고 본다. 청소년 육성 면에서는 연령을 확대하였으며 청소년의 보호 측면에서는 성년을 기준으로 축소하여 정하였음을 알 수 있다.

법률상의 청소년 연령은 정책을 수립하거나 서비스 제공 시에 중요한 기준이 되므로 정책을 입안하는 전문가들은 연령 기준 설정에 사회적 환경도 가미하여야 한다.

(2) 외국의 법적 연령 구분

UN이 1985년 공식적으로 규정한 청소년은 15세부터 24세 사이를 말한다. 세계식량기구(FAO)는 10세부터 24세까지의 결혼 여부를 불문한 남녀 인구를 청소년이라고 규정하고 있다. 청소년의 연령 구분은 그 나라의 사회적 · 문화적 수준에 따라 법적으로 달리 규정하고 있다. 하한연령은 있는 나라도 있고 없는 나라도 있으며 상한연령은 17세에서 21세가 일반적이나 나라에 따라서는 45세까지를 청소년으로 보는 나라도 있다(김성이 외, 2013).

〈표 1-2〉 외국의 청소년 연령 법적 구분

나라명	하한연령	상한연령
콩고	6세	35세
그리스, 브라질, 에티오피아, 인도, 중국, 스페인		30세
불가리아, 이집트, 잠비아, 헝가리		35세
네팔, 아르헨티나		40세
레소토		45세
이탈리아, 노르웨이, 스위스, 호주	14세 이상	18세 미만
영국	8세 이상	17세 미만
캐나다		7개주 16세, 3개주 18세
미국		8개주 16세, 11개주 17세 1개주 19세, 2개주 21세

출처: UN사무국 자료 활용 구성.

청소년이란 개념에 내해 어원적, 역사적, 법률상 정의를 살펴보았지만 사회적으로 합의하여 통일되게 정의하지 않고 다양하게 사용되고 있다. 청소년은 아동과 다른 발달상의 특성과 사회적 역할을 갖고 있어 본고에서는 청소년기본법의 정의에 따라 9~24세까지의 연령에 있는 인구집단을 청소년이라고 규정하고자 한다.

2. 청소년 인구

1) 청소년 인구 현황

한국사회의 9~24세 청소년 인구는 2014년 12월 말 현재 984만 명으로 총 인구 5,042만 명의 19.5%를 차지하고 있다. 9~24세 중 21세가 7.2%로 가장 많고 9세가 4.5%로 가장 적다. 성비(여자 1백 명당 남자의 수를 의미함)는 2014년도 전체 인구가 100.1명인 데 비해 청소년 인구는 111.6명으로 청소년의 남녀 간 인구규모 불균형이 심각하다. 특히 23세 인구의 성비는 116.2명으로 가장 높고 이후 연령이 낮아질수록 성비가 개선되고 있으나 9세의 성비도 107.1명으로 비교적 높은 편임을 알 수 있다(2014 청소년백서).

〈표 1-3〉 2014 아동 청소년 연령별 인구 (단위: 천명, %, 여자 100명당 남자의 수)

연령	청소년 인구	구성비 (9~24세)	구성비 (0~24세)	남자	여자	성비
0세	456	-	3.3	235	221	106.4
1세	455	-	3.3	235	220	107.0
2세	454	-	3.3	234	220	106.5
3세	482	-	3.5	249	233	106.8
4세	445	-	3.2	229	216	106.1
5세	451	-	3.2	232	219	106.1
6세	484	-	3.5	249	235	106.1
7세	456	-	3.3	235	221	106.3
8세	433	-	3.1	224	209	107.2
9세	441	4.5	3.2	228	213	107.1
10세	474	4.8	3.4	246	228	107.7
11세	472	4.8	3.4	245	227	108.1
12세	506	5.1	3.6	263	243	108.3

연령	청소년 인구	구성비 (9~24세)	구성비 (0~24세)	남자	여자	성비
13세	586	6.0	4.2	305	281	108.2
14세	604	6.1	4.3	317	287	110.3
15세	617	6.3	4.4	323	294	109.9
16세	632	6.4	4.5	330	302	109.4
17세	652	6.6	4.7	342	310	110.1
18세	673	6.8	4.8	355	318	111.3
19세	691	7.0	5.0	366	325	112.8
20세	704	7.2	5.0	376	328	114.5
21세	713	7.2	5.1	382	331	115.4
22세	710	7.2	5.1	381	329	115.8
23세	694	7.1	5.0	373	321	116.2
24세	669	6.8	4.8	357	312	114.6
계(9~24세)	9,838	100.0	-	5,188	4,650	111.6
계(0~24세)	13,954	-	100.0	7,311	6,643	110.1

자료: 통계청(2011). 장래인구추계: 2010~2060.

2) 청소년 인구 전망

9~24세까지의 우리나라 청소년 인구는 1960년에 796만 명으로 전체 인구의 31.8%이었으나 1980년에는 1,401만 명으로 전체 인구의 36.8%까지 증가하였다. 이후 출산율 감소로 청소년 인구는 1990년에는 전체 인구의 31.6%, 2010년에는 1,046만 명으로 전체 인구의 21.2%까지 낮아졌다. 2014년에는 984만 명으로 전체 인구의 19.5%로 감소하였으며 이 감소세는 이어져 2020년까지 5년간 120만 명이 감소하여 전체 인구의 16.3%, 2030년에는 전체 인구의 13.7%까지 줄어들 것으로 전망된다. 이런 추세로 감소한다면 2060년의 청소년 인구는 501만 명까지 감소할 것으로 전망된다.

우리나라 총인구는 1960~1965년에 연평균 2.79%씩 증가하였고 1990~1995년에는 1.02%, 2010~2015년까지는 0.48%씩 증가할 전망이나 2031년부터는 마이

너스 성장을 시작하여 2060년경에는 연평균 0.96%씩 인구가 감소할 전망이다.

청소년 인구 증가율은 1960~1965년 2.77%로 총인구 증가율과 비슷한 수준이었으나 1975~1980년 1.69%, 1980~1985년에는 연평균 -0.06%씩 감소하여 마이너스 성장을 시작하여 현재까지 계속 감소 추세이다. 2015~2025년까지 10년간은 -2%대의 높은 감소율을 나타낼 것으로 보인다. 이후 2055~2069년에도 연평균 -1.50%씩 감소할 전망이다(2014 청소년백서).

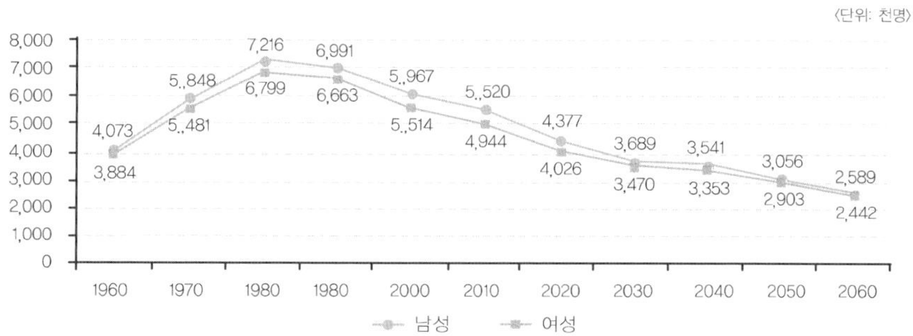

[그림 1-1] 청소년 인구전망(1960~2060)

출처: 통계청(2013). 장래인구추계: 2010~2060.

3. 청소년의 발달적 특성

청소년기는 인간발달단계상 아동기에서 성인기로 전환해 가는 과도기라고 할 수 있다. 이 시기는 부모에 의존적이었던 아동기와 부모로부터 독립적인 성인기의 심리적 특성을 함께 가지고 있는 아동도 성인도 아닌 양쪽의 낀 집단으로 경계인의 특징을 갖는 시기이다.

이런 의미에서 청소년기는 인간발달단계에서 중요한 위치를 차지하고 있다.

청소년은 양면성을 가지고 있다. 성장해 가는 과정에서 바람직하고 바른 심성을 갖고 긍정적인 방향으로 성장할 가능성과 한 순간의 실수로 부정적인 삶을 살아갈 가능성을 동시에 지니고 있다.

이런 의미에서 청소년기를 제2의 탄생기, 부적응 시기, 제2의 반항기, 고민과 고통의 시기, 초조와 불안의 갈등시기, 행동의 중용이 없는 시기, 질풍노도와 같은 어려운 시기라고 불린다(양석호, 1991). 현대의 청소년기는 인생의 과정에서 지나가는 과정이 아닌 독특한 요구와 도전을 함축하는 시기로 성인들의 특별한 관심을 필요로 한다. 특히 농경사회와 달리 고도의 기술사회에서 사회구조가 복잡해지고 직업과 사회적 역할 수행에 필요한 준비기로서의 청소년기가 길어지고 있다(한국청소년연구원, 1993).

청소년기가 길어진다는 것은 단순히 시간의 길고 짧음의 문제가 아니다. 청소년기가 길어진다는 것은 첫째, 경제활동 참여가 늦어짐으로 인해 사회적 · 경제적 부담이 늘어난다는 것이다. 둘째, 사회인으로의 참여가 늦어짐에 따른 소외감, 사회적 · 심리적 독립성과 자율성을 제약받음으로써 갖는 좌절감과 불만 등의 결과를 초래한다. 사회구조가 복잡해지고 개인별 직업과 사회적 역할이 다양해지면서 청소년기의 욕구와 갈등도 다양해지고 있다(홍봉선, 2014; 김성이, 2013). 이런 청소년기의 다양한 욕구와 갈등을 중심으로 청소년기의 특성을 신체 · 생리적, 인지적, 정서적, 사회적 특성으로 구분하여 살펴보고자 한다.

1) 신체 · 생리적 발달 특성

청소년기에 나타나는 신체 · 생리적 발달의 첫째는 호르몬의 변화이다. 둘째는 신장과 체중의 증가이며 셋째는 성적 성장이다. 여기서 호르몬의 변화하는 청소년들의 신체 · 생리적 발달에 중요한 역할을 한다. 남자의 경우 외부 생식기와 신장의 증가, 목소리의 변화를 겪게 되며 여자의 경우 가슴과 자궁의 발달,

뼈대의 변화 등은 제2차 성징이 나타나게 된다. 아울러 청소년기는 인간의 발달 단계에서 영유아기 이후 가장 왕성한 신체적 발육이 일어나는 시기로 남녀 모두 신장과 체중이 급격히 증가한다. 이 시기 청소년의 과체중 등은 비만으로 이어지기도 한다. 청소년기의 성적 발달은 남녀 모두 생식기능을 갖추게 되어 남자는 더욱 남자다워지고 여자는 더욱 여성다워지는 시기이다(천정웅, 2013). 현대의 청소년들은 신체발달 면에서 체격 조건은 좋아진 반면 체질이 현저하게 약화되고 있다. 과거보다 잘 먹고 풍요로워졌지만 신체활동량이 적고 책상에 앉아 있는 시간 등이 길어져 체질이 연약해 지고 있다. 청소년기의 신체적·성적 발달은 청소년 자신에게 직접적인 영향을 미치는 것들은 다음과 같다. 첫째, 자신의 신체변화에 대해 자각을 하게 되므로 자신의 신체에 대한 관심이 많아진다. 둘째, 자신의 신체변화와 친구들의 변화 정도를 비교하여 신체적 열등감을 갖기도 한다. 셋째, 성호르몬의 분비는 성적 욕구의 발달을 동반하여 죄의식과 충동조절의 문제를 가져올 수도 있다.

2) 인지적 발달 특성

청소년기의 인지적 발달은 질적, 양적, 사회인지적 발달로 구분할 수 있다(천정웅, 2013). 여기서 질적 발달에 대해 인지심리학자 피아제(piaget)는 '형식적 조작기에 해당되는 청소년들은 정신적 조작의 범위와 대상이 넓어져서 추상적이고 광범위한 부분까지 사고가 가능하다.'고 하였다. 청소년들은 아동이나 성인과 다른 독특한 인지적 특징을 보일 수 있다. 추상적인 개념을 다룰 수 있고, 현실보다는 가능성의 세계를 중요시한다. 또한 조합적 사고가 가능하고 상위인지가 발달하여 자기성찰에 몰두하고 정체감의 획득이 가능해진다. 양적 발달은 정보처리 능력이 높아지고 정보를 처리하는 양과 속도, 방법이 아동기와 월등히 다른 양상을 보인다. 기억의 용량도 연령에 따라 점점 확대되어 청소년기 초기인 12세경에 거의 성인 수준에 다다른다.

사회인지적 발달은 자신과 타인의 역할이나 관계 · 감정 · 의도를 관찰하고 추론해 내어 개념화하는 능력이 발달하여 다른 사람의 생각을 추론해 내고 이해하는 능력이 정확해 지고 대인관계와 인간관계에 대한 이해의 폭도 넓어진다(김혜원, 2010).

이런 인지적 발달은 청소년의 자아정체감의 형성과 자기중심성의 형성, 도덕성 발달과 사회적 상호작용에 영향을 미친다(홍봉선 외, 2014).

첫째, 자아정체감 형성은 청소년기에 형성되기도 하고 정체감 형성의 위기를 경험하기도 한다. 자아정체감은 인간발달의 전 생애에 획득하는 과업 중의 하나로 청소년기의 중요한 과업 중의 하나이다. 자아정체감은 내가 보는 나와 다른 사람의 눈에 비치는 나의 모습이 일관되게 통합을 이루는 것을 의미한다. 자아정체감의 위기를 극복하지 못하는 경우에는 자신을 있는 그대로 수용하지 못하고 미래의 전망에 대하여 불안해하며 이에 대처할 자신의 잠재력에 자존감을 갖지 못하게 된다. 이에 자신에게 부과되는 역할로부터 도피하거나 반발함으로써 자신의 갈등을 해소하려 한다.

둘째, 자기중심성 형성은 청소년기에 나타나는 과장된 자의식을 반영하는 현상으로 가상해서 여러 사람들에게 집중적인 관심과 주의의 대상이 되고 있다고 생각하는 가상청중현상과 자신을 특별한 존재로 생각하는 개인적 우화 경향을 의미한다. 즉, 자신의 경험이나 감정을 진실로 이해하는 사람은 아무도 없다고 생각하거나 자신은 특별한 사람이라 위험으로부터 안전하다고 생각하는 경우를 말한다.

셋째, 도덕성의 발달은 청소년기는 아동기와 질적으로 다른 도덕적 사고와 행동은 인지적 성숙과 사회 환경적 역할 변화에 의해 크게 영향을 받는다. 청소년기의 도덕적 발달 특성은 Kohlberg(1969)의 도덕성 퇴행문제, 도덕적 상대주의 개념으로 설명할 수 있다. 도덕성 퇴행은 청소년기 최고의 과업인 자아정체감의 혼란으로 청소년이 사회적 규범과 법률을 절대적 도덕률로 받아들이고 이를 준수하던 단계에서 사회적 구속을 벗어나기 위해 규범을 배척하는 단계로 이행하게 된다는 것이다. 도덕적 상대주의는 모든 사람들이 준수해야 할 객관적이고 보편타당한 도덕률을 부정하고 개인적이며 주관적인 관점에서 도덕성을 판단하는 것을 의미한다.

넷째, 청소년기는 사회적 이해력이 발달하여 자신이 경험하지 않았더라도 상대방이 갖고 있는 감정이나 느낌을 정확하게 파악하게 된다. 이를 통해 사회적 상호작용이 활발하게 된다. 청소년은 초기에는 자기중심적 사고에 머무는 경우가 많으나 점차 성장하면서 타인에 대한 관심과 배려, 애정에 보다 집중하게 된다. 이런 이타성은 이성과의 관계에서 두드러지게 나타나는 경향을 보이며 동성친구와 이성친구와의 관계에서 균형을 유지하는 데 어려움을 겪기도 한다(김성이 외, 2013).

3) 정서적 발달 특성

청소년기는 신체발달의 급변과 함께 사회적으로 요구되는 과다한 과업으로 인해 정서적으로 불안정한 상태이다. 청소년기의 정서변화를 초기, 중기, 후기로 나누어 보면 다음과 같다(천정웅, 2013). 먼저 청소년기 초기는 성적 충동을 강하게 경험한다. 성에 대한 높은 호기심과 이성에 대한 관심을 갖지만 동시에 수치심을 느끼고 이성에게 반발하며 주변 사람들에게 허세적인 반항을 하는 등의 이중적 정서를 표출한다. 이 시기 청소년들의 정서는 일관성이 없고 불안정하며 정서의 기복이 격렬하다. 또한 주변 사람들에 대해 부정적인 태도를 보이고 자신의 공상 속에서만 만족을 추구하려고 하지만 현실적인 해결책을 찾지 못해 불안이나 초조함에 사로잡히는 경우가 많다.

다음 청소년기 중기는 중학교 말부터 고등학교까지에 이른 청소년을 일컫는다. 이 시기의 청소년은 초기보다 강렬한 정서를 느끼지만 의식적으로 억압하려는 경향을 많이 보인다. 이런 억압과정에서 자기혐오나 열등감을 갖고 내면적으로 침울하거나 정서의 불안정성이 고조되기도 한다. 또한 자아의식이 높아지면서 독선적이고 우월을 과시하며 현실을 부정하고 혐오하는 경향을 강하게 보인다. 이에 기성세대, 사회구조, 사회의 도덕과 법률에 대해 의혹을 품고 나름의 독특한 구조와 논리를 갖고 비판하게 된다.

끝으로 청소년기 후기는 대학교 시기라 할 수 있다. 이 시기에는 사회적으로 안정적인 방향으로의 정서 경험을 하게 된다. 이때 주관과 객관의 결합, 자기와 사회와의 타협, 현실과 이상과의 조화를 꾀하며 이를 통해 완성된 자아의식을 가지려 한다. 이 시기에 이성을 사랑하는 마음과 연애 경험을 통해 더욱 풍부하고 윤택한 정서를 경험하게 된다.

이런 청소년기의 정서적 특성이 청소년의 심리와 행동에 미치는 영향은 매우 다양하다.

첫째, 감정의 기복이 심하고 예민하다. 사소한 일에 예민하고 쉽게 우울하며 낙담에 빠진다. 화를 잘 내고 불안정하게 보인다.

둘째, 수줍음이 많다. 지나치게 남을 의식하기 때문에 마음과 행동이 자유롭지 못하고 이성 앞에서 부끄러움을 많이 느낀다. 수줍음을 감추기 위해 종종 과장된 행동을 보이기도 한다.

셋째, 열성적이며 호기심과 모방심이 강하다. 어떤 일에 쉽게 흥분하며 현실감을 잃고 열중하여 그 일에 빠지기도 한다. 자신의 관심사를 가정에서 지역사회로 확대시키기 시작함으로써 귀가시간이 늦고 외출이 잦으며 우상을 만들어 맹목적으로 추종하는 경향도 있다(홍봉선 외, 2014).

4) 사회적 발달 특성

청소년기는 부모로부터 분리되어 독립성과 자율성을 획득하려고 시도하는 시기이다(김성이, 2013). 이에 청소년을 통제하려는 부모와의 관계에서 잦은 갈등이 일어나고 가족생활보다는 동성친구나 이성친구 등과의 또래집단 활동에 몰두한다.

청소년들의 부모로부터 개별화 노력은 청소년이 부모와 정서적인 유대를 지속하면서 자신을 부모와는 다른 독특한 한 사람의 인격체로 인식하고 경험해 가는 심리적인 과정이다. 이 노력은 성인으로 독립하는 데 절대적으로 필요한 요소이다. 그러나 부모들이 이러한 과정을 자연스런 성장과정으로 인정하지 않고 부모에 대한 도전이나 반항으로 인식할 때 부모와 자녀 간의 갈등이 증폭될 수 있다.

청소년기의 또래집단에 몰입은 서로 간의 심리적으로 관여하는 정도가 매우 깊어지고 비밀을 털어놓을 수 있는 친밀한 관계를 형성한다. 청소년기의 또래관계는 자신의 정체감을 형성하고 유지하는 데 필요한 심리적·사회적 지지를 얻게 한다. 이 시기에 또래들로부터 충분한 심리적·사회적 지지를 받지 못하면 부정적인 자아상의 확립과 사회적 거부, 배척의 감정, 고립감을 갖게 되기도 한다.

이상에서 살펴본 청소년기의 발달 특성은 개인차가 크며 개개인에 있어서도 신체적·심리적·정서적·사회적 측면에서 발달이 동시에, 동일한 속도로 일어나지 않음을 주목해야 한다. 앞서 언급한 청소년들의 일반적인 발달 특성이 청소년 개개인의 특성을 이해하는 데는 한계가 있다. 이런 보편적인 청소년의 특성을 기반으로 청소년 개개인의 독특한 경험과 개별성을 고려하는 것이 중요하다.

4. 청소년 발달의 이론적 접근

청소년기는 다양한 영역에서 다양한 변화가 이루어지기 때문에 이를 설명하는 이론적 관점도 다양하다. 청소년 발달에 관한 이론들은 청소년들의 행동이나 심리적 특성을 이해하고 예측하는 데 유용하다. 청소년기 발달에 대한 이론을 생물학적 이론, 정신분석적 이론, 심리사회적 발달이론, 인지발달이론, 사회학습이론으로 구분하여 살펴보고자 한다.

1) 생물학적 이론

생물학적 이론은 청소년기의 신체적인 변화에 초점을 맞추고 있다. 청소년기에 나타나는 신체적인 변화인 변성기나 수염이 자라는 것 등은 아동이 청소년기로 진입하였음을 알게 하는 가시적이고 명확한 지표이다(김성이 외, 2013). 주변 사람들은 이러한 신체적인 변화를 통해 아동이 청소년이 되었음을 인식하게 되고, 청소년 스스로도 이제는 어린애가 아니라고 생각한다. 이런 변화는 청소년으로 하여금 더 어른스러운 행동을 하도록 만들며 다른 사람들이 아동 때와 다르게 자신을 대해 줄 것을 원하게 된다. 이런 신체적 변화가 반드시 정신적 변화와 정비례한다고만 할 수 없다. 오히려 어른의 모습을 갖추었지만 사고방식은 여전히 아동에 머물러 있어 부모의 기대와 자녀의 행동 간에 격차가 발생하고 부모 자녀 간 갈등의 원인이 될 수 있다.

청소년의 발달에서 생물학적 요인을 강조한 학자는 Hall이 있다. Hall(1904)은 「청소년기(Adolescence)」라는 저서에서 인간 발달이 생물학적 요인(유전자)에 의해 선천적으로 결정되고, 이 요인들이 인간의 발달 및 성장, 행동을 통제하며, 이런 발달의 패턴이 인류의 발달역사를 재현한다는 재현이론(recapitulation theory)을 주장하였다.

Hall의 재현이론에 의하면 인간발날난계를 〈표 1-4〉와 같이 5단계로 구분할 수 있다고 주장하고 있다(임영식, 1999).

1단계인 유아기는 네 발을 가진 동물이 걷는 것처럼, 유아가 사지를 이용하여 기는 것을 재현하는 단계라고 하였다. 이 시기는 감각기관의 발달이 집중적으로 이루어지는데 자기보존을 위해 감각기관의 기술을 습득하게 된다.

2단계는 아동기로 사냥과 어획 활동을 재현하는 시기이다. 이 시기에는 술래잡기, 카우보이 놀이, 장난감 무기의 사용, 돌팔매, 물수제비뜨기, 활의 사용 등 원시적 생활을 재현하는 활동이라고 주장한다.

3단계는 청소년 전기 단계로 야만적인 활동을 연습과 훈련을 통해 재현한다고 보았다.

4단계는 청소년 후기로 질풍노도의 시기로 표현하고 있다.

5단계는 성인기로 인류의 문명적인 생활을 하는 시기로 표현하였다.

〈표 1-4〉 Hall의 재현이론

발달단계	연령구분	발달적 특징
유아기 (infancy)	0~4세	유아가 동물적이고 원시적인 발달을 재현하는 시기
아동기 (children)	4~7세	아동의 술래잡기나 장난감 총 놀이는 과거 인류의 동굴생활과 수렵, 어획활동을 재현하는 것
청소년 전기 (youth)	8~14세	인류가 인간으로서 특성과 야만적인 특성을 가지고 있었던 시기로 아동이 야영시대의 삶을 재현하는 시기, 연습과 훈련을 통하여 읽고, 쓰고, 말하는 기술을 획득
청소년 후기 (adolescence)	14~25세	인류가 야만적인 생활에서 문명시대로 접어드는 시기, 제2의 탄생기, 급진적이고 변화가 많으며 안정적이지 못함
성인기 (adulthood)	25세 이상	인류의 문명적인 생활

출처: 임영식(1999).

Hall은 청소년기의 극단적인 정서변화를 '모순적 경향성'이라고 명명하였다. 청소년기의 대표적인 정서 경향들은 다음과 같다.

〈표 1-5〉 청소년기의 정서변화의 모순적 경향성

긍정적 정서	부정적 정서
활력/열의	무관심/지루함
명랑함/웃음	우울/청승
허영/허풍	멸시/비하
민감함	무감각
연약함	야만성

출처: 박희경(1998) 재구성.

Hall은 청소년기는 역사적으로 급격한 문명화의 변화를 다시 겪게 되는 시기로 혼란이 불가피하다고 생각하였다. 또한 청소년들의 행동이 다른 발달단계와 구별되는 청소년기만의 독특한 특성에 의해 야기된다고 믿고 있기 때문에 이런 행동을 부정적으로 볼 것이 아니라 성인들의 인내와 관용적 태도를 견지하는 것이 필수적이라고 하였다.

Hall의 이론은 YMCA나 보이스카우트와 같은 성인의 지원을 받는 청소년조직의 탄생과 발전에 크게 기여하였다. 하지만 청소년의 발달에 생물학적 요인을 너무 과도하게 강조하면서 가족의 영향, 친구의 영향과 같은 환경적인 요인을 과소평가하였다는 점에서 비판받고 있다. 또한 청소년기는 질풍노도의 시기로 혼란은 불가피한 것이라는 주장에 대해 청소년기가 다른 발달시기에 비해 특별히 혼란스럽지 않다는 반박 연구도 있다. 청소년기의 지능, 정서의 안정성, 성격 등에 관한 연구에 의하면 청소년기에 급작스러운 변화가 발생하는 것이 아니라 점진적인 발달이 일어난다는 것이다(임영식, 1999). 그럼에도 청소년기가 신체적·인지적·정서적·사회적 변화와 성장이 일어나는 독특하고 중요한 시기라는 주장은 많은 후속연구에서도 인정하고 있다.

생물학적 입장은 청소년기의 생물학적 특성으로 인해 청소년기가 다른 발달단계와 차별되는 성격을 가진다는 점을 주장하였다. 이런 주장은 청소년기를 중요한 독특한 시기라고 인정하는 데 공헌하였다. 그러나 청소년기가 급진적이고 변화가 많은 질풍노도의 시기라는 관점은 청소년들이 문제를 일으키는 부정적인 존재라는 인식을 부각시키는 것이 아니라 다른 시기에 비해 어려움이 많을 수 있으므로 더 많은 사랑과 관심으로 지원해야 한다는 당위성을 제공하는 것으로 해석돼야 한다.

2) 정신분석이론

Freud는 인간의 발달단계를 심리 · 성적에너지인 리비도가 집중되는 신체 부위에 따라 구강기, 항문기, 남근기, 잠복기, 생식기의 5단계로 구분했다. 이런 성적 에너지는 신체의 특정 부위에 자리 잡고 그 특정 부위에서 만족을 추구하게 되는데 만족을 추구하는 특정 부위는 연령에 따라 변화하며 리비도가 지향해서 충족을 추구하는 대상도 연령에 따라 변화한다〈표 1-6〉 참조(김성이 외, 2013).

〈표 1-6〉 Freud의 성격발달 5단계

단계	연령	특징
구강기 (oral)	출생~약 1세	성적인 에너지가 입 주변에 집중되는 시기, 유아는 빨고 깨물면서 만족을 얻음, 유아는 다른 사람과 분화되지 않아 어머니에게 의존적임
항문기 (anal)	약 1~3세	배설물을 보유하고 배설하는 것으로 만족을 얻음, 유아는 처음부터 본능적 충동을 외부로부터 통제받는 경험을 하게 됨
남근기 (phallic)	약 3~6세	자신의 성기에 관심을 갖기 시작하며 남아의 경우 오이디푸스 콤플렉스를, 여아는 엘렉트라 콤플렉스를 경험함
잠복기 (latent)	약 6~11세	성적인 에너지가 특별히 한정된 곳은 없고 성적인 힘도 잠복되어 있는 시기로 동성 친구나 외부세계에 대한 관심이 집중되는 시기
생식기 (genital)	12세 전후 성인기 이전까지	어른의 형태와 같은 성 만족에 관심을 갖고 타인의 이성으로부터 성적인 만족을 얻으려고 하는 시기

출처: 김성이(2013).

프로이트(Freud)의 성격발달 5단계 중 청소년기는 생식기에 해당된다. 그러나 프로이트는 남근기 이전 단계에서 이미 성격 형성에 중요한 모든 것이 결정되어진다고 간주하였기에 청소년기에 대해서는 덜 강조하고 있다.

Freud의 딸인 Anna Freud는 아버지의 성격발달이론을 보완하여 청소년기의 정신분석적 설명에 주력하였다. 청소년기를 내적 갈등, 심적 불 형평, 엉뚱한 행동이 지배하는 시기로 청소년은 우주의 중심을 자신과 동일시할 정도로 자기중심적인 면을 지니고 있다고 하였다. 다른 한편으로는 자기희생과 헌신을 보이는 면이 있다는 것이다.

청소년은 열정적인 사랑의 관계를 쉽게 맺기도 하지만 쉽게 깨기도 하며 이기적이고 물질 지향적이기도 하지만 때로는 고고한 이상에 탐닉하기도 한다는 것이다. 또한 청소년은 남을 전혀 고려하지 않지만 때로는 자기의 상한 감정에 대하여 무척 분노하기도 하며 가벼운 낙천주의와 극단적인 염세주의 사이를 왔다 갔다 한다는 것이다.

Anna는 청소년들이 자기 갈등적이고 모순적인 행동을 보이는 것은 청소년기에 일어나는 성적인 성숙에 따르는 내적인 갈등과 심적인 불평등에 기인한다고 보았다. 청소년기의 자기 모순적 행동은 본능적인 생리적 변화에 기인되기 때문에 청소년 자신도 통제하기가 결코 쉽지 않다고 보고 있다. 청소년기의 주요문제를 발달단계상 잠재기에 균형을 이루었다가 사춘기에 초자아와 원초아 간의 깨진 균형을 회복하려는 것이라고 보고 있다.

특히 청소년기에는 잠재된 오이디푸스 콤플렉스와 엘렉트라 콤플렉스가 무의식적인 공포를 느끼게 하여 강한 불안을 갖게 되는데 이런 불안과 갈등, 죄의식에서 벗어나기 위해 방어기제를 사용하거나 이성과의 애정적인 관계를 추구하게 된다(박희경 외, 1998). 즉, 사회적으로 용인될 수 없는 가족에 대한 성적인 열망에 대한 방어로써 이성 친구와의 친밀감을 추구하게 된다는 것이다(Blos, 1962).

3) 심리사회적 발달이론

심리사회적 발달이론가들은 유기체에 중요한 생활사건과 그 사건의 발생 시기, 다른 사람과의 관계, 문화적 특성 등과 같은 심리사회적 요인이 인간의 발달에 중요한 영향을 미친다고 주장한다. 여기의 대표적인 학자는 Sullivan, Erikson, Marcia 등이 있다.

(1) Sullivan의 대인관계이론

Sullivan(1953)은 인간의 발달단계에 따라 대인관계 욕구가 변화한다고 보았는데 이를 대인관계이론이라고 한다. 인간은 다른 사람과의 상호작용을 통해 사회적 관계를 형성하고 유지하려는 욕구를 가지고 있으며 각 개인이 다른 사람과 어떠한 관계를 갖느냐에 따라 상이한 발달을 경험한다고 주장하였다. 특히 개인은 다른 사람과의 관계에서 제공되는 반영적 평가를 통해 자아를 형성해 나가며 이 평가는 대인관계에서 발생하는 불안감이나 위협적인 사건으로부터 자아를 보호하는 여과장치 기능을 한다(노충래, 2002).

Sullivan은 대인관계 욕구가 유아기부터 후기 청소년기까지 6단계로 구분하여 상호작용의 욕구에 대해 설명하였다〈표 1-7〉. 특히 다른 정신분석이론가들이 부모-자녀관계의 중요성에 관심을 집중시켰던 것과 달리 청소년기 발달에 친구관계가 중요한 역할을 함을 강조하였다. 특히 4단계인 전 청소년기에는 친밀감의 욕구가 증가하면서 동성의 친구와 단짝관계를 형성하고 우정을 돈독히 해나간다. 5단계인 청소년 초기에 접어들면서는 이성을 향한 친밀감의 욕구로 발전하게 되고 이성친구와 애정적인 관계를 형성하게 된다는 것이다. 이렇게 청소년기의 대인관계 과업이 성공적으로 다루어질 때 청소년들은 친밀감과 성욕을 건강하게 다루는 능력을 갖추어가며 청소년 후기로 진입하게 된다.

〈표 1-7〉 Sullivan의 대인관계론

발달시기	연령	대인관계 욕구
유아기	출생에서 2~3세까지	사람들과의 접촉욕구, 양육자로부터 사랑받고 싶어 하는 욕구
아동기	3세부터 6~7까지	자신의 놀이에 성인이 참여하기를 바라며 성인이 바라는 행동을 주로 함
소년/소녀기	8~10세까지	또래 놀이친구를 얻고자 하고 또래집단에 수용되고자 하는 욕구를 가짐
전 청소년기	12~14세까지	동성 친구와 1:1의 관계를 갖고자 하는 욕구를 가짐
청소년 초기	17~18세까지	성적 접촉욕구, 이성 친구와의 친밀욕구
청소년 후기	성인기까지	성인사회에의 통합욕구

출처: 박희경 외(1998).

(2) Erikson의 심리사회 발달이론

Erikson은 인간의 발달을 8단계로 구분하고 각 발달단계마다 해결해야 할 중요한 발달과업과 위기가 있다고 주장하였다〈표 1-8〉. 이런 과업과 위기를 성공적으로 달성할 때 개인은 건강한 발달을 할 수 있다고 주장하였다(이춘재 외, 1988).

Erikson은 청소년기를 자아정체감을 형성하는 결정적 시기로 보고 있다. 청소년 때 경험하는 관계들에 의해 자아정체감을 형성하게 된다고 주장하였다. 청소년기에 자아정체감의 위기를 성공적으로 극복하지 못하면 부적절한 자아를 갖게 되어 일탈이나 비행과 같은 부적응의 행동을 보일 수 있다. 건강한 성인으로의 성장도 어렵다고 본다. 그러나 Erikson은 생물학적 이론이나 정신분석이론처럼 청소년기가 다른 발달시기에 비해 특별히 혼란과 스트레스가 많은 시기라고 보지 않는데 이는 인간의 경우 어떤 발달단계를 거친다고 해도 매 단계마다 극복해야 할 위기와 과업이 있다고 보기 때문이다.

Erikson 이론과 Freud 이론의 차이점은 첫째, 인간의 발달은 부분적으로는 생물학적 요인에 의해 영향을 받지만 사회적 · 문화적 요인과 같이 심리 · 사회적 요소가 더 큰 영향을 미친다고 본다. 둘째, Freud가 무의식에 의해 인간의 행동이 결정된다고 보는 데 반해 Erikson은 무의식이 의식세계를 전적으로 지배하지는 않는다는 것이다. 셋째, Freud가 인간의 기본적인 성격 형성은 생후 5년 이내에 다 완성된다는 결정론적인 시각을 갖는 데 반해 Erikson은 인간의 발달이 전 생애를 걸쳐 행해진다고 보았다.

〈표 1-8〉 Erikson의 발달단계

발달 과업 대 위기	연령	설명
신뢰 대 불신	유아기 출생~4개월	유아는 양육자에 대한 1차적 사랑, 신뢰관계를 형성하거나 불신감을 발달시킴
자율성 대 수치, 의심	초기 아동기 14개월~3세	아동의 에너지 걷기, 잡기, 괄약근 통제를 포함한 발달을 함. 아동은 통제를 학습하지만 잘 이뤄지지 않게 되면 수치심과 의심을 발달시킴
주도성 대 죄책감	학령전기 3~5세	아동은 계속해서 더 적극적이고 주도적이 되지만 너무 강력하면 죄책감을 가질 수 있음
근면성 대 열등감	학령기 5~12세	아동은 새로운 기술의 학습을 잘 적응하지만, 그 반대인 경우 열등감, 실패, 무능의 위험을 가질 수 있음
자아정체감 대 정체혼미	청소년기 12~18세	십대는 직업, 성역할, 정치, 종교에서의 정체성을 획득함
친밀감 대 고립감	초기 성인기 18~25세	성인 초기는 친밀한 관계를 발달시키지 않으면 고립의 감정을 겪게 됨
생산성 대 자기침체성	성인기 25~65세	각 성인은 다음 세대를 만족시키고 지지하는 방법을 찾아야 함
자아통합 대 절망감	노년기 65세 이후	최고점에 이른 사람은 있는 그대로의 자신을 수용하고 충족감을 가짐

(3) Marcia의 자아정체감 이론

Marcia는 Erikson의 자아정체감에 대한 개념을 보완해 청소년기에 형성된 자아정체감은 변하지 않는 것이 아니라 성인기에도 변화될 수 있다고 보았다.

각 개인의 자아정체감 상태를 위기와 관여에 따라 정체감의 성취, 정체감 유실, 정체감 유예, 정체감 혼미 등 4가지 유형으로 구분하였다(김애순 외, 1997).

〈표 1-9〉 자아정체감의 유형

자아정체감 상태	내용
정체감의 성취 (identity achievement)	자신의 가치, 진로, 신념을 형성하기 위해 많은 노력을 하여 지금 현재 정체감에 위기를 극복한 상태로서, 심리적으로 건강, 성취동기, 도덕추론, 친밀감 등에 높은 수준을 보이며 많은 문제에 대해 스스로 결정할 수 있는 능력이 있는 상태
정체감의 유실 (identity foreclosure)	자신에게 중요한 문제에 스스로 탐구나 고민을 하지 않고 타인의 결정이나 가치를 수용한 경우
정체감의 유예 (identity moratorium)	자신의 정체감을 아직 형성하지 못했지만 이를 위해 많은 노력을 하고 있는 상태
정체감의 혼미 (identity diffusion)	자신의 문제에 대해 탐구나 결정도 하지 않았으며 이런 문제에 대해 아무런 관심도 없는 가장 부정적인 상태

출처: 임영식(1999) 재구성.

4) 인지발달이론

인지발달이론은 청소년의 의식적 사고를 강조하고 있어 정신분석이론의 무의식을 강조한 면과 차이가 있다. 대표적인 인지발달이론가는 Piaget와 Kohlberg 등이 있다.

(1) Piaget의 인간발달이론

Piaget는 인간은 특정한 인지적 발달 경향성을 가지고 태어나지만 친구 · 성인 등과 같은 사회적 환경과의 상호작용을 어떻게 하느냐에 따라 지적 능력이 차이가 난다고 하였다. 인지발달 단계를 연령에 따라 4단계로 유형화 하고 각 단계는 지적구조에서 질적으로 차이가 나며 모든 사람이 동일한 발달단계를 거친다고 주장하였다(홍봉선, 2014).

〈표 1-10〉 Piaget의 인간발달단계

연령(발달단계)	발달단계 내용
0~2세(감각운동기)	행동을 통해 세계를 이해하는 시기 잡기, 빨기, 보기 등 단순한 반사기능에 의해 대상영속성과 표상 형성
2~7세(전조작기)	언어 급격히 발달, 상징적 사고능력 증가 논리적 사고 아직 못하고, 자기중심적, 직관적 사고에 그침(여러 상황과 관련지어 사고하지 못함)
7~12세(구체적 조작기)	자기중심성에서 탈피 관계성 이해시기 보존개념획득, 유목화, 서열화 가능(경험한 것에 한정)
13세 이후(형식적 조작기)	성인과 같은 논리적, 추상적, 가설적, 조합적 사고 가능 구체적 경험+보이지 않는 것에 대한 사고, 원리, 이론형성

출처: 홍봉선(2014); 정규석(2014) 재구성.

Piaget의 청소년기는 형식적 조작기에 해당되며 구체적 조작기와는 달리 문제해결에 있어 과거 · 현재 · 미래를 모두 이용할 수 있고 추상적이고 논리적인 사고가 가능하며 상대적이고 다차원적인 사고가 가능하다. 이 시기의 청소년들은 자신이 누구인가 하는 근본적인 존재에 대한 의문을 갖기도 하고 부모와 자신을 분리해서 생각하기도 하며 부모와는 다른 의견을 주장하기도 한다는 것이다. 이런 행동은 자연스런 과정이므로 청소년기의 형식적 조작사고를 촉진시키기 위한 논리적으로 하고 탐색할 수 있는 기회를 더 많이 제공하여야 한다(정규석, 2014).

(2) Kohlberg의 도덕성 발달이론

Kohlberg는 인간의 도덕 추론능력 발달은 인지적 발달과 관련되어 있기 때문에 도덕 발달도 단계적이며 이런 발달 순서는 모든 사람과 모든 문화에서 동일하게 나타난다고 주장하였다. Kohlberg는 Piaget의 인지발달이론을 발전시켜 도덕 추론단계를 전인습적, 인습적, 후인습적 3수준으로 구분하고 각 수준을 두 단계로 세분하여 총 6단계로 구분하였다(김애순 외, 1997). 전인습적 수준은 행위의 결과가 가져오는 보상과 처벌에 의해 옳고 그름을 판단하는 수준으로 행동의 의도보다는 결과를 중요하게 고려하며 자신이나 타인의 욕구를 충족시키는 것이 옳다고 생각한다. 인습적 수준은 사회적 기대와 규칙을 중요한 판단근거로 사용하며, 올바른 일이란 사회적 질서를 유지하는 것이라고 생각한다. 후인습적 단계는 도덕적 가치와 원리에 초점을 맞추면서 개인의 권리를 존중한다. 법이나 규칙은 개인의 자유의 규제가 아닌 극대화를 위해 제정된 것이기 때문에 사회적 약속은 대다수의 이익을 위해 변화될 수 있다고 생각한다.

〈표 1-11〉 Kohlberg의 도덕성 발달단계

수준	단계
제1수준: 전인습적 수준 (약 4~10세)	· 단계 1: 처벌과 복종 지향 · 단계 2: 순수 도구적 쾌락주의
제2수준: 인습적 수준 (약 10~13세)	· 단계 3: 대인 간 조화 또는 착한 소년 · 소녀 지향 · 단계 2: 법과 질서 지향
제3수준: 후인습적 수준	· 단계 2: 사회적 계약과 합법성 지향 · 단계 2: 보편적인 윤리적 원리 지향

출처: 김성이 외(2013).

Kohlberg의 도덕발달단계는 한 개인이 도덕적으로 생각하고 느끼는 것과 실제의 행동에서는 차이가 있음을 염두에 두어야 한다. Kohlberg 이론은 청소년의 도덕발달을 파악할 수 있는 근거로서 유용하다. 특히 청소년 자신의 행동과 생각에서 도덕적인 측면에서 차이가 있을 때 이에 따른 임상적 개입을 어떻게 할 것인가는 개입의 초점을 정하는 데 있어 매우 중요한 과제이다(김성이 외, 2013).

5) 사회학습이론

청소년의 발달을 설명하는 데 있어 사회·문화적 맥락을 강조한 사람은 문화인류학자인 Mead, Benedict와 학습이론가인 Bandura 등이 있다.

Mead는 청소년 발달에 관한 이론을 제시하지는 않았지만 문화적 요인이 청소년기 발달에 매우 중요하다고 주장하면서 청소년의 행동을 이해하기 위해서는 청소년이 속한 문화적·사회적 제도에 대한 이해가 선행되어야 한다고 하였다.

Benedict는 서구산업사회와 원시사회에서의 청소년 발달의 차이점을 토대로 청소년 발달을 이론화하였다. 서구산업사회에서는 아동에서 청년기까지는 아이 취급을 하다가 준비 없이 성인처럼 행동할 것을 기대한다. 성적 역할, 책임감, 지배성 등의 차원에서 느닷없이 성인 대우를 하게 된다. 준비 없이 부부관계를 맺고 자식을 낳으며 가족에 대한 부양의 책임과 가족을 이끄는 역할을 제대로 수행하기를 기대하는 꼴이라고 비판하였다. 원시문화에서는 아동에서 성인으로 가는 과정이 점진적으로 이루어져 자연스럽게 받아들일 수 있게 된다.

Benedict는 산업화된 서구 문화권의 경우 아동의 행동과 성인의 행동 간의 상당한 불연속성이 존재하기 때문에 아동이 성인으로 되기 위해 새로운 행동에 대한 충분한 교육이 전제되어야 한다고 주장하였다(박희경 외, 1998).

사회학습이론가인 Bandura는 인간은 자극에 반응하는 것 이외에 다른 사람의 사고, 행동, 느낌을 모방하고 모델링함으로써 자신의 사고, 행동, 느낌을 형성한다고 하였다. 다른 사람의 기대, 규범, 행동 등 문화적 용인이 개인의 바람직한 행동에 대해 직접적으로 강화를 주며 사회적으로 적절한 행동에 대한 모델을 제공함으로써 개인 유기체의 사회적 발달에 영향을 미친다는 것이다(임영식, 1999).

사회학습이론은 다른 이론과 달리 인간의 행동은 사회적이고 상황적인 맥락에 의해 결정되므로 인간 발달을 어떤 획일화된 단계로 구분할 수 없다고 본다. 다른 이론들이 각 발달단계마다 상이한 심리적 과정이 일어난다고 보는 데 반해 사회학습이론은 유아, 아동, 청소년, 성인은 모두 동일한 심리과정을 갖는다고 주장한다.

사회학습이론의 기본 가정과 개념이 청소년과 관련하여 시사하고 있는 내용은 다음과 같다.

첫째, 청소년기가 반드시 안정적이지 못한 혼란의 시기는 아니라는 것이다. 그 이유는 모든 인간 발달시기의 심리적 과정이 동일하며 많은 부분은 개인과 가족, 환경에 달려있다고 간주하기 때문이다. 규범에서 벗어난 일탈적인 행동을 보이는 것은 소수의 청소년들이고 다수의 청소년들은 비교적 조화로운 발달을 한다는 것이다.

둘째, 청소년의 발달은 초기 아동기의 학습경험과 부모의 양육방법에 많은 영향을 받는다는 것이다. 따라서 청소년의 발달은 부모나 교사, 또래 친구와 같은 주변 사람의 행동을 관찰하고 모방하며, 이들이 청소년에게 어떠한 행동을 기대하느냐에 따라 달라질 수 있다는 것이다(임영식, 1999).

5. 청소년과 사회환경

청소년은 인간발달 과정상 피할 수 없는 신체적 · 생리적, 심리사회적 변화를 경험하게 되고 그들의 행동에 영향을 미치게 된다. 아울러 청소년을 둘러싼 환경과 상호작용이 아동기와 달리 양적 · 질적으로 급격히 증가하지만 어른들처럼 스스로 환경을 통제하고 조절하기가 어렵고 오히려 환경으로부터 절대적인 영향을 받는다는 점에서 환경에 대한 이해는 매우 중요하다고 하겠다. 청소년을 둘러싼 환경이 건강한 환경인 경우에는 건강하게 성장할 수 있는 에너지 공급원이 되지만 그 반대인 경우에는 청소년에게 삶의 질을 저해하는 치명적이고 부정적인 영향을 미치기도 한다. 청소년들에게 직·간접적으로 영향을 미치는 환경인 가족, 학교, 또래집단, 지역사회, 대중매체에 대해 살펴보고자 한다.

1) 가족

가족은 모든 인간을 이 세상에 태어나게 하고 성장하게 하며 일상생활에서 모든 가족구성원에게 가장 많은 영향을 미친다고 할 수 있다. 특히 청소년의 삶은 가족 구성원, 가정환경, 가정 분위기 등과 부모의 교육, 부모가 자녀를 대하는 태도 등에 크게 영향을 받는다.

청소년들에게 어떤 가치관과 도덕관이 형성되느냐는 그가 태어난 가정에 달려있다. 특히 부모의 가치관은 청소년을 건전한 가치관을 갖게도 하고 부정적인 가치관을 갖게도 한다. 부모가 민주적인 가족관계를 유지하고 성실, 근면한 생활태도와 창의적이고 미래 지향적인 가치관을 가졌다면 청소년의 건강한 성장에 크게 기여할 것이다. 반면 권위적이고 억압적인 행동, 불성실한 생활태도, 현실 지향적, 금전 만능적 가치관은 청소년의 가치관을 혼란스럽게 하고 부적응을 심화시키게 한다(권이종, 1996). 청소년에게 미치는 가족의 영향은 매우 크며 그중 부모의 영향을 절대적이라고 할 수 있다.

청소년을 향한 부모의 반응과 요구라는 개념으로 바움린드(D, Baumrind)는 부모 행동의 영향을 설명하고 있다. 부모의 반응은 부모가 자녀의 욕구를 받아들이고 지지하는 방식으로 반응하는 정도를 말한다. 부모의 요구는 부모가 자녀에게 성숙하고 책임 있는 행동을 기대하고 요구하는 정도를 말한다. 부모의 반응과 요구를 권위적 · 독재적 · 허용적 · 방임적이라는 개념을 적용하여 자녀양육 방식을 4가지 방식으로 분류하였다(Maccoby & Martin, 1983).

〈표 1-12〉 부모의 반응과 요구 개념 적용 자녀양육방식 분류

구분		부모의 요구	
		높음	낮음
부모의 반응	높음	권위적	허용적
	낮음	독재적	방임적

출처: Maccoby & Martin(1983).

첫째, 권위적 부모는 따뜻하나 엄격하다. 자녀의 행동기준을 정하나 자녀의 발달욕구와 능력에 맞는 기대를 한다. 자율성과 주도성의 발달에 높은 가치를 두나 자녀의 행동에 대하여 궁극적인 책임을 진다. 자녀를 합리적으로 다루며 훈육문제를 자녀와 종종 토론하고 설명한다.

둘째, 독재적 부모의 자녀는 부모가 정한 규칙과 기준을 무조건 받아들여야 하고 독재적이어서 의사소통이 원활하지 않다. 독립적인 행동을 격려하지 않으며 오히려 자녀의 자율성을 제한하는 경향이 있다.

셋째, 허용적 · 부모 수용적이고 자유로우며 훈육방식은 수동적이다. 자녀에게 많은 자유를 허용하고 기대행동을 요구하지 않는다. 오히려 통제가 자유에 대한 침해로 자녀의 건강한 발달을 방해한다고 믿는 경향이 있다. 자녀 행동의 형성에 기여하기보다는 자녀가 부모를 자원으로 활용되는 것으로 본다.

넷째, 방임적 부모는 자녀와 상호작용하는 데 들여야 하는 시간과 에너지를 최소화하기 위해 애를 쓴다. 자녀가 무엇을 하는지, 어디에 가는지 알지 못하며 자녀의 학교 경험, 친구 관계에 대해 관심이 없고 거의 대화를 하지 않으며, 자녀의 의견도 거의 고려하지 않는다. 자녀의 발달에 무엇이 좋은지에 관한 믿음

에 따라 자녀를 양육하기보다는 부모 중심적으로 자신의 욕구와 관심에 따라 가족생활을 구조화한다.

이 이론을 청소년과 연계해 보면 권위적 부모에서 양육된 청소년들은 심리사회적으로 건강하며 책임감이 있고 자기 확신, 적응력이 높고, 창조적이며 호기심이 많고 사회적 기술이 좋으며 학교생활에서도 성공적이다.

독재적 부모에서 양육된 청소년은 의존적이며 수동적이며 사회적 기술이 모자라고 자기 확신이 낮고 지적 호기심이 적다.

허용적 부모에서 양육된 청소년은 종종 덜 성숙하고 책임감이 부족하며 또래에 더 순응적이고 지도력이 약한 경우가 있다.

방임적 부모에서 양육된 청소년은 충동적이고 비행, 성적 활동, 약물행위에 가담할 경향성이 높다(Steinberg, 1991).

2) 학교

학교는 청소년들이 하루 중 가장 많은 시간을 보내는 공간으로 인지발달과 심리사회적 발달에 큰 영향을 미친다. 학교의 구조보다는 학교의 분위기, 특히 교사와의 상호작용 방식은 큰 영향력을 발휘하게 된다. 청소년에게 가장 많은 영향력을 미치는 학교가 성적제일주의 가치관, 성적중심의 경쟁은 이기주의적 사고의 팽배로 경쟁에서 뒤진 경우 좌절감과 패배감으로 부정적인 자아개념 형성의 원인이 되기도 한다. 교사와의 상호작용에서 대부분의 교사들은 헌신적이고 열성적으로 학생을 지도하고 있으나 일부 교사에 의해 자행되는 비인간적인 행동은 한창 예민한 청소년들에게 상처가 되어 건강한 성장을 저해하는 요인으로 작용되기고 한다. 이런 일련의 일들이 학교는 학교폭력문제를 야기하는 곳이 되기도 하고 청소년 비행과 관련하여 비행을 유발할 수 있는 요인으로 작용될 수 있는 공간이라는 시각도 있을 수 있다. 그러나 상대적으로 학교는 청소년 비행과 예방, 교정을 하기 위한 수단과 절차를 충분히 갖출 수 있는 곳이다. 아울러 지역사회와의 연대를 통해 비행관련 문제해결뿐만 아니라 청소년의 육성과 지도에 중요한 역할을 할 수 있는 풍부한 자원과 능력이 있는 곳이다. 대다수의 청소년들이 학생임을 감안하여 적절한 학교의 기능과 역할의 강화가 필요하다.

이제 학교는 더 이상 학생의 교육적 기능만을 전담하는 사회제도가 아니라 청소년들의 기본적인 삶과 복지를 향상시키는 사회 복지적 기능을 도입해야 한다는 주장이 대두되고 있다. 학교가 추구하는 전인교육의 교육목적을 달성하기 위해서는 학업향상과 진로지도에 중점을 두는 교육적 기능만으로는 학생들의 잠재력과 능력을 개발시키는 데에 한계가 있고 기본적 교육권을 보장해 주지 못하기 때문이다(김기환, 1999).

3) 또래집단

또래집단이란 비슷한 연령에 있는 구성원들의 모임을 말한다. 청소년기에는 또래와 함께 보내는 시간이 점점 증가하여 부모보다는 또래집단이 더 큰 영향력을 발휘하게 된다.

또래집단이 청소년기의 적응과 사회적 발달에 절대적이라는 점에서 아동기와는 구별된다. 청소년기에 또래집단과의 관계가 미치는 중요성은 다음과 같다.

첫째, 정서적 지지를 제공한다. 생리적 · 신체적 · 사회적 변화 등 비슷한 과정을 경험하고 있는 또래집단을 통해 심리적 안정과 지지를 얻고 이를 통해 자신이 가치 있는 사람이라는 긍정적인 자아존중감을 갖게 된다.

둘째, 가정 외의 세계에 대한 다양한 정보 제공과 지식, 기술 습득의 기회를 제공한다.

셋째, 물리적 지원을 한다. 친구 관계는 기꺼이 시간을 같이 보내고 필요한 자원과 도움을 제고하는 등 물리적 지원의 기능을 갖는다.

청소년에게 또래의 영향은 직 · 간접적으로뿐만 아니라 긍정적 또는 부정적 등 다차원적으로 작용한다. 청소년기 우정의 질과 또래집단에서의 수용감은 자기존중감뿐 아니라 심리사회적으로 긍정적인 파급효과를 가지지만 반대로 집단에서 소외되게 되면 비행, 음주, 우울감, 고독감, 사회적 불만족 등의 여러 가지 문제가 초래된다(홍봉선, 2014).

4) 지역사회

청소년의 발달에 영향을 미치는 가족, 학교와 또래집단들이 있지만 이들이 기능적으로 역할을 잘 수행하기 위해서는 지역사회와의 제휴와 협력이 절대적으로 필요하다. 특히 청소년복지에서는 지역사회와의 연대가 필수적인데 그 이유는 다음과 같다.

첫째, 지역사회는 청소년들의 구체적인 생활의 원천적인 거점이다. 지역사회는 인간이 태어나서 성숙하는 과정 동안 실체적인 생활의 장소이다. 청소년들의 활동공간은 생활권역을 크게 벗어나지 못한다. 청소년들은 지역사회의 주민들과 상호작용 속에서 성장 · 발달한다.

특히 청소년 문제의 확산은 지역사회의 유해한 사회문화적 환경과 분위기와 밀접한 관계를 갖고 있어 지역사회의 책임이 강조되고 지역사회와의 연계와 협력의 필요성이 강조된다.

둘째, 지역사회는 청소년 교육의 장이며 지역사회에 존재하는 모든 물질적 · 문화적 · 인간적 자원은 청소년을 위한 교육적 자원이다.

셋째, 지역사회는 청소년들에게 유용한 자원들이 잠재되어 있다. 지역주민의 자발적인 참여를 이끌어 냄으로써 청소년에 대한 주민의 관심과 책임을 고양시킬 뿐만 아니라 청소년과 어른들과의 갭을 메울 수 있을 것이다.

넷째, 지역사회는 중앙정부가 작성한 정책의 효과가 구체적으로 발생하는 전선이다. 중앙정부의 정책의지가 실현되는 곳이 지역사회이다. 아무리 좋은 정책이라고 할지라도 지역사회가 수용할 태세를 갖추지 못하거나 수준 미달이라면 그 정책의 실현성이 보장되지 못할 것이다(홍봉선, 2014).

5) 대중매체

청소년들은 대중매체 안에서 숨 쉬고 생활한다고 해도 과언이 아니다. 가치교육에 있어서는 가족, 학교보다 대중매체가 미치는 영향이 훨씬 크다고 할 수 있다.

청소년들은 의복, 음악, 언어, 소비문화 등 대중매체와 대중스타의 영향을 받고 모방하고 창조하는 과정에서 소멸되고 생성되기도 한다. 특히 한국사회에서 청소년들에게 대중매체는 억압적인 입시문화에서 벗어나 자유로운 나를 찾는 해방적 공간을 제공하며 이를 통해 보상받고 위안받고자 한다. 청소년 대중문화는 뉴미디어의 발달과 빠른 보급으로 인해 즉각적이고 다양한 형태의 대중문화를 형성해 가며 그들의 정체성을 만들고 있다(정하성, 2012).

인터넷이나 스마트폰 등 뉴미디어의 활용에 능숙한 청소년들이 대중문화의 주도권을 갖기 시작하였다. 자신들이 원하는 것을 뉴미디어를 통해 제의하고 건의하며 심지어 창조하는 과정을 통해 대중문화의 정체성을 만드는 동시에 소비의 주체가 되는 현상을 나타내고 있다.

현재의 청소년들은 대중매체의 소비자이면서 제공자이기도 하지만 대중매체의 특성상 청소년에 대한 교육이 선행되어야 하는 부분을 간과해서는 안 될 것이다. 대중매체는 정보화 시대에 무비판적인 정보 수용 자세를 갖게 된다는 것이다.

이는 모든 사람이 동일한 생각과 태도를 갖게 하며 획일적인 행동을 하게 하는 기능을 갖고 있다. 청소년기에는 정보를 수용하는 방법에 미숙하여 무비판적인 정보에 현혹될 우려가 있어 정보와 매체의 수용에 대한 심도 있는 교육이 선행되어야 한다. 대중매체는 의사소통 기능이 일방적이어서 청소년은 거대기업의 광고와 자본의 힘에 의한 대중매체 기업의 일방적인 대중문화 전달에 의존할 수밖에 없다. 대중매체는 시간과 공간을 극복한 사이버 대중문화를 형성한다. 익명성을 전제로 한 사이버 문화는 사이버 가상공간에서의 삶은 인간이 정신적 성장에 필요한 일정 시간이 생략되어 버림으로써 빚는 내적 갈등과 자연이나 현상을 직접 경험하지 못하고 간접경험을 위주로 지식과 가치를 형성함으로써 생기는 갈등 등 새로운 문제를 야기하기도 한다. 이런 대중매체는 비판력이 부족한 청소년들의 가치관 형성에 부정적인 영향을 미칠 가능성이 크다.

chapter 02

청소년복지의 개념과 발전과정

1. 사회복지의 개념과 구성 요소

1) 사회복지의 개념

사회복지를 논하는 데 있어서 가장 먼저 수행해야 할 일은 사회복지의 개념과 범위를 규정하는 일이다(박광준, 2007). 청소년복지의 개념도 사회복지의 개념 틀 안에서 정의되어야 하기 때문이다. 많은 연구자들이 나름대로의 관점에서 사회복지의 개념과 범위를 제시하여 왔다. 박광준(2007)은 사회복지의 개념을 다음과 같이 정의하였다. 이에 덧붙여 그가 강조하고 있는 사회복지에서 실현시키고자 하는 사회복지의 기본적인 가치를 살펴본다.

"사회복지는 인간이 사회에 적응하지 못하는 문제를 해결하기 위한 조직적이고 사회적인 활동이다. 이러한 노력은 두 가지 방법에 의해 이루어진다. 하나는 개인을 사회에 적응시키려는 노력이다. 개인의 사회에 대한 생각이나 태도, 현재의 능력 수준 등을 변화시켜서 사회에 적응할 수 있도록 원조하는 경우이다.

다른 하나는 사회 그 자체를 변화시켜 개인에게 적응시키는 방법이다. 사회가 개인의 부적응 문제를 만들어 내는 모순을 가지고 있을 경우에는 사회 자체를 변화시키지 않으면 문제해결이 불가능하기 때문이다. 즉, 사회복지란 인간이 사회에 적응하지 못하는 문제를 해결하기 위하여 개인과 사회 양자의 변화를 시도하여 부적응 문제를 해결하고자 하는 사회적 활동이다."

위의 정의를 종합하여 보면 사회복지의 개념을 세 가지 측면에서 정의할 수 있다. 첫째, 사회복지가 대상으로 삼는 객체는 '인간의 사회에의 부적응 문제'이고 둘째, 그 문제를 해결하기 위한 방법으로 인간을 변화시켜 사회에 적응시키는 방법과 사회를 변화시켜서 인간에게 적응시키는 방법, 즉 양자의 방법에 의해 인간의 부적응 문제를 해결하고자 하는 것이 사회복지라고 규정할 수 있다. 세 번째 요소는 이러한 방법을 적용하는 과정이 자의적이고 개별적인 것이 아니라 조직적이고 사회적인 활동의 형태로 이루어진다고 하는 것이다.

2) 사회복지의 가치

(1) 가치실현을 위한 노력

사회복지는 사회복지가 중요하다고 생각하는 가치가 사회에서 실현될 수 있도록 하기 위한 활동이다(박광준, 2007). 사회복지사상이란 사회복지가 중요하다고 생각하는 가치를 옹호하는 생각, 그 가치를 사회적으로 어떻게 실현하는 것이 바람직한 것인가에 관한 생각이라고 할 수 있다.

가치는 인간의 정신적 노력의 목표로 간주되는 객관적 당위이며 가치관은 인간이 자기를 포함한 세계나 그 만물에 대하여 가지는 평가의 근본적인 태도나 시각이다. 클락혼은 가치란 '행위의 다양한 방법, 수단, 목적 중에서 행위자가 선택하는 데 있어 영향을 미치는 것으로 개인 혹은 집단이 가지고 있는 명시적인 혹은 암시적인 이념이다'라고 정의하고 있다. 예를 들어 대중버스를 만들 때

노약자 좌석을 별도로 만들 것인가, 말 것인가는 정책적 선택의 문제이다. 만약 별도로 만드는 것을 선택하였다면 그것을 선택하게 한 것은 경로사상과 사회연대의 가치이다. 이처럼 가치란 어떤 선택을 하도록 영향을 미치는 이념인 것이다.

가치에는 다양한 차원이 있다. 사회복지는 근본적으로 사회와 인간에 관심을 가지고 있기 때문에 어떤 사회가 보다 바람직한가? 어떤 인간이 보다 바람직한가?에 관한 가치를 지니지만 사회와 인간에 관하여 사회복지 이외의 제도들도 나름대로의 가치를 가진다. 그러나 인간과 사회에 관하여 관심을 가지지 않는 활동이나 사회제도가 있을 수 없기 때문에 사회복지의 가치들은 다른 사회활동이나 제도들과 중첩되기도 한다. 따라서 사회복지의 가치가 사회복지 고유의 가치라고 말할 수는 없다. 예를 들어 사회복지에서는 아무리 중증의 장애를 가지고 있다고 하더라도 교육적 기회가 제공된다면 발달한다고 하는 가치를 가지고 있기 때문에 그 기회를 제공한다. 이른바 발달보장의 가치로 이것은 교육활동이나 교육제도가 가진 가치이기도 한 것이다.

사회복지활동의 차원도 매우 다양하기 때문에 사회복지의 가치 역시 사회복지정책의 기조를 결정하는 선택에 관한 것에서부터 사회복지실천활동에 있어서 원조방법의 선택에 관련되는 것까지 다양하다.

(2) 인간의 존엄성

사회복지의 가장 기본적인 가치는 곧 인간의 존엄성이다. 인간의 존엄이라는 가치는 '인간은 누구라도 인간이다'라는 인식에서 출발한다. 인간은 신분이나 직업, 경제상태, 신체조건, 경도된 사상, 출신지역이나 민족, 피부색, 성별, 연령 등을 이유로 차별하거나 차별받아서는 안 되며 인간성이 부정되어서는 안 된다.

그러나 이러한 당연한 이치가 현실 가운데서 완전히 실현된 적은 없었다. 1537년 로마 교황 파울즈 3세는 '인도인이나 흑인, 아메리카 대륙의 토착민들도 인간이다'라는 칙령을 내린 바 있다. 이런 사실은 그 당시에 그들을 인간으로 생각하지 않는 풍조가 있었음을 시사하고 있다. 20세기에 들어서도 유태인이나 장애인에 대한 대량살상이 나치에 의해 자행된 바 있다.

사회복지의 측면에서 볼 때 인간의 존엄이라는 가치 실현은 우선 인간다운 생활을 할 수 있을 정도의 생활수준을 유지하는 것에서 출발한다. 대부분의 현대 국가는 나름대로 건강하고 문화적인 삶의 수준을 보장하는 것이 국가의 임무임을 인식하고 그 정신을 헌법에 명시하고 있다. 역사적 관점에서 모든 국민이 그 이하의 수준에서 생활하는 것이 용인되지 않는 최저기준을 설정하고 그것을 적극적으로 보장해야 한다는 사상은 1909년의 소수파 보고서(Minority Report)에서 최초로 구체화되었다. 그 이후 많은 국가들이 최저기준을 확보하려고 노력해왔는데 그 내용은 주로 사회보장제도를 충실하게 만드는 것이었다. 사실 복지국가 성립의 역사는 국민최저수준 보장의 역사, 더 나아가 국민의 생존권 보장의 역사라고 해도 과언이 아니다(박광준, 2007).

그런데 헌법의 생존권 보장 규정은 흔히 추상적 규제라고 해서 그것을 어떻게 실현해야 하는가에 대한 구체적인 방안이 포함되어 있지 않다. 많은 입법이 국민의 생존권 보장이라는 헌법정신이 실현될 수 있도록 입법적 제도적 조치를 취하고 있지만 충분한 상태는 아니다. 따라서 생존권이 보장되기 위해서는 국민최저수준의 생활을 영위하지 못하는 국민이 자신의 삶의 수준을 향상시켜 주도록 국가에 요구하는 권리인 사회권으로서의 생존권을 보장받아야 한다.

사회복지의 출발점은 최저수준 이하에서 생활하는 인간의 고통에 대한 사회적 분노와 그 해결에의 자신감이다. 그 자신감의 표현이 사회보장제도이다. 그런데 이와 같은 사회보장제도에 의한 최저생활보장은 인간존엄성의 가치를 실현하기 위한 필요조건일 뿐 충분조건은 아니다. 인간존엄의 가치는 사회문화의 차원에서 그 실현을 위해 노력하는 일이 반드시 병행되어야 한다. 그 노력이란 편견과 차별이 없는 사회를 만들기 위한 노력이며 그것에 의해 인간존엄의 완전한 실현이 비로소 가능하다.

인간의 존엄은 첫째, 인간이 주체적인 존재라는 사실과 둘째, 적극적인 자극과 기회제공에 의해 반드시 바람직한 변화를 가져오는 존재라고 하는 두 가지의 사실을 인식함으로써 가능하다. 비록 현재는 자립하지 못하고 원조를 받고 있는 상태라고 하더라도 자신에게 영향을 주는 중요한 결정은 스스로 행할 수 있는 능력을 가지는 것으로 간주된다. 이에 의해 자기결정의 가치가 생성되고 발달보장이라는 중요한 가치가 생성되는 것이다.

(3) 사회적 공평

공평은 사회복지의 핵심 가치로서 사회적 자원들이 사회성원들의 지불능력, 즉 경제적 능력 여하에 따라 배분되는 것이 아니라 필요한 정도에 따라 배분되는 것이 보다 바람직한 가치라는 것이다. 이것은 개인이 가진 어떤 문제해결은 모든 사회구성원의 공동의 노력과 부담으로 대처되어야 한다는 사회적 연대감, 즉 같은 공동체의 구성원으로서의 우애와 협력의 의무에 기초하고 있는 것이다.

사회적 공평의 가치는 신변의 위협을 받고 있는 한 시민을 위하여 보다 많은 수의 경찰이 배치되는 경우를 예로 들어 설명할 수 있다. 신변안전이라는 필요에 대응하는 공적인 자원이 경찰이다. 그러나 평상시에 시민들의 안전에 대한 필요가 같을 경우 경찰은 모든 시민들에게 같은 정도의 관심을 기울일 수가 있다. 그러나 이 경우에는 한 시민이 신변의 위협을 받고 있기 때문에 그 시민의 안전에 대한 필요와 욕구는 보통의 시민과는 다르다. 따라서 필요한 시민에게 많은 자원이 집중적으로 투입되는 것이고 그것이 정당성을 갖는 것이다.

사회복지제도는 소득재분배의 성격을 지니고 있다. 자본주의 사회에서 소득은 기본적으로 생산참가자의 생산이나 유통에서의 공헌도에 따라 시장경제체제를 통해 임금이나 이윤, 그리고 지대의 형식으로 분배된다. 이때 소득의 인적 분배에는 다양한 요소에 의해 불평등이 발생하기 때문에 국가가 다양한 제도를 통해 시장경제에 개입하여 강제로 분배의 불평등을 완화 혹은 수정하는 것을 소득재분배라고 한다. 자본주의의 모순을 완화하고 사회를 안정화시키는 작용을 하는 이러한 소득재분배 기능을 수행하는 제도는 주로 재정제도와 사회복지제도, 특히 사회보험과 공적부조로 구성되는 사회보장제도이다. 이러한 재분배의 성격을 강하게 가진 제도를 국가가 강제로 적용할 수 있는 것은 공평의 가치에 대한 합의가 있기 때문이다. 그런데 재분배는 고소득자로부터 저소득자에게로의 수직적인 재분배뿐 아니라 수평적 재분배를 포함한다. 그것은 건강한 사람이 병약한 사람을 위해 보다 많은 부담을 하는 것, 부양가족이 적은 사람이 많은 사람보다 더 많은 부담을 하는 것과 같은 것이다. 사회복지는 로빈 후드와 같은 활동이 아니다. 그 이유는 사회복지의 중요한 기반이 소득격차를 초월하여 국민적 연대 내지 공동체 의식에 기초하고 있기 때문이다.

(4) 사회적 효과

사회적 효과는 사회복지가 소비가 아니라 하나의 투자이며 장기적으로 사회통합을 이룸으로써 사회적 방어비용을 줄이는 작용을 하기 때문에 사회복지자원의 투입은 경제적 효율보다는 사회적 효과를 염두에 두고 이루어져야 한다는 가치이다. 현대 사회에서는 자원의 희소성으로 인하여 경제적 효율성이 고려되지 않을 수 없으나 어떤 문제를 해결하기 위하여 많은 자원을 투입하게 되면 장기적으로는 사회의 지속적인 발전에 도움이 된다는 인식이 사회적 효과의 가치이다.

사회복지 및 관련 제도들은 대부분 외부효과를 가지고 있다. 외부효과는 과수원이 만들어지면 과수원 외부의 양봉업자가 이득을 보는 효과이다. 결핵환자를 무료로 치료하면 환자를 치료하는 효과도 있지만 주위의 많은 사람들에게 결핵의 전염을 예방하는 외부효과를 가진다는 것이다. 빈곤문제를 해결하고 소득격차를 줄이며 모든 국민이 보건의료, 주거 등의 분야에서 국민 최저기준 이상으로 생활하게 되면 많은 사회비용을 줄일 수 있다는 것이 사회복지의 기본적인 가치이다. 이것은 장기적인 투자가 이루어졌을 때 가능한 일이기 때문에 그것을 단기간에 증명하기가 어렵다.

2. 청소년의 개념과 발전과정

1) 청소년복지의 개념

청소년복지란 무엇인가? 사회복지는 대상중심의 학문이다. 그 대상은 사회적 약자와 소외된 사람들이다. 아동, 청소년, 노인, 장애인 등 연령과 성, 신체와 정신적 조건으로 인해 불이익을 받는 계층에 대하여 다양한 사회복지의 실천방법을 동원하여 각종 제도와 정책마련 및 행정서비스 전달과 실천적인 사업을 병행하고 있다. 또한 대상에 관한 관심에서 한 발 더 나아가 인간이 가지고 있는 제반 문제에 개입을 하고 있는데 정신의료사회복지, 산업사회복지, 교정사회복지, 학교사회복지 등이 그 대표적인 예다.

청소년복지는 사회복지 대상의 한 분야이다. 청소년복지는 아동학이나 청소년학 또는 가정학과 관련된 분야로도 이해할 수 있을 것이다. 사회복지는 오랜 기간 동안 '도움을 필요로 한 사람'을 대상으로 실천적 방법과 정책을 모색하고 체계화한 학문이다(노혁, 2010). 따라서 청소년복지는 청소년을 대상으로 사회복지를 실천하는 분야이므로 청소년복지를 포괄적으로 이해하는 데 사회복지가 주요한 개념적 기초를 제공한다고 볼 수 있다. 사회복지가 인간의 행복을 실천적으로 추구하는 활동이라는 점에서 볼 때 청소년복지는 청소년이 행복하게 잘 살아갈 수 있도록 돕는 제도와 실천적 기술이라고 정의할 수 있다(노혁, 2010). 그러나 아직 이론과 체계가 정립되지 않고 있는 실정이고 청소년복지의 역사도

사회복지의 역사라는 관점보다는 청소년정책의 역사와 맥을 같이한다고 보는 시각이 존재하기 때문에 청소년복지의 개념 정의를 내리기는 쉽지 않다. 이를 반영하듯 아동 · 청소년복지, 청소년복지, 청소년정책, 청소년복지정책, 청소년육성정책, 청소년복지활동 등 청소년복지는 유사한 용어와 혼용되어 사용되고 있는 것도 사실이다.

장인엽과 오정수(1984)는 아동복지와 청소년복지를 구분하지 않고 아동 · 청소년복지를 혼용하여 사용하고 있다. 아동청소년복지란 사회구성원으로서의 아동과 청소년의 기본적인 욕구를 충족시키고 건전한 성장과 발달을 도모하기 위하여 여러 가지 활동을 가능하게 하는 공적인 방법과 절차라고 정의하고 있다. 김성이(1993)는 청소년복지를 가정이나 사회로부터 버려지거나 적응하지 못하는 청소년들뿐만 아니라 모든 청소년들의 안녕에 관심을 가져야 한다고 전제하고 청소년복지활동을 청소년들의 기본적 욕구를 충족하게 하고 정신적 · 정서적 · 신체적으로 최상의 발달을 기하기 위해서 청소년 자신들에게 직접적 또는 가정이나 사회를 통해 간접적으로 제공되는 모든 사회 제도적 · 전문적 활동이라고 정의하였다. 이러한 개념에 덧붙여 보다 적극적인 의미에서 청소년복지를 개념화한 학자도 있다. 노혁(2010)은 "청소년복지는 청소년의 올바른 성장과 발달에 목적을 두고 이를 위해서 공동의 노력과 참여를 전제로 이루어져야 한다. 지식정보사회에서 청소년들에게 일정의 사회적 역할과 책임을 부과하며 동시에 현재 청소년의 삶을 이해하여 보다 나은 여건을 마련해 주고 미래에 보다 좋은 환경에서 생활할 수 있도록 복지를 통해 자립기반과 자기개발을 할 수 있는 능력과 기회를 마련해 주는 제반의 복지활동이다."라고 정의하여 청소년복지를 소극적 의미의 청소년복지와 적극적 의미의 청소년복지로 구분하기도 하였다.

한편 청소년복지에 관한 다양한 정의를 종합하여 "청소년복지는 대상집단이 요보호청소년 등 특정집단에 국한되는 것이 아니라 일반청소년 및 청소년의 생활에 가장 직접적인 영향을 미치는 가족까지도 포함하고 있으며 또한 청소년에 대한 직접 서비스뿐만 아니라 간접적으로 제공되는 모든 정책과 제도를 포함하는 광범위한 개념으로 파악한 연구자도 있다(홍봉선 · 남미애, 2011).

2) 청소년복지의 의의

청소년복지의 역사는 우리나라의 역사와 함께했다고도 볼 수 있으나 그 틀이 갖추어진 것은 해방 이후부터라고 말할 수 있다. 그러나 사회복지의 본질에 비춰볼 때 1990년대에 들어오면서 자본주의와 민주주의의 발전이 가속화되고 산업화와 이에 따른 교육이 대중화됨으로써 청소년과 청소년기가 생애발달에서 독자성을 가져야 한다는 사실을 깨닫게 되었다. 이와 더불어 청소년들이 갖는 사회적인 힘도 점차 커져 왔다. 우리나라에서 청소년에 대한 사회적 책임이 인식되어 청소년복지가 국가 차원에서 다루어진 것은 1990년 이후라고 할 수 있다(홍봉선 · 남미애, 2011). 국가가 청소년에 대한 관심을 둘 수밖에 없었던 요인들이 몇 가지 있다(한국청소년개발원, 1992).

첫째, 인구학적 측면에서 볼 때 청소년 인구가 전체 인구의 20% 정도를 차지하고 있다는 점이다. 그 당시에는 전체 인구의 1/3을 점하고 있었기 때문에 청소년 인구가 주요한 사회적 영향 세력으로 부상하는 잠재적 가능성을 고려할 수 있기 때문이다. 둘째, 무엇보다 인적자원의 개발을 통해서 국제적인 경쟁력을 확보해야 할 한국 사회에서는 차세대의 주역이 될 청소년들을 어떻게 육성하느냐가 국가경쟁력과 밀접한 관계에 놓여 있기 때문이다. 저출산 고령화가 심화되고 있는 현실에서는 이에 대한 관심이 더욱 높아질 것이다. 셋째, 인생주기 측면에서 볼 때 현대사회의 삶의 조건은 과거 그 어느 때보다 청소년기가 장기화되고 있기 때문에 청소년 인구의 관심, 이해, 요구가 사회의 모든 부문에 확대 반영되고 있고 한국사회가 안고 있는 문제들이 직접적 혹은 간접적으로 청소년과 결부되고 있는 성향이 점차 두드러지고 있기 때문이다.

김성이(1993)는 우리 사회에서 청소년복지의 필요성이 대두하게 된 사회문화적인 배경을 가족적 측면과 사회적 측면으로 나누어 제시하기도 하였다.

가족적 측면에서 살펴보면 네 가지 정도로 요약할 수 있다. 첫째, 핵가족화로 인한 가정의 자녀양육 기능의 약화이다. 특히 과잉보호 등은 가정의 양육기능 약화를 초래하게 되었고 이는 청소년 문제의 원천이 될 수도 있다. 따라서 청소년들에게 효율적인 교육을 시키기 위해서는 국가 및 사회의 개입이 필요하게 되었다. 둘째는 이혼이나 여성의 취업으로 인한 가족해체 문제이다. 이혼으로 인한 가족해체의 증가는 청소년 문제의 중요한 원인이다. 이혼은 자녀들에게 불안, 갈등, 분노 등 정신적인 고통을 겪게 할 뿐만 아니라 어린 시절 부모의 별거나 이혼에서 받은 아픈 경험들이 청소년의 성격과 정서 형성에 크게 부정적인 영향을 미친다는 사실을 간과해서는 안 될 것이다. 셋째는 청소년 가장의 증가이다. 최근 들어 부모의 사망, 아버지가 사망한 후 어머니의 가출, 부모의 행방불명 등으로 부모 없는 아동과 청소년 가구세대가 출현하여 소년소녀 가장 세대가 증가하고 있다. 정부는 이들 소년소녀 가장 세대에게 경제적 지원을 하고 있고 민간단체에서도 후원결연사업 등 여러 가지 사업을 통해 이들을 지원하고 있으나 근본적인 해결책으로는 부족한 실정이다. 넷째는 미혼모와 그 자녀의 문제이다. 미혼모는 사회적 '은닉성'의 특성으로 그 실태를 정확하게 파악하기가 쉽지 않으며 미혼모는 아이와 관련하여 모성적 역할을 하는데 많은 현실적인 제약이 따른다. 특히 아이의 양육을 위한 생활비, 의료비, 주거비 등 재정적 지원, 법적 보호 문제 등으로 고심한다. 미혼모와 그 아이들에 대한 적절한 사회적 서비스가 수반되지 않을 때 당시자와 아이들의 장래가 어떻게 될지를 고려하여야 한다.

사회적 측면에서 요약하면 다음과 같다. 첫째는 문화 가치의 실조문제이다. 경제성장 제일주의에 치중한 한국사회의 변화과정은 삶의 초점이 황금만능주의, 이기주의와 성과주의에 맞춰짐으로써 청소년들에게 성숙한 시민으로서의 윤리관 정립에 혼란을 가져왔다. 또한 각종 흉포한 범죄와 폭력, 윤리적 타락은 청소년들의 규범 부재 현상을 가져왔다. 모든 계층의 청소년들이 전통문화와의 단절과 상업주의 성격을 가진 외래 대중문화의 영향으로 문화의 혼란과 왜곡상태에 노출되었다. 가치에 대한 비교문화적 접근을 통해 우리 문화권의 전통적 가치를 현대적 관점에서 재조명함으로써 미래 지향적 가치 테두리를 모색하는 노력이 있어야 한다. 둘째는 환경 파괴의 심화이다. 셋째는 고식적인 교육환경의 문제이다. 과밀교실을 비롯한 놀이터나 놀이기구의 유해성, 냉난방 및 위생시설의 취약성, 조명장치의 열악함, 소음, 체격에 맞지 않는 책상과 의자, 양호 서비스의 부족, 급식제도의 부족, 과대한 학습량, 건전한 오락 기회 및 시설의 결핍, 유해한 학교 주변 환경 등은 청소년에게 유해한 교육환경을 제공하고 있다. 더불어 우리 사회에 뿌리 깊이 박혀있는 권위적이고 획일적인 교육제도는 창의적이고 개성 있는 민주시민으로 청소년을 성장시키는 데 장애 요인이 되고 있다.

결국 청소년복지는 국가나 사회가 청소년복지에 대한 책임을 인식하고 청소년복지 증진에 적극적이고 주도적으로 개입함으로써 청소년들로 하여금 가정적 · 사회적 위험 요소로부터 보호받으면서 자신들의 과업이나 문제를 원만하게 해결할 수 있도록 도울 뿐만 아니라 그들의 잠재능력을 최대한 발휘하여 자아실현은 물론이고 책임 있고 건강한 사회구성원으로 기능할 수 있도록 돕는 데 그 의의가 있다(홍봉선 · 남미애, 2011).

3) 청소년복지의 발전과정

그 동안 사회복지에서 청소년은 대상 연령 구분에 대한 논란으로 아동복지와 뚜렷한 구분이 어려워 독립적인 분야로 분화되기가 쉽지 않았다. 지금도 여전히 청소년은 청소년복지법이 시행되기 이전에는 아동복지법이나 아동복지제도 안에서 다루어지기도 하였다. 이런 흐름 가운데서 청소년복지의 필요성과 독자성은 사회복지 분야보다 국가청소년정책의 수립과 시행과정으로부터 제기되었다.

1988년 서울올림픽을 계기로 체육청소년부가 탄생하면서 청소년정책은 일대 전환기를 맞이한다. 1990년에 청소년기본법이 제정되고 이 기본법을 모태로 청소년 관련 법령과 제도들이 분화되어 발전하였다. 청소년기본법은 특별법의 성격을 가짐과 동시에 충분하지는 않지만 청소년을 위한 복지지원의 범위와 내용을 담고 있다. 이후 청소년기본법은 청소년활동진흥법과 청소년복지지원법(2003)으로 분화되면서 전면적인 개정이 이루어진다. 이처럼 청소년복지는 사회복지의 한 분야로 연구·발전단계를 거쳤다기보다는 국가청소년정책의 한 부문으로 제시되면서 사회복지 분야의 관심을 촉발하게 되었다. 그 시작이 어떻게 이루어졌든지 청소년을 위한 법과 제도, 그리고 정책의 형성과 시행은 사회복지에서 청소년복지의 필요성을 인식시키고 하나의 분야로 정립할 수 있는 가능성을 열어주었다(노혁, 2010). 청소년복지의 발전단계를 구분한 대표적인 학자들에는 이용교(1999), 홍봉선·남미애(2011), 노혁(2010) 등이 있다.

이용교(1999)는 우리나라 청소년복지의 발전단계를 세 단계로 구분하고 있다. 그 첫 번째 단계는 청소년복지의 맹아기로 광복 후에 시작하여 아동복리법과 미성년자보호법이 제정된 1961년까지의 시기이다. 그 당시 사회복지는 조선구호령과 몇 개의 미군정 법령 및 처무 준칙에 따라서 사회복지 영역이나 대상에 대한 구분 없이 절박한 상황에서 생존만을 목적으로 하는 구호적 성격을 강하게 띠었다. 그 대상도 65세 이상의 무의탁 노인, 6세 이하의 아동을 부양하는 여자(모), 13세 이하의 아동, 불치의 병으로 신음하는 사람, 요보호 임산부, 심신장애인 등에 한정되었고 그중에서 청소년은 배제되어 있었다. 그럼에도 불구하고 아동시설의 인가, 18세 미만 아동노동의 보호, 20세 미만 비행청소년의 보호 등이 행해졌는데 이러한 조치는 장차 청소년복지의 형성에 기초가 되었다. 이 시기에 시행된 내용을 자세히 살펴보면 다음과 같다.

첫째, 아동시설의 인가이다. 한국 전쟁 후 전쟁으로 인한 고아 등 긴급구호대상자의 증가에 대한 대책으로 정부는 아동시설을 인가시설로 하고 지원과 감독을 강화하였다. 이로 인해 아동시설이 영아원, 육아원, 감화원 등으로 구분되어 정체감을 형성하게 되었으며 청소년은 아동의 연장선에서 보호되었다.

둘째, 18세 미만의 아동노동 보호이다. 미군정의 아동노동법규(1946)의 제정에 따라 14세 미만의 상공업체 고용금지, 16세 미만의 중공업체 또는 유해업체 종사 금지, 18세 미만의 위험직종 또는 유해 직종 종사 금지, 16세 미만의 소년에게는 1일 노동 시간을 8시간 내에서 제한하는 내용이 만들어졌다. 이런 법률들이 아동이라는 용어를 사용하고 있지만 18세 미만의 근로청소년을 보호하기 위한 최초의 규정이라는 점에서 그 의의가 있다.

셋째, 20세 미만의 비행청소년보호다. 반사회적인 성향을 가진 20세 미만 소년의 생활환경 조정과 성행교정을 위해 보호처분을 행하고 형사처분에 있어 특별조치를 하기 위한 소년법(1958)이 이 시기에 제정되었다.

요약하면 이 시기에는 최저의 생활보장 등 보호 대상에 있어서는 아동에만 한정하고 청소년은 제외시켰음에 반해 일종의 통제수단인 소년법에서는 청소년을 적용 대상에 포함시키고 있다. 이는 청소년이 생존권을 보호받는 보호나 지원의 대상에서는 성인과 같은 취급을 받음으로써 제대로 된 보호를 받지 못하였으나 사회통제에 있어서는 청소년이라는 이유로 성인과는 달리 기본적인 권리가 침해되거나 불이익을 받고 있는 상황에 놓여 있었다는 점을 알 수 있다. 즉, 이 시기에 청소년은 권리나 복지를 누리는 주체가 아니라 긴급구호의 대상이나 사회안정을 위한 통제 대상에 그 초점이 있었음을 알 수 있는 것이다.

두 번째 단계는 아동복리법이 시행된 1962년부터 청소년육성법이 제정된 1987년까지의 시기로 청소년복지의 도입기다. 미성년자보호법과 아동복리법(1961)의 제정은 우리나라에서 청소년복지를 시작하는 계기를 마련해 주었다. 이 시기의 주요 내용을 살펴보면 다음과 같다.

첫째, 아동복리법의 제정으로 18세 미만의 보호를 필요로 하는 아동에 대한 보호가 이루어졌다. 아동복리법은 보호를 필요로 하는 아동의 연령을 기존의 13

세 이하에서 13세 미만으로 조정하여 일부 청소년까지 대상을 확대시켰을 뿐만 아니라 아동복지에 대한 국가의 책임을 명시했다는 점에서 그 의의가 크다. 이를 청소년복지 측면에서 본다면 일부 청소년이 그 대상에 포함되기는 하였으나 대부분의 청소년들은 서비스에서 제외되었기 때문에 그 적용대상의 범위가 매우 한정됨을 알 수 있다. 또한 청소년들의 특성이나 욕구에 대한 고려보다는 아동의 연장선상에서 서비스나 정책이 시행되었기 때문에 진정한 의미의 청소년복지가 행해졌다고 하기는 어렵다. 단지 기본적인 생존권 보장 차원에 급급하고 있음을 알 수 있다.

둘째, 장애청소년에 대한 복지사업의 실시이다. 장애청소년에 대한 복지는 장애아동 혹은 전체 장애인에 대한 복지와 분화되지 않은 상태에서 이루어졌지만 이 시기에 뚜렷한 진전이 있었다. 특히 1977년에 제정된 특수교육진흥법은 장애인에 대한 특수교육을 증진하여 이들에게 필요한 생활지식과 기능을 전수함으로써 사회생활에 참여를 가능하게 하는 데 기여하였다. 이 덕분에 장애청소년들이 국립 또는 공립 특수교육기관에 취학하거나 사립교육기관 중 의무교육과정에 취학할 경우 무상교육을 받을 수 있게 되었다. 그 후 심신장애자복지법이 제정되고 보건사회부에 전담부서인 재활과가 설치되었다. 이러한 제도적 노력은 장애청소년이 다른 어떤 계층의 청소년보다 소외되고 열악한 대상이라는 점을 고려해볼 때 장애청소년이 정책대상으로 간주되었다는 점에서는 그 의의가 크다. 그러나 실제 행해진 서비스의 내용이나 질적인 측면에서 장애청소년의 욕구를 충족시키는 데는 매우 미흡한 것으로 평가받고 있다.

셋째, 미성년자보호법의 제정으로 미성년자의 보호와 선도가 이루어졌다. 이 법은 만20세 미만의 미성년자의 흡연, 음주, 기타 선량한 풍속을 해치는 행위를 금지하고 미성년자의 보호에 필요한 사항을 규정함으로써 미성년자의 건강보호와 선도를 도모하고자 하는 목적으로 제정되었다. 그러나 통제, 처벌 위주의 법집행으로 청소년의 선도와 보호보다는 청소년이라는 지위로 인해 성인과 다르게 불이익을 받고 비행청소년으로 낙인찍히는 등 청소년의 인권이 침해되는 부작용이 초래되기도 했다. 넷째, 근로청소년을 위한 복지사업의 시행이다. 일반학교에 야간 특별학급을 설치하거나 산업체 부설학교 등을 개설함으로써 여러 가지 이유로 인해 학업기회를 박탈당한 근로청소년에게 교육기회가 확대되었다. 또한 근로청소년을 위하여 근로청소년회관의 건립, 근로청소년 임대아파트 건립 등이 시작되었다. 근로청소년에 이러한 지원은 교육받은 청소년을 비교적 낮은 비용으로 이용할 수 있는 노동력의 양성과 확보라는 면이 강조되고 청소년의 교육권이나 여가권, 주거권 등에 대한 인식은 상대적으로 낮았다.

다섯째, 청소년보호를 위한 중앙기구인 청소년보호대책위원회가 설치되었다. 명목상으로는 정부가 청소년을 정책대상으로 인식하였다고 볼 수 있으나 실제 이 위원회의 설치로 인하여 오히려 정부가 청소년의 보호와 육성을 위원회에 전가시킴으로써 청소년복지의 발전을 지연시키는 결과를 초래하였다.

청소년복지의 발전 단계 중 세 번째 단계는 청소년육성법이 제정된 이후의 시기부터 현재까지의 시기를 말한다. 1987년 청소년정책을 위한 근거법으로 청소년육성법이 제정되었다. 청소년육성법이 그 의의를 갖는 것은 청소년정책대상이 요보호청소년을 대상으로 한 보호 위주의 정책에서 육성으로 그 방향을 전환함으로써 모든 청소년들이 정책 대상이 되었다는 점이다. 한편 1991년도에는 청소년육성법을 전면 개정한 청소년기본법이 제정되면서 청소년을 위한 기본법제와 조직을 갖추게 되었다. 또한 청소년 헌장의 제정(1990)과 개정(1998), 청소년보호법의 제정(1997)과 개정 등 다양한 법과 제도가 정비되기 시작하였다. 그 구체적인 내용은 다음과 같다.

첫째, 청소년정책의 대상을 명확히 하고 청소년복지가 국가의 책임이라는 것을 분명히 하여 국가정책의 차원에서 다루게 되었다는 점이다. 청소년육성법과 청소년기본법의 제정으로 청소년을 9세부터 24세로 분명히 규정하고 청소년이 사회구성원으로 정당하게 대우받고 권익을 보장받으며 스스로 생각하고 자유롭게 활동할 수 있도록 하는 한편, 미래사회의 주역뿐만 아니라 국가와 사회가 필요로 하는 건전한 민주시민으로서 자랄 수 있도록 청소년의 성장을 위한 가정과 사회가 그 책임을 수행할 수 있게 하는 데 필요한 법적 · 제도적 장치와 재원을 마련하는 책임을 국가와 지방자치단체에 부여하고 있다.

둘째, 청소년정책을 수행할 조직과 기구를 정비하였다. 청소년정책에 관한 국가의무를 수행하기 위한 정책을 심의기구와 청소년육성에 관한 국가 및 지방자치단체의 업무를 총괄하는 부서를 둠으로써 청소년서비스 전달체계를 갖추고 책임행정이 이루어지도록 시도하였다.

셋째, 청소년헌장을 통해 청소년의 권리와 책임을 규정하였다. 의무사항이 아닌 선언적인 의미에서 청소년헌장이 마련되었지만 청소년에 관련한 정책과 제도의 방향성, 청소년에 대한 인권의 보장, 청소년이 사회에 대해 갖는 책임과 권리 등을 명시함으로써 청소년의 권익을 옹호하고 보장하는 데 근거를 제시해 주고 있다.

넷째, 청소년복지를 청소년정책 중의 한 분야로 인정하게 되었다. 청소년기본법을 통해 청소년육성을 청소년복지를 포함한 청소년수련활동, 청소년교류활동, 청소년복지, 청소년환경, 청소년문화, 청소년비행선도, 청소년상담 등의 7가지 영역으로 나누고 있다. 청소년기본법에 따르면 청소년육성은 청소년복지의 증진을 통해서 이루어진다는 것을 명시하고는 있지만 청소년복지에 관한 규정은 매우 미약하다. 따라서 청소년복지를 실현할 수 있는 구체적인 토대를 형성하지 못하고 있다. 특히 요보호청소년을 일시 혹은 장기적으로 수용 · 보호하고 치료하는 청소년쉼터, 가출청소년보호시설, 학대받는 아동일시보호시설, 약물오남용 치료시설, 청소년 중간의 집 등을 설치 · 운영하는 것에 대한 정부 지원 등에 관한 규정이 없었다. 무엇보다도 청소년복지사업의 가장 큰 문제점은 청소년기본법 속에 사회복지사업법과의 연계성을 규정하지 않아 청소년복지의 수행을 위해서 불가피하게 필요한 사회복지법인의 등록, 사회복지사의 채용, 사회복지시설에 대한 국가의 책임 등이 모두 배제되어 대부분의 청소년복지시설은 법적 · 행정적 지원을 받지 못하고 있으며 사회복지체계와 연계되지 못하고 있다는 점이다.

다섯째, 성장과정에 있는 청소년을 각종 유해한 사회환경으로부터 보호 · 구제하기 위해 법과 조직이 설치되었다. 청소년보호법은 인권 · 민생 등 국민의 기본적인 자유와 권리는 최대한 보장하지만 청소년 삶의 질을 저해하는 유해환경에 대해서는 엄격히 규제하고자 하는 의도에서 만들어졌다. 또한 청소년을 보호하기 위한 각종 시책을 독립적으로 추진하기 위하여 여성가족부 장관 소속하에 합의제행정기관으로서 청소년보호위원회를 설치하여 청소년보호위원회의 행정처분 권한으로 검사 및 조사권, 수거, 파기명령권, 시정명령권 등을 부여하였다.

여섯째, 교육보호의 제도화이다. 생활보호법의 개정(1982)으로 기존의 생계보호, 의료보호, 해산보호, 장제보호에 교육보호와 자활보호가 추가됨으로써 빈곤청소년들이 실질적인 혜택을 받았다. 기존에 의무교육이 실시되고 있다고는 하지만 그 수준이 미흡하여 실제적인 도움을 제공하는 데 한계가 있었는데 교육보호를 위한 지원을 제도화함으로써 빈곤청소년들의 교육권을 확대시켰다고 할 수 있다.

한편 노혁(2010)도 청소년복지의 발전 단계를 사회복지의 관점에서 세 가지로 구분하고 있다. 세 가지 발전단계는 다음과 같다.

(1) 청소년복지를 위한 태동기(1987년 이전)

이 시기는 아동복지법의 테두리 내에서 청소년에 대한 보호와 지원이 이루어진 시기이다. 특히 근로청소년, 비행청소년, 장애청소년 등 요보호청소년(아동)에 대한 복지지원에 초점이 맞추어졌다. 근로청소년과 장애청소년 등에게 경제적인 지원뿐만 아니라 교육적인 지원을 시작하여 청소년복지의 잠재적인 기반을 마련하였다. 그러나 장애청소년의 경우 청소년 후기연령층, 장애청소년에 대한 교육기회와 여건은 여전히 열악했으며, 근로청소년회관과 임대아파트를 건립하는 등 많은 지원이 있었지만 지속적인 산업화에 필요한 노동력을 확보하는 데 필요한 최소한의 복지를 지원하는 데 그침으로써 근로청소년의 행복한 생활과 복지권(welfare rights)을 고려한 충분한 지원은 되지 못했다. 또한 비행청소년에 대한 보호와 선도가 이루어졌지만 그 주된 목적은 비행을 예방하기 위해 청소년을 통제하고 처벌하는 데 두었다. 그 대표적인 사례가 미성년자 보호법이라고 볼 수 있다. 이 법은 미성년자의 보호를 목적으로 제정되었으나 통제와 처벌을 위주로 한 법 집행의 강화 등으로 여전히 청소년을 문제를 일으키는 대상으로 인식하고 있다. 따라서 청소년이 사회로부터 받는 불이익에 대해서는 적극적으로 옹호해 주지는 못하고 있다.

이처럼 이 시기에는 청소년의 권리와 복지라는 인식보다는 긴급구호의 방편이나 사회 안정이라는 목표에 더 많은 초점이 맞추어졌다(이용교, 1999). 그러나 일정 연령(18세 미만) 청소년 노동에 대한 보호가 이루어지고 청소년비행의 사회적 선도방안이 확대되는 등 청소년의 생활을 둘러싼 새로운 관심들이 생겨남으로써 청소년복지를 태동시킬 수 있는 긍정적인 기틀을 제공했다고 평가할 수 있다.

(2) 청소년복지의 포괄적인 관심기(1987년부터 1992년까지)

여전히 청소년을 아동복지법에 근거한 지원 대상으로 다루고 있지만 이 시기에 들어서면서 청소년복지는 새로운 전기를 맞는다.

1987년 11월에 청소년육성법이 제정되고 이어 1991년에 이 법을 개정한 청소년기본법이 제정됨으로써 청소년정책은 기본 법제를 갖게 된다. 더욱이 청소년기본법을 모태로 2003년 제정된 청소년복지지원법은 비록 청소년 관련 복지의 제한적인 규정이 제시되어 있지만 청소년복지를 위한 별도의 법률로서 그 의미를 갖는다. 이렇듯 청소년정책을 추진할 수 있는 제도가 마련되는 과정에서 청소년복지는 청소년정책의 한 부문으로서 제시된다. 이처럼 사회복지 분야가 아닌 청소년정책을 수립하고 시행하는 지점에서부터 청소년복지에 관심이 일어나기 시작했다. 이러한 관심은 사회복지 분야에서 청소년복지에 대해 활발하게 논의할 수 있는 환경을 촉발시키는 계기가 되었다.

그런데 이 시기에 청소년정책에 나타난 청소년복지에 대한 규정은 사회복지의 시각에서 보면 매우 포괄적이고 미흡하게 제시되어 있어 구색을 맞추기 위한 선언적 성격을 벗어나지 못한다고 평가될 수 있다. 다만 청소년 쉼터확충, 비행청소년을 위한 사회봉사명령제도의 활성화, 그리고 청소년상담시설의 확대 등 청소년복지와 관련된 다양한 사업과 정책이 이루어져 청소년복지에 대한 포괄적인 관심을 가진 시기로 볼 수 있다.

(3) 사회복지의 분야로서 청소년복지 정립기(1993년부터 현재)

1993년부터 시행된 청소년지도사 자격시험에 청소년복지론이 독립교과목으로 등장하면서 청소년지도사 자격시험교과목인 청소년복지론 교재가 1993년에 한국청소년개발원(현 한국청소년정책연구원)에서 발간되었다. 이에 따라 사회복지에서도 청소년복지의 방향과 성격, 내용에 대한 논의가 진행되었다. 그 결과 사회복지(사업)대학교육협의회에서 1998년도에 정리한 사회복지학 교과목에 청소년복지가 독립교과목으로 채택되었다. 이로써 본격적으로 청소년복지의 정체성과 방향에 대한 관심을 기울이기 시작했다.

그렇지만 아직도 청소년복지가 사회복지에서 어떤 위상으로 정립되어야 하는지에 대한 충분한 논의는 이루어지지 않고 있다. 이제 청소년복지는 사회복지의 새로운 분야로서 성격과 방법 그리고 내용에 대한 경험이 축적되고, 깊이 있게 연구되어야 할 시점에 와 있다.

이와 함께 청소년복지를 주요 교과목으로 가르치는 청소년학과 아동 관련학과의 협력과 소통을 통하여 통섭적 관점에서 청소년복지의 내용과 방법을 표준화하는 작업도 필요한 일이 될 것이다. 또한 아동복지법과 연계하는 작업도 거시적인 복지 안목에서 진행되어야 할 일이다.

chapter

03 청소년복지의 관련법 및 정책과 행정체계

1. 청소년복지정책

정규석 외(2013)는 청소년과 관련한 정책적 접근을 청소년복지정책, 청소년 관련법, 청소년복지행정으로 구분하여 제시하였다. 그들이 제시한 관련 내용들을 중심으로 한국청소년복지정책의 제도와 행정체계 등을 살펴보면 다음과 같다. 청소년복지의 법률적 정의는 「청소년기본법」에서 찾아볼 수 있다. 「청소년기본법」에서 청소년복지는 "청소년이 정상적인 삶을 영위할 수 있는 기본적인 여건을 조성하고 조화롭게 성장·발달할 수 있도록 제공되는 사회적·경제적 지원"으로 정의된다. 청소년복지정책의 현황을 살펴보기 위하여 사회복지정책 분석에서 보편적으로 사용되는 길버트와 스펙트(Gilbert & Specht, 1986)의 준거틀을 적용해 볼 수 있다. 즉, 급여대상자(수혜자) 선택 기준, 급여의 형태, 급여의 전달체계, 마지막으로 급여의 재원(finance)충당방법 등 네 가지 요소를 중심으로 우리나라 청소년복지정책의 주요 특성을 살펴보도록 한다.

1) 대상자 선택 기준

청소년기본법의 하위법인 청소년복지지원법의 정책 대상은 크게 '청소년'과 '위기청소년'으로 구분되고 있다. 전자는 9세 이상 24세 미만의 모든 청소년이며 후자는 가정문제가 있거나 학업 수행 또는 사회 적응에 어려움을 겪는 등 조화롭고 건강한 성장과 생활에 필요한 여건을 갖추지 못한 청소년을 의미한다. 따라서 청소년복지정책의 일차적인 급여대상 선정 기준은 '연령'이며 해당 연령의 모든 청소년을 정책 대상으로 한다. 이는 국민연금 등 사회보험에서 개인의 기여(contribution)에 따라 대상을 선택하고 보상의 일환으로 급여를 제공하는 것과는 차이가 있다. 청소년기본법과 청소년복지지원법에서 명시하고 있는 복지사업은 청소년의 인권보장(권리), 참여, 우대, 건강보장, 지역사회청소년통합지원체계(CYS-Net), 위기청소년 지원, 교육적 선도 등이다.

(1) 일반 청소년 대상 청소년복지정책

인권보장, 참여, 우대, 건강보장의 정책 대상은 모든 청소년이다. 인권보장과 참여는 모든 영역에서 청소년의 인권을 보장하고 청소년이 정당한 사회 구성원으로서 본인과 관련된 의사결정에 참여할 권리가 있음을 규정하고 있다. 건강보장은 세부 시행 내용이 구체적이지 않아 결국 모든 청소년을 대상으로 하는 복지사업은 청소년 우대제도에 국한되어 있다. 그러나 청소년 우대제도 역시 국가나 지방자치단체가 운영하는 수송, 문화, 여가시설을 청소년이 이용하는 경우 그 이용료를 면제하거나 할인해 주는 정도에 불과하다. 청소년증은 9세 이상 18세 이하 청소년이 학생, 비학생 간에 차별 없이 신분확인과 할인혜택을 받을 수 있도록 하기 위하여 2003년에 도입되었다. 그러나 청소년증 발급률은 해당 연령의 청소년 인구(652만여 명) 대비 0.005% 수준에 불과하다. 스코틀랜드의 경우 각종 청소년사업을 청소년카드와 연계 운영하여 90% 이상의 청소년이 청소년카드를 소지하고 있다. 프랑스는 지역 특성을 살린 청소년카드제가 광범위하게 시행되고 있다(김경준 외, 2007). 따라서 해당 연령의 모든 청소년을 위한 복지차원의 우대제도가 활성화될 수 있도록 하기 위해서는 각 지자체가 조례를 제정하거나 참여기관과 시설에 인센티브를 제공하고, 청소년증에 대한 홍보도 강화하여야 한다.

(2) 위기청소년 대상 청소년복지정책

위기청소년을 대상으로 하는 정책은 CYS-Net 운영, 특별지원, 청소년 가출 예방과 보호, 학업중단 청소년 지원, 이주배경 청소년 지원 등이 대표적이다. 먼저 위기청소년 특별지원사업은 다른 제도와 법에 의하여 지원을 받지 못하는 학업중단 청소년과 보호자의 보호를 받지 못하는 청소년을 대상으로 한다. 학업, 자립, 상담, 법률, 활동 지원과 월 10만 원에서 연간 최대 350만 원까지의 생계비를 지원하고 있다. 그러나 특별지원 대상자 선정 시 가구 소득 인정액을 적용하고 있어 개선이 필요하다. 예를 들어 청소년쉼터에 거주하고 있는 청소년이 학업중단이나 가출로 인해 부모로부터 일절 지원을 받을 수 없다고 하더라도 가구소득이 기준보다 높다면 특별지원을 받을 수 없다. 또한 제도가 시행된 2008년 이후부터 현재까지 전국 8개 시 · 도에서만 제한적으로 이루어지고 있어 사업을 운영하지 않는 지역의 위기청소년이 지원에서 배제되는 형평성의 문제도 있다.

다음으로 청소년 가출 예방과 보호, 지원을 목적으로 국가와 지자체는 청소년쉼터를 설치 · 운영하고 있나. 시자제를 포함한 정부지원을 받는 청소년쉼터는 총 83개소로 정원은 842명, 연간 이용인원은 8천여 명 수준이다(여성가족부, 2012). 마지막으로 교육적 선도는 비행 · 일탈 청소년, 일상생활에 적응하지 못하여 가정 또는 학교 외부의 교육적 도움이 필요한 청소년을 대상으로 6개월 이내에서 집단상담, 보호자 교육 · 상담, 자원봉사 · 수련 · 체육 · 문화활동 등을 지원하는 사업이다. 그러나 이 역시 전국 8개 시도에만 운영되고 있고 예산상의 제약으로 대상자는 연간 300여 명 수준에 불과하다(여성가족부, 2012). 즉, 법에서 명시한 위기청소년에 해당하더라도 거주 지역이 어디인가에 따라 선별적으로 지원을 받거나 지원에서 배제되는 상황이 발생하고 있다.

요약하면 청소년복지정책의 대상자 선정기준은 크게 두 가지로 나눌 수 있다. 첫째, 해당 연령 기준에 부합하는가? 이는 모든 청소년이 공통된 문제와 욕구를 지니고 있다는 보편성을 기반으로 하며 청소년 누구나 사회적 권리의 일환으로 정책 수혜를 받을 수 있다고 보는 것이다. 둘째, 성장과 발달을 위하여 사회적 지원과 개입을 요하는 위기청소년인가? 이 경우 전문가의 판단에 따라 대상자를 선정한다. 청소년복지정책은 1차적으로 차별과 낙인 없이 모든 청소년의 인권과 복지 향상을 기반으로 여기에 특별한 문제와 욕구가 있는 청소년에게 선별적으로 집중 지원하여 결국 모든 청소년의 전반적인 복지 향상을 목적으로 한다.

2) 청소년복지서비스의 제공 형태

청소년복지서비스는 청소년기본법, 청소년복지지원법, 아동복지법, 한부모가족지원법 등 관련법을 근거로 하여 주요 현금 및 현물, 돌봄 및 보호, 사업 및 프로그램 등의 형태로 제공되고 있다.

(1) 현금 및 현물

청소년복지지원법에 의한 특별지원 대상 청소년에게는 월 10만 원에서 연간 350만 원까지의 생계 지원과 생활, 건강, 학업, 자립, 상담, 법률, 활동 등을 지원한다. 인터넷 게임중독 청소년에게는 치료비를 지원한다. 또한 25세 미만 저소득 청소년 한부모의 경우 월 15만 원의 자녀양육비와 연간 1백만 원 수준의 검정고시 학습비를 지원받을 수 있다.

(2) 돌봄 및 보호

가출청소년과 성매매, 구조 청소년 등 위기청소년의 긴급구조와 일시보호를 위한 드롭인센터(Drop-in-center), 가출청소년쉼터, 청소년치료재활시설 및 기관을 운영하고 있다. 이와 함께 찾아가는(out-reach) 상담자인 청소년동반자(Youth Companion) 사업을 운영하여 위기청소년의 조기 발견과 사례관리를 목적으로 상담 및 정서지원, 지역사회 자원과의 연계활동을 통해 사회적 보호, 기초생활 및 경제적 지원, 교육 및 학업지원, 자활, 의료, 법률자문 및 권리구제, 여가 및 문화활동을 지원한다. 이외 CYS-Net 운영, 맞벌이 · 한부모 · 취약계층 청소년에게 방과 후 보호와 돌봄을 제공하는 청소년방과후아카데미를 수련관을 중심으로 운영하고 있다.

(3) 사업 및 프로그램

정책은 결국 사업과 프로그램의 형태로 전달된다. 현금 및 현물 지원, 돌봄 및 보호 역시 사업과 프로그램의 일환이라고 볼 수 있다. 청소년정책의 주관부처는 여성가족부가 담당하고 있다. 그러나 청소년 대상 사업과 프로그램은 다양한 부처에서 추진되고 있다. 여성가족부 사업으로는 빈곤, 가출, 학업중단, 인터넷중독 등에 대한 취약 · 위기청소년 대상 자립 지원 사업(두드림존 사업), 헬프콜 청소년 전화 1388, 인터넷 게임중독 해소 프로그램(레스큐 스쿨), 학교 밖 청소년지원센터 등이 있다.

3) 청소년복지서비스 전달 체계

정책 대상으로서 청소년 관련 업무를 관장하는 정부 부처는 여성가족부이지만 청소년에 대한 복지, 교육, 일자리, 비행예방 등의 정책은 관련 부처에서 각각 담당하고 있다. 청소년복지는 여성가족부 청소년가족정책실 내 청소년자립지원과에서 총괄하고 있다. 위기청소년을 대상으로 하는 대다수 복지서비스는 시 · 도 및 시 · 군 · 구의 청소년상담복지센터의 전달체계를 통해 지원되고 있다. 즉, 여성가족부의 독립적인 전달체계가 아닌 행정안전부의 전달체계가 활용되고 있다. 지자체의 경우 16개 시 · 도 가운데 11개 시 · 도는 청소년업무를 통합 수행하며 나머지 5개 시 · 도는 청소년업무가 다른 부서에 편제되어 있다. 전자의 경우 주로 여성가족정책실(국) 내에서 아동과 청소년복지정책을 통합 혹은 분리하는 형태로 추진되고 후자는 청소년정책의 잦은 부처 이동으로 인해 과거 업무 편제가 유지되는 상황이다. 지방자치제하에서도 중앙과 지방정부의 일관성 있는 업무 추진과 청소년복지서비스의 효과적인 전달을 위하여 부서 명칭을 통일하는 등 체계의 정비가 요구된다.

이와 함께 「아동복지법」에 근거한 아동정책을 주관하는 정부 부처는 보건복지부로 아동복지정책과 청소년복지정책도 이원화되어 있다. 현재 보건복지부는 18세 이하 아동에 대한 아동복지시설의 운영 · 지원, 퇴소아동 지원, 결식아동 급식, 지역아동센터 운영, 아동학대 예방 및 보호, 빈곤아동종합대책 수립, 아동발달지원계좌(Child Development Account: CDA) 운영, 입양 관련 사업을 담당하고 있다. 따라서 아동 · 청소년복지의 전달체계는 여성가족부, 보건복지부의 사업을 행정안전부의 지방행정조직이 상당 부분 수행하고 있고 개별 사업단위로 여성가족부-한국청소년상담복지개발원 - 청소년상담복지센터 혹은 보건복지부-중앙드림스타트센터 - 시 · 군 · 구 드림스타트센터의 서로 다른 전달체계를 가지고 있다. 또한 상당수 아동 · 청소년복지사업이 민간위탁 중심으로 운영되고 있어 공공성과 효율성을 담보하기 어려운 구조다.

4) 복지서비스의 재원

여성가족부 청소년정책관실의 소관 예산은 국고에 의한 일반회계, 광역지역발전특별회계, 청소년육성기금으로 구성되어 있다. 청소년복지정책의 안정적인 사업 추진과 기금 고갈 문제를 고려할 때 장기적으로 국고에 의한 일반회계로 추진되는 것이 가장 바람직하다.

청소년정책 예산은 2007년까지 꾸준히 증가하다가 최근 들어 급격히 감소하는 추세를 보이고 있다. 2008년 청소년정책이 보건복지가족부로 이관된 이후에도 총 예산의 증가 경향이 이어졌지만 이는 청소년정책과 아동정책 예산을 합친 결과로 청소년정책 예산은 실질적으로 감소하였다. 2010년 여성가족부로 이관된 후에도 감소추세가 지속되고 있다. OECD 평균 GDP 대비 아동 · 청소년 · 가족 대상 지출은 2.3%인 데 반해 우리나라는 0.3% 수준에 머물러 있다. 아동 · 청소년복지 관련 공공지출을 OECD 평균인 2% 수준에 맞추기 위해서는 교육예산을 포함하여 약 51조 원까지 예산 확대가 요구된다. 이 경우 아동수당 등 보편적 서비스 제공이 가능할 것으로 추정된다(김미숙 외, 2009; 정익중, 2009). 현재 청소년정책 사업을 추진하고 있는 중앙행정기관 전체 사업 예산은 약 1조5천억 원 규모로 예산 규모 자체는 적지 않으나 각 부처별로 분산된 예산집행구조를 가지고 있어 효율적이고 적절한 예산 집행이 이루어지도록 시행계획 등에 관한 평가가 필요하다(여성가족부 · 한국청소년정책연구원, 2012).

2. 청소년 관련법

우리나라 청소년정책은 헌법과 청소년기본법을 근간으로, 1997년 청소년보호법, 2004년 청소년활동진흥법과 청소년복지지원법이 제정되면서 활동 · 보호 · 복지의 법적 기반이 마련되었다. 우리나라에서 청소년을 주요 대상으로 한 최초의 법률은 1961년에 제정된 미성년자보호법과 1962년의 아동복리법이다. 이후 아동복리법은 1981년 아동복지법으로 전면 개정되었다. 1987년에는 청소년정책의 근거법이라 할 수 있는 청소년육성법이 제정되었으며 청소년육성법을 전면 개정한 청소년기본법이 1991년 3월에 제정되면서 청소년정책을 위한 기본 법제가 마련되었다.

1990년에는 청소년정책의 기본 이념과 방향 정립을 목적으로 청소년헌장이 제정되었고 이는 1998년에 새롭게 개정되었다. 이후 청소년 유해매체물과 유해약물의 유통과 유해 업소에의 청소년 출입 등을 규제함으로써 유해환경으로부터 청소년보호를 목적으로 1997년 청소년보호법이 제정되었고 청소년 성매매 행위가 심각한 사회문제로 대두되면서 2010년 아동·청소년의 성보호에 관한 법률이 제정되어 시행되고 있다. 특히 2004년에 제정된 청소년복지지원법과 청소년활동진흥법은 복지와 활동에 있어 청소년을 아동과 구분하여 별도의 정책 대상으로 인정하고 있다는 데 의미가 있다.

이외 입법목적과 입법대상이 각각 다르지만, 청소년을 직접 대상으로 하거나 청소년의 보호, 청소년의 권리 및 의무와 관계된 조항을 포함하는 법령과 규칙은 수백 개에 달한다. 여기에서는 청소년복지와 직접 관련된 헌법과 민법, 청소년기본법, 청소년복지지원법, 청소년활동진흥법과 함께 2010년 1월에 전면 개정된 아동·청소년의 성보호에 관한 법률의 주요 내용을 간략히 살펴보도록 한다.

1) 헌법

헌법은 청소년을 포함한 국민의 인간으로서의 존엄과 가치, 행복을 추구할 권리와 개인이 가지는 불가침의 기본적 인권에 대한 국가의 의무를 명시한 기본법이다. 헌법은 모든 법의 근간이 되며 청소년은 헌법에서 명시한 국민으로서의 권리와 의무를 지닌다. 청소년복지정책과 직접적인 관련이 있는 헌법 조항은 제10조, 제11조, 제31조, 제32조, 제34조 등이다. 구체적으로 살펴보면 헌법 제10조에는 인간으로서의 존엄과 가치, 행복을 추구할 권리를 담고 있고 제11조에는 누구든지 성별·종교 또는 사회적 신분에 의하여 정치적·경제적·사회적·문화적 생활의 모든 영역에 있어서 차별을 받지 않는다고 명시하고 있다. 제31조에는 모든 국민은 능력에 따라 균등하게 교육을 받을 권리가 있고 의무교육은 무상임을 명시하고 있다. 제34조에는 모든 국민은 인간다운 생활을 할 권리가 있으며 국가는 사회보장 · 사회복지 증진, 청소년의 복지 향상을 위한 정책을 실시할 의무를 진다고 규정하고 있다.

2) 민법

민법은 19세 미만의 자를 미성년자로 규정하고 부부가 부모로서 미성년자인 자녀를 양육하는 것과 관련한 기본법의 역할을 한다. 그러나 민법에서 부모의 자녀양육 의무에 관한 구체적인 규정은 찾아보기 어렵다. 이는 부모가 자녀를 양육하는 것을 당연한 의무라고 보는 인식이 반영되어 있기 때문이다. 다만, "친권자는 자를 보호하고 교양할 권리 의무가 있다." 정도로 매우 간략하게 그 내용이 명시되어 있다.

만약 18세 미만 아동 · 청소년을 대상으로 아동학대 사례가 발생하여 친권제한 혹은 친권상실과 후견자를 지정할 경우 민법을 근거로 한다. 그러나 민법상의 친권상실 선고 조항은 친권의 일부 제한이 불가하고 친권상실 선고만이 가능하므로 매우 중대한 사유가 있는 경우에만 성립된다. 또한 친족 또는 검사의 청구에 의해서만 가능하므로 만약 친족이 없거나 친족이 있더라도 적극 협조하지 않는 경우에는 신청 자체가 어렵다는 한계가 있다. 예를 들어 가정폭력과 학대의 상황에서는 부모의 친권보다 아동 · 청소년의 생존권이 무엇보다 우선시되어야 함에도 불구하고 민법을 근거로 한 친권제한은 다소 미온적일 수 있다는 것을 의미한다. 따라서 아동 · 청소년의 친족이나 검사가 친권상실을 청구할 수 없는 경우 당사자(자녀)가 친권상실을 청구할 수 있도록 인정해야 한다는 주장도 설득력을 얻고 있다(전경근 · 이은정, 2006).

3) 청소년기본법

정부는 보다 심각해지는 청소년 문제에 효과적으로 대응함에 있어 청소년 연령이 법규 간에 불일치하는 등 일관성이 없어 부처별 정책 수립 및 단속 등 대책 추진에 차질을 빚을 우려가 있다고 생각하고 청소년에 대해 통일된 연령의 적용 및 청소년에 대한 지원과 육성을 강조하는 청소년육성법을 제정하였다. 그러나 청소년육성법이 지나치게 선언적인 내용과 용어의 명목적 나열만을 포함하여 법적 구속력이 약하며 종래 각 부처가 담당하고 있는 업무의 언급 이외에는 다른 추가사항의 규정이 없다는 등의 한계점을 갖고 있었다(이용교, 1995). 따라서 전체 청소년을 대상으로 한 장기적인 종합계획인 한국청소년기본계획(1991.6.27.)을 효과적으로 추진할 수 있는 법적 뒷받침을 마련하기 위해 기존의 청소년육성법의 개정만으로는 곤란하다는 인식하에 육성법을 전면 개편하여 청소년기본법을 제정하였다.

청소년기본법은 헌법 다음으로 효력을 가지는 청소년육성정책의 존재형식이며 청소년육성정책에 관한 법률들의 특별법 지위를 가진다. 따라서 청소년정책을 다루는 다른 법령을 제정 또는 개정하거나 행정기관이 청소년육성에 관련되는 계획을 수립하는 때에는 위 헌법 규정과 청소년기본법의 규정에 위반되어서는 안 된다(조영승, 1990).

청소년기본법의 기본 법령의 주요 내용을 살펴보면 다음과 같다. 첫째, 청소년과 청소년육성의 정의를 명백히 밝히고 청소년육성에 관한 기본 이념을 밝히고 있다. 즉, '청소년 육성'이라 함은 청소년활동을 지원하고 청소년의 복지를 증진하며 사회여건과 환경을 청소년에게 유익하도록 개선하고 청소년을 보호하여 청소년에 대한 교육을 보완함으로써 청소년의 균형 있는 성장을 돕는 것을 말한다. 그리고 청소년이 사회구성원으로서 정당한 대우와 권익을 보장받음과 아울러 스스로 생각하고 자유롭게 활동할 수 있도록 하며 보다 나은 삶을 누리고 유해한 환경으로부터 보호받을 수 있도록 함으로써 국가와 사회가 필요로 하는 건전한 민주시민으로 자랄 수 있도록 함을 이 법의 기본이념으로 한다고 밝히고 있다.

둘째, 청소년의 성장을 위하여 가정과 사회가 그 책임을 수행할 수 있게 하는 필요한 법적 · 제도적 장치와 재원을 마련하는 책임을 국가와 지방자치단체에 부여하고 있다.

셋째, 청소년정책에 관한 관계기관 간의 연계 · 조정과 상호협력을 위하여 여성가족부에 관계기관의 공무원 등으로 구성되는 청소년정책 관계기관협의회를 두며 청소년육성에 관한 지방자치단체의 주요시책을 심의하기 위하여 특별시장 · 광역시장 · 도지사 및 시장 · 군수 · 구청장의 소속하에 지방청소년육성위원회를 설치하도록 하고 있다. 또한 청소년육성에 관한 국가 및 지방자치단체의 업무를 총괄하는 부서를 여성가족부로 두고 있다.

넷째, 청소년육성에 관해서는 직접적인 기본법적 성격을 가지면서 청소년 전반에 관해서도 중요한 기본적인 사항을 규정하고 있다. 구체적으로 살펴보면 청소년육성의 기능을 청소년수련활동, 청소년교류활동, 청소년복지, 청소년환경, 청소년문화, 청소년비행선도, 청소년상담 등의 7가지로 나누어 규정하고 있다. 또한 청소년활동의 영역을 고유활동 영역, 수련활동 영역, 임의활동 영역으로 구분하고 특히 국가와 지방자치단체가 수련활동 영역의 생활화를 보장하기 위하여 필요한 시책을 개발하고 고유활동 영역 및 임의활동 영역과 상호 보완하여 청소년의 균형 있는 성장이 가능하도록 지원할 수 있도록 청소년활동의 지원체계를 규정하였다.

다섯째, 청소년의 권리와 책임을 선언적으로 규정하고 있다. 즉, 청소년의 기본적 인권은 청소년활동 · 청소년복지 · 청소년보호 등 청소년육성의 모든 영역에서 존중되어야 한다. 청소년은 안전하고 쾌적한 환경 속에서 자기발전을 추구하고 정신적 · 신체적 건강을 해치거나 해칠 우려가 있는 모든 형태의 환경으로부터 보호받을 권리를 가진다. 청소년은 자신의 능력개발과 건전한 가치관의 확립에 힘쓰고 가정·사회 및 국가의 구성원으로서의 책임을 다하도록 노력하여야 한다고 청소년의 권리와 책임을 밝히고 있다.

그러나 청소년기본법에 대해 제기되고 있는 비판도 많다. 그 내용을 요약하면 먼저, 청소년관계법과 청소년기본법의 관계에 대한 논란이다. 청소년기본법에서는 '청소년육성에 관한 다른 법률에 우선하여 적용한다'라고는 규정되어 있으나 이 부분에 대해서는 청소년기본법의 법체계상의 지위를 청소년육성과 관련한 일반 법률에 우선하는 특별법으로 보는 입장과 헌법 아래의 다른 관련법과 마찬가지로 일반법에 불과하다고 주장하는 입장으로 나누어지고 있다. 예를 들어 아동복지법에서는 대상 연령을 18세 미만으로 규정하는 데 반해 청소년기본법에서는 9세에서 24세까지를 대상으로 하고 있다. 그러나 청소년기본법의 규정 중에서 청소년 관계법령과의 관계에서 상충 또는 중복되는 부분이 있을 경우에는 어떻게 적용해야 하는지가 명확하지 않다. 또한 청소년기본법의 모든 규정과 내용이 다른 청소년육성법의 내용을 기속하는 것은 아니다. 기본법 내의 많은 조항 등은 하나의 개별법 규정으로서 성격을 지니며 자체의 근본 규범에 지배된다. 예를 들어 청소년보호법이 청소년기본법의 보호에 관한 규정을 포함하여 많은 새로운 내용을 규정하고 있는 것과 같이 청소년육성에 관한 새로운 법들이 얼마든지 제정될 수 있다(조영승, 1999).

그리고 청소년기본법의 조항은 다른 법체계(학교교육, 사회교육)에 있어서는 법규의 내용을 구속하는 것이 아니라 청소년육성법 체계와의 상호 조화를 도모하는 원칙적·정신적 선언이며 다른 법체계에서 특별히 다른 규정을 가지고 있지 아니하는 한 청소년기본법의 규정이 해석, 적용의 기준이 될 뿐이다(조영승, 1999).

4) 청소년복지지원법

청소년복지지원법은 2004년 2월에 제정되었다. 2012년 2월 1일 전면 개정되면서 여성가족부 주관으로 이미 시행 중에 있는 청소년 우대, 건강보장, CYS-Net 운영, 가출 · 학업중단 · 이주배경 청소년에 대한 지원, 교육적 선도, 헬프콜 1388 청소년 전화 운영 등 기존의 청소년복지사업의 법적 근거가 마련되었다는 데 의미가 있다. 또한 청소년복지지원법은 아동복지법에서 다루지 못하는 18세 이상 후기 청소년을 위한 복지지원을 별도로 규정하고 있다는 점에서 상당한 의미가 있다. 그러나 청소년복지시설의 경우 청소년쉼터, 청소년자립지원관, 청소년치료재활센터 등 세 가지 유형만으로 규정되어 있고 아동복지법상의 아동복지시설 이용 대상과 연령 중복이 발생하고 있으나 그 적용에 대한 명확한 기준이 없는 상황이다. 또한 기존의 청소년(상담)지원센터를 청소년상담복지센터로 명칭만 변경하여 청소년복지지원기관으로 규정하고 있어 실제적인 청소년복지와 자립지원이 가능한가에 대한 비판도 일부 제기되고 있는 실정이다.

5) 청소년활동진흥법

청소년활동진흥법은 2004년 2월에 제정되었으며 총칙, 청소년활동의 보장, 청소년활동시설, 청소년수련활동의 지원 등 총 4장으로 구성되어 있다. 먼저 총칙에서 청소년활동시설은 수련활동 · 교류활동 · 문화활동 등 청소년활동에 제공되는 시설이며 청소년수련시설을 설치 · 운영하는 개인 · 법인 · 단체는 청소년활동을 활성화하고 청소년의 참여를 보장하기 위하여 청소년으로 구성되는 청소년운영위원회를 운영하여야 한다고 명시하고 있다.

이 법에서 규정하고 있는 청소년활동진흥에 관한 국가 및 지자체의 의무는 다음과 같다. 첫째, 청소년이 다양한 활동에 주체적 · 자발적으로 참여할 수 있도록 시책을 수립 · 시행하고 한국청소년활동진흥원을 설치하여야 한다. 둘째,

청소년활동시설을 청소년수련시설과 청소년이용시설로 구분하고 청소년수련시설에는 청소년수련관, 청소년수련원, 청소년문화의 집, 청소년 특화시설, 청소년야영장, 유스호스텔로 구분한다. 셋째, 청소년수련거리를 개발 · 보급하고 수련활동이 청소년의 균형 있는 성장에 기여할 수 있도록 청소년활동인증제도를 운영하도록 하고 있다. 넷째, 국제청소년교류활동의 지원, 교포청소년교류활동의 지원, 청소년교류센터의 설치 · 운영, 남 · 북 청소년교류활동의 제도적 지원을 할 수 있도록 하고 있다. 마지막으로 문화활동 프로그램 개발, 문화시설 확충 등 문화활동에 대한 청소년의 참여기반을 조성하는 시책의 개발 · 시행과 청소년축제의 발굴지원, 청소년동아리활동 및 청소년자원봉사활동 활성화를 위한 기반을 조성하도록 규정하고 있다.

청소년활동진흥법은 주5일 수업제의 전면 시행 등 청소년을 둘러싼 사회 환경의 변화에 대응하기 위한 법령으로 모든 청소년을 대상으로 하는 청소년활동 정책의 근간이라는 점에서 의미가 있다.

6) 아동 · 청소년의 성보호에 관한 법률

아동 · 청소년의 성보호에 관한 법률은 2000년 2월에 제정된 청소년의 성보호에 관한 법률이 2010년 1월 개정된 것이다. 이 법은 아동 · 청소년 대상 성범죄의 처벌과 절차에 관한 특례를 규정하고, 피해아동 · 청소년을 위한 구제 및 지원절차를 마련하여 아동 · 청소년 대상 성범죄자를 체계적으로 관리함으로써 아동 · 청소년을 성범죄자로부터 보호하고 건강한 사회 구성원으로 성장할 수 있도록 함을 목적으로 한다. 아동 · 청소년 대상 성범죄의 처벌과 절차에 관한 특례, 아동 · 청소년이 건강한 사회 구성원으로 성장할 수 있도록 함을 목적으로 한다. 아동 · 청소년 대상 성범죄의 처벌과 절차에 관한 특례, 아동 · 청소년 대상 성범죄의 신고 · 응급조치와 지원, 아동 · 청소년의 선도보호, 아동 · 청소년

대상 성범죄로 유죄판결이 확정된 자의 신상정보 등록 및 공개와 취업제한 등 총 5개의 장으로 구성되어 있다. 단, 이 법에서 아동·청소년은 19세 미만의 자로 규정하고 있어 청소년기본법에서의 청소년 대상 연령과는 차이가 있다.

아동·청소년의 성을 사는 범죄의 대상이라 할 수 있는 '대상 아동·청소년'은 보호 및 재활을 위하여 처벌받지 않고 법원 소년부로 송치되어 소년법에 따른 보호처분을 받거나 교육 및 수강(상담)명령 등 부과처분을 받을 수 있다. 성매매 청소년의 선도, 재활을 위하여 경찰 단계에서 단순 훈방하기보다는 법원 단계에서 보호처분을 적극 시행하는 것이 효과적일 것이다(문선화 외, 2010).

7) 청소년보호법

우리 사회의 자율화와 물질만능주의의 경향에 따라 날로 심각해지고 있는 음란·폭력성의 청소년 유해매체물과 유해약물 등의 청소년에 대한 유통과 유해한 업소에의 청소년출입 등을 규제함으로써 성장과정에 있는 청소년을 각종 유해한 사회 환경으로부터 보호·구제하고 나아가 건강한 인격체로 성장할 수 있도록 하기 위해 1997년 청소년보호법이 제정되었다. 그러나 일부 법조문 중 법 집행상의 실효성 확보와 해석상의 논란, 규정 미비로 인한 청소년보호 사각지대 해소 등을 위하여 1999년 일부 개정하였다. 이것은 인권·민생 등 국민의 기본적인 자유와 권리는 최대한 보장하지만 환경·자연·청소년 등 국민의 삶의 질을 향상하기 위해서는 엄격히 규제하는 세계 각국의 추세에 따른 것이다.

청소년보호법은 제1장의 총칙에 이어서 제2장 청소년유해매체물의 청소년유통규제, 제3장 청소년유해업소, 청소년 유해약물 및 청소년 유해행위 등의 규제, 제4장 청소년보호위원회, 제5장 보칙 및 부칙으로 구성되어 있다.

청소년보호법의 의의와 특징을 살펴보면 다음과 같다. 첫째, 이 법의 보호 대상자인 청소년을 19세 미만으로 규정하고 있다. 둘째, 청소년 유해환경의 규제에 관한 형사처벌에 있어서 이 법은 다른 법률에 우선하여 적용됨을 밝히고 있다. 셋째, 국가는 청소년보호를 위해 청소년 유해환경의 정화에 필요한 모든 시책을 강구 · 시행해야 할 책임을 분명히 하고 단속의 실효성을 보장하며 유해환경 정화에 광범위한 국민적 참여 장치를 마련하고 있는 법률이다. 기존 법률들은 단속의 실효성을 적극적으로 고려하고 있지 않은바 오늘날 청소년 유해환경은 국민 모두의 동참 속에서만 정화될 수 있음에 착안하여 누구든지 청소년 유해매체물이나 유해약물 등을 발견할 때에는 관계기관에 신고 · 고발하도록 하고 국가와 지방자치단체는 민간의 자율적인 감시 · 고발활동을 조장하고 이에 필요한 지원을 할 수 있게 하였다. 넷째, 청소년보호를 위한 전담행정조직의 설치근거를 규정하였다. 이 법의 규정에 의한 업무와 유해환경으로부터 청소년을 보호하기 위한 각종 시책을 독립적으로 추진하기 위하여 여성가족부장관 소속하에 합의제 행정기관으로서 청소년보호위원회를 설치하였다. 또한 이 법의 규정에 의한 각종 의무와 금지사항의 위반행위에 대한 청소년보호위원회의 행정처분 권한으로 검사 및 조사권, 수거, 파기명령권, 시정명령권 등을 부여함으로써 법 집행의 실효성과 청소년보호 업무의 신속성, 전문성을 기하고자 하였다. 다섯째, 불법 유통물에 대한 규제와 단속에 초점을 둔 법률이다. 이 법의 시행으로 각종 매체물에 상이하게 적용되던 기존의 심의기준이 청소년보호를 위해 통일된 심의기준을 적용받게 되며 유해 표시, 포장, 구분 진열, 방송 제한 등의 방법으로 유해매체물과 약물의 청소년 대상 유통을 강력히 제한 · 금지하고 있다.

청소년보호법은 형법 관련법의 특별법적 성격을 가지고 있기 때문에 형법이 가지고 있는 규제법으로서의 특징을 당연히 가지고 있다. 이러한 성격은 이 법이 청소년의 올바른 육성 혹은 청소년의 욕구를 고려한 청소년복지를 적극적으로 실현하겠다는 의지보다는 청소년의 덕성을 훼손하는 유해환경의 정화를 통해 청소년이 현재의 상태보다 더 나빠지는 환경 조성을 차단하겠다는 의지의 표명으로 해석된다.

이는 호기심이 많은 청소년의 특성을 악용하는 일부 몰지각한 기성세대의 잘못된 상업 형태를 바로잡는 데에는 상당히 기여하여 일상생활 속에서 청소년을 유혹하는 환경을 정화하는 데에 효과가 있을 것으로 기대된다.

그러나 청소년보호법이 사회적 유해환경으로부터 청소년을 보호하여 궁극적으로 청소년의 복지 증진에 기여하기 위해서는 청소년의 심리 · 사회적인 특성을 배려하는 사회적 여건의 개선이 수반되어야 한다. 즉, 규제는 청소년 보호의 최후 정책이고 규제 이전에 청소년들이 스스로 그러한 유해환경에의 접촉을 하지 않도록 그들의 내성을 길러주고 대체 프로그램을 개발하며 그와 관련된 사회적 관행을 개선하는 것이다. 그 방안을 구체적으로 제시하면 다음과 같다.

첫째, 눈높이 성교육 강화이다. 청소년보호법에서는 청소년들의 성적 호기심 등을 자극하는 모든 불법 매체물을 원천적으로 차단하고자 시도하고 있다. 이것은 청소년들에게 죄의식과 부끄러움을 유발하면서 그들의 욕구를 음성적으로 해결하는 것을 방지할 수는 있다. 그러나 청소년은 일생에서 가장 강한 성적 에너지를 생산해 내고 있으며 이에 대한 호기심이 매우 높기 때문에 이러한 관심을 물리적으로만 차단하는 것은 한계가 있다. 따라서 청소년들의 눈높이 수준에서 이루어지는 성교육이 절실하다.

둘째, 청소년 약물남용 예방 및 재활센터 설립이다. 현재 청소년보호법에 의하면 유해매체물의 배포 등과 유해약물 등의 판매 등에 관한 벌칙은 다른 법률보다 강화하여 단속의 의지를 보이고 있다. 그러나 이러한 매체물 및 약물 등에 직 · 간접적으로 접촉하는 청소년의 보호에 관한 규정은 거의 없다. 직접 청소년을 대상으로 처벌이 아닌 보호와 지원에 대한 세심한 배려가 필요하다. 현재 청소년의 약물남용과 관련하여 청소년보호법시행령 제21조에 의하면 약물남용청소년의 재활을 위한 시설을 설치할 수 있다는 임의 규정만 있을 뿐이다. 따라서 각 지방에서 의무적으로 설립하도록 하기 위해서는 강제조항으로 변경하는 것이 필요하다. 현재 정부는 국립청소년재활센터를 몇몇 지역에서 운영하고 있다.

셋째, 청소년보호법 집행 시에는 다음과 같은 점을 유의해야 한다. 먼저 청소년을 고용하는 유해업소의 엄단이다. 청소년보호법의 발효로 청소년을 고용하는 유해업주의 처벌이 강화된 것은 사실이다. 그러나 현실은 청소년 유해업소의 미성년자 고용의 폐해는 근절되지 않고 있으며 오히려 업주의 위험부담 증가라는 이유로 이러한 업소는 더욱 음성화하고 청소년의 노동력 착취 및 학대는 극에 달할 가능성이 높아졌다. 또한 우리 사회는 불행하게도 이러한 업소를 이용하는 기성세대의 도덕적 불감증이라는 매우 깊은 관행이 자리 잡고 있는 것처럼 보인다. 이러한 행위를 일삼는 업주는 반인륜적 범죄로 취급하는 경찰행정력이 요구된다. 나아가 이러한 업소를 이용하는 기성세대에게도 경종을 울리고 도덕적 불감증에 대한 경고 메시지를 전달할 수 있는 장치가 요망된다.

더불어 유해업소 선정의 현실성 강화가 필요하다. 청소년 유해환경감시단 등의 실무자들의 주장에 의하면 청소년의 정서에 악영향을 끼치는 유해업소 혹은 유해매체임에도 불구하고 청소년보호법으로 단속할 수 없는 경우가 있다고 한다. 예를 들면 일부 다방은 실제로는 소위 말하는 티켓다방임에도 불구하고 휴게음식점으로 등록되어 있어 청소년의 출입은 말할 것도 없이 아르바이트 및 취업까지도 하여 탈선을 하는 경우가 있다고 한다. 또한 일부 잡지는 그 선정성과 폭력성이 정제되어 있지 않아 청소년의 건전한 이성을 왜곡시킬 수 있는 내용으로 구성되어 있음에도 불구하고 유해 간행물로 분류되어 있지 않거나 판매하는 곳이 지하철역 등의 영세한 좌판대에서 이루어지기 때문에 법의 적용에서 제외되는 경우가 많다고 한다. 법으로 모든 것을 강제하는 것은 불가능하고 또한 통제가 능사가 아니다. 그러나 청소년의 건강한 판단을 흐리게 하고 오히려 잘못된 정보의 제공이나 감각적인 것만을 자극하는 것은 예민한 청소년 시기에는 특히 피하는 것이 바람직하므로 법의 사각지대 및 맹점에 대한 세심한 주의가 요망된다.

3. 청소년복지행정

청소년복지행정은 청소년복지와 관련된 법과 정책의 집행이라는 개념으로 이해할 수 있다. 따라서 청소년복지행정은 법에 기반한 조직을 통한 서비스의 전달과정을 포함하며, 궁극적으로 정책이 의도하는 바를 효과적이고 효율적으로 달성하는 것을 목적으로 한다. 청소년복지행정은 크게 청소년에 대한 복지서비스 지원기능, 청소년 시설 및 기관을 포함하여 유해환경에 대한 제재와 규제기능으로 구분할 수 있다. 여기에서는 청소년복지행정 전달체계와 청소년복지정책 인프라를 중심으로 살펴보기로 한다.

1) 청소년복지행정 전달체계

(1) 공공 전달체계

① 우리나라 청소년복지의 공공 행정체계는 청소년정책 주관 부처인 여성가족부와 시 · 도 및 시 · 군 · 구 그리고 일선의 전담 공무원을 의미한다. 이와 함께 여성가족부 산하기관인 한국청소년상담복지개발원과 한국청소년활동진흥원이 청소년복지사업을 일부 담당하고 있다. 표 3-1은 여성가족부 내 청소년정책 담당부서의 주요 업무를 요약한 표이다. 현재 여성가족부의 청소년정책 담당부서는 청소년가족정책실 내 청소년정책과, 청소년활동진흥과, 청소년자립지원과, 청소년보호과, 청소년매체환경과 등 5개 부서와 청소년보호중앙점검단 등이다. 취약 · 위기청소년을 대상으로 하는 청소년복지정책은 청소년자립지원과에서 총괄하고 있다. 단, 24세 이하 청소년 한부모에 대한 자립지원은 가족지원과에서 담당하고 있다.

〈표 3-1〉 청소년정책 담당부서 및 주요 업무

구분	주요업무
청소년정책과	청소년정책 총괄 · 조정, 청소년정책 연구개발 및 제도개선, 청소년참여 및 권리증진 등
청소년활동진흥과	청소년수련활동, 청소년국제교류, 문화 · 예술체험활동 등 청소년 활동진흥, 청소년수련시설 건립 지원 등
청소년자립지원과	청소년복지정책 총괄, 청소년치료센터, 특별지원 청소년 지원, 위기청소년 사회안전망 · 상담 · 통합지원 등
청소년보호과	청소년 보호정책 총괄 및 교육 · 홍보, 청소년 유해약물, 유해업소, 유해행위 등 유해환경 개선
청소년매체환경과	청소년 유해매체 환경개선, 청소년 유해매체물 심의 · 결정, 청소년 유해매체물 모니터링, 청소년 인터넷중독 등 매체물 역기능 해소 등
청소년보호중앙점검단	청소년 유해환경 기획 점검 · 단속, 관계부처 합동 청소년보호 종합대책 추진 · 관리, 지자체 청소년정책 점검 · 평가 및 청소년 긴급구호 활동 추진 등

② 시 · 도 및 시 · 군 · 구

시 · 도 및 시 · 군 · 구의 경우 청소년업무를 담당하는 부서는 다양한 명칭을 사용하고 있다. 아동 · 청소년업무를 함께 담당하거나 사회복지과, 주민생활지원과 등 주로 복지업무를 담당하는 부서에서 청소년업무를 함께 담당하는 경우가 가장 많다. 이외 체육청소년과 또는 문화체육과에서 담당하는 등 지자체별로 청소년업무를 담당하는 부서는 차이가 있다. 이는 각 지자체별 여건과 상황이 반영된 것이기도 하지만 그동안 청소년업무를 주관하는 정부부처가 문화체육부, 문화관광부, 국가청소년위원회, 보건복지부, 여성가족부 등으로 이관되면서 관련 조직 명칭을 그대로 사용하기 때문인 것으로 이해된다. 지방자치세하에서 각 지자체별로 청소년업무를 담당하는 부서의 명칭에 차이가 있을 뿐 아니라 청소년복지사업의 내용과 수준에서도 편차가 발생하고 있다. 2011년 현재 16개 시도에서 643개 청소년 관련 사업이 추진 중에 있다(한국청소년정책연구원, 2011).

③ 청소년육성전담공무원

공공 전달체계의 마지막 단계는 청소년업무를 담당하는 공무원이다. 지금까지 청소년 관련 업무는 시 · 도 및 시 · 군 · 구를 거쳐 읍 · 면 · 동의 행정 공무원이 다른 업무와 함께 담당하는 경우가 일반적이었다. 그러나 「청소년기본법」에 의거하여 시 · 도, 시 · 군 · 구 및 읍 · 면 · 동에 청소년육성전담기구를 설치하고 청소년육성전담공무원을 둘 수 있다. 청소년육성전담기구는 청소년육성에 관한 업무를 효율적으로 운영하기 위한 전담기구로 청소년지도사 또는 청소년상담사의 자격을 가진 자를 청소년육성전담공무원으로 둘 수 있다. 다만, 이 규정은 강제가 아닌 임의 규정이라는 점에서 분명한 한계가 있다.

④ 여성가족부 산하기관

여성가족부의 서비스 전달체계로 청소년복지지원법을 근거로 운영되는 한국청소년활동진흥원과 한국청소년상담복지개발원이 있다. 한국청소년활동진흥원은 기존의 청소년기본법에 의한 한국청소년진흥센터와 청소년활동진흥법 상의 한국청소년수련원이 통합하여 일원화된 조직이다. 청소년자원봉사, 청소년수련활동인증제, 국제청소년성취포상제, 청소년국제교류를 포함한 청소년 체험활동 활성화, 활동 프로그램의 개발 및 보급, 청소년 관련 기관과 시설에 대한 지원 및 평가, 청소년지도사 양성 등의 업무와 국립중앙청소년수련원(충남 천안), 국립평창청소년수련원(강원 평창), 국립고흥우주체험센터를 운영하고 있다. 한국청소년상담복지개발원은 1993년 청소년 대화의 광장이라는 이름에서 출발하여 2012년 청소년복지지원법을 전면 개정하면서 기존의 한국청소년상담원 명칭을 변경한 것이다. 이로써 한국청소년상담복지개발원은 전국 청소년상담복지 관련 기관을 총괄하는 허브 기관으로서 상담 · 지원 프로그램개발, 청소년상담 및 교육연수사업, 전문상담사업, CYS-Net 지원, 청소년상담 · 지원체계 활성화 등을 담당하고 있다(여성가족부, 2011).

(2) 관계기관 협의회 및 지방청소년육성위원회

① 청소년정책 관계기관 협의회

청소년정책 관계기관 협의회는 청소년기본법 제10조를 근거로, 관계기관 간의 연계 · 조정과 상호 협력을 목적으로 하는 총괄 · 조정기구다. 두 개 이상의 행정기관이 관계된 청소년정책의 조정에 관한 사항과 여러 부처가 협력 추진할 사안이 협의회에서 다루어진다. 그러나 아동정책과 청소년정책이 분리되고 있어 아동복지법에 근거한 아동정책조정위원회도 별도로 가동되고 있다. 즉, 아동 및 청소년정책 조정기구도 이원화되어 있는 상황이다.

② 지방청소년육성위원회

지방자치단체는 각 시 · 도 및 시 · 군 · 구의 청소년육성에 관한 주요시책을 심의하기 위하여 특별시장, 광역시장, 도지사 및 시장 · 군수 · 구청장 소속하에 지방청소년육성위원회를 두고 있다. 위원회의 구성과 조직, 운영에 관한 사항은 조례로 정한다. 따라서 위원회의 성격은 각 시 · 도별로 상이하며, 부산, 대전, 충남은 심의기구로 운영 중에 있으나 대부분의 시 · 도는 의결권이 없는 자문기구로 운영되고 있다. 단, 제주도는 자문기구이나 기금 사용에 관해서는 심의를 거치도록 하고 있다(여성가족부, 2011).

③ 청소년지도위원

시 · 군 · 구에서는 조례로 청소년지도위원의 자격 등을 정하고 시장 · 군수 · 구청장이 청소년지도위원을 위촉한다. 청소년지도위원은 해당 지역에 거주하는 청소년지도자나 주민 가운데 위촉할 수 있고 지역사회 내 청소년 보호와 선도 등을 지원한다.

(3) 중앙행정기관

여성가족부 외에 중앙행정기관에서 독자적으로 청소년 관련 사업이 추진되고 있다. 2011년 현재 35개 중앙행정기관(15부 2처 18청) 중 27개 기관에서 255개 청소년 관련 사업이 이루어지고 있다. 각 정부부처는 청소년기본법을 근거로 연도별 시행 계획을 수립하고 여성가족부에 제출하여야 한다. 그러나 시행 계획에 대한 평가 및 점검에 관한 규정이 없어 중복성의 문제가 있고, 부처 간의 사업 연계를 통한 시너지 창출 방안에 대한 검토가 충분하게 논의되고 있지 않아 개선이 요구된다.

(4) 민간 전달체계

민간 전달체계는 청소년사업을 운영하는 기구 및 자발적인 단체와 조직을 의미한다. 따라서 정부 및 지자체의 보조금을 받아 위탁사업을 운영하거나 회원들의 회비 및 후원금으로 운영되는 경우도 있다. 대표적인 단체가 YMCA, YWCA, 스카우트, 흥사단, 4H 등이 있다.

2) 청소년복지정책 인프라

(1) 재정기반

2012년 현재 전체 정부예산은 325조 4천억 원으로 27개 중앙행정기관에서 255개 청소년 관련 정책이 시행되고 있으며 이들 사업의 전체 예산은 약 1조 5천억 원 규모다(김기헌, 2012). 청소년정책의 재정기반은 국고에 의한 일반회계와 특별회계, 청소년육성기금으로 구성된다. 여기에 각 지방자치단체의 지방비가 더해진다. 2012년도 청소년정책 예산은 총 1,476억 원으로 일반회계 481억 원, 청소년육성기금 580억 원, 광역지역발전특별회계 414억 원으로 구성되어 있다.

① 일반회계

일반회계는 국가재정법에 의해 조세수입 등을 주요 세입으로 하여 국가 고유의 역할 수행과 관련된 세입과 세출을 포괄하는 회계를 의미한다. 2012년도 청소년정책 예산 가운데 일반회계 예산은 481억 6,400만 원으로 전체 청소년정책 관실 예산의 32.6% 수준이며 전년도에 비해 46%가량 증액되었다. 그러나 이는 기존에 청소년육성기금에서 운영비가 지원되던 한국청소년상담복지개발원 운영지원과 한국청소년활동진흥원 운영지원비 252억 4,500만 원이 일반회계로 전환되었기 때문이다. 현재 일반회계에 의한 청소년사업은 청소년정책기반 강화, 인권증진, 방과 후 활동지원, 청소년 자립 및 가출예방, 유해환경 개선 등이 있다.

② 특별회계

특별회계는 국가에서 특정한 사업을 운영하고자 할 때, 특정한 자금을 보유하여 운영하고자 할 때, 특정한 세입으로 특정한 세출을 충당함으로써 일반회계와 구분하여 계리할 필요가 있을 때에 법률로써 설치하는 예산이다(국가재정법). 국가균형발전특별법에 따라 지자체의 지역발전 사업을 지원하는 중앙정부 예산으로 광역지역발전특별회계가 대표적이다. 광역지역발전특별회계는 청소년시설 건립 및 개보수 등 청소년시설 확충에 사용되며 2012년에는 전년도에 비해 7억 9,400만 원 감소한 414억 7,70만 원으로 전체 청소년정책 예산의 28.1% 규모다.

③ 청소년육성기금

청소년육성기금은 1987년 청소년육성법을 근거로 마련되었고 1989년 국민체육진흥법이 제정되면서 기금이 조성되기 시작하였다. 청소년육성기금은 정부출연금, 국민체육진흥기금의 전입금, 사회특별적립금의 전입금, 민간출연금 등 법적 의무 규정에 따라 조성된 것이다. 그동안 청소년정책을 담당한 책임 행정부서의 잦은 이동으로 기금관리의 안정성이 저하되고 수입은 감소된 반면 일반회계사업이 기금사업으로 전환되면서 2005년 이후 수주성액이 적자로 돌아서 기금 고갈의 위기에 처해 있다.

다행히 2012년부터 한국청소년상담복지개발원 운영비지원과 한국청소년활동진흥원 운영비지원이 청소년육성기금에서 일반회계로 전환되고 복권기금 전입이 43억 원에서 340억 원으로 297억 원이 증액되어 기금 고갈 상황이 다소 개선되기는 하였다. 그러나 기금지출 가능 규모는 약 382억 원 수준으로 추가 사업재원이 확보되지 않을 경우 기존 사업의 축소나 폐지가 불가피하다. 따라서 부족한 사업비는 정부출연금을 통해 확보하거나 지역 간 재정 불균형에 따른 편차 조정 금액만큼 육성기금으로 조성하는 방안이 강구될 필요가 있다. 또한 기존의 육성기금 재원인 국민체육진흥기금과 경륜사업 수익에 대한 법정부담금의 배분 비율을 명시화하거나 카지노사업자납부금, 인터넷게임중독 예방부담금, 국제교류기여금 등 신규 재원을 발굴하는 노력이 필요하다(김기헌 외, 2011).

2012년 청소년정책관실 예산 중 육성기금에 의한 예산은 전년도에 비해 154억 500만 원 감소한 580억 3,600만 원 수준이며 전체 청소년 예산 중 39.3%를 차지하고 있다. 즉, 청소년쉼터 운영지원, 청소년 사회안전망 구축 등 위기청소년을 대상으로 하는 필수사업이 여전히 일반회계가 아닌 기금에 의존하고 있는 실정이다. 그러나 청소년복지 관련 사업 상당수가 지방이양사업이므로 분권교부세와 지방비로 추진되고 있어 각 지자체별 청소년복지사업 재정에 상당한 편차가 발생하고 있는 것 역시 문제로 지적된다.

(2) 시설기반

청소년복지 및 활동의 시설기반은 청소년활동진흥법 제10조에 따른 청소년수련시설과 청소년이용시설이 대표적이다. 국가 및 지자체는 물론 법인, 단체 또는 개인 등의 민간분야도 활동시설을 설치·운영할 수 있으나 민간의 경우 시·군·구청장의 허가를 받아야 한다. 청소년수련시설은 수련관 168개, 문화의 집 216개, 수련원 174개, 야영장 41개, 유스호스텔 116개, 특화시설 6개 등 총 721개가 운영 중에 있다(여성가족부, 2011). 청소년이용시설에는 국립중앙박물관, 국립중앙도서관 등 문화시설, 국립중앙과학관 등 과학관, 생활체육공원, 국민체육센터 등의 체육시설이 해당된다.

이와 함께 「청소년기본법」에 의해 설치된 한국청소년활동진흥원, 한국청소년상담복지개발원과 각 지자체가 국비 및 지방비를 활용하여 시 · 도 및 시 · 군 · 구 단위에서 설치 · 운영하고 있는 청소년상담복지센터, 지방청소년활동진흥센터가 있다. 청소년상담복지센터 운영은 지방이양사업이므로 지자체별로 별도의 공익법인 설립을 통해 직영하는 형태와 청소년단체 등에 위탁 운영하는 방식을 취하고 있다. 청소년상담복지센터는 지역사회청소년통합지원체계 운영의 허브기관이며 헬프콜 청소년전화 1388 운영, 가출, 학업중단, 인터넷중독, 자살, 새터민 · 다문화 등 위기청소년 통합지원 및 긴급구조, 학업중단 청소년의 학업복귀 지원사업 등의 업무를 수행한다. 지방청소년활동진흥센터 운영에는 국비 40%, 지방비 60%가 보조되고 있으며 청소년활동진흥법 제7조에 규정된 사업을 중심으로 지역의 특성화된 청소년활동을 추진한다.

(3) 인력기반

청소년복지정책의 인력기반은 청소년기본법에서 명시하고 있는 청소년지도자가 대표적이다. 청소년지도자에는 청소년지도사, 청소년상담사, 청소년육성전담공무원, 청소년지도위원이 포함된다. 이와 함께 청소년시설 및 단체, 청소년 관련 기관에서 청소년복지와 보호 관련 업무 종사자들이 중요한 인력기반이 되고 있다. 2010년까지 청소년지도사는 2만 3,779명, 청소년상담사는 4,070명이 배출되었다(여성가족부, 2011). 특히 2012년에는 청소년지도사와 청소년상담사에 대한 보수교육 의무 조항이 신설되었다. 따라서 청소년시설 및 단체 등에서는 청소년기본법의 배치기준에 따라 청소년지도사와 청소년상담사를 배치하여야 한다. 또한 이들이 전문가로서 자질향상을 위하여 정기적인 보수교육을 받도록 하여야 한다. 그리고 보수교육을 이수하지 않거나 보수교육을 이유로 불리한 처우를 할 경우에는 100만 원 이하의 과태료를 부과하도록 하고 있다.

chapter

04 청소년복지의 개별실천

청소년기는 신체적, 육체적으로 급격한 변화를 겪으며 혼란과 도약을 위한 도전을 경험하게 된다. 가정과 사회는 청소년의 건강한 성장을 위한 기반이 되어야 하지만 현재 청소년이 처한 환경은 매우 불안하다. 경쟁 위주의 학교교육, 인터넷으로 인한 소통 부재, 불안한 가정환경은 학교폭력, 자살, 학교부적응 등의 다양한 문제를 보이며 청소년들의 발달을 저해하고 있다. 청소년복지에서 개인상담, 집단상담은 청소년들의 문제에 직접 접근함으로써 청소년의 발달과 문제해결을 돕는 실천방법으로 많이 활용되고 있다.

1. 청소년 개인상담

1) 상담의 정의

C. Rogers는 "상담이란 치료자와의 안전한 관계에서 자아의 구조가 이완되어

과거에는 부정했던 경험을 자각해서 새로운 자아로 통합하는 과정"이라고 정의하여 상담의 과정적 측면을 강조하고 있다(이혜성 외, 1996).

이장호(2005)는 도움을 필요로 하는 사람이 전문적인 훈련을 받은 사람(상담자)과의 대면관계에서 생활과제의 해결과 사고, 행동, 감정 측면의 인간적 성장을 위해 노력하는 학습과정으로 정의하였다.

상담의 정의에 나타난 상담의 특징을 살펴보면 다음과 같다(이혜성 외, 1996).

① 상담은 상담전문가에 의해 제공되는 전문적 활동이다.
상담관계는 상담자가 클라이언트를 긍정적인 방향으로 변화시킬 책임을 가지고 수행되는 전문적 관계이다. 따라서 상담자는 일상적인 관계에서는 발견할 수 없는 전문적 지식과 기술을 갖추어야 한다.

② 상담은 상담자와 클라이언트의 관계에 기초를 둔 과정이다.
효과적인 상담은 상담자와 클라이언트의 관계에 기초를 둔 것으로 상담자와의 관계의 질은 상담에서 매우 중요한 요소이다.

③ 상담은 의사결정 문제와 문제해결에 관여한다.
상담은 클라이언트로 하여금 자신의 구습에서 벗어나 의사결정을 하고 문제를 해결할 수 있도록 대안을 창출하는 것으로 클라이언트로 하여금 의사결정기술과 문제해결방법을 가르치는 것은 상담의 중요한 기능이 된다. 따라서 상담전략은 변화시킬 클라이언트의 행동을 발견하고 변화시키기 위한 적절한 단계에 초점을 맞추게 된다.

④ 상담은 클라이언트로 하여금 새로운 행동을 학습하거나 새로운 태도를 형성하도록 하는 것이다. 상담전략은 변화시킬 클라이언트의 행동을 발견하고 이들을 변화시키기 위한 적절한 단계에 초점을 맞추게 된다. 클라이언트의 행동변화가 상담의 중요한 결과가 되는 것이다.

⑤ 상담은 개인 존중에 기초한 상담자와 클라이언트의 상호협력활동이다.
상담자와 클라이언트가 같이 상담과정에 참여하며 상담의 목표도 상담자

와 클라이언트가 합의하여 결정하고 구체화한다.

상담에 대한 정의는 다양하지만 상담에 공통적으로 드러나는 특성을 바탕으로 정리하면 상담은 클라이언트와 관계에 기초하여 클라이언트의 문제해결을 돕는 전문적인 과정으로 이해할 수 있다.

2) 청소년 개인상담과 상담목표

청소년 개인상담은 청소년기의 발달단계와 문화, 환경을 고려한 접근이 이뤄져야 한다. 구본용(2002)은 "청소년상담이란 청소년이 원하는 것을 청소년들에게 알맞은 방법으로 제공하여 그들이 행복하게 살아갈 수 있도록 돕는 활동"으로 정의하였다(김동일 외, 2014 재인용). 이러한 청소년기의 특징을 고려하여 청소년 문제 개입을 위한 개인상담의 목표를 정리하면 다음과 같다.

(1) 문제해결

청소년기에 공통적으로 직면하는 도전과 문제를 해결하고 이를 성장과 성숙에 도움이 되도록 활용하는 것은 상담에서 전통적으로 다루어오던 과제이다. 전문적 청소년상담에서는 청소년의 정신세계나 생활에 영향을 주는 것이라면 어떤 내용의 문제라도 다루어야 한다. 다만 현실문제에 대한 정신작용에 대한 초점을 두고 실제적 문제의 해결은 현실적 문제 전문가에게 맡기거나 협조를 받는 것이 적합하다. 청소년상담에서 문제해결이 중요한 것은 미해결 상태로 있는 문제는 청소년발달에 여러 수준의 영향을 줄 수 있기 때문이나. 그래서 일상적 삶의 문제를 해결하는 것은 지속적 성격 특성을 다루는 것 이상으로 광범하게 요구되는 청소년상담문제이다.

(2) 치료

노이로제나 정신병 등의 치료는 물론이고 성격장애나 발달과정에서 나타나는 다양한 장애를 치료하는 것은 상담의 당연한 역할이다.

(3) 예방

청소년상담에서는 사고나 자살과 관련된 많은 변인을 밝히고 이를 예방할 수 있는 다양한 개입전략을 발전시킬 필요가 있다. 청소년 문제의 예방이라는 개념으로 볼 때 학교 중도탈락, 인터넷 · 스마트폰 중독, 성, 이혼 등으로 발생할 수 있는 다양한 문제들의 예방은 상담의 중요한 과제가 될 수 있다. 예방이라는 개념은 문제가 발생할 가능성을 사전에 찾아서 조치를 취하여 건전한 발달이 이루어질 가능성을 확대한다는 의미를 포함하고 있다.

(4) 발달

청소년상담의 목표로서 발달은 다양한 인간특성의 개발을 통해서 기초를 단단하게 하는 것과 함께 될 수 있는 한 광범위한 능력을 일정 수준 이상까지 끌어올려 적응력을 높이고 환경적 변화를 주도적으로 이끌어 갈 수 있는 능력을 기르는 것을 다 같이 포함한다(박성수 외, 1997).

청소년상담의 목표는 성인의 상담목표와 유사한 점도 있지만 발달단계에 따른 변화의 적응과 유해매체와 환경으로부터 보호 · 예방을 위한 다양한 개입전략의 계발과 같은 독특한 특징을 가지고 있다. 즉, 청소년상담은 클라이언트의 호소문제 해결과 함께 발달단계의 특성과 클라이언트가 처한 환경을 고려할 때 성공적으로 이뤄질 수 있다.

2. 청소년 문제현황과 상담지원

최근 자료를 통해 청소년들이 주로 호소하는 문제유형과 위기청소년현황과 지원 대책을 살펴봄으로써 청소년들의 개별지원을 위한 현실적 이해를 하고자 한다.

2013년 전국청소년상담복지센터 이용자의 문제유형별 상담실적을 볼 때 학업 및 진로문제 26.3%(1,047,704명)로 가장 많이 나타났으며 다음으로는 대인관계 19.5%(779,740명), 일탈 및 비행 11.9%(474,855명), 정신건강 9.7%(385,107명), 가족 7.4%(294,675명) 순으로 나타났다. 또한 전년도에 비해 학업 및 진로(2012년 25.4%), 정신건강(2012년 9.2%)에서 청소년들이 지속적으로 어려움을 호소하는 것으로 나타났다.

청소년이 겪는 학업 및 진로의 세부유형 빈도를 살펴보면 진로정보탐색 37.9%, 학업 흥미 · 학업 동기부족 18.0%, 진로의식부족 13.4%, 학교생활부적응 10.3%, 학습능력부족 7.7%, 등교거부 2.8%, 시험불안 · 학업 스트레스 1.8% 순이었다. 대인관계 문제를 호소하는 청소년의 경우 또래와의 관계에서 겪는 어려움이 가장 크게 나타났다. 친구 관계 고민이 73.8%로 가장 많았고 따돌림 및 왕따 12.0%, 이성교제 2.1%, 교사와의 관계 1.6%, 어른과의 관계 1.0% 순이었다. 일탈 및 비행 문제의 세부유형 빈도를 살펴보면 학교폭력 43.5%, 금품갈취 · 절도 · 도벽 17.0%, 가출 13.1%, 음주 · 흡연 · 약물 오남용 6.8%, 비행친구와 어울림 5.8%, 학교 외의 폭력 3.1%, 늦은 귀가 · 잦은 외박 2.2% 순이었다. 그밖에 정신건강 문제에서는 우울 · 위축문제가 31.1%로 가장 많이 나타났다(청소년백서, 2014).

2012년 통계청 조사에 따르면 13~24세 청소년은 '공부(35.9%)', '직업(22.1%)', '외모 · 건강(17.8%)'에 대해 고민하며 연령대별로 보면, 20~24세 청소년은 '직업(41.4%)'을 13~19세 청소년은 '성적과 적성을 포함한 공부(50.4%)'에 대해 가장 고민하는 것으로 나타났다.

자살문제와 관련해서는 2012년 13~24세 청소년의 10명 중 1명(11.2%)은 지난 1년 동안 한 번이라도 자살하고 싶다는 생각을 해 본 적이 있다고 응답했으며 이유는 13~19세 청소년은 성적 및 진학문제(39.2%), 가정불화(16.9%) 순이고, 20~24세 청소년은 경제적 어려움(27.6%)과 직장문제(18.7%) 순이었다. 2011~2012년도의 청소년사망원인 1위는 자살로 나타남으로써 청소년들의 자살예방을 위한 다각적인 노력이 요구된다(통계청, 2014).

〈표 4-1〉 청소년이 고민하는 문제

(단위: %)

	계	외모·건강	가정환경[1]	용돈부족	공부(성적, 적성)	직업	친구(우정)	이성교제(성문제)	흡연, 음주	기타[2]	고민없음
2010[3]	100.0	16.4	9.1	4.3	38.6	22.9	1.6	1.7	0.2	0.8	4.5
2012	100.0	17.8	8.9	4.6	35.9	22.1	2.0	1.6	0.2	1.3	5.6
13~19세	100.0	18.6	6.1	5.2	50.4	9.8	2.5	1.0	0.2	1.4	4.8
20~24세	100.0	16.5	13.2	3.6	13.4	41.4	1.1	2.5	0.2	1.1	7.0

출처: 통계청(2014).
주: 1) '가정경제의 어려움' 포함
2) '학교(원)폭력', '인터넷중독' 포함
3) 15~24세 대상

이상의 자료들을 통해 청소년들은 학업 및 진로에 대한 고민이 가장 많으며 또래·가족관계에서 어려움을 호소하고 있음을 알 수 있다. 청소년들의 학업, 진로 문제는 발달단계와 관련되어 있으며 경쟁 위주의 환경과 맞물려서 심각한 형태로 나타나기도 한다. 따라서 청소년상담자들은 이 분야의 개입을 위한 실질적인 준비가 있어야 할 것이다.

청소년 개별상담에서 청소년들의 일탈 및 비행, 정신건강과 관련된 영역은 매우 중요하다. 2013년 통계자료(여성가족부)에서 일탈 및 비행 상담은 전체의 11.9%를 차지하고 있으며, 정신건강에 대한 상담건수는 2006년에 비해 9배 이상 증가함으로써 다른 분야에 비해 월등히 높은 증가를 보이고 있다. 이는 OECD에서 정의한 위기청소년(at-risk youth), 즉 학교생활에 적응하지 못함으로 인해 직업이나 성인으로서의 삶을 성취해 내지 못할 것 같은 사람, 그 결과 사회에 긍정적으로 기여하지 못할 것 같은 청소년들과 맥락을 같이 한다(김동일 외, 2014).

위기청소년 지원을 위한 대표적인 시스템으로 지역사회청소년통합지원체계(CYS-Net)를 들 수 있다. CYS-Net은 전국 청소년상담복지지원센터를 중심으로 관련기관과의 네트워크를 통해 학업중단 · 가출 · 인터넷중독 등 위기청소년에 대한 상담 · 보호 · 의료 · 자립 등 맞춤형 서비스를 One-Stop으로 제공함으로써 위기청소년의 건강한 성장과 삶의 역량을 강화하는 것을 주요 목적으로 하고 있다(청소년백서, 2014).

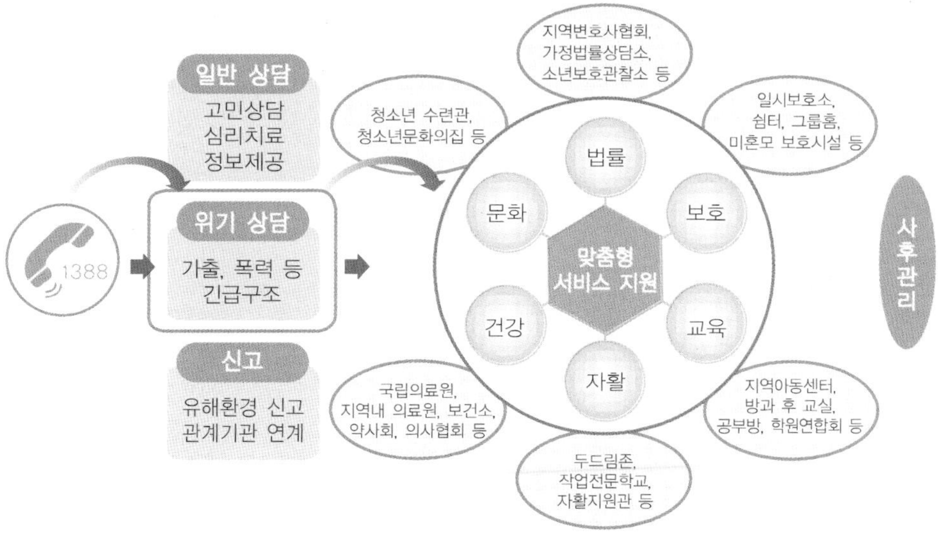

[그림 4-1] 지역사회청소년통합지원체계(CYS-Net) 서비스체제

3. 청소년 개별상담의 특징

1) 청소년클라이언트의 특성

청소년들은 성인에 비해 상담에 대한 동기와 통찰과 변화를 위한 실천 의지가 약한 편이다. 상담을 통한 효과를 거두기 위해서는 청소년클라이언트의 특성을 이해하고 이에 적합한 준비를 할 수 있어야 할 것이다. 이혜성 외(1996)에서 정리한 내용을 중심으로 청소년클라이언트의 특징을 살펴보고자 한다.

(1) 상담동기의 부족

청소년들은 학교상담실이나 사회상담기관에 스스로 문을 두드리기보다는 부모님이나 선생님의 손에 이끌리어 상담을 하게 된다. 대부분의 청소년 문제가 정체감 확립과 독립감 성취에 근거하였기에 억지로 끌려오는 과정부터가 문제의 현상 자체를 말해줄 때가 많다. 그저 부모 말을 잘 안 들어서, 학교 공부가 시원치 않아서, 학교나 가정에서 문제를 저질러서 결국 부모나 선생님의 눈 밖에 난 상태에서 상담실에 오기 때문에 상담실은 자기를 도와주는 기관이기보다는 부모님이나 선생님을 도와주는 기관이 된다. 그러기에 상담실에 대한 호감보다는 의심과 적대감이 밖으로 드러난다. 또한 상담, 상담실이란 문화가 형성되어 있지 않은 상태에서 자신이 학교나 병원이 아닌 낯선 곳에 와 있다는 것 자체가 불안과 두려움을 야기하여 청소년클라이언트를 위축시킨다.

이런 이유들로 생긴 의심과 적대감, 불안, 두려움 등은 청소년클라이언트들의 행동을 위축시키고 상담에 협조하지 않은 여러 행동들이 나타난다. 오랫동안 침묵하기, 건성으로 대답하기, 예/아니오의 단답형으로 대답하기, "몰라요", "생각 안 나는데요" 등의 저항성 대답하기 등 상담자를 조급하게 만든다.

특별히 청소년상담자들은 청소년클라이언트들의 이러한 행동과 태도를 인지하고 마음을 준비할 뿐만 아니라 이에 대응할 적절한 기술을 습득하고 있어야 하겠다. 청소년클라이언트에게는 부모에 못지않은 극진한 예절과 예우, 호소문제 밖의 것(예: 가수, 노래, 유행패션, 오늘의 시사 문제 등) 다루기, 탁구나 실내 게임의 이용 등을 생각해 볼 수 있다.

(2) 상담자에 대한 오해

청소년클라이언트에게 있어서 상담자는 지식을 가르쳐주고 평가하여 점수를 내고 그에 따라 상벌을 내리는 학교 선생님 표상을 가지고 있다. 그뿐만 아니라 간섭하고 요구하고 순종을 강조하는 부모님의 표상도 있다. 그러므로 상담자들은 청소년클라이언트들이 가지고 있는 상담자에 대한 기대를 확인하고 이를 교정하는 과정을 직접적 혹은 간접적으로 가져야 한다. 특별히 부모나 선생님의 하수인이 아님을 보이는 과정이 필요하다. 부모님과 함께 온 청소년클라이언트들은 먼저 부모와 아이를 함께 놓고 비밀유지, 상담시간에서 다루는 이야기에 대한 구조화를 한 후 개별 접촉하는 것이 상담자에 대한 왜곡을 줄일 수 있다. 그 외에도 상담과 상담자에 대한 기대, 예상, 선호들을 다루면서 교정할 수도 있다.

(3) 지구력의 부족

상담실에서 다루는 이야기는 즐겁기보다 진지하고 진솔한 분위기에 가깝다. 그러나 대부분의 청소년은 진지하고 진솔한 분위기를 겪어본 경험이 거의 없다. 속 시원하게 털어놓을 때는 후련했을는지는 몰라도 진지한 검토, 따끔한 직면은 성인조차도 힘든 과정이다. 또한 청소년들의 주의집중 시간은 실제로 짧다. 학교 수업시간은 보통 40분, 45분, 50분 등 학년별로 나누어지지만, 실제 수업시간에서도 집중되는 정도가 초등학교 아이들의 경우 약 8분, 중학교 아이들은 약 15분, 고등학교 아이들은 20분이라고 한다. 그러므로 한 회기의 상담시간에서도 한 가지 주제로 깊이 오래 다루기가 어려울 뿐만 아니라 큰 변화 없이 큰 재미없이 계속되는 상담시간들에 꾸준하게 자발적으로 참여하는 것은 청소년들에게 있어서는 매우 어려운 일이다. 비교적 꾸준하게 상담시간에 잘 오는 청소년들은 그것으로 칭찬받을 만하고 상담뿐 아니라 생활에 성공하고 있다고 할 수 있다.

(4) 인지적 능력의 부족

상담은 보이지도 않고 만져지지도 않는 마음의 움직임을 보고 알고 깨닫게 하여 행동까지도 변화하게 하는 작업이다. 자기 내면을 들여다보는 작업과 미래를 예상해 보는 작업이 청소년클라이언트들에게는 어렵고, 더군다나 자기나 호소문제에 대한 종합적 이해와 틀을 갖는다는 것은 더욱 어려운 일이다. 그러므로 통찰을 통한 행동의 변화보다는 대안적 사고와 감정, 행동의 확립 및 지속적 유지체제를 마련하는 것이 청소년상담에서는 더욱 필요하다.

(5) 감각적 흥미와 재미의 추구

청소년들만이 갖는 것은 아니겠지만 그들은 감각적이고 빠른 흐름을 선호한다. 그러나 학교는 재정적 열악성과 구성 인물들의 특성 때문에 단조롭고 느리고 심지어는 거칠고 황폐할 때가 많다. 많은 경우 상담실도 비슷하다. 하드웨어, 즉 외적, 물리적 조건뿐 아니라 소프트웨어, 즉 상담자와 상담방법도 대개는 진부하다. 청소년들이 문화적으로 안전하게 소속감을 느끼기에는 부족함을 인식하여 변화하려는 노력이 있어야 한다.

(6) 환경의 영향을 잘 받는다

청소년들은 물리적, 심리적 현실에서 스스로 생존하는 것이 아닌 주변의 통제 아래에 놓여있다. 학교와 가정이라는 이미 형성된 통제체제 외에 친구 관계의 영향은 크다. 누구를 어떻게 사귀고 관계를 맺느냐는 모든 것이 비교적 청소년 자신들에게 맡겨져 있다. 청소년들에게는 새로운 주인의식을 가지게 하는 영역이므로 생활에 미치는 영향력도 매우 크다.

(7) 언어 표현력 부족

TV를 비롯한 매스컴의 영향으로 청소년들의 말주변이나 발표력이 전보다는 향상되어 자기 요구를 주장하는 것은 잘하나, 그 요구에 대한 면의 정서적 경험을 구체적으로 표현하기에는 미흡한 연령이다. "어떻게 해서 그런 생각을 하게 되었는가?"라는 질문에 "그냥이요." 혹은 "원래부터 그랬어요."라고 대답하기 일쑤다. 혹은 무엇인가 안에서 하고 싶은 말은 많이 있으나 그것을 밖으로 드러내 놓기에는 자신도 답답해한다.

정서나 경험의 분화 정도가 아직 성인에 미치지 못했으며, 상담자의 언어사용이나 표현방법, 목소리들이 평상시 분위기와 사뭇 다르기 때문에 표현에 위축을 경험하기도 한다. 그러므로 청소년상담자는 더욱 쉽고 평이한 대화를 할 필요가 있다.

(8) 왕성한 변화를 이루는 발달시기

신장이나 몸집, 신체의 기관별 성숙도가 영아기 외에 가장 급격한 변화를 보이는 시기가 바로 청소년기이다. 이러한 급격한 변화가 청소년들의 다양한 문제를 유발하는 원인이 되기도 한다. 사실 그들이 가지고 있는 생각이나 신념, 가치, 선호는 비교적 그 역사가 짧다. 삶의 환경에 따라서 그 정도에 차이는 있겠으나 그들의 인지 틀은 얇고 무르다. 그래서 상담자는 다양한 대안을 생각할 수 있는 기회를 마련하는 것이 무척 중요하다. 겉으로는 확고하게 보인다고 해서 그것에 강하게 도전하는 것은 조심스럽다. 때로는 청소년들의 이러한 특성들 때문에 상담과정에서 상담자를 본의 아니게 실망시킬 때가 있기도 하다. 한때 매우 심각하고 진지하게 받아들이는 것처럼 보였으나 얼마 지나지 않아 시들하고 잊어버리는 경우가 종종 있기 때문이다. 이러한 특성은 청소년 자녀와 부모와의 관계에서도 갈등을 야기시킨다.

2) 청소년상담자의 역할

청소년상담은 교정과 치료보다는 예방과 교육 차원의 비중을 강하게 지니고 있음을 상기해야 한다. 상담자의 역할도 단순한 치료자나 교정을 위한 조력자의 역할보다는 적극적이며 다소 지시적인 강력한 교육자의 역할이 강조된다.

(1) 상담동기의 개발

상담의 바람직한 결과는 클라이언트의 상담에 대한 동기에 비례하여 산출된다. 그런데 청소년들의 대부분은 상담이 무엇 때문에, 무엇을 목적으로 하여 이루어지는지를 잘 모른 채로 상담실에 오거나 상담에 임하는 경우가 많다. 그러니 자연스럽게 상담시간에 소극적으로 임하게 되는 것은 물론이고 상담에 대해서 기대하는 것도 별로 없으니 동기가 약할 수밖에 없다. 인간은 누구나 성장에 대한 욕구가 있으며 잠재된 가능성은 무한한 채로 숨어 있다. 청소년클라이언트의 성장동기를 자극하여 상담을 통해 바람직한 행동의 변화, 아름다운 모습, 그리고 밝고 희망찬 삶을 살 수 있다는 구체적인 표상을 제시해 줌으로써 상담에 대한 동기를 개발시킬 수 있다. 그리고 청소년클라이언트 개개인의 표출되지 않은 바람직한 욕구를 찾아서 그것을 상담을 통해 채워질 수 있는 방법을 모색해 나가는 과정에서 각 개인의 독특한 동기를 개발해 나갈 수 있다.

(2) 다양한 상담방법의 모색

청소년을 대상으로 행해지는 상담의 방법은 성인을 대상으로 하는 전통적인 방법과는 달리 이루어질 필요가 있다. 그들을 대상으로 이루어질 수 있는 가능한 상담의 형태를 다음의 몇 가지로 정리해본다.

① 인지적 능력을 고려한 개별상담

인지적 능력의 발달이 충분히 이루어진 성인의 경우에는 Piaget가 말하는 가설적이며 추상적 사고가 가능하므로 상담실에서 대화를 매개로 하는 면접상담이 주요한 상담방법이다. 그러나 청소년들은 인지발달 단계가 구체적 조작기와 형식적 조작기에 두루 걸쳐져 있다. 청소년 개인의 인지발달 수준을 특히 고려하여 상담이 진행되어야 한다. 청소년의 인지발달 단계가 형식적 조작기에 있다면 면접상담을 중심으로 하여도 좋다. 그러나 인지발달 단계가 그 수준에 도달하지 못했다면 방법을 달리해야 할 것이다.

② 활동중심의 개별상담

청소년의 인지발달 단계가 성인수준에 도달했건 아직 도달의 과정 중에 있건 상관없이 청소년기는 일생동안 신체적 에너지가 가장 왕성하고 많은 시기임을 감안하여 이를 상담자와 함께 소모하는 과정을 통하여 많은 가르침을 전달할 수도 있다. 상담자의 시간과 여건이 허락되기만 한다면 등산, 수영 등 함께 땀을 흘리는 중심의 상담이 이루어지면 단순한 면접상담 이상의 효과를 볼 수 있다.

③ 놀이중심의 개별상담

청소년들은 그 누구보다도 즐거움과 재미를 추구하는 경향이 강하다. 많은 육체적 에너지가 소모되지 않고 상담실 밖을 나가지 않더라도 상담자와 함께하는 게임, 바둑이나 장기 등도 라포형성에 큰 도움이 될 수 있다. 특히 초등학교 고학년이나 중등학교 저학년의 청소년들에겐 단순한 손과 눈의 협응을 활용한 게임 등을 하면서 자연스럽게 순간순간 상담자에게 필요한 중요한 정보를 클라이언트의 말과 행동을 통하여 포착할 수 있으며 핵심적인 치료적 대화가 오갈 수도 있다.

④ 또래상담

청소년기처럼 그리고 우리나라의 청소년만큼 또래집단의 영향을 크게 받는 경우도 드물 것이다. 그동안 이루어진 많은 설문조사에서 우리나라 청소년들은 문제나 어려움이 생길 때 도움을 구하거나 어려움을 호소하는 대상이 가장 가까이에 있는 어른인 부모나 교사가 아니고 친구라고 대답하는 것에 유념해야 한다. 청소년이 자신의 정체성을 확립해 나가는 데 필요한 여러 가지 시행착오를 수행하는 과정에서 또래집단은 중요한 환경적 요소로서 자리 잡고 있다. 또래집단에 상담교육을 해 서로 올바른 인도를 해 나갈 수 있는 여건을 조성해주면 또래 상담이 청소년을 위한 훌륭한 상담의 양식으로 자리 잡을 수 있을 것이다.

⑤ 가족상담

청소년의 성장과 발달을 극대화하기 위해서는 주위환경의 영향이 가히 절대적이라고 할 수 있다. 특히 부모나 교사와의 긴밀한 유대와 협조가 이루어지지 않으면 상담의 결과를 극대화하기 어려워진다. 문제의 아동 뒤에 문제의 부모나 가정이 있다는 말이 있다. 실제 상담 장면에서 자녀의 문제를 앞세워 상담실에 오는 경우에 부부 사이가 원만하고, 모범적인 가정에서 아이만 유달리 문제를 일으키는 경우는 극히 드물다. 대부분 부모와 가정 그리고 가족구조 자체에 이상이 있다. 필요한 경우 부모나 그 구성원도 동시에 상담을 병행해서 받을 때 상담의 효과는 발휘될 수 있다. 또한 청소년 주변의 물리적 환경이나 여건이 개선되거나 제거되었을 때 자연스럽게 문제가 소멸되는 상황이라면 환경의 변화를 위해 최선의 노력을 기울여 청소년을 돕도록 해야 한다.

⑥ 클라이언트를 찾아가는 상담

전통적인 상담이론에서는 클라이언트의 자발적 방문이 효과적이지만 청소년의 경우에는 자발성이 낮고 환경적 사각지대에 놓여있는 청소년의 상담접근성은 매우 어려워진다. 이때 전문상담자가 방문하여 청소년의 문제를 일깨워 주고 적절한 개입을 즉각적으로 할 수 있어야 한다.

4. 청소년상담 이론

1) 정신분석적 상담이론

정신분석은 Sigmund Freud에 의해 시작되었으며 정신결정론과 무의식의 중요성을 강조하며 정신분석을 하나의 획기적인 치료법으로 발전시켰다. 현대에 정신분석은 장기간의 치료과정과 비용 등으로 대중적인 사용에는 제한이 있지만 인간행동과 심리를 이해하는 강력한 도구이다(하지현, 2015).

(1) 심리적 문제의 원인

정신분석에서 언급한 심리적 문제의 원인을 정리해 보면 다음과 같다.

첫째, 심리적 문제의 원인은 '무의식'에 억압된 감정, 욕구, 생각 등에 있다고 보았다. Freud의 환자 중 한스라는 5세 아동은 심한 말 공포증을 가지고 있었다. 말이 자신을 물 것이라는 생각 때문에 공포심에 사로잡히는가 하면, 말이 갑자기 죽을까 봐 심한 걱정을 하기도 하였다. Freud는 한스의 말 공포증이 아버지에 대해 억압하고 있는 감정 때문이라고 보았다. 어린 한스는 무의식 속에 억압하고 있다가 밀을 보면서 왜곡된 형태이기는 하지만 표현한 것이다. 정신분석이론에서는 이와 같이 겉으로 드러난 행동, 감정 그리고 생각의 근원이 무의식에 있다고 보았다.

둘째, 정신분석이론에서는 인간의 마음은 세 부분(원초아, 자아, 초자아)으로 나뉘어 있으며 이들 간의 균형이 깨어질 때 심리적 문제가 발생할 수 있다고 보았다. 원초아(id)는 본능적인 욕구를 추구하며 이를 즉각적으로 충족하고자 하는 부분이다. 즉, 쾌락의 원리에 의해 지배를 받는다. 이와 반대로 초자아(superego)는 바람직한 것 혹은 이상적인 것을 추구한다. 이와 같이 원초아와 초자아는 추구하는 것이 다르기 때문에 이 둘 사이를 중재할 수 있는 자아(ego)의 역할이 중요하다. 자아는 원초아의 욕구를 고려하면서도 초자아의 압력을 거스르지 않을 수 있는 방법을 찾아 적절한 수준에서 둘 간의 갈등을 해결할 수 있는 방법을 찾으려 한다. 그러나 원초아 또는 초자아로 에너지가 지나치게 쏠리면 자아는 그 역할을 제대로 할 수 없어 심리적 갈등으로부터 자신을 보호하지 못한다.

셋째, 이와 같은 심리적 갈등으로부터 자신을 보호하기 위해 사용하는 여러 방어기제들 중 상당수가 오히려 자신의 문제를 제대로 보지 못하게 한다. 원초아 또는 초자아로 에너지가 쏠려 자아가 제대로 역할을 하지 못하게 되면 인간은 정서적으로 불안을 경험하게 된다. 이때 생기는 불안, 즉 원초아가 압도적이거나 초자아가 압도적이어서 생기는 불안은 실제로 존재하는 위협 때문에 생기는 현실적 불안과는 다른 종류의 불안이다. 원초아가 우세하면 자신을 통제하지 못할 것 같은 불안인 신경증적 불안을 경험하고, 초자아가 압도적이면 도덕적 불안을 경험한다. 이런 불안의 정도가 과도해지면 자아는 자신을 지키기 위해 방어기제(defense mechanism)를 사용한다. 방어기제에는 억압, 부정, 투사, 반동형성, 백일몽, 동일시, 합리화, 승화 등이 있다. 이들 중 상당수는 자신의 경험을 무의식으로 밀어 넣거나 왜곡시키는 것이다.

- **억압**(repression): 억압은 의식에 떠올릴 경우 자신에게 위협이 된다고 여겨지는 생각, 기억, 경험 등을 무의식의 영역으로 밀어 넣어 버림으로써 더 이상 힘든 마음을 느끼지 않도록 하는 방어기제다. 어릴 때 아버지의 죽음을 경험한 청소년이 당시 다른 일들은 비교적 잘 기억하면서도 아버지의 죽음과 관련된 일은 거의 기억하지 못하는 것은, 그 기억을 떠올릴 때 경험할 수 있는 고통스러움을 피하기 위해 억압한 것이라 볼 수 있다.
- **부정**(denial): 부정은 자신이 경험하고 있는 힘든 현실을 인정하지 않거나 없

는 것처럼 여기는 것이다. 교사에 의해 따돌림 문제를 해결하도록 상담에 의뢰된 청소년이 자신은 친구들과 매우 잘 지내고 있으며 전혀 따돌림을 당하지 않는다고 말한다면 부정의 방어기제를 사용하고 있을 가능성이 있다.

- **투사**(projection): 투사는 용납하기 어려운 자신의 감정이나 생각 등을 다른 사람에게 있는 것처럼 생각하는 것이다. 같은 학급에 있는 이성 친구를 좋아하는 청소년이 이를 인정하지 않고 오히려 그 친구가 자신을 좋아하는 것이라 생각한다면 자신의 좋아하는 감정을 상대방에게 투사한 것이라 볼 수 있다.
- **반동형성**(reaction formation): 반동형성은 자신의 감정이나 생각 등을 표현할 경우 상대방에게 받아들여지기 어렵거나 자신에게 위협적인 상황이 될 것이라 생각해서 오히려 그것을 반대로 표현하는 것이다. 학급에서 힘이 매우 센 학생을 싫어하면서도 겉으로는 오히려 좋아하는 것처럼 행동할 수 있다.
- **백일몽**(day-dream): 백일몽은 현실에서는 쉽게 채워지지 않는 소원이나 기대를 상상을 통해 충족하는 것이다. 수업 시간에 선생님에게 집중하지 않고 대신 자신이 원하는 것이 이루어진 상태를 상상하며 즐거워한다면 백일몽으로 현실의 어려움을 회피한 것이라 볼 수 있다.
- **동일시**(identification): 동일시란 자신이 닮고 싶은 대상에 대해 마치 자신이 그 대상이 된 것처럼 생각하는 것이다. 자신이 좋아하는 연예인과 비슷하게 옷도 입고 행동도 흉내 내며 그 연예인이 중요하게 여기는 것을 자신도 중요하게 생각하는 등 마치 자신이 그 사람이 된 것 같은 마음이 되는 것이다.
- **합리화**(rationalization): 합리화는 자신의 행동이 타당한 이유가 있는 것이라 생각하며 이를 다른 사람에게 증명해 보이려는 것이다. 성적이 낮은 청소년이 공부만 잘하는 아이들은 자기 주관이 없는 아이들이 대부분이라며 자신은 그런 아이들처럼 되고 싶지 않아 공부를 하지 않는 것이라 이야기한다면 이는 성적이 낮은 것에 대한 합리화일 수 있는 것이다.

- **승화(sublimation)**: 승화는 자신의 욕구를 사회적으로 받아들여질 수 있는 형태, 즉 창작 활동, 운동, 학문 등으로 바꾸어 표현하는 것이다. 친구들이나 선생님에 대해 자주 분노감을 경험하고 있던 청소년이 운동에 몰입하게 되면서 점차 그 감정을 해소하고 오히려 운동선수로서 성공하려는 목표의식을 갖게 되었다면 이 청소년은 승화의 기제를 사용한 것이다.

넷째, Freud는 발달 단계에 따라 성적 에너지인 리비도(libido)를 충족해 주는 신체 부위가 다르다고 보았으며, 이런 리비도의 욕구가 충분히 채워지지 않거나 반대로 과도하게 채워질 경우에는 그 발달 단계에 고착(fixation)된 성격을 갖게 된다고 보았다. Freud가 제시한 발달 단계와 각 단계별로 고착될 경우 나타날 수 있는 성격적 특성을 정리해 보면 다음과 같다.

- **구강기(oral stage, 0~1세)**: 이 단계에서 리비도의 주된 욕구는 구강(입, 입술, 혀)과 관련된다. 젖을 빨고 또 음식 먹는 것을 배우는 시기다. 따라서 입을 사용하는 여러 행동, 즉 빠는 것, 씹는 것, 깨무는 것 등에서 쾌락을 경험한다. 이 시기에 고착되면 성장해서도 과식이나 과음 등 물질에 대한 지나친 추구, 대인관계에서의 불신 혹은 위축 등이 나타날 수 있다.
- **항문기(anal stage, 1~3세)**: 이 단계에서 리비도의 주된 욕구는 항문(배변)과 관련된다. 이 시기에 배변훈련이 얼마나 엄격하게 진행되는가 하는 것이 이후 성격 형성에 영향을 미친다. 이 시기에 고착되면 통제와 규범을 지나치게 추구하는 강박적 성격이 되거나 반대로 충동적인 성격이 될 수 있다.
- **남근기(phallic stage, 3~6세)**: 이 단계에서 리비도의 주된 욕구는 성기와 관련된다. 성에 대한 관심과 상상이 증가하며, 반대 성(性)의 부모에게는 성적인 관심을, 같은 성의 부모에게는 적대감을 발달시킨다. 남아는 오이디푸스 콤플렉스, 여아는 엘렉트라 콤플렉스가 생기는 시기다. 같은 성의 부모에 대

한 적대감을 들킬 것이 두려워 동일시를 통해 이를 극복하려는 과정에서 초자아 또는 양심이 형성된다. 그러나 부모가 동일시 대상이 될 정도로 매력적이지 못하면 초자아나 양심의 형성이 어려워질 수 있다.

- **잠복기**(latency stage, 6~12세): 이 단계에서 리비도는 잠복 상태에 들어간다. 이 시기는 보통 초등학교에 다니는 시기와 맞물리게 되는데, 학교생활에 따른 학업, 또래 친구들과의 우정 등 다양한 관심사가 생기면서 성적인 관심은 줄어들게 된다. 잠복기 동안 원초아, 자아, 초자아는 상대적으로 균형 잡힌 상태가 된다.
- **생식기**(genital stage, 12세~): 이 단계에서 리비도의 주된 욕구는 남근기와 같다. 남근기와 다른 점은 자신만의 쾌락을 추구하기보다 이성과의 관계 안에서 이를 추구하고자 하는 것이다. 이 시기의 욕구가 충족되지 못하면 오이디푸스 콤플렉스가 다시 등장하고, 잠복기에 일시적으로 이루어졌던 원초아, 자아, 초자아의 균형이 깨진다.

(2) 상담적 개입 방안

정신분석이론에서는 앞서 언급한 바와 같이 심리적 문제의 원인을 파악하고 그것을 해결하기 위한 방법으로 다음과 같은 접근을 제안하였다.

첫째, 심리적 문제의 해결을 위해서는 무의식 속에 억압된 생각, 감정, 경험 등을 깨워 클라이언트가 그것을 이해하고 수용할 수 있도록 하는 것이 중요하다고 보았다. 이를 위해 상담자는 클라이인트가 마음속에 떠오르는 것을 자유롭게 말할 수 있도록 하는 자유연상(free association)과 같은 방법을 사용할 수 있다.

둘째, 상담자는 클라이언트가 꿈이나 자유연상 등을 통해 언급한 무의식의 단서들을 종합적으로 이해한 다음, 적절한 시점에 클라이언트에게 그 의미를 해석(inter-pretation)해 줄 필요가 있다. 여기서 적절한 시점이란 상담과정을 통해 클라이언트가 어렴풋하게라도 자신의 문제를 알게 되는 시점을 의미한다. 그 의미를 전혀 모를 때 상담자가 해석을 해주면 오히려 저항만 보일 수 있기 때문이다.

셋째, 클라이언트가 어린 시절 부모와의 관계에서 경험했던 감정이나 생각 등이 상담자와의 관계에서 나타나는 것을 전이(transference)라고 하는데, 상담자는 전이의 분석을 통해 클라이언트가 부모와의 관계에서 경험했던 정서적인 갈등과 고통이 무엇이었는지 그리고 그것이 현재의 삶에 어떤 영향을 주고 있는지를 보다 명확히 알게 해줄 필요가 있다.

넷째, 클라이언트가 자신의 문제에 대한 통찰을 얻었다 해도 한꺼번에 변화가 이루어지는 것은 아니다. 통찰은 상담과정 동안 반복해서 일어나며 그 깊이를 더해 가는데 이를 훈습(working-through)이라고 한다. 클라이언트의 변화를 위해서는 지속적인 훈습의 과정이 필요하다.

(3) 청소년상담에 주는 시사점

정신분석이론이 청소년상담에 주는 시사점을 찾아보면 다음과 같다.

첫째, 정신분석이론에서는 6세까지의 경험이 성격의 대부분을 결정짓는다고 보았다. 어린 시절의 무의식 세계 속에 자리를 잡고 성인이 된 이후에도 지속적인 영향을 주는 것이라 본 것이다. 그러므로 청소년클라이언트를 만날 때는 어린 시절의 성장 경험이 현재에도 영향을 줄 수 있다는 것을 염두에 둘 필요가 있다.

둘째, 청소년기는 잠복기와 달리 원초아, 자아, 초자아의 균형이 깨지기 쉬운 시기다. 만일 원초아로 에너지가 쏠려 있다면 청소년은 매우 충동적으로 행동하여 사회적 규범을 어기거나 주변 사람들과 갈등을 일으킬 가능성이 높고, 반대로 초자아에 에너지가 쏠려 있다면 억압되거나 위축된 모습을 보일 가능성이 높다. 그러므로 지나치게 한쪽으로 치우치지 않고 합리적인 판단을 할 수 있는 자아의 힘을 키워주는 것이 필요하다. 이를 위해서는 과거의 경험과 관련된 정서나 기억을 떠올리고 표현할 수 있도록 하는 것이 중요하다. 정서나 기억은 무의식에서 의식으로 올라오면 그 조절도 가능해지기 때문이다. 억압된 정서나 기억을 표현하는 데 있어 언어로 충분치 않은 경우 미술, 음악 그리고 그 외 다양한 활동을 활용하여 자신을 표현하게 할 수도 있다(김동일 외, 2014).

2) 행동주의적 상담이론

행동주의적 상담은 심리학의 학습이론에 근거를 두고 있다. 행동수정, 행동치료는 행동에 중점을 두는 상담자에 의해 활용되는 개입을 지칭하며 종종 혼용되어 사용된다. 하지만 엄밀히 말하면 행동수정은 조작적 조건화과정을 나타내며 행동치료는 전형적으로 고전적 조건화과정을 말한다(김순혜, 2011).

(1) 심리적 문제의 원인

행동주의에서 언급한 인간의 심리적 문제의 원인을 정리해 보면 다음과 같다.

첫째, 고전적 조건형성이론에서는 부적응적인 행동이 '조건형성'에 의해 습득된다고 보았다. 고전적 조건형성이론은 Pavlov의 연구에 그 바탕을 두고 있다. Pavlov는 개에게 음식을 주었을 때 분비되는 침의 양, 종소리와 함께 음식을 주었을 때 분비되는 침의 양 등을 관찰하는 연구를 하였고 이를 통해 고전적 조건형성의 원리를 정립하였다. 고전적 조건형성의 원리란 무조건 반응(예: 침 흘리는 반응)을 가져오는 무조건 자극(예: 맛있는 음식)이 무조건 반응과 전혀 관련이 없던 중성 자극(예: 종소리)과 결합되고, 나중에는 중성 자극만으로 무조건 반응이 야기된다는 것이다. 이에 근거하여 고전적 조건형성이론에서는 중성 자극만으로 무조건 자극과 결합하여 조건 자극이 되는 '조건형성'의 원리가 심리적 문제 생성의 원인이 될 수 있다고 본다.

예를 들어, 수업 시간에 교사로부터 늘 꾸중을 듣는 학생이 나중에는 학교 오는 것 자체를 싫어하게 되었다면, 꾸중이 학교와 결합되어 학교에 대한 거부감을 가져오게 된 것이라 볼 수 있다(김동일 외, 2014).

둘째, 조작적 치료접근이란 목표행동에 선행되거나 후속되는 환경적 사건의 조작을 말한다. 즉, 바람직한 행동이나 그에 접근한 행동을 보였을 때 보상자극을 통해 강화하는 것이다. 이 접근은 새로운 행동을 가르치는 데 사용되고, 바람직한 행동의 빈도를 증가시키며, 부적절한 상황에서 일어나는 바람직하지 못한 행동의 빈도를 감소시킨다. 행동수정은 체계적인 조작과 계획이 있을 때에만 효과를 가져올 수 있다(김순혜, 2011).

조작적 조건형성이론에서 언급하고 있는 후속 결과로는 정적강화, 부적강화, 소거, 벌 등을 들 수 있는데 이를 정리해 보면 다음과 같다.

- **정적 강화**(positive reinforcement): 정적 강화란 특정 행동의 후속 결과로 긍정적 결과를 경험하게 되면 결과적으로 그 행동이 증가한다는 것이다. 수업시간에 책을 읽었는데 선생님으로부터 '아주 또랑또랑하게 책을 잘 읽었다'는 칭찬을 받고 난 다음 이전보다 더 적극적으로 손을 들어 책 읽는 기회를 얻고자 한다면, 이 학생에게는 선생님의 칭찬이 책 읽는 행동에 대한 정적 강화가 된다.
- **부적 강화**(negative reinforcement): 부적 강화란 특정 행동의 후속 결과로 부정적인 결과를 줄이거나 제거하여 결과적으로 그 행동의 증가를 가져오는 것이다. 체육 시간에 달리기를 해서 선착순 10등 안에 든다면 방과 후 청소당번을 면제받을 것이라는 이야기를 듣고 더욱 달리기를 열심히 하게 되었다면 '청소 당번 면제'라는 후속 결과가 달리는 행도에 대한 부적 강화로 작용한 것이다.
- **소거**(extinction): 소거란 특정 행동의 후속 결과로 강화를 철회하여 그 결과로 특정 행동의 감소나 제거를 가져오는 것이다. 자신이 얼마나 이성 친구들에게 인기가 좋은가를 부풀려 말하는 습관이 있는 학급의 여학생에게 처음에는 관심을 보이던 친구들이 언제부터인가 무관심하게 대하자 그 학생의 부풀려 말하는 행동도 줄었다면 친구들의 무관심한 반응이 소거로 작용한 것

이라 볼 수 있다.

- 벌(punishment): 벌이란 특정 행동의 후속 결과로 부정적인 결과를 경험하도록 하여 그 행동의 감소를 가져오게 하는 것이다. 친구들과 장난치느라 수업 시간에 준 과제를 못한 학생에게 방과 후에 남아 그 과제를 다 하고 가도록 했다면, 집에 빨리 가서 놀고 싶어 하는 학생에게는 '방과 후 남아서 과제 다 하기'가 벌이 될 것이다.

(2) 상담적 개입 방안

첫째, 고전적 조건형성에 근거한 방법으로 체계적 둔감법을 활용할 수 있다. 바람직하지 못한 행동과 마찬가지로 바람직하지 못한 정서반응도 변화시킬 수 있다. 체계적 둔감법은 Wolpe에 의해 개발된 방법으로 탈조건형성 수단으로 이완을 통하여 불안을 감소시키는 것이다. 클라이언트가 이완을 느낄 때 불안을 느끼게 하는 자극을 점진적으로 체계적으로 제시하면 불안이 제거되는 방법이다. 이 절차는 다음과 같다.

① 불안위계목록을 작성한다

상담자는 클라이언트에게 얻은 정보들을 토대로 불안을 유발시키는 자극을 모으고 불안을 유발시키는 강도나 빈도 면에서 위계적 순서로 배열한다.

② 근육이완훈련을 한다

근육을 이완시킨 후에는 이완상태에서 작성된 불안위계표에 따라 불안을 가장 적게 유발하는 자극에서부터 차례대로 실시한다. 불안유발자극을 약 20초간 연상시킨 후 불안을 느끼지 않게 되면 그 다음 순위의 불안장면을 연상하여 불안에 대해 점차적으로 둔감하게 하는 것이다(김순혜, 2011).

예를 들어, 시험과 관련된 불안의 위계는 다음과 같이 장면별로 작성해 볼 수 있을 것이다. 이완 훈련을 통해 충분히 이완된 상태에 들어가면 클라이언트는

맨 아래 단계의 장면, 즉 아래 표의 경우 '시험 보기 3주 전 선생님이 시험 날짜를 발표하는 장면'을 떠올려 보고, 그런 후에도 여전히 이완된 상태를 유지할 수 있고 불안의 수위가 올라가지 않으면 다음 단계의 장면으로 넘어갈 수 있다. 그러나 다음 장면에서 불안의 수위가 올라간다면 다시 충분한 이완 상태가 되도록 한 후 해당 장면을 다시 떠올려 보아야 한다. 훈련의 효과가 극대화되기 위해서는 상상 속에서의 연습과 더불어 실제 생활에서도 그와 유사한 상황에 노출해 보는 것이 필요하다.

〈표 4-2〉 시험 불안 관련 장면의 위계표

시험 불안 관련 장면	불안의 정도
시험지를 풀다가 모르는 문제를 만난 장면	100
시험지를 받아들고 문제를 푸는 장면	90
시험 시간에 선생님이 시험지를 나누어 주는 장면	80
시험 시간에 선생님이 시험지를 가지고 들어온 장면	70
시험 당일 아침	60
시험 전날 마무리 공부를 하는 장면	50
시험 보기 1주 전 쫓기면서 시험공부를 하는 장면	40
시험 보기 2주 전 쫓기면서 시험공부를 하는 장면	30
시험 보기 3주 전 선생님이 시험 날짜를 발표하는 장면	20

둘째, 고전적 조건형성의 원리와 조작적 조건형성의 원리를 종합하여 문제 행동에 대한 구체적인 개입 방안을 계획할 수 있다. 즉, 행동주의 상담이론에서는 문제 행동에 대한 변화를 위해 이를 관찰 가능한 형태로 정의하고 구체화하여, 행동을 야기하는 선행 조건과 행동을 유지시키는 후속 결과 등을 면밀히 분석한 다음 체계적으로 이에 대한 개입을 시도할 수 있다고 보았다.

예를 들어, 학급에서 수업 시간에 떠드는 행동을 빈번하게 하는 학생이 있다면,

이를 변화시키기 위해서는 떠드는 행동에 영향을 주는 선행 자극과 떠드는 행동을 했을 때 받는 후속 결과가 무엇인지를 먼저 체계적으로 관찰할 필요가 있다. 그 결과 선생님이 학생들에게 설명하는 시간이 5분 이상 지속되면 옆 친구와 떠드는 행동을 하게 되고, 떠드는 행동을 해도 선생님이 그것을 막지 않기 때문에 옆 친구와 점점 더 많이 떠들게 된다는 것을 알면 그에 따른 개입 전략을 계획할 수 있다. 즉, 선생님이 5분 정도 설명을 하고 난 다음 해당 학생 또는 다른 학생에게 질문을 통해 내용을 확인하도록 선행 사건을 변경하고, 학생이 떠드는 행동을 하면 지금처럼 그대로 두기보다 경고를 명확히 하며, 옆 친구와 고립되어 따로 앉도록 하기, 혼자 방과 후에 남아 반성문 쓰기 등 분명한 통제 행동을 해서 친구들과 떠들 수 있는 기회가 줄어드는 것을 경험하도록 후속 결과를 바꾸는 것이다. 이런 개입이 효과가 있는지 평가를 해 보면 해당 개입 전략이 효과적이어서 지속시킬지 혹은 변경하거나 철회할지 등을 결정할 수 있을 것이다.

셋째, '모델링'의 방법을 사용할 수 있다. 영화나 비디오, 책 등을 활용하는 경우, 영상이나 자료를 보면서 클라이언트가 두려워하거나 힘들어하는 상황을 어떻게 다루어 갈지 간접 경험을 할 수 있도록 한다. 또한 상담자가 직접 모델링의 대상이 되어 클라이언트가 익힐 필요가 있는 모습을 미리 보여 줄 수도 있고 따라 하도록 할 수도 있다.

(3) 청소년상담에 주는 시사점

행동주의적 접근이 청소년상담에 주는 시사점은 다음과 같다.

첫째, 행동주의적 상담은 과거와 성격 특성을 강조하기보다 현재와 관찰 가능한 행동 변화에 초점을 두고 있다. 청소년상담에서는 특히 학업 행동, 생활 습관, 대인관계 기술, 중독 치료(담배, 알코올, 인터넷 등) 등과 같이 스스로 동기부여가 어렵거나 동기 부여가 되더라도 새로운 행동의 습득이 필요한 영역에서 이런 행동주의적 상담이 유용하게 활용될 수 있다. 또한 문제를 비교적 구체적이고 객관적으로 이해할 수 있어 부모 및 교사 등 관련된 사람들의 협조를 얻는 데도 용이하다.

둘째, '모델링'을 통한 학습을 활용하여 상담을 함으로써 사회적 기술의 습득과 필요한 행동 연습을 할 수 있다. 예를 들어, 친구들과의 관계에서 위축되어 있는 학생의 경우 다른 사람들과의 관계에서 자신을 표현할 수 있도록 하기 위해 상담자가 영화, 비디오, 책 등의 자료를 활용할 수도 있고, 상담자와 함께 미리 연습해 볼 수도 있다.

3) 인지치료 상담이론

인지치료(cognitive therapy)는 Aaron Beck에 의해 개발되었으며 Beck은 인지치료 이론을 통하여 정서 및 행동에 영향을 미치는 인지과정의 중요성을 부각시켰으며, 심리적 고통을 가져오는 인지적 왜곡을 합리적 생각으로 변화시키는 데 필요한 인지적 방법을 구체적으로 제시하였다.

(1) 심리적 문제의 원인

Beck은 인간의 고통은 사건 자체보다 사건을 해석하는 과정이라고 했으며 인지과정에서 가장 표면적으로 드러난 것을 '자동적 사고'라고 하였다. 자동적 사고란 기분이 달라질 때마다 개인에게 떠오르는 생각으로, 구체적인 내용과 이미지를 담고 있어 비교적 쉽게 인식할 수 있다. 이런 자동적 사고는 초기 발달과정에서 형성된 '인지 도식'의 영향을 받는다. 인지 도식은 자신이 경험한 세상을 이해하기 위해 만든 조직화된 틀로 감정과 연결되어 쉽게 떠오르는 자동적 사고와 달리, 인지 도식은 비교적 접근이 어렵다. 그러나 힘든 일이 발생하거나 위협적인 상황에 처하면, 인지 도식은 어김없이 작동되어 생각, 감정, 행동에까지 영향을 미친다. 앞서 언급한 청소년은 성적이 내려간 성적표를 받아들고 '나는 절대 성적을 올릴 수 없을 거야.' 라는 자동적 사고를 했는데, 그것에 영향을 주는 것은 그의 부정적 인지 도식(예: '나는 무능해.')이라고 볼 수 있다.

인지 도식은 '중간 믿음', 즉 태도, 규칙, 가정들의 형태로 나타난 다음 다시 감정에 직접적인 영향을 주는 자동적 사고의 형태로 더 구체화되는 단계를 거친다. 핵심 믿음인 인지 도식이 부정적일 경우('나는 무능하다', '나는 사랑받지 못하는 존재다' 등) 그것에 대처하기 위해 클라이언트는 '중간 믿음'을 발전시킨다. 예를 들면, '지금부터라도 열심히 공부하면 잘할 수 있을 거야', '이 사람들의 말을 거절하면 나를 싫어할 거야.' 등과 같은 삶에서의 규칙이나 태도와 관련된 생각 등이 이에 해당된다. 어떤 계기가 되었든 인지 도식이 작동하면 그에 일치되지 않는 정보나 단서들은 간과되거나 왜곡된다. 즉, '인지적 왜곡'이 발생하는 것이다(Beck, 1967; 김동일 외, 2014 재인용). 인지적 왜곡은 인지적 과정에 해당되며, 왜곡이란 인지도식이 손상되지 않도록 들어오는 정보를 변형하는 것을 말한다. 인지왜곡은 동화과정을 통해 항상성을 유지한다(Friedberg & McClure, 2009).

인지적 왜곡의 예로는 다음과 같은 것들이 있다.

- **근거 없는 추론**: 생각을 뒷받침할 수 있는 증거가 없는데도 특정한 결론을 내리는 것이다. 예를 들어, 중학교에 입학한 학생이 근거 없이 학급 친구들이 자신을 좋아하지 않을 것 같다고 생각하는 것이다. 실제 학급에서는 아직 서로 잘 모르는 상태이기 때문에 말을 잘 걸지 않는 상황이었지 특별히 그 학생에게만 말을 걸지 않은 것은 아니었다. 그럼에도 불구하고 학생이 학급 친구들이 자신을 좋아하지 않는다는 확신을 가졌다면 이는 '근거 없는 추론'에 해당된다.
- **선택적 추론**: 전체적인 맥락을 보지 않고 부분적인 사항에 근거하여 결론을 내리는 것이다. 예를 들어, 한 학생에게 담임선생님이 전체적으로는 잘 대해 주었으나 수업 시간에 옆 친구와 떠드는 것을 보고 주의를 준 적이 있었는데, 그 학생이 잘 대해 주었던 것을 생각하지 않고 주의를 준 것만 생각하여 담임선생님이 자신을 싫어한다는 결론을 내렸으면 '선택적 추론'이라 볼 수 있다.

- **과잉일반화**: 한 가지 또는 몇 가지라도 상당히 동떨어진 내용의 사건들에 근거하여 결론을 내리고 이를 모든 상황에 적용하려는 것이다. 예를 들어, 학급의 몇몇 친구가 자신을 따돌리는 경험을 했다고 해서 '학급의 모든 친구가 자신을 따돌리는 것'으로 생각하거나, 지금 학급 친구들이 자신을 별로 좋아하지 않으니 '자신을 좋아해 줄 수 있는 사람은 이 세상에 존재하지 않을 것'이라고 생각하였다면 이는 '과잉일반화'에 해당되는 것이다.
- **확대와 축소**: 어떤 상황이나 일에 대해 실제보다 더 크게 의미 부여를 하거나 혹은 반대로 명백한 의미조차 인정하지 않고 축소하는 것이다. 예를 들어, 중간고사 성적이 별로 좋지 않게 나오자 앞으로 아무리 열심히 공부해도 성적이 오르지 않을 것이라고 단정 지어 버렸다면 지나치게 이 사건의 의미를 '확대'한 것이다. 반대로 중간고사 성적은 아무것도 아니고 자신이 마음만 먹으면 곧 성적을 올릴 수 있을 것이라 생각해 버렸다면 오늘 받은 성적표의 의미를 지나치게 '축소'한 것이라 볼 수 있다.
- **개인화**: 특정한 상황과 자신을 관련지을 근거가 전혀 없는데도 그것을 연관지어 생각하는 것이다. 예를 들어, 집에 들어가자 어머니의 표정이 몹시 좋지 않았는데 그 이유가 자신이 뭔가 잘못한 것이 있어서라고 결론짓는 것이다.
- **이분법적 사고**: 상황에 대한 판단을 양극단 중 하나로만 하는 것이다. 예를 들면, 자신이 지금 좋아하는 이성과 가까워지지 못한다면 앞으로 영원히 좋아하는 이성을 만나지 못할 것이라고 결론짓는 것이다.

(2) 상담적 개입 방안

이상과 같은 문제를 해결하기 위해 Beck은 다음과 같은 방안들을 제시하였다(Beck, 1967).

첫째, 감정과 연결된 자동적 사고를 식별하도록 하는 것이 필요하다고 보았다. 자동적 사고는 감정과 구별이 잘 안 되는 경우가 많다. 예를 들면, 학교에 친한 친구가 없어 점심을 혼자 먹는 학생에게 밥 먹을 때 어떤 생각이 들었는지 묻는다면 '그냥 기분이 별로였다.' 정도의 모호한 답을 할 가능성이 높다. 이럴 때는 다시 "밥을 혼자 먹으면서 기분이 별로였구나. 그때 머릿속을 스치는 생각이 있었을 것 같아. 그게 뭐였을까?"처럼 생각을 구체화하는 질문을 해서 자동적 사고를 구분할 수 있도록 할 필요가 있다. '같이 밥 먹을 친구도 없는 걸 보면 친구들이 나를 싫어하는 거야.'와 같은 생각이 떠올랐다고 대답한다면 상담자는 그런 생각이 바로 '자동적 사고'이며 사건 자체보다 이런 생각 때문에 불쾌한 감정이 생긴다는 것(그림 4-2 참조)을 교육할 필요가 있다. 자동적 사고를 인식하는 것이 그 결과로 야기되는 감정, 행동 등의 변화를 위한 출발점이기 때문이다.

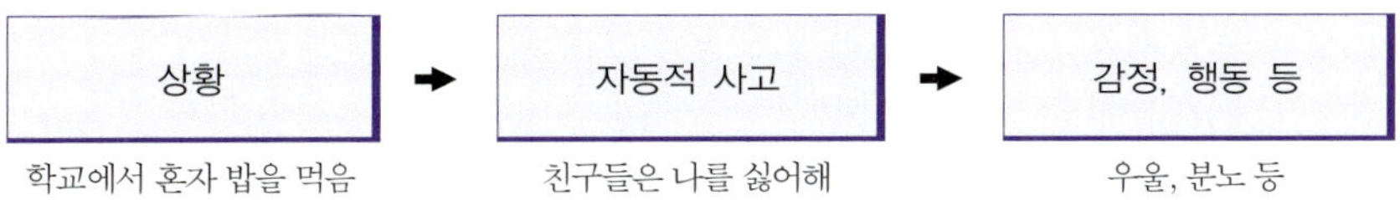

[그림 4-2] 자동적 사고의 영향

둘째, 자동적 사고를 평가하고 보다 적응적인 사고를 연습하기 위해 역기능적 사고 기록지의 활용을 제안할 수 있다.

셋째, 중간 믿음을 구별하고 수정하기 위해 Beck이 제시한 방법으로는 다음과 같은 것들이 있다.

- **중간 믿음의 장점과 단점을 평가하기**: 중간 믿음에 대해 바로 반박을 하기 보다는 가지고 있는 장점과 단점을 같이 검토해 볼 수 있다. 예를 들면, '나는 사랑받지 못하는 존재야'라는 인지 도식에 대해 '사람들의 요구를 거절하지 않고 다 들어주면 나를 좋아할 거야'라는 중간 믿음을 가지고 있다면 상담자는 다음과 같이 이야기를 할 수 있다. "맞아요. 다른 사람의 요구를 잘 들어준다면 아마 편하게 생각하는 사람들이 꽤 생길 수 있을 거예요." 이와 같이 해당 생각의 장점과 단점을 클라이언트와 같이 검토하며 그 믿음을 계속

유지하는 것이 이익이 더 클지 혹은 바꾸는 것이 이익이 될지를 클라이언트가 결정할 수 있게 하는 것이다.

- **소크라테스식 문답법**: 특정한 상황에서 클라이언트가 가지고 있는 생각이 과연 맞다고 볼 수 있겠는지에 대해 문답을 통해 검증하는 방법이다.
- **행동실험**: 클라이언트가 가지고 있던 믿음이 과연 맞는지 직접 행동으로 옮겨보도록 하는 것이다. 다른 친구의 부탁을 거절하는 게 사랑받는 사람이 되지 못하도록 할 것이라는 생각 때문에 힘들어도 거절을 하지 못했던 청소년이라면, 자신의 상황을 솔직하게 이야기하고 거절을 부탁하는 것이 어떤 결과를 가져오는지 실험해 보면서 그 신념의 타당성을 검증해 보는 것이다(김동일 외, 2014 재인용).

(3) 청소년상담에 주는 시사점

인지치료에 의하면 청소년기는 어린 시절의 경험을 통해 형성된 인지 도식이 점차 강화를 받으며 정립되는 시기다. 아동기에 비해 인지과정이 무엇인지 더 잘 구분할 수 있어서 인지치료의 적용이 보다 용이한 시기이기도 하다. 따라서 아동기에는 놀이와 활동적인 개입을 청소년기에는 사고분석과정이 효과적일 수 있다. 그러나 청소년의 발달 수준에는 차이가 많으므로 그에 맞게 감정을 파악하고 이를 인지와 연결할 수 있는 다양한 방법을 상담자가 알고 있을 필요가 있다(Friedberg & McClure, 2009).

4) 인간중심 상담이론

인간중심 상담이론은 Carl Rogers에 의해 주창되었으며 Rogers는 모든 인간은 자기실현 경향성을 가지고 있기 때문에 상담자와 클라이언트의 관계에서 클라이언트가 충분히 수용되고 존중되는 경험을 하며 스스로를 성장시켜 가는 자기실현 경향성을 발휘할 수 있다는 것이다. 인간중심 상담이론은 상담자와 내담자의 관계가 상담 장면에서 얼마나 중요한지를 부각시켰으며, 치료적 관계의 구체적인 특성에 대해서도 제시해 주었다.

(1) 심리적 문제의 원인

Rogers는 인간은 타고난 자기실현 경향성을 가진 존재이며 따라서 힘들고 고통스럽더라도 성장을 위해 노력하게 된다는 것이다. 인간은 누구나 자신을 성장시키는 경험이 가치 있는 것이라는 점을 본능적으로 알기 때문이다.

이와 같이 타고난 실현 경향성을 가지고 있는 인간은 성장과정에서 환경과의 상호작용, 즉 다른 사람의 평가를 듣고 그에 반응하는 평가적 상호작용의 결과로 '자기'라는 구조를 형성하게 된다. 일단 '자기'라는 구조가 형성되면 그에 일치하는 행동 방식을 선택하고, 또 그에 일치하는 경험을 자신의 것으로 받아들인다. 그러나 '자기' 개념과 일치되지 않은 경험은 부정하려 하는데 그것이 누적되면 심리적 긴장감과 부적응을 경험하게 된다는 것이다. 그 경험이 자신의 존재 자체를 위협한다고 생각할수록 원래의 자기 구조를 더욱 강하게 유지하며 더욱 경직된 모습을 보이게 된다. 반대로 자기 구조에 대한 위협이 없다고 느끼면 자신 안에 받아들여 보다 통합적인 자기 구조를 만들게 된다. 결국 Rogers가 가장 바람직한 인간의 상태라고 본 '완전히 기능하는 사람'이란 모든 감정과 경험을 통합할 수 있는 사람이라 할 수 있다.

(2) 상담적 개입 방안

첫째, 인간중심 이론에서는 상담자와 클라이언트의 치료적 관계 형성을 심리적 문제해결의 관건으로 보았다. 상담자가 클라이언트의 어떤 이야기든 지속적으로 경청하면서 그 세계를 이해하고 존중하려고 할 때, 클라이언트는 결국 자신의 경험을 다시 통합할 수 있는 힘을 얻게 된다는 것이다. 그리고 상담자와 클라이언트 관계의 핵심은 '일치성', '무조건적인 긍정적 존중' 그리고 '공감적 이해'라 보았다.

- **일치성**: 일치성은 상담자가 상담관계에서 경험하는 감정을 부인하지 않고 기꺼이 표현하고 개방한다는 것을 의미한다. 상담자가 마음속에서 경험하는 것과 클라이언트에게 표현하는 것 사이에 괴리감이 없고 솔직하다는 의미다. 예를 들어, 상담자가 청소년클라이언트의 특정한 옷차림에 대해 학생으로서 하지 않아야 할 옷차림이라고 속으로 생각하면서도 겉으로는 그에 대해 '개성이 있다'는 칭찬을 한다면 이는 일치성이 없는 표현이다. 상담자가 일치성을 보이려면 청소년클라이언트의 옷차림에 대하여 실제로도 열린 마음을 가지고 있고 그것이 '개성이 있다'는 칭찬으로 표현된 것이어야 한다.
- **무조건적인 긍정적 존중**: 이는 상담자가 클라이언트의 가치관, 생각, 감정 등에 대해 평가하지 않고 있는 그대로 수용한다는 것을 의미한다. 상담자의 생각에 일치하는 것만 존중하는 것이 아니라 클라이언트의 모습을 있는 그대로 가치 있게 보고 이를 표현할 수 있는 것으로 보는 것이다.
- **공감적 이해**: 상담자는 클라이언트가 상담 시간에 나타내는 여러 가지 감정과 생각을 정확하게 이해하고 또 이를 표현해 줄 필요가 있다. 그렇다고 해서 클라이언트와 같은 감정 상태에 빠지는 것은 아니다. 공감적 이해란 클라이언트의 감정에 빠져들지 않으면서 상담자가 마치 자신이 클라이언트의 상황에 처한 것처럼 느끼고 이해하는 것이다.

둘째, 인간중심 상담이론에서는 상담자가 클라이언트의 문제를 진단하거나 해결하기 위해 주도적으로 상담과정을 끌어가지 않는다. 오히려 클라이언트의 세계 속으로 들어가는 것을 더 중요하게 생각한다. 따라서 상담자의 반응은 조언, 충고, 해석보다는 요약, 감정 반영, 개방형 질문, 직면, 자기공개 등이 주가 된다. 이를 조금 더 구체적으로 설명하면 다음과 같다.

- **요약**: 클라이언트가 자신의 이야기를 길게 할 때, 상담자는 클라이언트가 한 이야기를 핵심적 내용을 중심으로 간략하게 정리하여 다시 들려줌으로써

상담자가 클라이언트의 이야기를 잘 들었다는 것을 전달하는 것이다.

▸ **클라이언트:** 중학교 때까지는 친구들과 어울려서 별생각 없이 지냈거든요. 그런데 고등학교에 오니까 친구들이 좀 달라지는 거예요. 어떤 아이는 갑자기 공부한다고 우리랑 전혀 같이 다니지 않으려 하고, 또 다른 아이는 운동으로 대학 간다고 하고, 그런데 저는 아직 뭘 어떻게 해야 할지 모르겠어요. 그렇다고 공부를 갑자기 시작하자니 너무 막막한 느낌이 들고……. 제 생활은 별로 달라진 게 없는데 마음은 영 불편해요.

▹ **상담자:** 고등학교에 진학하면서 친구들이 진로와 관련된 준비를 하고 있는데 ○○는 아직 길을 잡지 못해 마음이 불편하다는 거구나.

- **감정 반영:** Rogers에 의하면, 감정은 경험의 매우 중요한 부분이다. 그러나 일정한 기준에 의해 억압되거나 무시되기 쉬운 부분이기도 하다. 그리고 그렇게 되면 클라이언트의 경험 세계는 분리되어 스스로 성장할 수 있는 힘을 잃게 된다. 상담자가 클라이언트의 감정을 충분히 인정해 줄 때 클라이언트는 자신의 분리된 감정을 다시 만날 수 있고 이를 자기 세계 안으로 통합할 수 있다.

▸ **클라이언트:** 저는 어머니가 미워요. 평상시는 별로 관심도 없다가 성적이 좀 괜찮게 나오기라도 하면 갑자기 맛있는 것도 사 주고 옷도 사 주고 하면서 관심을 보이는 거예요. 그러면 그때는 좋지만 시간이 좀 지나면 너무 부담스러워져요. 어머니가 원하는 대로 또 성적이 잘 나오도록 해야 하는 거니까…….

▹ **상담자:** 어머니가 평상시에 무관심하게 할 때는 미운 마음이 드는데, 어머니가 관심을 보일 때도 그것이 성적 때문인 것 같아 부담되고 싫구나.

- **개방형 질문:** 개방형 질문은 클라이언트가 자신의 주관적인 세계를 보다 잘 드러낼 수 있도록 상담자가 질문을 통해 그 과정을 촉진하는 것이다. 개방형 질문의 예는 다음과 같다.

▸ **클라이언트**: 어제도 친구들하고 심한 말다툼을 했어요.
▹ **상담자**: 친구와 말다툼을 하고 나서 무슨 일이 있었니?
▸ **클라이언트**: 전 학교에 가도 혼자예요. 집에 가도 그렇고요.
▹ **상담자**: 혼자 있을 때는 주로 무슨 생각을 하니?

- **직면**: 직면은 클라이언트가 피하려 하거나 잘 보지 못하는 경험을 위협적이지 않은 방식으로 알려주어, 클라이언트가 그것을 자신의 세계 속에 통합시킬 수 있도록 하기 위한 것이다. 직면이 필요한 상황은 클라이언트가 자신의 감정이나 욕구를 억누르면서 인정하려 하지 않을 때, 말과 표정이 일치하지 않을 때, 말에 일관성이 없을 때, 두 가지 행동이나 말 등에서 모순되는 점이 발견될 때 등이다.

▸ **클라이언트**: 저는 정말 좋은 대학에 가고 싶어요. 나중에 대학원도 가고 교수도 되고 싶어요. 그런데 지금 당장 공부하는 일은 너무 답답해요. 내가 하고 싶어 하는 공부라면 눈에 불을 켜고 열심히 할 수 있을 것 같은데 시험을 위한 공부는 정말 하고 싶지 않거든요.
▹ **상담자**: 나중에는 열심히 공부를 하겠지만 지금은 도무지 공부를 하고 싶지 않다고 말하는 것 같구나.

- **자기 공개**: 자기공개는 클라이언트가 자신의 생각을 보다 깊게 할 수 있도록 격려해 주는 한 방법으로 상담자가 자기 자신의 경험을 클라이언트에게 알려 주는 것이다. 상담자의 자기 공개는 클라이언트의 자기 탐색을 도와주는 것이 목적이므로, 비교적 짧게 자신의 이야기를 공개한 다음 클라이언트가 그에 대해 어떻게 생각하는지를 이야기할 수 있도록 하는 것이 좋다.

> ▸ 클라이언트: 선생님, 저는 학교에 가고 싶지 않아요. 학교에 가 봐야 같이 이야기할 친구도 없고, 점심시간에 밥도 혼자 먹어야 해요.
> ▹ 상담자: 선생님도 중학교 때 왕따를 당해서 학교 가는 것이 참 힘들었던 기억이 나. 아침에 일어나면 학교 가는 것이 막막하고 두려웠어. 선생님 이야기 들으니 어때?

(3) 청소년상담에 주는 시사점

첫째, 청소년기는 아동기에 가지고 있던 '자기'의 구조로 통합하기 어려운 경험이 많아지는 시기다. 특히 우리나라에서는 상급학교로 갈수록 '성적'이 학교와 가정에서 매우 중요한 잣대가 되기 때문에 그에 어긋나는 것처럼 보이는 감정, 생각 그리고 행동 등 많은 경험이 자신의 경험 안으로 통합되기 어려운 면이 있다. 학교생활에서의 무기력감, 불안 그리고 여러 반항적인 행동들은 그만큼 우리 교육환경이 청소년으로 하여금 자신을 충분히 수용하지 못하도록 해서 생긴 증상이 아닌지 돌아볼 필요가 있다.

인간중심 상담이론은 청소년들에게 변화와 성장을 이야기하기 이전에 전제조건으로 무엇이 필요하지를 제시해 주는 접근 방법이라고 볼 수 있다. 일치성, 무조건적인 긍정적 존중 그리고 공감적 이해와 같은 조건은 상담자가 청소년클라이언트를 만나는 데 있어서도 가장 중요한 조건일 뿐 아니라, 부모 그리고 교사 등 어른들이 청소년을 만나는 데 있어서도 먼저 갖추어야 할 자세일 것이다.

둘째, 인간중심 상담이론은 존중하는 관계 형성을 위해 상담자가 어떤 반응을 사용하는 것이 필요한지에 대한 시사점을 얻을 수 있도록 하였다. 충고나 조언 이전에 관계에서 충분히 존중하고 경청하고 있다는 것을 나타내기 위해 상담자가 사용할 수 있는 반응으로 요약, 감정 반영, 개방형 질문, 자기 공개 등을 사용할 수 있다. 또한 구체적인 반응 연습을 통해 관계에서의 존중이 상담자의 언어적 반응으로 어떻게 표현될 수 있는지 그리고 부모 및 교사가 청소년들을 대할 때 어떻게 존중하는 마음으로 표현할 수 있을지에 대한 시사점도 제공하였다(김동일 외, 2014).

5. 청소년상담의 과정

청소년상담의 시작부터 종결까지의 과정을 홍봉선, 남미애(2014)가 제시한 내용을 중심으로 정리해보았다.

1) 시작단계

(1) 목표

원조관계를 어떻게 시작하는가는 이후의 전 과정에 영향을 미친다는 점에서 그 의의가 매우 크다. 특히 사회복지기관을 찾아오는 청소년은 자신을 둘러싼 문제로 인해 매우 지치고 절망감에 젖어 있는 경우가 많기 때문에, 이러한 시기에 적합한 개입은 현재 당면한 문제의 완화뿐만 아니라 청소년으로 하여금 문제해결 능력을 고양시켜 미래의 삶에도 긍정적인 영향을 미칠 수 있다.

첫째, 인테이크(intake)이다. 인테이크란 문제를 가진 사람이 전문적 도움을 얻기 위해 사회복지관에 찾아왔을 때 사회복지사가 그의 문제와 욕구를 확인하여 그것이 기관의 정책과 서비스에 부합되는지의 여부를 판단하는 과정을 의미한다. 접수과정 시 사회복지사는 청소년의 문제와 욕구를 분명하게 확인하고 청소년의 욕구가 기관의 자원과 정책에 부합되는지의 여부를 판단해야 한다. 이를 통해 사회복지사는 청소년에 대한 서비스의 시작, 다른 기관에로의 의뢰 등을 결정하게 된다.

둘째, 참여유도이다. 비자발적 청소년은 물론 자발적으로 기관에 찾아오는 청소년 역시 인간의 보편적인 감정인 두려움으로 인해 초기 관계를 맺는 것은 쉬운 일이 아니다. 따라서 이러한 초기 저항에 적절히 대응하여 참여 동기를 고취시키는 것은 청소년으로 하여금 문제해결의 주체자로 느끼게 할 뿐 아니라 긍정적인 자아존중감을 느끼게 하므로 그 자체가 치료적 의미가 있다.

(2) 과제

첫째, 문제 확인이다. 청소년이 놓여 있는 체계에 대한 심층적 분석보다는 현재 명백하게 드러나는 문제를 확인한다. 청소년이 생각하는 문제가 무엇인지를 파악하는 것은 사회복지사에 대한 청소년의 신뢰감을 높여 주어 관계형성에 긍정적으로 기여할 뿐 아니라 문제 상황을 둘러싼 청소년의 느낌을 이해함으로써 문제에 대한 이해도를 높이게 된다.

둘째, 의뢰이다. 의뢰란 청소년을 다른 기관으로 보내는 것으로 청소년의 문제가 기관의 목적과 기능에 부합되지 않을 때, 다른 기관이 청소년 문제해결에 더욱 적합하다고 판단될 때 행하게 된다. 적절한 의뢰를 위해 사회복지사는 자신의 기관뿐만 아니라 다른 기관의 정책과 자원 그리고 지역사회의 여타 지원에 대해 잘 파악하고 있어야 한다.

셋째, 관계형성이다. 청소년을 원조관계로 참여시키기 위해 필요한 과제는 사회복지사와 청소년의 관계의 성립이다. 청소년으로 하여금 두려움을 없애고 사회복지사를 신뢰하고 좋은 관계를 유지하기 위해서는 공감적 이해, 진실성, 청소년에 대한 존중적 태도 등이 필요하다.

넷째, 개입활동 계약의 성립이다. 사회복지사와 청소년의 관계는 단순한 정서적 관계 이상의 전문적 관계이다. 이러한 원조관계(helping relationship)를 형성하기 위해서는 개입에 앞서 개입활동 계약(working contract)이 필요하다. 이것은 사회복지사를 통해 제공되는 기관의 서비스와 청소년의 욕구의 공통분모를 찾아내는 것으로 원조에 대한 청소년의 의구심, 불신, 두려움 등을 해소함으로써 원조관계 형성에 효과적이며 결과적으로 청소년의 참여를 유도하는 데 효과적이다.

다섯째, 청소년의 동기 고취이다. 원조활동의 성패는 바로 변화에 대한 청소년의 동기에 달려 있으며 청소년의 동기 유발은 초기 과정의 주요한 과제 중의 하나이다. 특히 비자발적인 청소년의 경우 청소년의 저항적 태도의 실체를 있는 그대로 이해하고 청소년이 원하는 것을 하도록 도와주고 용기를 주는 것이 필요하다.

여섯째, 청소년의 저항감과 양가감정 해소이다. 초기 관계형성 시 청소년의 저항은 변화에 대한 바람과 두려움이 동시에 존재하는 양가감정에 기인하는 자연스런 인간의 반응이다. 그러나 원조과정에 대한 저항감이 단순한 양가감정 때문이 아니라 사회복지사에 의해 야기될 수 있음도 고려해야 한다.

2) 사정단계

(1) 목표

첫째, 자료 수집 및 사정이다. 자료 수집과 사정이란 사회복지사가 청소년의 문제에 개입하기 위해 그의 상황에 대한 사실을 수집, 관찰하여 이를 기초로 그에 대한 이해를 하는 과정이다. 자료 수집이 말 그대로 자료를 모으는 일이라는 한다면 사정은 이보다 한 단계 진전된 것으로 사실적 자료를 해석하고 의미를 부여하여 실천적 개입을 위한 함의를 도출해내는 활동이다. 이러한 자료 수집과 사정은 원조과정 전체를 통해 계속되는 활동이지만 이 단계에 보다 집중적으로 이루어진다.

둘째, 계획이다. 자료 수집과 청소년의 문제와 상황에 대한 일차적 사정이 끝나면 문제해결을 위한 사전준비가 완료된 것이며, 이다음 단계로써 실질적인 문제해결 과정의 시작인 계획 단계가 이어진다. 이 단계에서 사회복지사와 청소년은 개입목표를 설정하고 이를 달성하기 위한 계획을 수립해야 하는데, 특히 중요한 것은 청소년의 자기결정권 보장이다.

(2) 과제

첫째, 문제 규정이다. 이 단계는 접수 및 참여 유도 단계에서의 문제 확인보다는 보다 심층으로 문제의 성격과 원인에 대한 이해가 행해진다. 주로 청소년이 갖는 문제 유형으로는 인간관계에서의 갈등, 공식적 조직과의 문제, 역할수행상의 문제, 생활 전환기에서 파생되는 문제, 심리 · 행동적 문제, 자원의 부재나 결핍의 문제, 의사소통의 어려움 등이 있다. 문제의 규정에 있어서는 청소년의 해결되지 않은 욕구 파악, 욕구를 충족시키는 데 장애가 되는 요인, 문제의 심각성, 지속기간, 변화의 가능성 정도 등을 고려해야 한다.

둘째, 청소년의 자원에 대한 사정이다. 청소년의 자원으로는 교육 정도와 취업 경험, 문제해결 능력과 의사결정 능력, 개인적 자질과 성격, 물리적 · 재정적 자원 소유, 문제해결에 대한 동기와 의지 등을 고려해야 한다.

셋째, 환경적 측면에 대한 사정이다. 청소년을 둘러싼 환경의 적절성과 부적합성, 긍정적인 면과 취약한 면 등을 사정한다.

넷째, 개입목표 설정 및 계약 성립이다. 청소년이 당면한 여러 문제를 고려하여 개입목표의 설정 및 청소년과 개입에 대한 협의를 해야 한다. 개입목표의 설정에 있어서 고려되어야 할 문제는 다음과 같다. 먼저 문제는 청소년이 스스로 인정하는 문제이어야 하고, 사회복지사와 청소년 모두가 이해할 수 있게 분명한 용어로 정의되는 문제이여야 하며, 사회복지사와 청소년 모두가 현실적으로 해결 가능한 문제이어야 한다. 또한 우선순위의 결정에 있어서는 문제의 긴박성, 심각성, 청소년이 가장 시급히 해결되었으면 하고 바라는 문제, 한정된 시간 · 노력 · 자원으로 가장 효과적으로 해결될 문제 등으로 고려하여야 한다.

효과적인 개입의 관건은 구체적이며 선명한 목표 설정에 달려 있다. 목표가 분명하지 않으면 개입은 실패할 가능성이 크고 개입 결과의 평가 또한 불가능하다. 바람직한 목표가 설정되기 위해서는 누가, 무엇을, 어느 정도, 어떤 조건에서, 언제 등의 내용이 구체적으로 밝혀져야 한다.

3) 개입단계

(1) 목표

개입 단계는 사회복지사와 청소년이 상호 합의하여 결정한 개입목표를 구체적인 행동으로 실천하는 단계로써 이 단계가 사회복지실천과정의 핵심 단계이다.

첫째, 계획 실행과 진전과정에 대한 모니터링이다. 사회복지사는 설정된 목표를 구체적인 하위 목표나 과제로 세분화시켜 실행해야 한다. 개입활동의 타당성, 정확성, 효율성에 대한 평가를 바탕으로 개입의 수정과 지속성이 결정된다.

둘째, 변화의 지속이다. 사회복지사는 개입으로 야기된 변화가 고정되고 지속화되기 위해 도와주어야 한다.

(2) 과제

첫째, 개입방법의 선택이다. 사회복지사가 선택하는 개입방법은 청소년의 욕구, 기관특성, 문제상황의 성격, 사회복지사의 능력에 따라 매우 다양하게 선택될 수 있다. 일반적으로 청소년에 초점을 두는 직접적인 서비스, 환경에 초점을 두는 간접적 서비스로 양분될 수 있고 보다 세부적으로는 인간중심 상담, 행태주의 상담, 과제중심 모델, 정신분석, 교류분석, 현실치료 등이 있다.

둘째, 개입실행이다. 청소년의 문제해결과 수립한 치료목표를 달성하는 데에 가장 효과적인 개입방법이 선택된 다음에는 사회복지사의 구체적인 활동으로 이어진다. 사회복지사는 개입활동의 성격에 상담자, 조정자, 조력자, 교사, 중재자, 대변자 등의 역할을 수행하게 된다.

4) 종결단계

개입과정은 개입에 대한 최종 평가와 청소년과 사회복지사 간의 전문적 관계를 종결시킴으로 끝나게 된다.

(1) 목표

첫째, 개입활동에 대한 최종평가이다. 평가에 있어서는 청소년과 합의해서 세운 개입 목표가 어느 정도 달성되었는지, 사용된 자원과 얻어진 성과는 적절한 비율이었는지, 서비스에 대해 청소년은 만족하는지, 개선되어야 할 점은 무엇인지 등 다양한 측면이 고려되어야 한다.

둘째, 종결이다. 적절한 시점에서 청소년에게 긍정적인 성과를 얻게 한 다음에 돕는 관계를 끝내는 일은 상당한 기술과 신중한 계획이 필요하다. 종결에서 사회복지사는 청소년이 종결에 대한 반응을 긍정적으로 처리하고 지금까지 변화된 부분이 지속될 수 있도록 강화해야 한다.

(2) 과제

첫째, 적합한 평가방법 설정이다. 상담에 대한 평가는 성과, 과정, 사회복지사라는 3개의 각각 다른 차원에 걸쳐 이루어질 수 있는데 무엇보다도 적합한 평가방법 및 도구가 사용되어야 한다.

둘째, 종결시기의 결정이다. 종결은 크게 청소년에 의한 일방적인 종결, 기관의 기능과 관련된 시간제약에 의해 결정된 계획적인 종결, 사회복지사가 직책이나 직장을 떠남으로써 재촉된 종결 등으로 분류해 볼 수 있는데, 가장 원만한 종결 시기는 문제해결 정도를 고려해 청소년과 합의해서 결정하는 것이다.

셋째, 정서적 반응의 상호해결이다. 사회복지사는 종결에 대한 청소년과 사회복지사의 부정적 감정들을 해결하고 긍정적 감정들을 유지한 상태에서 돕는 관계를 끝내야 한다. 또한 청소년을 도와서 그가 당면하고 있는 문제를 해결하는 것뿐만 아니라 앞으로 그를 괴롭힐 어쩔 수 없는 곤란들을 극복할 수 있도록 청소년을 강화시키는 것이다.

넷째, 획득된 이득의 강화이다. 원조과정에서 얻어진 청소년의 변화가 원조관계가 끝난 다음에도 지속화될 수 있도록 지지, 강화한다.

다섯째, 필요한 경우에는 다른 기관에 청소년을 의뢰한다.

6. 청소년 개별상담의 개입전략

청소년상담은 청소년이 당면한 문제나 어려움을 극복할 수 있도록 돕는 것에서부터 청소년의 성장 가능성을 최대한 발현할 수 있도록 돕는 것까지를 포함한다. 또한 그 대상도 단지 스스로 문제가 있다고 상담을 요청한 청소년에서부터 간접적으로는 청소년의 성장을 촉진할 수 있는 가족, 또래, 학교, 지역사회 등 주위 환경들도 그 대상이 된다.

따라서 청소년에 대한 원조는 단순한 정보 제공에서부터 물질적 지원, 경제적 지원, 심리적 지원 등 구체적인 서비스 제공, 청소년을 둘러싼 환경을 변화시키는 환경조정, 타 기관으로부터의 의뢰 등 다양한 차원에서 이루어질 수 있다. 이를 위해서는 다음과 같은 전략이 필요하다.

1) 열심히 경청한다

청소년의 모든 행동에는 이유와 목적이 있다. 현재 있는 그대로 수용하기 위해 이해되지 않는 부분이 있더라도 말을 가로막지 말고 끝가지 이야기를 들어준다. 설사 이해가 잘 되지 않고 생각이 다소 차이가 있다 하더라도 열심히, 진지하게 경청한다면 그 자체가 훌륭한 상담이다. 상담가는 청소년 자신의 감정 중에서도 특히 부정적인 감정을 표현하고 싶어 한다는 것을 인식하여 자유로운 자기표출이 가능하도록 따뜻한 분위기를 조성해 주어야 한다.

2) 공감하고 긍정적인 관심을 말로 표현하라

청소년의 이야기를 청소년의 수준에서 이해하려고 노력하고 이야기를 다 듣고 난 후에 가장 먼저 긍정적인 느낌을 말로 표현하라. 청소년과 관계를 맺는 처음 10분이 상담 전 과정을 좌우한다.

3) 청소년이 현재 당면한 문제가 무엇이며 현재 감정이 어떠한가를 알아본다

상담가와 청소년이 보는 문제가 서로 다를 수 있다. 그러나 가장 우선되어야 할 점은 청소년 자신이 무엇을 문제라고 생각하고 있으며 이에 대해 어떻게 느끼고 생각하는가 하는 점이다. 왜냐하면 똑같은 상황이라고 하더라도 사람마다 문제를 받아들이는 태도나 느낌은 다를 수 있기 때문이다.

4) 지금까지 어떤 노력을 해왔고 무엇을 원하는지에 대해 이야기한다

청소년이 지금까지 이 문제를 해결하기 위해 어떤 노력을 해왔으며 청소년 자신이 원하는 것은 무엇인지를 알아본다. 특히 상담가는 청소년이 지금까지 한 노력에 대해 지지하는 것이 필요하다. 이때 칭찬은 구체적이고 객관적이어야 하며 구체적 행위의 결과에 대해서가 아니라 수행과정에 대한 노력이나 자세에 대한 것이어야 한다. 이러한 태도는 청소년에게 비난과 질타 또는 간섭하려고 하는 것이 아니라 청소년을 인정하고 도우려고 하고 있다는 느낌을 갖게 함으로써 상담자를 신뢰하고 자기를 개방하게 하는 지름길이다.

5) 청소년과 함께 공동의 목표를 정한다

상담가가 청소년의 문제해결 전 과정에 개입할 필요는 없다. 또한 청소년이 상담가의 개입을 원하지 않을 수도 있다. 따라서 청소년이 자신의 도움을 원하는지를 알아보고 상담가는 자신이 어떤 단계까지 도움을 줄 것인가를 결정하고 이를 토대로 청소년과 함께 공동의 목표를 정한다. 이러한 결정과정에서 무엇보다 중요한 것은 청소년을 함께 참여시키는 것이며 청소년과 타협을 할 필요가 있다.

6) 목표를 달성할 수 있는 다양한 대안을 탐색하고 결정한다

문제해결에 대한 답을 일방적으로 요구할 것이 아니라 청소년 자신에게 적합한 대안을 선택할 수 있도록 다양한 대안을 제시하고 그것의 장단점을 알려 준다. 이 과정에서 청소년 개개인의 독특함을 보지 못하고 획일적이고 편협한 잣대로 이들을 평가하고 판단하거나 아니면 이들에게 지나친 기대를 갖거나 이들이 지닌 능력 이상의 것을 요구한다면 오히려 이들을 낙담시키거나 좌절시킬 수 있다. 따라서 가능한 모든 결정은 청소년의 수준과 욕구에 맞추는 것이 필요하다.

7) 청소년에게 도움을 줄 유용한 자원을 탐색한다

청소년의 주위에 도움을 줄 자원이 있는지 탐색하고 만약 내부적 자원이 없다면 지역사회에 있는 다양한 자원과 연결시킨다. 혼자서 안 되는 것은 주위와 의논하여 힘을 합친다. 만약 주위의 변화나 환경의 변화가 필요하다면 이를 위한 방법을 다양하게 모색한다.

8) 상담과정은 긍정적이고 희망적이어야 한다

청소년의 부정적인 면을 강조하기 보다는 긍정적이고 강한 면을 강조함으로써 자존감을 높이고 상담 분위기를 희망적으로 이끌며 유머를 사용한다. 또한 청소년에게 너무 성급하게 다가가면 오히려 부담을 과중시킬 수 있다. 따라서 청소년의 수준을 고려하여 같은 수준에 맞추어 대응해야 한다. 청소년의 반응이 즉각적으로 나타나거나 관찰이 가능한 경우도 있지만 경우에 따라서는 청소년의 반응이 지연되거나 관찰할 수 없는 것도 있다. 따라서 성급하게 판단하여 실망하거나 포기하지 말고 여유와 인내를 가져야 한다(홍봉선 · 남미애, 2014).

chapter

05 청소년복지의 집단실천

청소년기는 친구 관계를 중요시하는 시기로 친구들과의 상호작용을 통해 문제발견과 해결에 많은 힘을 얻게 된다. 청소년복지로서 집단상담은 개인상담이 가지는 문제해결과정과 함께 집단이 가지는 치료적 힘을 더함으로써 청소년들에게 유용하게 사용될 수 있다.

1. 집단의 정의

이장호와 김정희(1992)는 "집단상담은 생활과정상의 문제를 해결하고 보다 바람직한 성장발달을 위하여, 전문적으로 훈련된 상담자의 지도와 동료들과의 역동적인 상호교류를 통해 각자의 감정, 태도, 생각 및 행동양식 등을 탐색 · 이해하고 이를 보다 성숙된 수준으로 향상시키는 과정"으로 정의하였다.

이형득(1979)은 "집단상담은 비교적 적은 수의 정상인들이 한 명에서 두 명의 전문가의 지도하에 집단 혹은 상호관계성의 역학을 토대로 하여 믿음직하고 수용적인 분위기 속에서 개인의 태도와 행동의 변화 혹은 한층 높은 수준의 개인의 성장발달 및 인간관계발달의 능력을 촉진시키려는 의도에서 이루어지는 하나의 역동적 대인관계 과정이다."라고 하였다.

이외에도 집단상담에 대한 정의는 다양하지만 집단상담은 비교적 심각한 정신장애가 없는 사람들을 대상으로 집단기술, 기법 그리고 전략을 구성하여 구성원들 사이에 발생하는 역동적인 상호교류과정을 통해 즉시성에 초점을 맞추고 문제해결, 의사결정 또는 인간적 성장을 추구하는 과정을 말한다(강진령, 2012).

2. 집단의 유형

집단은 목표, 집단원들의 관심사, 상담자의 기법과 역할, 집단의 주제 등에 따라 다양하게 나뉜다. 운영하고자 하는 집단의 유형을 결정할 때, 집단상담자는 집단의 목적을 분명하게 설정해야 한다. 집단의 유형은 다양하지만 청소년집단에 주로 사용되는 유형에 초점을 맞추어 정리해보고자 한다.

1) 교육집단

교육집단이란 치료적 측면보다는 주로 정의적 · 인지적 측면의 정신건강교육과 이와 관련된 다양한 주제에 대한 정보를 제공하기 위해 구성되는 집단을 말한다. 교육집단을 담당하는 사람은 집단의 주제와 집단을 주관하는 기관의 성격에 따라 '집단상담자' '집단리더'로 불린다. 교육집단의 리더는 집단에서 다루어야 할 주제, 참여자들의 주제에 관한 지식수준, 그리고 할애된 시간 등에 따라 집단시간과 개입수준을 균형 있게 조정해야 한다. 교육집단의 일반적인 절차는 먼저 리더가 강의나 발표형식으로 참여자들에게 필요한 정보를 제공한다. 그런 다음, 발표내용과 정보 및 자료에 대해 질문을 받고, 각자의 소감을 나누면서 주제와 관련된 토의를 한다.

〈표 5-1〉 교육집단의 주요 주제

· 성교육	· 교우관계
· 이성교제	· 진학지도
· 학습방법	· 문제해결 기술
· 의사소통기술	· 스트레스 관리
· 대인관계기술	· 학교폭력/집단괴롭힘
· 의사결정기술	· 진로의식, 진로탐색, 진로의사결정

2) 성장집단

성장집단은 다양한 집단활동 체험을 원하거나, 자신에 대해 좀 더 알기를 원하거나, 자신의 잠재력 개발에 관심 있는 사람들의 성장과 발달을 촉진하기 위해 구성되는 집단이다. 성장집단의 기본가정은 구성원이 안전한 분위기 속에서 집단의 치료적 요소를 경험하게 되면, 자기 자신을 정직하게 평가하여 자신의 참 모습을 깨닫는 한편, 사고, 감정, 행동의 변화를 꾀하게 되면서 궁극적으로 인간적 성장을 실현하다는 것이다. 성장집단에 참여하는 사람들은 또한 자신과 다른 구성원들의 지각을 비교하여 어떤 정보가 자신에게 적합한 것인지를 선별하여 취한다. 성장집단은 집단의 방향을 구성원들이 직접 결정하는 집단에서부터 특정 분야에 초점을 맞추는 집단에 이르기까지 그 범위가 매우 넓다. 그렇지만 대체로 다음 6가지 목표들을 공유한다.

〈표 5-2〉 성장집단의 공동목표

· 생활방식의 변화	· 가치관 명료화
· 자신과 타인의 감정인식	· 생산적인 태도 형성
· 대인 간 의사소통 증진	· 대인관계형성 및 유지 능력 향상

3) 상담집단

개인적 · 교육적 · 사회적 · 직업적 문제에 초점을 맞추며, 치료적 · 예방적 · 교육적 목표 달성을 위해 집단역동과 과정을 활용하는 집단을 말한다.

〈표 5-3〉 상담집단의 특징

1. 실행지향적으로 접근한다.
2. 비교적 잘 기능하는 구성원들에 의해 집단의 초점이 결정된다.
3. 발달과업이나 스트레스 대처방안 탐색과 관련된 문제에 초점을 맞춘다.
4. 비교적 짧은 기간에 해결 가능한 문제와 의식적인 내용을 주로 다룬다.
5. 심각한 심리행동장애 치료에는 관심을 두지 않는다는 점에서 치료집단과 구별된다.
6. 4~12명으로 구성된 소집단 경험을 중심으로 진행된다.
7. 집단원의 사고, 감정, 행동을 강조함으로써 대인관계 기술 및 문제해결 전략 강구에 초점을 맞춘다.
8. 개인의 내적자원을 발견하고, 발달 저해요소를 건설적인 방향으로 변화시키는 데 초점을 맞추는 성장지향적인 특징이 있다.

상담집단의 구성원들은 집단작업을 통해 새로운 행동방식을 연습하고, 다른 구성원들의 공감과 지지를 통해 각 개인의 독특함을 이해할 수 있게 된다. 집단원들은 서로의 가치관에서의 차이점을 존중하게 되면서 보다 깊은 수준에서 서로의 이질성보다는 동질성을 발견하게 된다(강진령, 2012).

3. 청소년 집단상담의 특징

청소년들은 부모나 교사보다 또래들의 조언과 지지를 중요하게 여기며 동료들과의 원만한 관계는 학교생활의 적응과 발달에 긍정적 영향을 끼치게 된다. 청소년기에 접하게 되는 다양한 문제들이 또래집단에서 해결될 수 없거나 동료와의 관계에 문제가 생길 때 청소년들은 혼란과 정신적 어려움에 놓일 수 있다. 청소년 집단상담은 의도적으로 지지적이고 수용적인 분위기 속에서 상호교류하는 과정을 통해 청소년기에 경험하는 다양한 문제들을 극복할 수 있도록 돕는다. 따라서 청소년집단프로그램은 성인을 대상으로 하는 상담이나 프로그램과는 다른 독특한 특징을 가지고 있다.

첫째, 청소년상담은 성인을 대상으로 하는 상담과 달리, 심리치료적 측면보다는 발달과정상에 나타나는 문제해결을 통해 청소년의 건전한 발달 및 성장을 돕고 예방하는 교육적 측면을 강조한다.

둘째, 집단상담이나 교육, 훈련형태의 프로그램은 전통적인 치료적 대화나 기법에 제한되지 않고, 청소년의 발달 특성을 고려한 흥미와 호기심, 즐거움을 동반하는 토론, 역할놀이, 게임, 시청각자료의 시청 등의 방법을 활용하며, 연극, 음악, 미술, 상호작용놀이 등의 다양한 예술적, 체험적 방법을 활용한다.

셋째, 청소년 집단상담이 청소년들에게 효과적인 이유들에 대해 Volpel가 집단에서의 상호작용 놀이의 장점으로 제시한 내용(김춘경 · 정여주, 2001 재인용)을 토대로 정리해 보면 다음과 같다.

- 흥미 있고 재미있는 경험 활동으로 인해 청소년의 호기심 및 내적 동기를 유발시킨다.
- 청소년의 자기 이해를 돕고 열린 대화를 하게 하며, 다른 사람을 돕고 협동하며 자립심과 개인적 책임감을 개발시킴으로써 심리사회적 발달을 돕는다.

- 다른 사람의 의견이나 가치관에 인내심을 갖게 되고 삶의 복합성을 느끼고 공동체에 대해 생각해 보게 하는 등 일련의 태도를 변화시킨다.
- 인간의 행동과 태도를 설명하고 이해하는 데 있어 경험적, 역동적인 방법을 활용하기 때문에 청소년 참가자들의 가치관 발달에 도움을 준다.
- 청소년 참가자들의 인성개발을 촉진시킨다.
- 집단활동을 통해 일상에서와 다른 의사소통과 행동을 시도해 볼 수 있다.
- 집단역동을 경험함으로써 사회, 조직의 과정의 복잡성과 관련성을 보다 잘 이해할 수 있게 한다.
- 청소년들의 생활에서 발생하는 실제문제와 장애를 다루고 해결할 수 있다.

넷째, 청소년상담활동의 대상은 청소년, 청소년 관련인(부모, 교사, 청소년지도자 등) 및 청소년 관련 기관(가정, 학교, 청소년고용기관, 수용 및 보호시설)을 포함한다. 청소년기에 나타나는 문제들은 대부분 청소년 개인과 관련된 요인뿐만 아니라 청소년 주변의 가족, 또래, 학교, 환경 등의 주변 관련인들의 결정과 선택, 변화와 지원과 밀접하게 연관되어 있기 때문이다. 따라서 청소년상담 프로그램은 청소년을 일차대상으로 하며, 부모, 교사, 지도자 등을 이차대상으로 한다고 하겠다. 청소년 가운데서도 문제나 장애가 심각한 청소년을 대상으로 하는 교정 또는 치료 프로그램을 비롯하여 잠재적 문제행동의 어려움이 있는 청소년을 대상으로 하는 예방 목적의 프로그램, 상대적으로 정상적인 범위에 있거나 우수한 학생들을 위한 성장 또는 수월성 촉진 프로그램으로 구분해 볼 수 있으며, 학생 근로자 청소년, 요보호 청소년, 비행청소년 등의 구분에 따라 각각의 특성을 고려한 프로그램이 계획 · 실시된다.

다섯째, 청소년상담은 가치 중립적 또는 클라이언트 중심의 자율적인 선택과 책임을 강조하기보다는, 청소년의 가치관이나 생활방식, 사고 등의 건전한 형성과 발달을 목적으로 하는 교육과 훈련, 교정, 보호 및 지도의 복합적인 형태를 보이는 경우가 많다. 예를 들어, 청소년지도에 포함되는 주요 내용으로서 사회성지도, 도덕성지도, 진로지도와 같은 영역은 청소년상담 프로그램에서 많은 부분을 적용하거나 복합적인 프로그램의 형태로 제시하는 경우를 볼 수 있다. 청소년상담 프로그램 역시 청소년지도활동을 부분적으로 적용하는 경우가 많기 때문에 상호복합적인 특성을 나타낸다. 예를 들어, 수련활동과 함께 제시되는 청소년 심성훈련 프로그램 안에서 상담 프로그램 요소와 지도 프로그램 요소들이 통합되어 제시되는 경우를 들 수 있다.

여섯째, 청소년상담은 내용적 측면에서 볼 때, 가장 핵심적인 문제로서 자아정체성의 과제를 들 수 있다. 자아정체감과 관련된 진로선택, 인간관계, 이성 관계, 가치관 등이 상담의 주요 주제로 대두된다. 이러한 주제들을 다루면서, 청소년의 가치 명료화, 분별화, 올바른 선택을 도와줄 수 있는 교육적, 도덕적 기능이 포함된다. 예를 들어, 청소년 가치명료화 프로그램의 경우, 가치관의 단순한 명료화 또는 선택을 돕는 차원에서 한 단계 더 나아가, 자신의 선택으로 인한 결과를 예상할 수 있도록 도와주어 바람직한 결과, 올바른 선택으로 이끄는 결과중심의 상담이 되어야 할 것이다. 앞서 기술한 바와 같이, 이런 측면에서 청소년상담 프로그램은 교육과 훈련의 성격을 많이 나타낸다고 하겠다.

일곱째, 청소년상담 프로그램은 학교나 관련 기관의 정책, 활동요청에 따라 청소년의 비자발적 참여로 이루어지는 경우가 많다. 청소년상담 프로그램의 개발과정과 실행 시 참가하는 청소년들로부터의 요구 수렴과 심리적 저항이나 낮은 동기 수준을 극복할 수 있는 전략이 마련되어져야 할 것이다(이숙영 외, 2001).

4. 청소년 집단상담의 과정

Trecker(1972; 이형득, 1979 재인용)에 따르면, 집단은 하나의 발전적 개체로 일련의 발달 과정을 거친다고 하였다. 집단과정이란 두 사람 혹은 그 이상의 사람들이 상호 간에 영향을 미치면서 어떤 공동목표를 향하여 함께 움직여 나아가고 있는 변화 혹은 발달의 현상을 의미하는 것으로 여기에는 집단역학과 집단 발달단계라는 두 가지가 포함되어 있다. 집단역학이 집단에 작용하는 복합적인 힘이라고 한다면 집단의 발달단계란 이런 복합적인 힘의 상호작용에 의하여 한 집단이 특정 방향으로 발달해 나아가는 추이과정을 단계적으로 본 것이다. 이러한 발달 단계를 거쳐서 개인의 변화를 경험하게 되는데 집단이 어떠한 단계를 거쳐 발달하고 변화하느냐 하는 것은 각 집단의 특수성, 현재 위치, 구성원들의 목표 등에 따라서 다양하다고 할 수 있다.

집단 발전과정은 일연의 연속선상에 있기 때문에 독립적인 특수한 단계들로 구분하는 것은 어려움이 있다. 그러나 집단을 효과적으로 이끌고 발전시키기 위해서는 집단단계에 대한 이해가 필요하므로 단계별 특징과 과업에 대해 살펴보고자 한다.

1) 준비 단계

이 단계는 실제 집단상담에 임하기 전에 계획을 세워 준비하는 과정이다. 집단에 앞서 집단의 목표, 집단의 크기, 집단의 구성, 선발과정, 집단의 회기 시간과 빈도, 집단의 구조화 등과 같은 문제들에 대한 충분한 검토와 준비가 있어야 한다.

(1) 집단상담의 목표

집단상담에 있어 집단목표와 규범의 설정 문제에 대해 찬반의 의견이 있지만, 일반적으로 상담자가 집단에 임하기 전에 어떤 목표를 가지고 집단에 임한다는 점을 고려해 볼 때 집단의 목표는 아주 일반적인 차원에서 설정되어야 한다. 일반적으로 집단상담의 목표는 집단 구성원의 성장 및 발달을 촉진하여 그들이 가지고 있는 잠재력을 극대화하는 것이라고 할 수 있다. 이러한 입장에서 볼 때 청소년 집단상담은 다음에 역점을 둔다.

첫째, 청소년들이 발달상에 대두되는 욕구를 충족시키도록 돕기, 둘째, 안전한 집단 안에서 감정과 태도를 실험하는 것을 배우기, 셋째, 행동에 대한 이해를 깊게 하고, 넷째, 자기 자신이 가지고 있는 기술과 능력에 대해 보다 자신감을 가지도록 돕는다.

(2) 상담 장소 및 분위기

상담이 행해지는 곳의 환경은 집단의 분위기와 집단 내 상호작용 등 상담과정에 영향을 미친다. 상담 장소로는 어느 정도 비밀이 보장되고 편안함을 느끼며 방해를 받지 않는 장소이면 어디에서든지 이루어질 수 있다. 또한 가능하다면 집단 구성원들이 둥글게 앉아 모든 집단원들이 서로 잘 볼 수 있고 자유롭게 움직일 수 있는 공간이 있는 장소가 바람직하다(홍봉선 · 남미애, 2014).

(3) 집단의 크기

집단의 크기는 집단구성원들의 연령, 성숙 정도, 집단유형, 집단상담자의 경험, 그리고 다루고자 하는 문제유형에 등에 따라 다양하며, 학자들에 따라 의견도 다양하여 5~6명(Dinkmeyer & Muro, 1980; 홍경자 외, 1996 재인용), 혹은 7~8명(Early, 2004)이 적절하다고 주장하기도 한다. 일반적으로 이상적인 집단크기는 연령이 어린 아동집단(3~4명이 적당)의 경우를 제외하고는 청소년집단을 포함하여 대략 5명에서 10명 사이로 간주한다. 집단인원이 적으면 집단으로 기능력이 약해지며 너무 많으면 개인적인 문제를 다룰 시간이 적어지고 자기주장이 강하지 못한 집단원들은 자신들의 생각을 표현하기가 더욱 어려워진다(홍경자 외, 1996).

(4) 집단의 구성

집단을 이질적인 집단으로 구성할 것인가 혹은 동질적인 집단으로 구성할 것인가의 문제는 집단의 목적과 관련된다. 동질집단은 집단원들이 유사한 문제를 가지고 있기 때문에 개별상담보다 효율적으로 다루어질 수 있다. 이질집단의 경우는 안전한 환경 안에서 다양한 종류의 사람으로부터 피드백의 도움을 받아 상호관계 기술을 개발하고 새로운 행동을 실험할 수 있다(홍봉선 · 남미애, 2014). 경험에 의하면, 13~15세, 15~18세 그리고 19세 이상으로 집단을 구성하는 것이 바람직하다. 개인적인 관심사는 서로 다를 수 있지만 연령 범위 내에 있는 청소년의 관심사는 서로 유사한 경향이 있으며 학업문제, 이성문제, 진로문제, 부모와의 갈등문제 등과 같은 그들 고유의 발달과정상의 문제에 초점을 맞출 수 있다. 이러한 유사함은 집단응집력을 견고히 해주고 소속감을 느끼게 하고 삶의 위기문제를 열린 마음으로 강도 깊게 탐색할 수 있도록 해준다. 그리고 심각한 행동장애가 있는 경우를 제외하고는 대부분의 청소년 집단상담에 있어 혼성집단이 동성집단보다 더 바람직하다. 남녀 혼성집단에서 이성 간의 상호작용은 청소년기의 발달단계에서 야기되는 욕구를 충족시켜 줄 수 있으며 집단에 보다 진지하게 임하여 집단의 역동성을 촉진시킬 수 있다(홍경자 외, 1996).

(5) 집단원의 선발절차

집단원을 모집하기 위해서 집단의 유형, 집단의 목적, 만나는 시간과 장소, 집단에 가입하는 절차, 집단상담가로부터 집단원들이 기대할 수 있는 것, 상담자의 자질과 배경에 대한 진술, 집단에 적합한 사람들을 결정하는 지침, 가입비 등이 사전에 공고되어야 한다. 또한 상담자가 성공적으로 집단상담을 이끌기 위해서는 집단에 참여하기를 신청한 클라이언트를 먼저 만나 클라이언트의 특성, 문제, 집단에 대한 욕구, 기대 등에 대해 검토한 후 선발하도록 해야 한다. 선발 후에는 예비모임을 가져 집단원들이 집단의 발달과정, 목표, 상담자와 집단원의 역할 그리고 집단에 참여함으로써 얻는 이익 등을 명확히 이해하도록 해야 한다(홍경자 외, 1996).

(6) 집단 회기의 길이와 빈도

아동과 청소년을 대상으로 한 집단의 경우, 짧은 시간 동안 자주 만나도록 하는 것이 주의 집중하는 데 더 좋다. 학교에서 집단프로그램을 진행할 경우에는 정규수업시간에 맞춰서 만날 수 있다. 집단회기의 길이는 시작할 때 종결 시기를 명시하기 때문에 시간적 한계에 대해 명확히 알 수 있다. 대학생은 한 학기(15주) 동안 운영되는 것이 보통이지만, 고등학생집단도 이 정도의 기간으로 운영되는 것이 이상적이다. 이는 신뢰감을 쌓고, 행동적인 변화를 일으키기에 충분하고 지루할 만큼 길지 않은 기간이다(김동일 외, 2014).

2) 시작 단계

집단상담의 시작 단계는 일반적으로 제1회기와 2회기의 상담기간에 해당되는 시기로 시작단계는 집단이 시작되는 시기이므로 집단과정에서 각별한 의미를 가진다고 할 수 있으며, 특히 이러한 시작 단계에서는 집단활동이 어느 정도 효과적으로 이루어졌느냐에 따라 이후의 집단 발달단계와 집단상담의 성패에 영향을 미친다.

따라서 상담가는 예상불안 다루기, 집단의 구조화, 긍정적 분위기의 조성과 의사소통을 촉진 등의 과업을 수행한다.

(1) 예상불안 다루기

상담가는 첫 모임(제1회기)에서 구성원들 서로가 자기소개 및 집단에 참여하게 된 동기, 기대 등을 이야기하도록 하고 집단원들에게 집단의 목적과 기본 원칙을 확인시킨다.

집단의 초기 단계에서 상담가를 포함해서 집단원들은 서로 낯설고 집단구조와 분위기 등이 아직 불확실하기 때문에 집단원들은 집단 내에서의 행동과 자신의 역할에 대해 불안을 경험한다. 상담가는 집단원들이 경험하는 불안과 불신의 감정을 감소시키고 긴장을 풀어 줌으로써 신뢰롭고 수용적인 집단 분위기를 조성하는 데 힘써야 한다(김진숙, 1999).

(2) 집단의 구조화

집단의 구조화란 참여자들에게 집단의 성격과 목적, 집단을 운영하는 데 필요한 기본 규칙, 지켜야 할 기본적인 행동규준 그리고 집단상담가의 역할과 참여자의 역할 등에 대해 설명하고 가르쳐 주는 것을 말한다(김진숙, 1999).

집단초기에 집단의 목표와 개인목표를 세우게 되고 목표에 따라 집단은 진전을 이룰 수 있다. 집단의 규칙은 명확하고 판별하기 쉬운데 집단규범은 더 추상적이고 정확한 판별이 어렵다. 집단의 규범은 집단을 효율적으로 기능하게 하는 데 필요한 행동에 대해 집단원들이 공통적으로 가지는 믿음이라고 할 수 있다(Corey & Corey, 2001; 김동일 외, 2014 재인용).

집단 초기에 상담자가 격려하고 지지해야 할 행동규범을 좀 더 구체적으로 제시하면 다음과 같다.

〈표 5-4〉 집단상담 시 집단구성원이 지켜야 할 집단규칙

1. 집단 내에서 이야기된 어떤 구성원에 관한 내용도 집단 밖에서 말하지 않는다. 대부분의 일반적 사항도 이 원칙에 포함된다. 단, 자기 자신에 관한 사항은 말해도 좋은 것이다.
2. 지각이나 결석이 불가피할 경우 사유를 미리 상담자나 다른 참여자들 중 누구에게 알리도록 한다.
3. 집단에서 빠지고 싶을 때는 집단에 참석하여 다른 사람들에게 이유를 밝히고 빠진다.
4. 가능한 솔직하고 정직한 느낌과 진지한 마음으로 내 자신에 대해 말하고 남의 말에 공감하며 듣도록 노력한다.
5. 우리는 누구에게나 귀 기울여 말하는 사람의 진실된 느낌을 듣고 이해하도록 노력한다.
6. 우리의 궁극적 목표는 진지한 만남에 있다. 그 밖의 것은 다 함께 논의한 후 결정한다.
7. 집단에 들어오고 싶어 하는 새로운 참여 희망자가 있을 때 집단 참여자 모두 함께 논의한 후 결정한다.
8. 집단원 중 누가 위기사항에 직면할 때엔 서로 연락하여 바깥에서 개별적으로 만날 수 있다. 그러나 그와 같은 사실을 다음 모임에서 꼭 보고한다.
9. 집단에서 결정되는 사항은 참여자들 모두가 논의한 후 동의하여야 하며 이렇게 결정된 사항은 누구나 어떻게든 지키도록 한다.

출처: 홍경자 외(1996).

〈표 5-5〉 집단 구성원의 행동규범

1. 집단원들은 다른 구성원들에게 직접 의사소통하며 집단과정에 적극적으로 참여한다.
2. 어느 정도 자기개방을 할 것인지를 스스로 결정한다. 자기개방은 문제해결과 자기성장을 위해 필요하다. 그러나 그 수준과 정도는 개개인의 차이가 있으므로 본인들이 준비되어서 표현될 수 있을 때 하도록 한다.
3. 다른 집단 구성원들과 서로 피드백을 주고받는다. 집단 참여자들은 다른 사람들로부터 피드백을 받음으로써 참여자들은 다른 사람에게 보이는 그들의 행동효과를 보다 분명히 이해할 수 있게 된다.
4. 과거에 일어난 사건보다는 집단 내에서 일어나는 지금-여기의 상호작용에 초점을 둔다. 집단 구성원들은 현재 집단에서 일어나고 있는 상황에 대해 어떤 생각과 느낌을 갖는지에 집중하고, 그에 따른 자신의 생각이나 감정을 솔직하게 표현하고, 자신이 현재 장에서 경험하고 있는 것을 다른 사람과 나누는 것이 필요하다.
5. 참여자들은 서로에게 적절한 심리적 지지를 제공한다. 집단 구성원들은 집단참여 이전의

해결되지 않는 문제로 어려움을 직면할 수 있고 집단상담에서의 경험이 익숙하지 않아 불안해하거나 자기표현 방법을 몰라 두려움을 가질 수 있다. 집단경험이 모두에게 성장의 경험을 제공할 수 있도록 적극적인 지지와 격려가 필요하다.

출처: 홍봉선 · 남미애(2014).

(3) 집단의 긍정적 교류의 촉진

상담가는 집단원들이 서로 친숙하고 수용과 신뢰의 분위기를 형성하도록 집단의 분위기를 형성하고 새롭고 의미 있는 경험을 가지도록 이끌고 유지시킬 필요가 있다. 상담가는 집단원 간에 원활한 상호관계가 발달되도록 의사소통을 촉진시켜야 하지만 집단의 초기 단계에서 수반되는 불안에 대하여 집단원의 저항이 일어날 수 있다는 것을 인식해야 한다. 지나치게 공격적이거나 화제를 독점하거나 끊임없이 관심을 자기에게로 끌려고 노력하는 구성원에게 적절하게 개입하여 구성원들의 시간분배를 조정하여야 한다. 만약 집단원이 특정 활동에서 자신의 개인적인 이야기를 노출하는 것을 꺼려한다면 너무 부담스러운 내용은 이야기하지 않아도 좋으며 거절할 수도 있음을 알려준다(홍봉선 · 남미애, 2014).

3) 작업 단계

집단상담의 작업 단계는 활발한 상호작용 속에서 자기노출과 저항, 통찰이 일어나는 단계이다. 집단구성원은 지지적이면서도 도전적으로 맞닥뜨림과 피드백을 통해 집단의 목표를 이뤄가면서 성장을 경험하게 된다.

(1) 저항과 갈등

저항은 자신이나 다른 사람들이 개인적인 문제나 고통스러운 감정을 탐색하지 못하게 방해하는 행동으로 볼 수 있다. 상담자는 저항적인 집단원을 벌하기 보다는 그러한 저항의 근원을 탐색하도록 해야 한다. 집단상담자는 저항을 이해하고 생산적으로 탐색함으로써 집단작업에 활용해야 한다(김동일 외, 2014). 집단원의 저항이 있듯이 서로 다른 개개인이 모인 집단에서 갈등이 야기되는 것은 피할 수 없는 상황이다. 집단원들의 이러한 갈등의 원천을 이해하고 갈등상황이 발생할 때 이를 터놓고 다루는 것이 바람직하다. 갈등을 수용하고 서로 간의 차이에 대해 정직하게 상호작용할 때 보다 바람직한 방향으로 집단이 진행될 수 있다.

〈표 5-6〉 갈등중재기술

1. 표출된 감정을 반영한다.
2. 다른 집단원들의 참여를 독려한다.
3. 의사소통내용을 재진술 · 명료화한다.
4. 무감각하거나 부적절한 공격행동은 차단한다.
5. 서로 공통적이거나 일치하는 부분은 연결시켜 준다.
6. 갈등상황에 있는 집단원들이 서로에 관하여 보다는 서로에게 직접 말하도록 돕는다.

출처: 강진령(2012).

(2) 응집성

집단이 갈등 단계를 넘어서면 부정적인 감정이 극복되고 조화적이고 협력적인 집단 분위기가 발전되면서 점차 집단원들 간에 응집력이 발달하게 된다. Yalom은 집단응집력을 "집단에 대한 소속감 또는 집단에 대한 매력을 개별적으로 표현한 집단의 특성"이라고 정의했다(Lieberman, Yalom & Miles, 1973; 강진령, 2012 재인용). 집단응집력은 집단의 치료적 요인이며 집단을 지속적으로 운영할 수 있는 기초적 요인으로 매우 중요하다.

홍경자 외(1996)는 집단응집력을 나타내는 특성들을 다음과 같이 정리하였다.

첫째, 신뢰감이다. 신뢰감이 구축되면 자신에 대한 보다 적극적인 노출은 물론 다른 집단원의 의견과 감정을 존중하게 된다.

둘째, 감정정화이다. 감정정화는 억압되어 있거나 속으로 쌓여있는 정서를 표현함으로써, 긴장을 해소하고 변화를 촉진한다. 어떤 청소년들은 그의 아버지를 향한 엄청난 분노를 억제해 왔는데, 그것들을 집단 내에서 표현함으로써 아버지로부터의 관심과 사랑에 대한 요구와 아버지를 사랑하는 느낌을 발견하게 된다.

셋째, 집단애착이다. 집단에 애착이 클수록 응집력의 정도는 강하며, 집단이 지지적인 분위기를 띠면서 집단원들에게 관심이 있는 문제를 다룬다면 그 집단이 매력적으로 지각될 가능성이 커진다.

넷째, 자기표출이다. 집단원들은 자신의 약점을 드러내며 솔직한 감정과 자기노출을 시도하게 된다. 믿음은 변화 그 자체인데 왜냐하면 그것이 사람들로 하여금 다양한 자신의 모습을 보도록 허용하고 새로운 행동을 격려하며, 자신을 새로운 측면에서 보도록 만들기 때문이다.

4) 종결 단계

종결 단계에서 집단상담자는 집단원들이 이제까지 집단에서 있었던 경험의 의미를 통합하고, 변화된 인지적 요소와 새로이 습득한 행동을 실생활에 적용하도록 강화하는 역할을 하게 된다.

(1) 집단경험통합과 새로운 행동 실천 도모

집단에서의 경험과 새로운 학습 내용을 통합·정리하여 실생활에 어떻게 적용할 것인가를 모색하고 결정하는 시간이다. 집단원들이 집단에서 활용한 것을 실천하도록 돕기 위해 상담자는 집단경험을 재정리하고 집단 밖에서 실천해 본 새로운 행동에 대해 피드백을 주고받으며 실천을 위한 방법을 논의한다. 집단에서 경험한 것을 실천하도록 돕기 위해 상담자는 다음과 같은 항목들을 활용할 수 있다.

〈표 5-7〉 집단경험학습의 실생활 적용을 돕기 위한 질문목록

1. "집단 종결에 대해 어떤 느낌이 듭니까?"
2. "이번 집단경험은 여러분의 삶에 어떤 의미가 있습니까?"
3. "집단참여를 통해 얻게 된 소득이 있다면 무엇입니까?"
4. "집단참여 전과 후를 비교해 볼 때 어떤 점이 달라졌습니까?"
5. "집단에서 특별히 좋았던 점이나 싫었던 점에 대해 이야기 나누어 볼까요?"

출처: 강진령(2012).

집단이 종결된 후에도 집단 내에서 경험한 것을 실천할 수 있도록 돕기 위해 집단의 최종 회기에서 집단원들이 앞으로 실천할 목록에 대해 서술하고, 계약서를 작성하게 한다.

(2) 복합적 감정처리

집단종결에 따른 복합적인 감정을 처리하도록 돕는 일이다. 집단종결에 따른 불안감이나 상실감을 호소하기도 하는데 이런 감정은 집단 내에서 충분히 표현되어야 한다. 지도자는 집단원들의 복합적인 감정을 표출하여 정화·해소할 수 있도록 돕고 수용할 수 있어야 한다.

(3) 미결사안 해소

집단상담자와 집단원들 사이에 아직 해결되지 않은 문제나 집단의 목표와 관련된 미결과제를 다룬다. 집단 내에서 그런 문제들이 다 해결될 수는 없지만 적어도 그런 상황이나 문제를 다루어서 제한된 시간 내에 최소한의 해결점이라도 찾고자 하는 노력을 기울여야 한다(강진령, 2012).

5. 청소년 집단상담의 실제

1) 청소년 집단상담 운영 시 고려사항

청소년들을 대상으로 집단상담을 운영할 때에는 청소년들의 발달단계와 또래와의 상호작용을 고려하여 주의를 기울여야 한다.

(1) 집단상담이 유용하지 않은 청소년을 선별하라

모든 청소년에게 집단상담이 유용한 것은 아니다. Meeks와 Bernet(1990)은 집단상담이 적합하지 않은 청소년들에게 대해 세 가지 유형을 제시하였다. 첫째, 상담자에게 극도로 의존적인 청소년의 경우 집단상담이 유용하지 않다. 자아를 점차적으로 강화하는 작업을 해야 하지만 여러 사람이 참여한 집단에서는 이러한 작업을 하기가 쉽지 않기 때문이다. 둘째, 다른 사람이나 친구들의 의견 및 지지에 가치를 두지 않는 경우다. 집단상담에서 여러 가지 변화 요인이 가능하지만 그중에서도 타인으로부터 받는 피드백은 강력한 도구다. 그런데 특정이유로 타인이나 친구들의 의견 및 지지에 가치를 두지 않는 경우는 집단상담의 이러한 변화요인이 작용하기 어려워진다. 셋째, 극도로 비사회적이거나 충동적인 행동을 하는 청소년이다. 이런 유형에는 대부분 반사회적인 청소년이 많은데, 적절한 대상관계나 애정이 있는 대상관계의 형성능력이 없는 경우 집단의 압력이나 기대에 적응하지 못한다. 따라서 이런 청소년에게는 집단상담보다는 개인상담을 제공하는 것이 효율적이다(김창대, 2009 재인용).

(2) 집단상담에 대한 충분한 오리엔테이션 시간을 할애하라

집단상담과 관련하여 청소년의 가장 중요한 특징 중 하나는 그들이 상담에 참여하려는 동기와 자발성이 낮다는 점이다. 이러한 낮은 동기와 비자발성의 원인에는 ① 집단에 대한 이해부족 ② 집단 내 흥미로운 요소의 부족 ③ 부모나 교사의 강압에 의한 참여 등을 들 수 있다. 따라서 청소년들을 대상으로 할 경우 그들에게 집단에 대해 미리 충분히 소개하는 시간을 가지고, 때로는 2~3회 정도 관찰자로 참여하게 하여 집단이 그리 위협적이 아니라 흥미로운 시간도 될 수 있음을 알려줄 필요가 있다. 그리고 자신이 참여하게 된 동기와 강압적으로 참여하면서 경험했던 분노 등에 대해서 집단 초기에 충분히 탐색할 필요가 있다(김창대, 2009).

(3) 청소년 집단상담에서 목표의 설정

초기청소년은 아직 성격이 분명히 형성되지 않은 시기이기 때문에 이 시기에 이루어지는 집단상담에서 성격패턴을 발견한다는 것은 쉽지 않다. 따라서 집단의 목표는 자기이해와 상호교류를 통한 자긍심의 형성, 진정성의 지속적 경험, 타인의 피드백이나 보편성의 경험을 통한 현실검증, 인지적으로는 합리적 신념과 비합리적 신념의 구별, 감정과 사고의 변별과 분화만으로도 청소년들에게 중요한 교육경험이 될 수 있다.

초기청소년들을 대상으로 하는 집단상담의 구체적 목표로는 그 시기의 청소년들이 발달과정에서 주로 경험할 수 있는 문제들, 예컨대 자기존중감 기르기, 공감과 협동을 통한 타인이해, 친구들과 사이좋게 지내기, 분노를 통제하기 등을 들 수 있다. 한편 중고등학생을 대상으로 하는 집단상담의 구체적 목표로는 자아정체감 발달시키기, 진로를 탐색하기, 친구들과 만나 우성 유지하기, 분노조절, 스트레스 관리 등을 목표로 할 수 있다(김창대, 2009).

(4) 재미있는 활동들로 구조화된 프로그램을 활용하라

집단상담을 계획하는 지도자는 집단의 특성이 어떤 것인가에 대해 미리 잘 파악하고 있어야 하며 역할놀이, 연극과 같은 행동중심으로 프로그램이 진행되어야 한다. 게임, 노래, 풍선 터뜨리기 등의 레크레이션을 도입하고 과자, 상품 등의 강화물을 준비할 필요가 있다(홍경자, 2009). 또 청소년기는 통찰의 유도와 관계패턴을 이해하는 것이 어렵기 때문에 비구조화 된 프로그램보다는 구조화된 프로그램을 통해 자연스럽게 참여하는 가운데, 청소년들은 제한된 시간 내에 상담자와 집단구성원들이 원하는 바람직한 행동의 변화를 이루어 내고, 그들이 발달 과업을 성취해 나가는 데, 그리고 성장기의 어려움을 극복해 나가는 데 도움을 받을 수 있다(김동일 외, 2014).

2) 청소년 집단상담의 계획과 준비 절차

사회복지사와 상담자는 현장에서 수요자의 요구에 맞추어 집단상담을 계획하고 실시하게 될 것이다. 현장에서 집단상담을 준비, 계획하는 데 필요한 점들을 강진령(2012)이 기술한 내용을 중심으로 요약하였다.

(1) 집단계획 · 준비 어떻게 하는가

집단을 계획하고 준비할 사항들을 일정한 형식에 따라 문서화한 것이 집단계획서다. 집단계획서는 집단을 구성하고자 하는 목적, 목표를 달성하기 위한 제반 절차와 전략, 그리고 예상되는 효과 등에 대해 명확하고 구체적으로 진술되어야 한다. 집단계획서는 집단상담자가 소속된 기관장으로부터 공식적인 집단 운영 허락을 받기 위해 필요한 서류 이상의 것이다. 왜냐하면 집단계획서 작성과 결재 과정을 통해 집단상담자는 잠재적 집단원, 즉 장차 집단에 참여하게 될 사람들에게 의미 있는 집단경험을 제공하기 위해 집단 운영과 관련된 제반 사항들을 꼼꼼히 점검해 볼 수 있기 때문이다.

집단 계획과 준비를 할 때, 소속 기관장을 비롯하여 내부 인사들의 신망과 지지를 확보하는 일은 매우 중요하다. 기관장을 비롯한 구성원들의 지지 없이 집단을 운영하기란 거의 불가능하기 때문이다. 이러한 점에서 이들과 긴밀한 협조관계를 유지하는 일은 집단 계획과 준비에서 다른 어떤 일보다도 중요한 과업에 속한다. 특히, 소속기관의 지지와 협조를 얻기 위해서는 좋은 의도도 중요하지만, 기관 설립 목표에 부합하고 서로에게 이익이 되는 점이 있어야 한다는 점을 명심해야 한다.

집단상담자는 집단에 관하여 구성원들의 지지 확보를 위해 한 차례 소개한 것으로 충분하다고 생각해서는 안 된다. 계획 중인 집단에 대해 구성원들이 지속적으로 관심을 갖도록 홍보하기 위해서는 구두로 전달하는 것 외에 집단의 목적과 목표를 알리는 유인물을 나누어 주는 것도 좋은 방법이다. 집단상담자는 계획 중인 집단이 서로의 목표를 달성하는 데 필요한 유용한 수단이라는 점을 인식하도록 도와야 한다.

- 기관 외부의 지지 확보

집단을 계획·준비할 때, 소속 기관의 내부 인사들의 지지를 얻는 것 못지않게 기관 외부로부터의 지지와 협조가 필요하다. 특히 학교 장면에서는 실질적으로 잠재적 집단원이 될 수도 있는 학부모의 지지와 협조를 간과할 수 없다.

- 학부모의 지지

학교장면에서 이루어지는 집단상담의 경우, 학생들의 부모는 중요한 외부자원에 해당된다. 집단상담이나 프로그램에 대한 학부모의 지지 정도는 학교에서 진행되는 집단 활동의 활성화에 지대한 영향을 줄 수 있기 때문이다. 또한 학생들의 문제와 관심사는 그 학생 주변 환경의 영향을 떼어 놓고 생각할 수 없기 때문이기도 하다.

예를 들어, 발달과정상의 과업과 관련된 어려움을 겪고 있는 학생이 있다 하자. 이 경우 학생의 부모나 형제자매는 일반적으로 직간접적인 영향권 안에 있다고 볼 수 있다. 만일 집단에서 다루게 될 주제가 학생의 관심사나 문제와 직접적으로 연관된 것이라면, 학부모는 자녀의 집단참여에 더욱 지지와 관심을 보일 것이다.

그러면 학부모의 지지와 협조를 얻기 위한 방안에는 어떤 것들이 있을까?

● 학부모의 지지 획득 방안

집단상담자의 기대와는 달리, 학부모들은 집단상담에 대해 올바르게 인식하고 있지 않을 수 있다. 학부모들의 집단상담에 대한 인식수준에 따라 이에 대한 관심과 지지수준이 달라질 것이다. 따라서 집단상담자는 학부모들에게 집단상담의 목적과 필요성에 대해 이해시키는 노력을 기울여야 한다. 만일 담임교사의 의뢰에 의해 비자발적으로 집단에 참여하게 된 학생들로 구성된 집단을 운영하는 경우, 집단상담자는 학부모와의 첫 면담 때 담임교사가 학생을 의뢰하게 된 배경을 설명해 준다. 집단상담자는 학부모의 질문에 상세히 답변하고 나서, 집단참여 동의서에 서명을 받는다. 집단상담과 관련된 상황에 대해 학부모들을 이해시키는 과정은 매우 중요하다. 왜냐하면 학부모들은 자신의 자녀가 조사대상이 된 상황이나 부적응 학생 또는 문제 학생으로 인식되고 있다는 사실에 대해 크게 분개할 수 있기 때문이다.

(2) 집단계획서 작성

집단을 계획·준비할 때 집단상담자는 집단의 목적에 따라 다음과 같은 질문에 대해 명쾌하게 답할 수 있도록 준비한다. 집단계획서 작성 시, 집단상담자는 다음 사항들을 고려한다.

〈표 5-8〉 집단계획서 작성 시 고려사항

1. 집단의 필요성 및 목적: 현시점에서 집단이 필요한 이유는 무엇인가? 집단의 목적은 무엇인가?
2. 집단활동: 집단의 세부목표 달성을 위해 활용할 집단활동은 무엇인가?
3. 집단구성: 누구를 대상으로 할 것인가? 남성 또는 여성으로만 혹은 혼성으로 할 것인가?
4. 집단유형: 상담집단, 성장집단, 교육집단으로 할 것인가? 단독 혹은 공동으로 할 것인가?
5. 집단원 선별: 집단원 선별을 위해 개별면접 혹은 질문지를 활용할 것인가?
6. 집단크기: 집단원 수는 몇 명으로 할 것인가?
7. 집단일정: 총 몇 회기로 할 것인가?

8. 집단모임 장소: 집단모임은 어떤 환경, 조건을 갖춘 장소에서 가질 것인가?
9. 집단상담자 수: 집단상담자는 몇 명으로 할 것인가? 단독 혹은 공동으로 운영할 것인가?
10. 집단홍보: 집단계획과 내용을 어떤 방법으로 잠재적 집단원들에게 알리고 관심을 끌 것인가?
11. 기대효과 및 평가: 집단경험을 통해 집단원들에게 기대되는 효과는 무엇인가? 집단원들의 집단경험은 어떻게 평가할 것인가?

- 집단의 필요성 및 목적

집단상담자의 주요 임무에는 집단의 필요성과 목적을 명확하게 설정하고, 자신의 전문적 능력을 적용하여 소기의 목적을 달성하는 것이 포함된다. 집단의 목적은 마치 지도 위에 표시해 놓은 목적지와 같아서 집단 계획과 준비 과정에서 최우선적으로 고려해야 할 사항이다.

집단의 목적을 설정하기 위해서는 집단상담 서비스를 필요로 하는 잠재적 수혜자들의 요구조사(Needs Assessment)가 선행되어야 한다. 요구조사 결과를 토대로 잠재적 서비스 수혜자들에게 필요한 집단의 유형이 결정되면, 집단에서 다룰 주제와 활동을 선정한다. 요구조사 방법은 다양하다. 만일 집단상담 수혜자들이 이미 정해져 있는 경우에는 개별 면담이나 질문지를 통해 집단에서 얻기를 원하는 것, 집단에 참여하고자 하는 이유, 그리고 특별히 집단에서 논의하고 싶은 주제 등을 파악한다.

- 집단활동

잠재적 집단원들의 요구와 집단의 유형이 정해지면, 집단상담자는 집단에 적절한 논제와 활동 내용을 결정한다. 집단의 논제와 활동 내용을 정하기 위해서는 가능한 모든 논제와 활동내용을 직접 적어 보는 것으로 시작할 수 있다. 일단 논제와 활동 내용이 선정되면, 집단을 시작할 준비가 되었다고 볼 수 있다. 또한 집단의 목적에서 벗어날 가능성은 그만큼 줄어든 셈이 된다. 예를 들어, 학생들의 학습능력 신장을 위한 집단의 경우, 집단상담자의 논제 및 활동 내용에는 학습의 기본 방법, 시간표 작성 요령, 다양한 학습전략, 그리고 시험 준비 요령 등이 포함될 것이다.

◦ 집단의 구성/집단대상 선정/유형

집단상담자는 집단목적을 토대로 집단 대상을 선정하되, 성별, 연령, 학년, 성숙도, 교육 수준, 문제의 유형과 관심사, 성격적 특성, 직업 또는 소속기관 등과 같은 요소들을 고려한다. 학교 장면의 경우, 특히 학년이 중요한 고려사항이 된다. 즉, 초 · 중 · 고등학교에서의 집단상담 대상은 같은 학년의 학생들로 구성하는 것이 좋다.

일단 집단의 대상이 결정되면, 해당 집단의 구성원 모두를 자동적으로 참여하게 할 것인가, 집단참여를 원하는 사람에 한하여 모두를 참여시킬 것인가, 아니면 일정한 선발 절차에 의해 선발할 것인가를 결정한다. 집단의 대상을 선정하는 데는 절대적인 지침은 없다. 단지 집단의 유형, 목적, 소속기관의 규정과 여건, 시간적 여유 등과 같은 변수들을 고려해서 결정하면 된다. 집단의 목적, 활동내용 등이 구성되고 나면 유형을 정하게 된다.

집단의 대표적인 유형에는 상담집단, 치료집단, 성장집단, 과업집단, 자조집단, 지지집단 등이 있다. 집단의 유형이 결정되면, 집단상담자는 집단의 전반적인 목적과 자신의 역할 등을 가늠할 수 있게 된다.

◦ 집단원 선별

집단에 대해 홍보를 하고 나면, 집단상담자는 집단원 선별 방법을 결정한다. 집단원을 선별하는 가장 큰 이유는 집단이 모든 사람에게 유익한 것은 아니고 집단 활동에 부적합한 사람이 있기 때문이다. 집단원 선별에 필요한 절차는 일반적으로 개별면접, 질문지, 타 기관으로부터 적합한 대상을 의뢰받는 것과 같은 방법이 있다.

〈표 5-9〉 잠재적 집단원 면담절차

- 집단의 회기 수, 주제 등 기본 사항에 관한 설명으로부터 면담 시작
- 자발적 참여 원칙 강조
- 집단참여로 얻을 수 있는 효과에 관하여 설명
- 빠짐없는 출석, 적극적 참여, 비밀유지의 중요성 강조
- 집단에 관한 기대 점검

집단크기/일정/장소

집단크기를 결정할 때, 집단상담자는 집단의 크기가 너무 크면 상호작용의 기회가 불충분한 반면, 너무 작으면 집단역동 발생 혹은 집단원들 간에 상호작용을 통해 서로 영향을 주고받기가 불충분하다는 점을 고려한다.

청소년의 경우 집단의 일정은 학사일정과 발달과정상의 특성에 영향을 많이 받으므로 길게 잡는 것은 어렵지만 고등학생이나 대학생 집단은 한 학기를 기준으로 15주 동안 운영하는 것으로 계획할 수 있다. 그 이유는 발달과정 특성상, 초·중등학생들에 비해 고등학생이나 대학생이 보다 안정적이기 때문이다. 동시에 고등학생과 대학생들이 지속적으로 변화를 시도하고 생활습관에 변화를 가져오기 위해서는 적어도 이 정도의 시간이 요구되기 때문이다.

집단모임 장소를 선택할 때는 1) 조용하고 안정된 공간 환경을 갖추고 있는가 2) 집단원 수에 적당한 넓이의 공간인가 3) 좌석이 안락하고 정돈된 상태로 배치되어 있는가에 관한 것을 고려해야 한다.

집단홍보

집단계획과 준비에서 집단홍보는 특히 중요하다. 집단홍보는 집단에 대해 널리 알리고, 보다 많은 잠재적 집단원들이 집단상담 서비스 혜택을 받을 수 있게 한다는 점에서 의의가 있다. 여기서는 상담기관과 학교 장면에서의 홍보전략에 대해 살펴보기로 한다.

집단이 일반 상담기관에서 계획, 진행되는 경위, 집단홍보를 위한 방안은 다음 5가지로 정리할 수 있다.

〈표 5-10〉 상담기관에서의 홍보 방안

- 언론매체(신문, 방송 등) 활용
- 주요기관의 인터넷, 홈페이지 게시판 활용
- 기관 방문 및 홍보 유인물 배포
- 포스터 활용
- 집단 수료자를 통한 홍보

일반 상담 기관과는 달리 학교 장면은 주로 학생들을 대상으로 이루어진다는 특징이 있다. 학교 장면에서 학생들을 대상으로 집단을 계획하는 경우, 다음 7가지 홍보 전략을 강구할 수 있다.

〈표 5-11〉 학교에서의 홍보 방안

- 동영상제작 및 학교 홈페이지 게시판 홍보
- 교실방문홍보
- 교내 게시판 및 상담실 게시판 포스터 부착
- 학교신문에 공지
- 집단에 참여했던 학생들을 홍보대사로 위촉하여 활용
- 가정통신문 발송
- 팸플릿 혹은 학교 안내용 소책자에 공지

◦ 기대효과 및 평가

집단상담자는 집단의 필요성과 목적을 성공적으로 달성하게 되면, 집단에 참여한 사람들이 어떤 이점을 얻게 되는지를 구체적으로 기술한다. 그리고 집단의 목적을 달성했는가의 여부를 확인할 수 있는 평가방법을 타당하고 신뢰할 수 있는 도구를 제시한다.

chapter 06

청소년 매체 중독의 이해와 실천방법

1. 청소년의 매체중독 현황

현대사회에서 없어서는 안 될 주요한 도구인 인터넷은 현대인의 생활공간이자 놀이공간의 하나로 자리매김하고 있다. 인터넷을 통한 게임, 쇼핑, 주식, 인터넷 강의수강, 은행 업무는 물론 SNS, 메신저, 이메일 등을 통한 타인과의 소통까지 시간과 장소를 가리지 않고 가능한 시대가 되었다(배주미 외, 2012). 특히 청소년들은 충분한 여가활동을 누릴 수 있는 여유 있는 시간, 공간, 비용 등 모든 면에서 제한되어 있으므로, 적은 비용과 노력으로 흥미롭고 다양한 세계를 제공해주는 사이버공간은 청소년들에게 매우 매력적인 활동과 놀이의 장이 될 수 있다(조남근 · 양동규, 2000).

최근에는 스마트폰과 같은 현대디지털 문명의 확산은 일상생활의 편리함 뿐 아니라 인간의 의사소통 방식의 변화, 시공간 제한의 극복 등 광범위하고도 획기적인 변화를 가져온 반면, 사람들이 일상에서 널리 사용하면서 이로 인해 발생하고 있는 스마트폰 의존 증세 및 대인관계에 미치는 기타 부정적 영향(Davis, 2012; Lewin, 2010; Park & Lee, 2011; Ting et al., 2011: 이영선 외, 2013 재인용)에 대한 우려를 낳고 있다. 하지만 스마트폰이 본격적으로 보급된 것은 불과 몇 년 정도이므로 선행연구가 많지 않아 스마트폰의 사용문제를 정의하는 것은 쉽지 않다. 스마트폰의 문제적 사용을 중독으로 바라보는 임상적 관점 관련 선행연구들을 살펴보면, 인터넷중독에서 정의를 빌리거나, 스마트폰을 휴대전화의 진화된 형태로 보고 기존 휴대전화 중독에 대한 선행연구를 통해 스마트폰 중독의 개념을 정의하고 있다(한국정보화진흥원, 2011). 현재 진행된 연구 결과로는 스마트폰 중독의 주요 구인에 대해 의견이 엇갈리고 있으므로(한국정보화진흥원, 2012) 스마트폰 중독의 개념이 명확해지는 데 좀 더 많은 연구가 축적될 필요가 있다. 또한 매체 중독의 영향요인과 관련하여 많은 연구가 있었으므로, 스마트폰 연구 분야에서도 이를 시도하고 있으나 아직 시작에 불과하여 그 영향요인을 규명하기에는 시기적으로 이른 감이 있다. 따라서 본 장에서는 매체중독의 대표적인 형태인 인터넷중독을 중심으로 기술하며 추후 보완하도록 하고자 한다.

인터넷이 특히 청소년들에게 매력적으로 작용하는 것은 첫째, 개방성이다. 사이버공간은 성, 연령, 학력, 지위 인종 등에 상관없이 누구에게나 개방되어 있다. 또한 언제든지 쉽고 편안하게 접근할 수 있다. 둘째, 참여성이다. 사이버공간에서는 내가 원할 때 언제든지 능동적이고 자율적으로 참여할 수 있다. 셋째, 익명성이다. 사이버공간에서는 직접 대면하지 않아도 되고 자신의 활동을 제약하는 여러 가지 정보를 직접적으로 밝힐 필요가 없다. 넷째, 저항성이다. 사이버공간에서의 의사소통은 양방향적 의사소통을 하기 때문에 자신의 의견과 다르면 언제든지 의사소통을 차단하거나 저항할 수 있다. 다섯째, 정체성의 변화이다. 사이버공간에서는 자신을 얼마든지 조작할 수 있고 또한 여러 개의 아이디를 만들어 각각 다양한 역할을 수행할 수 있다.

이처럼 인터넷은 청소년들에게 다양한 지식과 정보를 제공해주고, 시간과 공간을 초월해서 다양한 계층과 교류하도록 하며 새로운 문화의 창출이라는 측면에서는 긍정적인 요소가 많다. 그러나 과다하게 사용하거나 지나치게 몰입하게 되면 부정적인 측면도 상당히 존재한다(홍봉선 · 남미애, 2014). 한국정보문화진흥원(2014)의 인터넷중독실태조사 결과를 보면 유 · 아동 5.6%(143천명), 청소년 12.5%(768천명), 성인 5.8%(1,711천명)로 청소년의 인터넷중독 위험이 가장 높게 나타났다. 청소년 인터넷 이용자 중 중독위험군 비율은 12.5%로 전년(11.7%) 대비 0.8% 상승하여 최근 3년 연속 증가했으며(2011: 10.4%, 2012: 10.7%, 2013: 11.7%, 2014: 12.5%) 학령별로는 중학생 중독위험군이 13.2%로 가장 높았고, 환경적으로는 맞벌이가정(12.9%)과 한부모가정(13.3%)의 청소년이 보다 취약하게 나타났다. 전체적으로 뉴스검색(35.9%), 메신저(34.6%), 온라인게임(23.1%) 순서였으나, 중독위험군은 온라인게임(35.6%)을 가장 많이 이용하였다.

청소년기는 자신에 대한 정체성이 충분히 확립되지 못하고 가상과 현실의 공간을 충분히 구분하지 못하는 혼란의 시기로 인터넷(게임)에 중독된 청소년은 가정에서 심각한 가족갈등을 유발하고 지각, 잦은 결석 및 학업중단과 같은 학교부적응과 더불어 심한 경우 폭력과 비행으로까지 발전하는 등 점점 심각한 문제원인으로 떠오르고 있다(배주미 외, 2012).

2. 청소년 인터넷중독의 이해

1) 인터넷중독의 개념

김현수(2012)는 과도한 특정 행위에 대한 집착이나 이러한 행위에 대한 충동조절 장애도 일종의 중독으로 보고 진단하는 정신분석학적 입장에서 인터넷 중독을 분석하였다. 구체적으로 ① 계속적인 인터넷사용과 생각 ② 인터넷을 사회

생활과 개인, 집단문제를 해결하기 위한 주체로 이용하며 ③ 사용시간의 확대 ④ 인터넷사용을 중지하거나 줄일 경우 우울, 불안 등이 나타나는 등의 특성으로 정리하였다.

한국정보화진흥원(2004)에 따르면 인터넷중독은 인터넷사용에 대한 금단과 내성을 지니고 있으며 이로 인해 일상생활의 장애가 유발되는 것으로 정의하고 있다. 이러한 개념은 현재 한국에서 광범위하게 쓰이는 K-척도의 구성 변인에 해당하는 것이다. 최근 개발된 K척도 간략형(한국정보화진흥원, 2011)에서는 총 15문항 4요인(일상생활장애, 가상세계지향성, 금단, 내성)으로 구성되어 있으며, 청소년용(KS-Ⅱ)과 성인용(KS-A)이 있다. 두 척도는 총점과 각 하위척도의 점수를 바탕으로 고위험 사용자군, 잠재적 위험 사용자군 그리고 일반 사용자군으로 중독위험군을 분류하고 있다. 또한 DSM-5의 물질 장애 및 인터넷 게임 중독(Internet Gaming Disorder)의 진단 기준(American Psychiatric Association: APA, 2013)에도 포함되는 개념이다(한국정보화진흥원, 2014). 하지만 인터넷은 업무수행, 정보수집과 학습을 촉진하는 긍정적인 측면과 인터넷중독에 대한 연구가 진행 중이라는 점 등으로 인터넷중독의 용어사용에는 의견이 엇갈린다. 아직까지 인터넷중독이 의학적으로 분명하게 규명된 것은 아니지만 알코올이나 도박 중독자들과 비슷하게 강박적 사용과 집착, 내성, 금단, 조절불능, 일상생활의 부적응과 같은 다양한 문제행동을 나타내는 것이라고 할 수 있다(홍봉선 · 남미애, 2014).

2) 청소년 인터넷중독의 특징

인터넷중독자는 인터넷에 대한 강박적인 사고, 내성, 충동통제감소, 인터넷 사용을 멈출 수 없고 오프라인에서도 인터넷을 생각하고 인터넷을 자신의 유일한 친구라고 느끼면서 사회적으로 철수하고 오프라인 상태에서도 인터넷을 생각하고, 인터넷에 많은 돈을 쏟아 부으며, 온라인 사용에 대해 거짓말을 하거나 자신의 타인에게는 인터넷사용을 비밀로 해야 한다고 생각하면서 온라인 사용에 대해 죄책감을 느끼는 등의 증상을 나타낸다(Davis, 2001; Young, 1999; 박승민 외, 2011 재인용). 여기서는 인터넷중독의 유형과 중독을 결정짓는 근거가 되는 금단현상과 내성, 인터넷중독으로 발생할 수 있는 현실적인 문제행동들을 살펴보고자 한다.

(1) 내성과 금단현상

내성이란 중독성 물질을 처음 사용할 때보다 두 번 세 번 사용할 때 그 효과가 감소하는 현상을 말한다. 모든 중독성 물질이 모두 내성을 가지는 것은 아니지만, 내성은 거의 모든 중독현상에서 나타난다. 가장 대표적인 예가 음주이다. 술은 마실수록 자꾸 늘기 때문에 점점 더 많은 양의 술을 마실 수 있게 된다. 인터넷중독의 경우 인터넷에 머무르는 시간이 자꾸 길어지고, 컴퓨터를 끄고 빠져나오기가 점점 힘들어지며, 오래 있어도 작업의 효율은 떨어지는 내성 현상이 나타난다.

금단현상은 상습적으로 중독성 물질을 사용하거나 중독행동을 하다가 중단했을 때, 오로지 중단하였다는 점 때문에 생기는 신체적 증상이나 현상을 말한다. 중독종류에 따라 금단증상은 모두 다르나 대체적으로 공통적인 점은 불쾌하고 괴로운 신체현상이나 심리현상이라는 것이다. 따라서 이러한 괴로움을 없애기 위해 다시 같은 물질을 사용할 수밖에 없게 된다.

인터넷중독의 경우 접속을 안 하면 뭔가 불안하고 초조하며 마치 e-mail이 와 있을 것 같은 생각이 들기도 하고 인터넷에서 어떤 일이 일어나는지 궁금하기도 한 금단증상이 생긴다. 게다가 접속하기 전 긴장이 고조되고 접속 후에는 긴장이 순간적으로 해소되면서 심지어 쾌감을 느끼기도 한다.

(2) 일상생활장애

중독은 일상생활을 바꾸어 놓게 되는데 단순한 변화가 아니라 행동의 총체적인 변화라는 점에 문제의 심각성이 있다. 즉, 금단과 내성증상들이 반복되고 만성화되면서 제대로 자지도 않고 불규칙적인 생활을 하면서 식사를 거르기도 하여 건강을 해치거나, 인터넷을 하느라 친구와도 멀어지고 가족과도 멀어져서 심지어 애인이 떠나고 가족도 버리는 지경에 빠지거나, 밤에 인터넷을 하느라 직장생활에 장애를 가져오고 학업성적이 떨어지는 상황이 되면 하나의 질병이 되는 것이다.

(3) 현실지각력상실 및 범죄

가상과 현실을 구분하지 못하는 증상은 인터넷중독의 심각한 부분으로 가장 흔하게 나타나는 현상이 사용시간을 정확히 알아내지 못하는 것이다. 인터넷을 2~3시간 이용하고도 1시간 정도 이용한 것으로 느끼게 된다. 그리고 인터넷중독은 게임아이템의 구입을 위해 매춘을 하거나, 인터넷 도박에서 큰돈을 잃는 등 현실과의 괴리는 금전적인 문제도 야기한다. 게임에서 나타난 폭력성은 그대로 현실에서 나타나 강도, 자살, 살인 등의 강력범죄로 연결되기도 한다.

(4) 신체적 증상

인터넷중독은 우울감, 초조감뿐만 아니라 마우스 수전증, 과민성 발작 등의 신체적 증상도 유발한다. 인터넷에 접속한 시간을 정확히 인지하지 못하기 때문에 불규칙한 식사를 하게 되어 영양실조에 걸리거나 반대로 체중증가의 위험이 있기도 한다(조찬식, 2002).

특히 게임중독은 수면장애를 유발하는 경우가 대부분이다. 게임에서 본 장면의 잔상이 오래 남아 악몽으로 이어지고, 그로 인해 자는 동안 심하게 뒤척이거나 벌떡 일어나는 현상이 생기기 때문이다. 또한 장시간 컴퓨터 화면을 보기 때문에 눈이 건조하거나 충혈 되는 증상이 나타나기도 한다. 심하면 시력이 저하되어 근시가 될 수도 있다. 낮은 위치에 있는 모니터를 내려다보는 경우, 불안정한 자세가 지속되어 척추에 부담이 가고 목 근육과 인대가 늘어나는 거북목증후군이 발생할 수 있다(박승민 외, 2011).

인터넷중독으로 인한 사례들

(미국 명문대 20대 중퇴생이 인터넷 게임에 빠져 묻지 마 살인 저질러, 2010년 12월)
미국의 한 주립대학교를 중퇴하고 귀국해 두문불출하며 게임에 심취해 있던 20대 중퇴생이 전날 밤까지 게임을 하고 흥분이 가라앉지 않은 상태에서 "제일 처음 본 사람을 죽이겠다."며 집에 있던 흉기를 들고 나와 가장 먼저 눈에 띈 이웃 주민을 흉기로 찔러 묻지 마 살인을 저질렀다.

(게임에 중독된 20대 엄마가 두 살 난 아들을 때려 숨지게 해, 2010년 12월)
게임에 중독돼 하루에 10시간 이상 게임을 하며 아들을 돌보는 것조차 소홀히 하던 20대 엄마가 어린 아들이 대소변을 가리지 못한다며 때려 숨지게 하는 사건 발생.
김 씨는 지난 18일 오후 2시 50분께 천안시 서북구 쌍용동 자신이 사는 다가구주택에서 아들 김모(2) 군의 몸을 주먹 등으로 수차례 폭행한 뒤 목을 졸라 숨지게 했다.

(가상 세계와 현실의 혼동: 게임 중에 자신을 무시했다는 이유로 집에 불 질러, 2007년 8월)
천안에 사는 송모 씨(19살)는 지난달 17일 울산에 사는 전모 씨(25살) 집에 들어가 옷가지를 모아놓고 불을 질렀습니다. 함께 온라인게임을 하던 송 씨는 전 씨가 자신의 캐릭터를 "능력이 보잘것없고 하찮다."며 무시하자 천안에서 울산까지 찾아가 범행을 저지른 것입니다.

(쇼핑 중독 사례, 2007년 11월 26일 SBS 김미화의 U 183회)
주부 윤 씨(전업 주부, 20대)는 집안 살림을 하지 못함, 잠시라도 컴퓨터 앞을 떠나면 불안한 그녀. 그 많은 것(쇼핑몰)을 빨리빨리 보려면 시간이 없음, 보지 않으면 불안하고 허전하고 초조해짐, 물 한잔을 먹어도 급해지는 그녀, 재빨리 물컵을 들고 컴퓨터 앞으로 돌아와야 함. 하루의 대부분의 시간을 인터넷 쇼핑에 할애함. 6시 30분에 남편 출근시키고 나서 세수하면서 컴퓨터 부팅함. 대부분의 생활용품을 인터넷으로 구매, 그러나 정작 그것들을 어디에 써야 할지 모름.
일단 사고 보자는 충동을 억제하지 못함. 더욱 심각한 것은 자신이 인터넷 쇼핑중독이라는 것을 모른다는 것, 자신은 고가의 물건을 사는 것이 아니기 때문에 그렇게 심하다고 생각을 하지 않음.

출처: http://blog.naver.com/besterik/220026058210

3. 인터넷중독의 위험요인과 보호요인

1) 개인내적 특성

인터넷중독은 개인내적, 환경적 요인과 관련이 있으며 인터넷중독의 개인내적 요인으로 우울, 불안, ADHD와 같은 요인이 밝혀져 왔다. 특히 우울은 인터넷중독과 가장 밀접한 관계를 맺는다(배주미 외, 2012; 한국정보화진흥원, 2014). 청소년기 우울증은 자아정체감 장애와 관련된 비전형적인 우울증으로서, 대인관계에서 적대감이 높고 감정에 대한 반응이 있으며 우울하기보다는 짜증이 나 있는 듯한 양상을 보인다. 이렇게 좌절이 많고 성취가 적으며 현실에서의 효능감이 적은 우울한 사람일수록 감정을 해방하고 현실적인 고통으로부터 탈피할 수 있는 도피처로서 인터넷 자극을 추구하는 경향이 있다(김현수, 2006; 박승민, 2011 재인용).

ADHD(Attention Deficit/Hyperactivity Disorder)는 우울과 함께 인터넷중독과 관련성이 높은 질환이다(황수민 외, 2013). 과잉행동과 집중력장애를 가진 아동이 유독 게임만 좋아하고 집착하는 것을 자주 발견할 수 있다. 주의집중시간이 짧고 주의력 전환이 짧은 아동일수록 학습보다는 게임에 집중하기 쉽기 때문이다. 따라서 다른 학습과 활동에서는 항상 부정적인 피드백만 받아오던 산만한 아동은 게임에서는 놀라울 정도의 집중력을 보이면서 게임을 통해 자신이 잘하는 것이 있다는 것을 보여주려고 한다. 즉, 이렇게 게임의 보상 효과를 강력하게 체험한 아동은 자신의 유능감을 만끽할 수 있는 게임에 더욱더 집착하는 습관을 기를 수밖에 없다(김현수, 2006; 박승민, 2011 재인용). 충동조절의 문제는 우울과 함께 인터넷중독과 관련성이 높은 것으로 보고되었다(김진희 · 김경신, 2003)

반면 인터넷중독을 보호하는 개인내적 특성으로는 자기통제감, 자기효능감을 들 수 있다. 자기통제란 자신의 인지나 정서, 행동을 원하는 대로 조절할 수 있는 것으로 청소년들이 자기통제력이 낮을수록 인터넷에 중독되기 쉬운 것으로 나타났다(장재홍 외, 2003; 이현아, 2004). 자기효능감은 개인이 노력을 통해서 가치 있는 결과를 획득할 수 있다고 믿는 지각기대를 의미한다. 이는 특별한 과제를 위해서 요구되는 행위를 조직하고 실행해 나가는 자신의 능력에 대한 판단을 말한다(Bandura, 1997; 남영옥 · 이상준 재인용, 2005).

따라서 주의력과 충동성, 우울은 인터넷중독의 상담을 위해서 평가되고 주의 깊게 살펴보아야 할 변인이며 자기통제력, 자기효능감을 높이는 것은 인터넷사용조절을 위해 긍정적인 효과를 보일 것으로 예측된다.

2) 개인외적 특성

인터넷중독의 양상을 파악하고 상담 계획을 수립하기 위해서는 중독자의 개인내적인 특성만 고려할 것이 아니라, 부모, 학교나 주변 환경 등에도 관심을 기울일 필요가 있다. 인터넷중독의 개인외적 요인으로는 첫째, 가족요인이다. 인터넷중독 수준이 높은 청소년들은 전반적으로 가족에게 불만이 많았고 가족 간에 유발된 갈등의 심각성을 높게 지각하며 가족관계로 유발되는 스트레스가 높다고 응답하였다. 부모와 교류하는 방식에서도, 인터넷중독 수준이 높은 청소년들은 부모와 덜 소통하고 있었으며, 부모의 지지를 받지 못하는 편이라고 보고하였다.

부모의 양육방식에 있어서는, 인터넷중독 수준이 높은 자녀일수록 그들의 부모가 자신에게 지나치게 개입하거나 관여를 하지 않는다고 지각하였고, 심각한 경우 그들은 부모에게 방임 당한다고 응답하였다(Li, Garland & Howard, 2014; 한국정보화진흥원, 2014 재인용).

가족 내 좋은 관계와 긍정적인 대화방식, 인터넷중독에 관한 부모의 감독방식은 인터넷중독 수준과 깊은 관련을 가지며 인터넷중독에 관한 부모의 관심이 인터넷중독의 상담적 요인이 될 수 있음을 시사해준다.

둘째, 대인관계 및 학교생활은 인터넷중독과 관련성이 높은 것으로 나타나고 있다. 부모와의 관계에서 친밀도가 낮다고 하더라도 학교생활에서 깊이 관여할 경우, 인터넷중독의 위험에 쉽게 빠지지 않거나 중독의 회복에 보다 빠른 진전을 보일 수 있는 것으로 예측되었다(한국정보화진흥원, 2014). 교사로부터 받은 정서적 지지가 높을수록 인터넷중독 경향성이 낮아지며(이계원, 2001) 친구와의 긍정적인 상호작용과 유사한 친구지지는 인터넷중독 수준을 낮추는 데 긍정적인 영향을 미친다는 연구결과들이 있다(전춘애 · 박철옥, 2008).

따라서 인터넷중독에 영향을 미치는 위험요인과 보호요인이 존재하며, 각 요인들은 인터넷중독을 감소 혹은 증가시키는 역할을 한다고 볼 수 있는데 박성길(2003)은 청소년들의 인터넷과다사용과정에서 드러나는 위험요소들을 아래와 같이 분석하였다.

〈표 6-1〉 인터넷중독의 위험요소

위험요소군	위험요소	설명
주변 환경 관련요인	또래문화	또래문화의 특성상 특정친구나 교우관계 등이 인터넷에 빠져들도록 만드는 상황
	접근용이성 증가	컴퓨터를 구입하거나, 인터넷전용선설치, 자기 방에 컴퓨터가 설치된 경우 등 인터넷에 대한 접근환경이 달라진 경우
	고위험상황	집에 혼자 있거나, 방학이나 휴일 등 인터넷 의존의 위험이 증대되는 상황
	인터넷매개학습	인터넷을 통해 숙제를 하려다가, 웹 강의를 듣는 등 인터넷매개학습의 경우
	가족문제	가족사의 부정적인 문제나, 가족들이 스트레스원이 되어 인터넷상에서 도피처를 찾는 경우임

위험요소군	위험요소	설명
인터넷 관련요인	콘텐츠 자체의 매력	재미나 흥미, 호기심 등을 채워주는 게임이나 각종 콘텐츠의 매력
	컴퓨터 관련 취미	홈페이지 만들기, 프로그래밍 등 컴퓨터나 인터넷관련 취미 등의 영향
	다른 취미생활 통로	홈페이지를 통해 취미생활을 할 수 있는 경우, 연예인 팬클럽이나 축구 매니아 등이 해당됨
개인요인	성격적 특성	몰입하는 성격 등 개인의 성격적 측면
	대인관계문제	대인관계의 실패나 문제 등
	보상경험	스트레스 해소, 현실도피, 재미없는 일상탈출 등이 인터넷에 빠져들게 만드는 경우

출처: 박성길(2003).

4. 인터넷중독청소년의 지원방법

청소년인터넷중독문제의 해결을 위하여 개인상담, 집단프로그램, 그 밖의 다양한 대안들이 제시되고 있다. 인터넷중독청소년들의 지원을 위해 개인내적, 환경적 요인들의 개선을 위한 상담방법과 정부차원의 대책을 살펴보고자 한다.

1) 인터넷중독청소년상담

(1) 인터넷중독청소년 개별상담

일반적인 상담과정과 마찬가지로, 인터넷중독문제에 대한 상담과정은 대체로 다음의 6가지 단계를 거친다. 면담은 청소년클라이언트뿐만 아니라 부모면담을 반드시 포함시키는 것이 중요하며, 심리평가를 함께 실시하여 상담 위주로 개입할 것인지, 정신과에 의뢰하여 약물치료를 병행할 것인지를 결정한다. 박승민 외(2011)의 내용을 중심으로 정리해보았다.

① 1단계: 문제행동탐색

1단계는 클라이언트와 신뢰감을 형성하여 촉진적 관계를 형성하고 상담을 구조화하는 단계다. 클라이언트에 대한 수용, 공감, 존중, 진실성의 태도로 클라이언트를 대하는 것이 중요하다. 아울러 클라이언트의 문제를 잘 정리하고 개념화하기 위해 클라이언트에 대한 정보를 잘 탐색하는 것이 필요하다. 즉, 문제행동이 언제 시작되었으며 현재까지 경과가 어떤지를 관찰한다. 클라이언트가 인터넷에 처음부터 과도하게 몰두하였는지, 다른 동반된 문제가 있는지 변화하려는 클라이언트의 노력이나 주변의 개입이 있는지 등을 탐색하게 된다.

- 처음 인터넷을 사용하기 시작한 시기
- 인터넷 사용으로 가족과 갈등이 발생한 시기
- 인터넷 사용 문제가 발생하던 시기에 있었던 다른 사건
- 클라이언트의 인터넷 사용에 가장 영향을 끼친 인물
- 인터넷을 처음 시작했을 때 사용한 콘텐츠
- 현재 인터넷에서 가장 많이 이용하는 콘텐츠(게임/미니홈피/음악영화 다운/UCC/채팅/포르노/쇼핑/도박 등)
- 인터넷을 사용하는 주 장소
- 인터넷 사용을 비롯된 가출 여부
- 하루 수면 시간
- 게임에서 레벨을 올리거나 아이템을 얻기 위해 주로 사용하는 방법
- 인터넷을 사용함으로써 얻는 득과 실

② 2단계: 인터넷 사용에 대한 자기인식력 갖기

2단계는 인터넷을 처음 시작한 시기부터 지금까지 클라이언트와 주변 환경에

어떠한 일이 일어났는가를 자세히 탐색함으로써 자신과 주변에 대해 새로이 보게 하고 자신에게 변화가 필요함을 인식하게 하는 단계이다. 이 단계에서는 상담에 대한 동기증진을 위한 작업뿐 아니라 클라이언트 자신의 욕구와 흥미, 꿈과 비전 등을 자세히 탐색함으로써 자신의 욕구와 꿈, 비전을 실현하는 데 인터넷이 어떠한 기여를 하였으며, 현실적으로 타당하고 자신에게 맞는 방편이었는지를 다루어 보게 한다. 이때 상담자가 유용하게 활용할 수 있는 질문은 다음과 같다.

- 자신의 현재 인터넷 사용량이 과도하다고 생각하는가?
- 인터넷을 과도하게 사용하기 전과 후의 차이를 인정하는가?
- 인터넷 사용에서 비롯된 가족 갈등에 책임을 느끼는가?
- 인터넷 사용을 제외한 다른 생활도 즐거운가?

③ 3단계: 클라이언트의 인터넷중독 관련 요인 탐색

앞서 2단계에서 클라이언트가 자신의 모습에 대해 생각해 보고 상담에 대한 동기를 갖게 된 후, 3단계에서는 클라이언트의 인터넷중독에 기여한 요인들을 보다 구적으로 살펴보는 단계로 넘어가게 된다. 즉, 개인의 심리적 환경, 가족관계, 사회적 환경, 물리적 환경을 구체적으로 탐색하고 관련지어 봄으로써, 중독 관련 요인 중에서 조정하고 개입할 영역을 정하게 된다. 예를 들어, 인터넷중독과 관련된 중요 요인 중 하나인 가족 요인을 탐색하기 위해 다음과 같은 질문들을 활용할 수 있다.

- 자녀가 인터넷을 할 때 부모님의 태도는 어떠한가? (예: 무조건 통제형, 허용형, 허용과 통제 병행형, 방임형)
- 부모님의 인터넷 사용 여부
- 부모님의 인터넷 사용 시간
- 자녀의 인터넷 사용과 관련하여 부모님이 가장 걱정하는 부분은 무엇인가?
- 인터넷 사용에 대한 부모님의 태도를 볼 때 나는 어떤 감정과 생각이 올라오는가?

- 인터넷 사용에 대해 부모님과 나의 갈등 양상은 어떻게 나타나는가? (부모-자녀 상호작용 또는 가족 역동 측면)

④ 4단계: 행동목표 설정

1단계로부터 3단계까지 거치면서 사례개념화를 어느 정도 할 수 있게 되면, 정의된 클라이언트의 문제에 맞추어 변화를 위한 행동목표를 설정하는 4단계로 넘어가게 된다. 행동목표는 앞서 단계에서 작성하였던 인터넷 사용일지의 내용을 근거로, 클라이언트의 시간활용 패턴을 확인하고 설정한다. 또한 현실적으로 성취 가능한 것 위주로 정하여, 성취하였을 때 만족감과 자존감을 고양할 수 있는 목표로 하는 것이 중요하다.

⑤ 5단계: 지금 실천 가능한 대안 탐색 및 협상

목표설정 후 목표 실현 및 줄어든 인터넷 사용 시간을 보상할 수 있는 대체활동을 마련하는 것이 중요하다. 대체활동을 발굴하고 결정할 때에는 지금까지 상담자가 관찰해 온 클라이언트의 성향을 고려하여, 클라이언트가 인터넷만큼 좋아하고 잘할 수 있는 활동이 무엇이 있을지를 충분히 생각한 후 결정한다. 또한 주변의 물적, 인적 자원들을 적극적으로 활용하여 대안 활동을 정하고, 실천하는 데 조력할 수 있도록 연계하는 것도 이 단계에서 중요한 작업이다. 무엇보다도 대체활동을 하면서 클라이언트가 성취감을 경험할 수 있게 하는 것이 중요하다.

온라인 게임 중독으로부터 변화된 청소년들이 진술한 대체활동의 예로는, 매일 일정 개수의 외국어 단어를 외운 후 인터넷 사용하기, 애완동물 기르기, 컴퓨터를 거실에 놓거나 다른 방에 두기, 가족과 대화하려는 노력 기울이기, 중요활동 열심히 하기, 동생들의 컴퓨터 사용 시간 지킴이 역할 하기, 온라인보다는 오프라인에서 친구들과 만나서 놀기, 운동(유도, 헬스, 농구)하기, 가족에게 컴퓨터 사용 시간 지킴이 역할을 부탁하여 사용 시간 통제하기 등 다양하면서도 실생활에서 찾을 수 있는 대안들이 많았다.

⑥ 6단계: 목표 달성에 대한 점검 및 변화된 행동 유지

목표를 정하고 대체활동의 실천이 시작되면, 계속적으로 목표가 어느 정도 달성되는지, 달성되는 데 어려움은 없는지, 목표를 지속적으로 성취하는 데 방해가 되는 유혹 요소들, 즉 재발요인으로 무엇이 나타나는지 등을 면밀하게 살필 필요가 있다. 이 단계에서도 어김없이 주변 사람의 도움과 협력이 필요하다. 이 단계에서 상담자가 고려할 사항은 다음과 같다.

첫째, 화가 나거나 스트레스가 생기는 상황에서의 대처방안을 마련한다. 둘째, 새로운 게임이 나왔거나, 게임 회사에서 이벤트로 무료 게임을 하게 해 주는 등의 유혹적인 상황에서 어떻게 할 것인지에 대하여 클라이언트와 함께 논의하고 대안을 마련한다. 셋째, 갑자기 생길 수 있는 여가시간이나 용돈이 많이 생겼을 때, 무엇을 할 것인지에 대한 논의를 클라이언트와 충분히 하여 실제 유사한 상황에서 적절하게 대처할 수 있도록 돕는다. 넷째, 친구들이 피시방에 가자고 요구할 때 거절하는 연습을 한다. 다섯째, 자신의 변화된 행동에 대한 자기확인 및 자기보상, 또는 주변으로부터 받는 보상을 지속적으로 유지할 수 있도록 한다.

(2) 인터넷중독청소년의 부모상담

부모상담은 '자녀의 변화를 위해 부모가 어떻게 변화해야 하는가?'를 주된 목표로 하여 진행한다. 부모상담 과정의 구체적인 내용은 다음과 같다(권희경, 2006; 박승민 외, 2011 재인용).

① 1단계: 권유단계

이 단계는 부모에게 자녀뿐만 아니라 부모도 함께 상담을 받는 것에 대해 권유하고 상담 동기를 생성시키는 과정이다. 즉, 인터넷중독에 이르게 된 요인들을 부모에게 객관적으로 교육하고 앞으로 자녀를 돕기 위해 부모상담 병행의 필요성을 안내하는 것이다.

② 2단계: 문제인식단계

이 단계는 부모가 상담을 시작하여 자녀의 문제와 부모 자신의 문제를 보다 정확하게 이해하는 단계다. 여기서는 부모가 무엇을 상담할 것인가를 정하고, 자녀의 현재 상태에 대한 객관적 평가 결과를 부모에게 설명하며, 자녀의 인터넷중독 문제에 부모의 어떠한 요인이 기여하였는지를 설명한다. 이러한 부분에 대해 부모가 어느 정도 이해를 하게 되면, 이제 부모상담의 구체적인 목표들을 합의하고 상담과정의 구조화 작업을 하게 된다. 인터넷중독 자녀를 둔 부모상담의 초기 단계에서는 심리교육과 상담이 적절히 병행되어야 하므로, 상담자는 적극적인 태도로 임해야 한다.

③ 3단계: 관계변화단계

여기에서는 부모로 하여금 자녀에게 부정적인 행동은 줄이고 긍정적 행동을 증가시킴으로써, 자녀가 부모를 보다 편안하고 긍정적으로 느낄 수 있도록 돕는 작업이 이루어진다. 이를 위해 필요한 것은 부모가 먼저 자신의 내면을 들여다보고, 필요하다면 행동이나 성격 변화 등을 꾀하는 것이다. 부모-자녀 관계의 개선은 이후 부모가 자녀의 인터넷 행동에 대한 훈육을 위한 토대가 되기 때문이다.

이 단계에서 이루어지는 과정은 다음과 같다.

첫째, 부모는 털어놓고, 상담자는 공감한다.

둘째, 정서, 행동 그리고 생각을 분리하고 그 관련성을 자각하게 한다.

셋째, 부모의 비합리적 신념을 융통성 있는 신념으로 바꾼다.

넷째, 부모의 양육행동과 부모의 성격 간 관련성을 알아본다.

④ 4단계: 훈육행동 학습단계

4단계는 상담자가 부모에게 자녀의 인터넷 행동을 조절하는 데 도움이 되는 훈육 방법과 기술을 학습시키는 과정이다. 이 단계의 목표는 어느 정도 안정화된 부모-자녀 관계를 바탕으로 하여 자녀의 인터넷 행동을 조절할 수 있는 부모의 양육행동을 학습시키는 것이다. 이 단계에서 이루어지는 구체적 작업들은 다음과 같다.

첫째, 인터넷에 대하여 자녀와 허심탄회하게 이야기한다. 분노는 자녀가 인터넷을 하면서 느끼는 재미와 흥미에 대해 질문하기도 하고 관심을 보이기도 하면서, 인터넷에 대해 자녀가 생각하는 긍정적 경험들을 함께 나누려고 노력해야 한다. 일단 자녀가 즐기는 것은 인정하는 것이다.

둘째, 대안행동의 탐색과 발굴을 격려한다. 인터넷을 하는 시간을 줄이면서, 그 시간에 할 만한 다른 활동들을 발굴하여 실천하는 것이다.

셋째, 상 주기다. 자녀가 지켜야 할 행동 및 건강한 행동을 했을 때 상을 주는 것은 자녀의 긍정적인 행동을 조절하는 데 큰 도움을 준다. 꼭 인터넷 시간을 조절했을 때만 상을 주기보다는, 전반적인 행동들 중 건강하고 바람직한 행동을 했을 때 주목하고 긍정적인 강화를 주는 것이다.

넷째, 벌주기다. 벌은 부모가 여러 번 금지하였으나 반복되는 부정적 행동에 대하여 취해지는데, 여기서는 인터넷 사용을 조절하는데 해서는 안 되는 행동에 대해 벌을 받게 하는 것을 약속하는 것이다. 벌주기는 행동수정을 위해 꼭 필요할 때는 쓰여야 하는 방법이지만, 사용을 할 때 주의가 필요하다. 벌주기를 주 방법으로 하여 자녀의 행동변화를 이끌려고 하기보다는 환경을 바꾸어 주는 것, 또는 대안 활동 발굴 등의 방법을 주로 쓰고, 정말 불가피할 때 벌을 주는 방법을 취하는 것이 바람직하다.

다섯째, 환경 바꾸어 주기다. 컴퓨터에 접근하는 것을 조금 덜 용이하게 하는 것이 중독의 예방 및 치료에 도움이 될 수 있다.

자녀가 집에 혼자 있는 시간을 줄이도록 하는 것, 컴퓨터 사용 시간 모니터 및 사용 차단이 되는 소프트웨어를 설치하는 것도 방법이 될 수 있다.

여섯째, 컴퓨터의 올바른 사용법에 대해 배워서 자녀와 함께 실천한다. 상담자는 부모가 알아야 할 다음의 지침들을 소개한다. ① 온라인에서 자녀를 불쾌하게 하는 말을 하거나 안 좋은 일을 요구하는 사람이 있으면 반드시 부모에게 말을 하거나 신고하도록 한다. ② 낯선 사람이 알아서는 안 되는 개인정보를 절대로 알려 주지 않도록 한다. ③ 인터넷에서 만나는 사람과 전화하거나 만나는 것을 하지 말아야 한다. ④ 인터넷 접속자들은 좋은 사람들도 있지만 못 믿을 사람도 그만큼 많음을 주지시키고, 온라인에서 상대방이 표현한 것들을 그대로 믿지 않도록 한다. ⑤ 사이트에 개인정보를 올리고 등록할 때는 한 번 더 생각하고, 계약 약관 등을 잘 읽어 보고 등록하고, 가급적 부모와 상의하도록 한다. ⑥ 온라인 친구들은 누구이고, 어떤 관계인지, 또는 접속 동아리에 대한 정보를 부모와 공유한다.

⑤ 5단계: 종결단계

부모상담의 과정과 성과를 마무리하는 과정이다. 이 단계에서는 상담의 성과요인을 찾아내서, 그 성과를 유지하는 데 적용하도록 한다. 상담자는 자녀에게도 실질적인 좋은 변화가 보이고, 부모의 양육 행동도 개선되었음을 확인하면 종결로 들어갈 수 있다.

(3) 인터넷중독청소년 집단상담

국내에서 개발된 인터넷중독청소년 집단프로그램은 대표적으로 한국정보화진흥원의 프로그램이 있다. 한국정보화진흥원은 2006년에 인터넷사용조절프로그램인 「멋진 나 e-주인공」, 2009년에는 유아부터 성인에 이르기까지 예방, 상담을 목적으로 하는 인터넷중독 생애주기 상담프로그램 「인터넷, 건강한 내 친구」를 개발하여 보급하고 있다.

〈표 6-2〉 중학생 대상 인터넷중독 생애주기 상담프로그램

회기	제목	목표	내용
1	반갑다 친구들!	• 프로그램 내용과 취지 이해 • 구성원 간의 공감대 형성	- 프로그램 오리엔테이션 - 자기소개 및 규칙 정하기 - 과다사용 경험 나누기 - 과다사용 진단하기
2	인터넷과 내 꿈	• 자신의 진로탐색 • 꿈, 진로를 실현하기 위한 인터넷 활용방법 탐색	- 인터넷 의미 알아보기 - 열매 맺는 인터넷 - 꿈을 향한 외침 - 성공경험 나누기
3	시간이와 대안이	• 인터넷과다사용으로 인해 줄어든 활동목록 탐색 • 대안활동 개발	- 시간에 대한 퀴즈 풀기 - 낭비된 시간 찾기 - 대안활동개발
4	컴퓨터는 휴식 중!	• 시간 관리의 중요성 인식 • 인터넷사용 절제방법 탐색	- 인터넷중독 마피아 찾기 - 컴퓨터는 휴식 중 - 내안의 두 얼굴 - 인터넷에 빠진 내 친구 구하기
5	생활 속 굳히기	• 생활 속 인터넷사용 욕구지연	- 인터넷사용 경로 그리기 - 욕구지연 상징물 만들기 - 변화 그리기
6	e-세상의 주인공, 나와의 약속!	• 프로그램을 통한 긍정적 변화 인식 • 향후 올바른 인터넷사용에 대한 다짐	- 긍정적 자기변화 나누기 - 선서문 작성

출처: 한국정보화진흥원(2009).

〈표 6-3〉 초등학교 고학년 대상 인터넷중독 생애주기 상담프로그램

회기	제 목	목 표	내 용
1	인터넷에 대해 알아보자	• 프로그램 목표 인식 • 동기 유발 • 인터넷중독 및 폐해 교육	- 프로그램 오리엔테이션 - 자기소개 및 규칙 정하기 - 인터넷중독 폐해 교육 - 부모와의 연계과제 부여
2	나는 인터넷을 잘 활용하고 있는가	• 자신의 인터넷중독 증상 파악 • 인터넷중독 원인 파악	- 자신의 인터넷이용 습관 인식하기 - 자신의 인터넷 과다사용 원인 인식하기 (부모와의 연계과제 활용)
3	긍정적으로 생각하기	• 자기 조절력 키우기 • 인터넷으로 인한 갈등 파악 • 갈등상황 시 대처기술 증진	- 인터넷으로 인한 갈등 상황 인식 - 인터넷으로 인한 갈등 상황시 대처기술 알아보고 연습하기
4	마음 들여다보기	• 자기 조절력 키우기	- 왜곡된 인지 교정하기 - 마음 다스리기: 이완요법, 호흡법 - 부모와의 연계과제 부여 (부모와 대안활동 경험하기)
5	우리 같이 해보자	• 일상생활 활동 다양화	- 대안활동 모색 및 발표, 경험 (부모와의 연계과제 활용)
6	우리는 인터넷 지킴이	• 올바른 인터넷 사용 역할 다짐	- 좋은 인터넷 소개 - 프로그램 내용 정리 - 올바른 인터넷 사용 다짐 및 선서 - 상장 수여

출처: 한국정보화진흥원(2009).

2) 청소년인터넷중독 예방 · 치료사업

청소년인터넷중독 예방과 치료를 위한 정부의 대표적인 지원 사업은 여성가족부를 주축으로 진행되고 있다. 여성가족부 사업은 전국 청소년상담복지센터를 중심으로 정신보건센터, 건강가정센터, 치료협력병원 연계를 통한 상담 · 치

료 지원 및 청소년 동반자의 사후관리 등을 통해 종합적인 연계서비스 제공함으로써 청소년 인터넷중독 예방 및 피해 해소를 위한 단계적·체계적 대응 강화를 목적으로 한다. 그 내용으로는 첫째, 학령전환기 청소년(초 4, 중 1, 고 1)을 대상으로 인터넷·스마트폰 이용습관 진단조사를 실시하여 진단조사 결과에 따라 상담서비스를 지원한다. 주의군/위험군으로 나타난 청소년들을 대상으로 다양한 상담·치료서비스를 제공하며 심각한 중독위험군 청소년에게는 인터넷 치유캠프, 가족치유캠프 등의 치유특화프로그램을 지원한다.

〈표 6-4〉 여성가족부 청소년인터넷중독 예방 및 치료 사업

사업	관련기관 및 대상	지원내용
인터넷·스마트폰 중독 이용습관 진단	교육부와 협력하여 전국 초 4, 중 1, 고 1 등 학령전환기 청소년을 대상으로 인터넷·스마트폰 이용습관 진단조사를 실시	이용습관 진단은 온라인 진단시스템을 통한 자가진단 방식으로 진행되며, 진단결과 주의/위험군으로 나타난 청소년에게 보호자의 동의를 얻어 상담·치료 등의 사후조치 서비스를 제공
인터넷·스마트폰 중독 상담·치료	전국청소년상담복지지원센터 정신보건센터, 건강가정센터 인터넷중독치료협력병원	(이용습관 진단결과) 인터넷과다사용 문제만 있는 청소년은 개인상담 및 집단상담 지원 인터넷 과다사용 문제와 공존질환이 있는 청소년의 경우, 치료협력병원 연계 및 치료비/종합심리검사 등 지원
인터넷치유캠프	인터넷중독청소년	11박 12일 장기합숙형태로 운영되는 치료프로그램
인터넷중독청소년 가족치유캠프	인터넷중독으로 어려움을 겪는 4학년 이상 초등생(4학년~6학년)과 보호자를 대상	2박 3일 가족중심의 치료프로그램

출처: https://www.kyci.or.kr/specialserv/specialserv05_2.asp

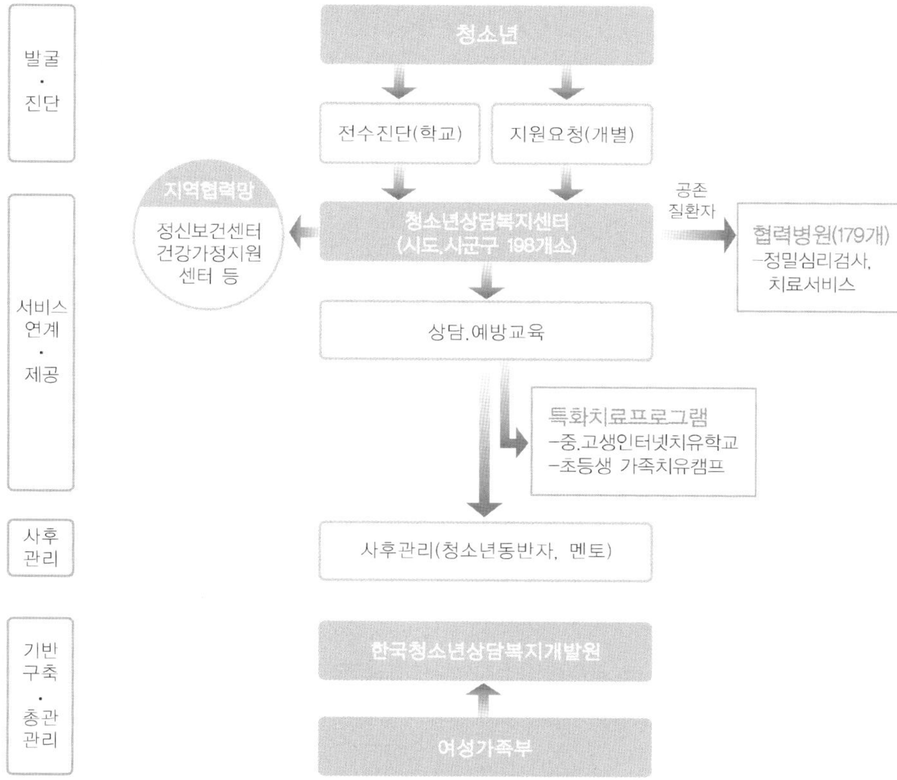

[그림 6-1] 사업추진 체계

출처: http://www.mogef.go.kr/korea/view/support/support01_02_03_01a.jsp

이외에도 한국정보화진흥원에서는 스마트 쉼 센터를 운영하고 있으며(2002년 인터넷중독예방상담센터로 개소) 인터넷, 스마트중독 실태조사, 예방교육, 프로그램 및 진단검사개발, 전국 16개 광역자치단체 내의 스마트 쉼 센터의 설치 등의 다양한 사업을 진행하고 있다.

chapter

07 청소년과 문화

1. 청소년문화

청소년문화를 이해하기 위해서는 먼저 문화에 대한 개념을 살펴볼 필요가 있다. 문화는 다양하게 정의되고 있지만 문화의 개념에서 공통적인 요소를 정리하면 다음과 같다. 첫째, 문화는 사회의 성원이 공유하고 있는 것이고, 둘째, 우리의 행동양식과 방향의 결정에 영향을 주는 것이며, 셋째, 역사적으로 전승되면서도 변화하고 민족공동체를 유지하게 되고, 넷째, 사회적으로 형성되어 학습되며 사회의 영향을 받으며, 다섯째, 포괄적이고 다면적인 성격을 가진다는 것이다(홍봉선 · 남미애, 2014). 사실상 문화라는 개념 자체가 갖는 복합적이고 다양한 의미 그리고 획일화시킬 수 없는 청소년들의 여러 집단적 성격으로 인해 청소년문화를 범주화시키기가 쉽지 않다.

청소년문화는 인간의 생애주기에서 청소년기가 갖는 독특한 특성들을 바탕으로 그 시기에 속하는 이들이 그들 나름의 언어 · 행동방식과 생활양식을 독특하게 형성하고 표현하는 문화라고 개념화할 수 있다. 또한 이러한 청소년문화는 다양하고 실질적인 행동들로 보다 가시화되며 여기에서 청소년문화에 대한 개념이 가능해진다(김미현 외, 2011).

김신일(1992)는 크게 5가지 관점으로 청소년문화에 대한 시각을 정리하고 있다. 첫째, 미숙한 문화로 보는 개념이다. 부모와 같은 입장에서 어른들의 눈으로 언제나 청소년은 모자라고 미숙하게만 생각되는 것이다.

둘째, 비행문화로 보는 개념이다. 청소년들이란 공부나 일보다는 놀기를 좋아하고, 어른 몰래 나쁜 짓 하기를 즐긴다는 것이다. 의식적으로 사회적 규범을 깨뜨리는 것에서 쾌감을 느끼고, 규범적 질서에 따르지 않아야 그들 사이에서 큰소리를 칠 수 있다고 생각한다. 이런 관점에서는 청소년들을 부모나 교사 또는 성인들의 감독 하에 두어야 한다고 믿는다.

셋째, 하위문화로 보는 개념이다. 청소년들이 사회전체를 구성하는 한 하위집단으로서 그들의 문화도 전체 문화 가운데 하나의 문화를 이룬다는 입장이다.

넷째, 대항문화 혹은 반문화로 보는 개념이다. 청소년들은 기성세대의 문화를 거부하고 자신들의 새로운 문화를 대안으로 내세우면서 개혁과 변화를 요구한다. 새로운 세대가 기성세대에게 비판을 가하고 반항하는 것은 그들이 미숙하거나 삐뚤어졌기 때문이 아니고 기성세대와는 다른 삶의 방식을 추구하기 때문이라는 것이다.

다섯째, 새로운 문화로 보는 개념이다. 세대가 바뀜에 따라 한 사회의 문화도 바뀌는데 이런 문화 변동의 선도적 역할을 하는 것이 청소년문화이다(홍봉선 · 남미애, 2014 재인용).

권일남(1998)은 청소년이 자신들의 문화를 추구하는 것은 에너지를 발산하고 자신의 생명력을 착근시키기 위한 터전을 갈망하는 것이며 개인의 완성을 통해 신체적, 지적, 심리적 발달은 물론 능동적 완성에 기여하며 자신의 정체감 구축을 위한 배경이 된다고 하였다.

이처럼 청소년문화는 청소년기라는 특성에 따라 성인의 문화와는 다른 독특성을 가지며 반항적인 문화 혹은 자기정체감 형성과 성장을 위한 장으로 보기도 한다.

2. 청소년복지와 문화복지

복지의 문제는 필요의 문제를 넘어서 원하는 것의 문제까지도 범주에 포함시켜 생각해야 할 시기로 이러한 점에서 복지실천분야와 방법상에도 변화가 요구된다. 즉, 물질적 지원뿐 아니라 사회적, 정서적, 정신적 자아실현도 함께 이루어질 수 있는 부문과 이에 대한 욕구충족을 이룰 수 있도록 복지서비스를 제공해야 한다. 이러한 맥락에서 문화를 복지의 측면에서 이해하려는 문화복지는 이미 우리의 시대적 요구이며 사회복지의 한 방법으로서 투입되어야 할 부분이다. 이렇게 문화를 복지적 측면에서 배려하려는 것을 '문화복지'로 이해할 수 있는데 일반적으로 문화와 사회환경과의 관계 사이에서 문화복지에 대한 개념이 파악되고 있다(김민정, 2000).

청소년 문화복지를 문화복지개념을 바탕으로 하여 정의하면 청소년 문화복지란 청소년의 문화적 욕구충족을 통한 삶의 질 확보수준이라고 포괄적으로 규정할 수 있다. 여기서 문화적 욕구란 정서적, 심미적, 정신적 욕구를 의미하며 개인의 문화복지는 정서적, 심미적, 정신적 욕구와 관련된 활동(activity)을 통하여 얻어진다고 볼 수 있다. 그리고 이러한 활동은 향유활동, 학습활동 정보활동 등 적극적인 측면에서 이해할 필요가 있다.

문화복지는 정신적 삶의 풍요로움을 제공하는 복지로서 국민의 문화권을 인정하는 적극적인 개념으로 사용되고 있으며 그 기능으로 생산적 복지, 예방적 복지, 완성적 복지를 수행할 수 있다. 청소년 문화복지는 문화활동을 통해 성장과 발달과업을 수행하는 데 많은 도움을 주고, 사회적 규범이나 새로운 가치관을 창조시켜 건강한 사회구성원으로서 살아가는 데 영향을 줌으로써 경제발전과 국가발전을 가능케 하는 의미에서 생산적 복지이며, 문화적 욕구의 충족을 통하여 욕구불만으로 인한 좌절감, 정서불안, 정서 질환, 사회적 일탈행위, 학업부진 등의 문제를 예방하고 장기적으로 해결한다는 점에서 예방적 복지이다. 또한 청소년 문화복지는 정신적, 문화적 욕구를 충족시킴으로써 인간다운 생활을 누리고 삶의 질을 향상시켜 복지사회를 달성한다는 측면에서 완성적 복지이다. 따라서 문화의 성장과 존엄성을 지킬 수 있고 인간적인 지역공동체와 사회적 잠재력을 개척할 수 있는 복지라고 할 수 있다.

〈표 7-1〉 청소년복지와 청소년 문화복지의 관계

구분	청소년복지	청소년 문화복지
대상	요보호 청소년 및 비행 청소년 중심	모든 청소년
목적	보호·치료와 문제해결 및 예방	문화적 욕구 충족을 통한 삶의 질적 수준 확보
영역	경제·심리·정서적 욕구 - needs 영역	문화적 욕구 - desire 영역
방법	물질적·사회심리적 서비스	문화적 서비스

출처: 정유미(2003).

청소년 문화복지는 기존의 경제적 지원과 사회·심리적 지원에 더하여 저소득층 청소년을 둘러싼 유해환경을 제거하고 결핍된 유익환경을 조성하며, 문화적 욕구를 충족시킴으로써, 궁극적으로 빈곤계층의 청소년들에게 사회의 바람직한 가치와 규범을 정립하여 사회에 능동적으로 참여케 하고, 그들 가정의 생활문화 기능을 강화시켜 스스로 자립하는 문화기반을 조성하여 현재와 미래에 보다 나은 삶의 질을 영위하도록 지원하는 포괄적인 기능을 가진다고 볼 수 있다(이수미, 2009).

또한 청소년기는 일탈과 문제행동이 본격적으로 표출되는 시기로 원만한 발달을 위해서는 가정, 학교, 지역사회의 총체적인 예방적 보호와 치료적 접근이 필요하다. 이러한 청소년 문제를 해결하고 예방하기 위해서는 청소년들의 신체적, 정신적, 감정적 양상을 통합시킴으로써 청소년들의 삶의 질을 향상시키는 광범위한 청소년복지가 실시되어야 한다. 청소년 문화활동은 청소년들이 새로운 문화 속에서 자기 자신을 발견하고 타인과의 상호작용과정 속에서 자기존재가치의 소중함을 깨달아 건강한 사회구성원으로 살아가도록 영향을 주는 바람직한 도구적 요소로 작용할 뿐만 아니라 궁극적으로는 청소년 문화활동이 청소년들의 자아정체감을 증진시킬 수 있는 변인으로 작용할 수 있다(김형심, 2006).

3. 청소년 문화활동의 실태와 대안

1) 청소년 문화활동의 실태

청소년 문화활동이란 개념을 법령에 근거하여 살펴본다면 청소년의 균형 있는 성장을 위하여 필요한 청소년 활동, 수련활동 · 교류활동 · 문화활동 가운데 하나이며(청소년기본법 제3조 제3호) 청소년이 예술활동, 스포츠활동, 동아리활동, 봉사활동 등을 통하여 문화적 감성과 더불어 살아가는 능력을 함양하는 체험활동을 말한다(청소년활동진흥법 제2조).

청소년 문화활동은 청소년의 총체적인 일상을 담아내는 문화라는 영역에서도 자발적이고 구체적인 의도와 행동을 통해 이루어지고 있는 활동으로써 단순히 여가를 활용하는 차원이거나 다양성을 경험하기 위해 일방적으로 제공되는 부분적 도구로서가 아닌 그들의 삶과 일상을 연결하는 총체적 접근으로 가능한 활동으로 볼 수 있다. 이는 연극 · 음악 · 미술 · 영상 · 문학 등의 영역에서뿐만 아니라 청소년이 선택하고 행동하는 더 많은 영역에서의 활동을 포함하는 개념이다(유영주, 2008). 이처럼 청소년 문화활동은 문화뿐만 아니라 청소년들이 경험하는 영역까지를 확대해서 볼 수 있으며 청소년들의 실제적인 문화활동의 이해를 위해 최근 실태조사결과를 살펴보고자 한다.

2013년 13~24세 청소년의 '문화예술 및 스포츠 관람' 비율은 87.1%, 이 중 '영화 관람'이 90.1%로 가장 많았고 '연극 · 마당극 · 뮤지컬 관람'은 27.5%, '박물관 관람'은 23.7%로 나타났다. 주말이나 휴일의 여가활용으로 'TV 및 DVD 시청'이 57.7%로 가장 많았고, 다음으로는 '컴퓨터 게임 등(41.9%)', '휴식(32.5%)', '사교 관련 일(32.4%)' 순으로 나타났다(통계청, 2014). 청소년들은 주로 쉽게 즐길 수 있는 매체에 경험이 높고 집중되어 있는 것을 알 수 있다. 2014년 청소년종합실태조사 결과에서도 청소년들의 활동참여 경험비율은 문화/예술 활동 영역이 가장 높게 나타났다. 두 번째로 직업/진로 관련 활동의 경험 비율이 52.3%, 그다음으로 자원봉사활동이 48.6%, 모험 · 개척 관련 활동이 36.9%, 자기(인성)계발 관련 활동이 25.6%로 나타났다. 청소년들이 가장 참여하고 싶은 활동은 35.6%의 청소들이 문화/예술 활동을 선택했으며, 그 다음으로는 모험/개척 관련 활동, 직업/진로 활동인 것으로 나타났다. 이러한 결과는 문화/예술 관련 활동이 공연 관람 등을 포함하고 있기 때문에 나타나고 있음을 알 수 있는데 2순위로 가장 하고 싶은 활동을 선택하도록 했을 때, 직업/진로 활동을 선택한 비율이 가장 높게 나타난 것은 자신들의 미래에 대해 상당한 관심을 갖고 있으며, 이를 위해 보다 적극적으로 활동하고자 하는 욕구를 지니고 있음을 알 수 있다.

이러한 결과를 통해 청소년들은 자기계발과 문화활동에 대한 욕구가 있지만 환경적 거리, 접근성의 어려움으로 쉽게 접할 수 있고 즉각적인 욕구충족을 얻을 수 있는 자원에 집중되어 있음을 알 수 있다. 청소년들의 문화체험 영역의 확대를 위한 구체적인 대안이 요구된다고 볼 수 있다.

청소년들의 개인활동이나 시설이용경험을 살펴보면, 2014년 청소년시설이나 단체에서는 21.6%, 사이버단체나 동아리에는 21.4%, 기타 단체에는 26.6%가 가입하여 활동하고 있는 것으로 나타났다. 가입하여 활동하고 있는 단체의 수는 청소년시설이나 단체의 경우에는 1.3개, 사이버단체나 동아리는 2.8개인데, 참여율이 높은 것은 인터넷을 통해 참여할 수 있기 때문인 것으로 파악된다.

이러한 결과는 한국사회의 청소년들이 처해있는 특수성과 맥락을 같이한다고 볼 수 있으며 우리나라 청소년들의 처해있는 문화환경의 특성을 살펴보면 다음과 같다(최원기 외, 2000).

첫째, 한국의 청소년 집단이 대부분 학생의 신분을 가지고 학교라는 공간에 속해 있다는 점에서 한국의 청소년문화는 기본적으로 학교 혹은 학습이라는 영역과 밀접하게 관련되어 있다는 점을 들 수 있다. 즉, 한국의 청소년문화는 어떤 식으로든 학교생활과 학습, 입시제도 등의 조건에 관련되어 있으며 그런 삶의 조건에 대한 청소년 집단의 대응이라는 성격을 가지고 있다. 학생 신분의 청소년들은 생활시간의 가장 많은 부분을 학교와 학원 등 학업 중심의 삶에 바치고 있으며 학업의 성취를 가장 중요한 목표로 강요받고 있다.

둘째, 대중문화에 대한 의존성이 매우 크다는 점이다. 스스로의 문화를 자발적으로 창조하기 어려운 여건 속에서 그들이 자신의 문화적 정체성을 형성하는 데 있어 대중매체가 제공하는 대중문화는 가장 중요한 도구가 된다. 대중문화는 청소년을 둘러싸고 있는 가장 중요한 문화 환경이며 청소년들이 스스로의 정체성을 형성하고 표현하는 가장 중요한 기제이다.

셋째, 대중문화시장의 소비주체를 이루고 있다. 청소년들은 입시제도와 업적주의의 교육시스템에서 많은 중압감을 경험하며 대중문화는 청소년들이 그러한 중압감으로부터 벗어나는 통로로 기능한다. 청소년들이 대중문화상품을 적극적으로 소비하고 대중문화의 스타에 대해 광적인 동경을 표현하는 것은 그만큼 그들에게 가해지는 억압이 크다는 의미일 수 있다. 90년대 이후 청소년문화는 대중문화 전반에 가장 막강한 영향력을 행사하는, 사실상의 주류문화로 등장했다. 시장에서 지배적 위치를 차지하는 주류문화이면서 사회적으로는 억압의 대상이고 저항적 하위문화를 형성하고 있다.

2) 청소년 문화활동의 대안과 접근방법

청소년문화는 빠른 변화를 보이지만 사이버, 대중 문화적인 요소에 많이 제한되어 있는 상황이다. 청소년문화의 건강한 발전과 다양화를 위해 이경한(2007)이 제안한 내용을 중심을 정리해보았다.

(1) 청소년 문화활동을 위한 지원체계 구축

청소년들의 문화활동은 단순히 단선적으로 시행되는 것은 아니다. 청소년의 문화활동을 둘러싸고 있는 다양한 주체들의 지원체계를 구축할 필요가 있다. 과거의 청소년 문화활동은 학교교육이 중심에 서 있었다. 그러나 지방자치가 실현되고 청소년들의 자의식이 형성되고 청소년들의 문화가 독자적인 문화로 인정받으면서, 청소년들의 문화활동은 학교의 울타리를 넘어서고 있다. 이로 인하여, 청소년들의 문화활동은 공간적으로는 학교뿐만이 아니라, 가정, 지역사회, 국가 및 세계로 나가고 있다. 그리고 관련기관으로는 교육기관 및 단체, 청소년단체, 자치단체, 세계기구로 확대되고 있다. 이런 현대적 상황에서 청소년의 문화활동이 보다 잘 이루어지기 위해서는 이들 간의 유기적인 네트워크 협의체를 구성하면, 청소년들이 문화활동을 수행하는 데 있어서의 장애요인을 보다 잘 제거해갈 수 있다. 이런 장애요인의 제거는 청소년들이 문화향수를 즐길 수 있는 접근성을 높여줄 수 있다. 이와 같은 유기적인 지원체계가 형성될 때 청소년의 문화활동 가능성은 커질 것이다.

이 지원체계를 보다 잘 갖추기 위해서는 청소년의 문화 환경의 장애요인을 점검할 필요가 있다.

청소년 문화활동 장애요인으로는 입시 위주의 교육체계, 문화시설 지원, 경제적인 부담 및 청소년 문화활동에 대한 인식 부재를 들 수 있다. 이 문화활동 장애요인을 학교 안과 밖에서 제거하도록 노력해야 한다. 그래서 이를 통하여 청소년들이 문화주체로서 삶을 살아가도록 안내해야 한다.

(2) 청소년 문화활동 지원: 공간 및 시설

청소년들이 문화활동을 제대로 할 수 있도록 하기 위해서는 문화 공간 및 시설지원이 필요하다. 이 지원은 청소년들의 문화활동을 실질적으로 이끌어내는 데 도움을 줄 수 있다.

이는 지역사회의 자극적인 문화활동 공간 창출과 그 지원이 요구된다. 이를 위한 구체적인 대안들을 살펴보면 다음과 같다.

- 청소년 문화시설 데이터베이스: 교회, 사찰 등의 종교 공간 활용 가능성 조사
- 청소년 문화정보 및 지식의 공유화 장치 마련
- 청소년 동아리활동 공간 제공: 청소년 문화의 집, 수련관 등 청소년 시설 지원
- 청소년 전용 자치 문화 공간 확보
- 일반문화시설의 청소년 활용 할당제 실시: 기존 문화시설의 나누어 쓰기
- 청소년 문화거리 조성 및 자치문화 Zone 조성: 청소년 문화 해방구 제공
- 청소년 문화자치활동 강화
- 지역 청소년 동아리축제의 활성화
- 탈학교중심의 동아리 문화클럽 문화: 연대문화활동, 지역클럽활동 활성화

(3) 청소년 문화활동지원: 교육지원

청소년 문화활동을 위한 교육지원은 학교교육과 교육제도 지원 측면에서 볼 수 있다. 학교교육 지원은 청소년들의 문화활동의 가장 큰 장애요인인 입시위주 교육을 완화하기 위한 것이다. 청소년 문화활동의 최대 장애는 학원, 사교육 등을 통한 입시교육이다. 이는 청소년들이 문화활동 자체에 대한 시간 확보를 어렵게 한다. 청소년들은 통계청 자료에 의하면, 주당 2시간 정도의 순수 문화활동을 보낸다. 이를 극복하기 위해서는 학교교육과의 연계를 통하여 문화활동을 체계화할 필요가 있다. 다음으로 교육제도 지원은 청소년들이 문화활동을 보다

풍요롭게 하기 위해서 필요한 교육적 지원 방안이다. 문화 교육을 통하여 이 교육지원을 통하여 청소년의 문화활동을 내실화할 수 있을 것이다.

- 학교교육지원
  - 학교 교육 시스템과의 세부적인 조율
  - 학교 문화교육의 활성화: 문화교육 프로그램 및 인력 지원
  - 취약지역학교의 특별활동 지원

- 교육제도지원
  - 청소년 문화활동 프로그램 개발 및 지원: 문화 콘텐츠 분야 교육, 전통문화교육
  - 청소년 문화교육지도자의 양성 및 확보 지원
  - 청소년 문화지도자 인력풀제 도입
  - 청소년 문화학교 운영

(4) 청소년 문화활동 지원: 경제 지원

청소년은 경제 자립도 낮은 계층이다. 그래서 이들은 부모로부터 지원을 받아야 한다. 청소년들이 문화활동 경험을 축적하기 위해서는 경제적인 문제로부터 보다 자유로워져야 한다. 그래서 청소년 문화활동을 지원할 수 있는 경제 지원이 요구된다. 이 지원은 제도적인 정비를 통한 경제 지원이 보다 효과적일 것으로 보인다. 특히 사회경제적 소회계층의 문화활동 경험을 지원할 수 있는 대책이 요구된다. 문화적 빈곤을 재생산하는 구조를 해결하는 일은 매우 시급한 일이다.

- 청소년 문화 복지 카드제도 도입: 청소년증 활동
- 청소년을 위한 문화비용 할인 제도 확대 도입
- 문화소외계층을 위한 문화 바우처 제도

- 소외계층을 위한 문화활동 지원: 무료공연 등
- 작은 도서관 운동: 소외계층 지역의 문화공간 제공 및 문화활동 제공

(5) 청소년 문화활동 지원: 지역사회 지원

지역사회는 청소년의 문화활동의 장을 제공할 뿐만 아니라 청소년 문화활동 지원의 주체이다. 그래서 청소년 문화활동에서 지역사회는 매우 중요하다. 이 지역사회는 지방자치 및 교육자치단체가 주체가 되어서 청소년 문화활동을 지원할 수 있다. 그래서 지역사회 지원은 공간 및 시설 지원, 교육 지원, 경제 지원 등과 연계되어 실시될 수밖에 없다. 청소년 문화활동을 위한 지역사회 지원은 청소년의 자율성과 참여를 증진시키는 데 필요하다. 그리고 지역사회는 각종 부서간의 협력 체제를 구축하고 통합하는 데 큰 기여를 할 수 있다.

- 지역사회 문화 인적자원 활용을 전문 인력망 구축: 담당 전문 인력의 체계화
- 지역사회의 문화 시설 및 전문가 인프라 구출 중심
- 지역사회 내 청소년 문화 복지 서비스 증진: 문화 서비스 전달
- 지역사회 청소년 문화 복지 네트워크 만들기
- 지역사회의 기존 문화 인프라의 개방 지원
- 지역사회간의 문화 교류 증진
- 지역 청소년주간 개최
- 지역사회의 문화공연기획 세공

(6) 청소년 문화활동 지원: 청소년 문화네트워크 지원

청소년 문화활동 지원을 체계적으로 지원하기 위해서는 청소년 문화네트워크를 구성할 필요가 있다. 그래서 청소년 문화활동을 둘러싼 각종 기관, 단체 등의 연계가 요구된다. 특히 청소년 관련 인적, 물적 자원의 효과적으로 활용하기

위하여 네트워크 구성이 필요하다. 이를 위해서는 청소년 문화 네트워크 연합체의 구성이 요구된다.

- 청소년 문화 네트워크 협의체 구성: 지역사회 학교와 문화시설, 청소년단체, 자치단체
- 문화교육기관간의 역할 분담
- 자치단체 문화시설 중심의 문화네트워크 구축
- 청소년 단체 중심의 문화 네트워크 구축

4. 청소년 문화활동의 구성

최근 정부에서는 문화의 세기에 부응하기 위하여 문화적 역량을 함양하고 능력을 배양할 수 있도록 '특성화 청소년수련거리', '선진국형 청소년수련 프로그램'등의 주체적이고 창의적이며 자발적인 참여가 가능한 청소년활동프로그램 개발을 모색하고 있다.

청소년 문화활동의 이해, 프로그램 개발 및 개입에 있어서는 고려해야 할 점을 홍봉선, 남미애(2014)가 정리한 내용을 요약하였다.

1) 청소년문화에 대한 정체성 확립

지금까지 우리나라 청소년 문화정책은 청소년이 주체가 되어 참여하고 발전해야 한다는 생각보다 청소년문화는 육성되어져야 한다는 전제에 서 있거나, 청소년에게 부적절해 보이는 문화내용물들을 격리하는 보호적 차원이 강하다. 이는 청소년문화 형태의 주체가 청소년이 아닌 기성세대나 정부에 있음을 의미하

는 것이며 청소년들은 미숙한 존재이므로 훈육되어야 한다는 것을 전제하고 있다. 또한 청소년문화에 대한 접근은 청소년문화의 본질적 성격이나 의미보다는 입시교육의 여과장치나 보조수단으로 또는 방과 후 청소년들을 효과적으로 통제할 장치로 사용되는 경향이 강하며 청소년 범죄예방, 도덕적인 규율의 맥락에서 진행되고 있다.

2) 청소년의 주체적 참여

청소년들이 문화활동의 주체가 되어서 그들이 중심이 되고 그들의 특성을 고려한 프로그램 개발이 이뤄져야 한다. 청소년의 참여가 높거나 스스로 주최한 프로그램일수록 어른들이 준비한 어떤 프로그램보다도 감동을 일으키고 깊은 영향력을 준다. 따라서 청소년문화의 정책결정이나 시행과정에까지 직접 참여하도록 하는 것이 필요하다. 완벽하게 구성되어 있지 않고, 여러 가지로 부족하다 해도 청소년 스스로 주도하는 프로그램이 새 문화의 원동력이 될 수 있다.

3) 청소년문화 내의 다양성

청소년집단은 동일한 특성을 가진 단일한 집단이 아니며 하위집단에 따라 다양한 차이와 특성을 가질 수 있다. 지금까지 청소년문화에 대한 연구에서는 성인집단과의 차이점만 강조해왔으며 청소년문화 내의 다양성에 대한 논의가 빈약했다. 청소년문화를 다룸에 있어서는 문화의 포괄적 성격과 아울러 문화의 다면성을 고려해야 한다.

4) 환경의 영향

청소년문화를 이해하기 위해서는 청소년을 둘러싼 사회환경에 대한 고려가 반드시 전제되어야 한다.

5) 청소년문화의 공식적·비공식적 부분 고려

청소년문화는 주로 공식적 측면만 강조되었고 공식적 부문에서 청소년문화를 바라다 볼 때는 어떻게 청소년들을 학교, 가정 사회종교단체-언론매체 등을 통한 제도화된 공간으로 끌어들이느냐가 주된 관심사가 된다. 따라서 청소년문화가 지닌 비공식적 부문의 성격은 도외시된다. 청소년문화의 많은 부분은 제도화되지 않고, 기성세대의 문화와 일정한 거리를 두고, 자생적인 성격을 지닌 비공식 부문에 속해 있다. 비공식 문화와 공식부문의 문화가 공존해야 하고, 공존할 수 있음을 인정하는 시각의 조정이 요구된다.

6) 청소년 간의 문화격차

청소년 간 문화격차도 고려되어야 한다. 청소년들의 일상생활에서 학업, 직업 그리고 여가생활의 선택은 자신이 속한 가족의 사회계급에 의해서 제약되고, 이러한 불평등은 재생산되기 때문에 청소년문화는 계급성을 띨 수밖에 없다.

7) 소집단 문화활동

청소년 문화활동의 활성화를 위해서는 소집단 또는 동아리활동이 활성화되어야 한다. 소집단활동을 통해 청소년 문화적 욕구를 확인하고 자신들의 욕구에 맞는 적절한 활동을 실시할 수 있다. 소집단활동은 연극클럽, 노래클럽, 탈춤클럽, 영화클럽, 등산클럽, 우표나 동전 모으기 클럽, 사진클럽 등 다양하게 운영될 수 있으며, 학교 내, 지역사회기관, 사이트 동아리 등 다양한 형태를 갖출 수 있다. 여가활동의 활성화를 위해서는 청소년의 요구에 부합하는 다양한 동아리의 개발, 활성화와 재정적 지원이 요구된다.

chapter

08 다문화와 청소년복지

한국사회에서 한국문화와 다른 문화를 가지고 한국에 체류하는 외국인은 2014년 12월 말 현재 180만여 명(출입국외국인정책본부 정확한 통계, 1,797,618명)에 이르고 있다. 이는 대한민국 전체 국민의 3.5%에 달한다. 이를 세계인구의 국제이주와 비교하면 0.3%가 높다. 국제이주는 세계인구의 3.2%인 2억3천2백만 명으로 보고되고 있다(2013년 UN보고서).

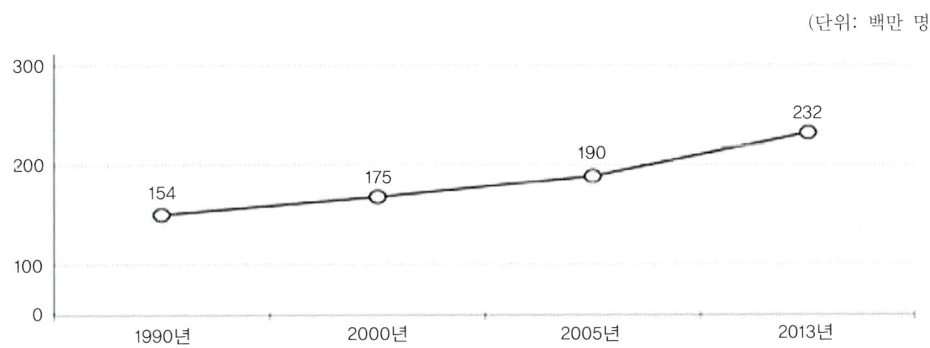

[그림 8-1] 세계인구 이동 추이

출처: 2013년 UN보고서.

한편 우리나라의 최근 10년간 체류외국인 증감 추이를 보면 2004년의 726천 명에 비해 2014년 12월 말에 2.5배 증가한 것으로 나타났다. 국내체류외국인은 재외동포 16.1%, 취업외국인 근로자 30.8%, 결혼이민 6.7%, 단기방문 8.1%, 영주 6.3%, 기타 33.0%로 나타났다.

(단위:천명)

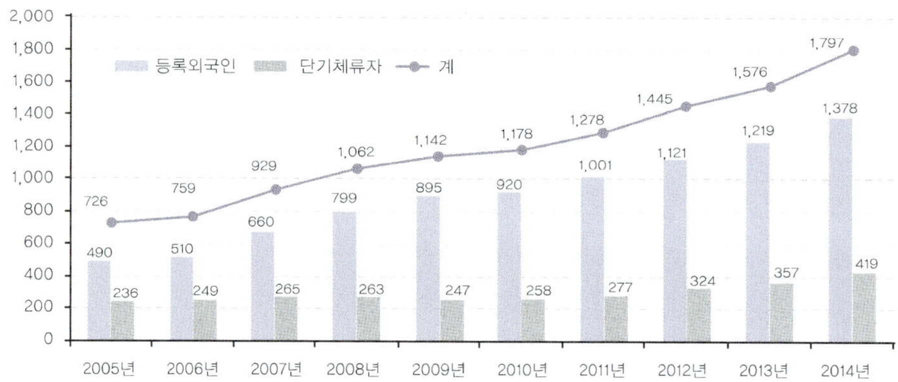

[그림 8-2] 10년간 체류외국인 추이

출처: 법무부 출입국외국인정책본부(2015).

〈표 8-1〉 체류자격별현황

(단위: 천 명, %)

체류 자격별	계	재외 동포 (F-4)	방문 취업 (H-2)	비전문 취업 (E-9)	단기 방문 (C-3)	결혼 이민 (F-6)	영 주 (F-5)	기 타
인 원	1,797	289	283	270	146	121	113	575
구성비	100	16.1	15.7	15.1	8.1	6.7	6.3	32.0

출처: 법무부 출입국외국인정책본부(2015).

다문화가족으로 불리는 다양한 문화를 가진 가족의 급속한 증가는 사회적, 국가적으로 많은 변화를 가져왔다. 한때 중앙정부의 여러 부처에서 다문화에 대한 정책이 아젠다가 된 적도 있었고 지금도 보건복지부, 여성가족부, 문화체육관광부, 교육부, 외교부, 통일부, 고용노동부, 농수산축산식품부 등에서 직·간접적으로 다문화 정책을 추진하고 있다. 하지만 아직도 다문화에 대한 편견과 차별, 배제의 사례들은 곳곳에 상존하고 있다. 대체로 한국 사람들은 단일민족이라는 이데올로기 안에서 완전히 벗어나지 못하고 있어 외국인의 한국 적응에 많은 걸림돌이 되고 있다. 이로 인해 한국 사람과는 다른 사람에 대한 무관심과 차별은 사회통합을 저해하는 요소 중의 하나가 되고 있다.

우리사회에서 다문화에 대한 제1차적 인식은 다른 문화를 수용하는 수용성이나, 현실적으로는 그렇게 수용적이지 못한 실정이다. 특히 학교 안에서 다문화 학생의 증가는 서로 다른 문화가 함께 아울러야 함을 의미하지만 오히려 다른 문화에 대한 편견과 갈등, 차별의 문제가 발생하고 있다. 이런 학교 내의 다문화에 대한 편견과 차별은 다문화 청소년의 학교 부적응의 한 요인이 되기도 한다. 이런 현실에서 다문화 청소년복지에 대한 개념과 특성, 현황과 문제점을 이해하고 다문화 청소년의 복지에 대한 국가의 정책과 사회의 실천적 과제를 살펴보고자 한다.

1. 다문화의 개념과 다문화 청소년의 유형화

1) 다문화의 개념

다문화의 요소들에 대해 학자들마다 견해가 다르고 담론으로 정의된 것들은 없다. 하지만 어느 한 나라의 다문화 지수를 나타내는 변수로 Banks(2008)는 8변수를 제시하였다. 8변수에는 인종집단, 종교, 언어, 사회계층, 민족정체성, 성, 성별, 선호, 장애/비장애를 들고 있다. 이들 변수들은 복합적으로는 집단에 개별적으로는 개인에 영향을 미친다. 또한 집단이나 개인 간의 상호작용과 관계, 행동을 설명하는 중요한 다문화 요소가 된다.

다문화사회는 다양한 문화와 정체성을 지닌 집단이 한 사회 안에 함께 거주하여 형성되는 사회로 각 문화집단이 서로의 문화적 특수성과 유사성을 인식하고 경험하며 역동적으로 변화되어가는 사회를 의미한다(유용식 외, 2009). 이렇게 변화해 가는 과정에서 발생하는 다양한 사회문제들을 개별 가족 내에서 해결하는 데는 한계가 있다. 특히 한국사회에서의 다른 문화에 대한 편견과 배타성은 다문화가족의 조기 정착과 안정에 저해요인으로 작용하기도 하고 있다. 선진국의 예를 보면 다문화 소수인 경우에는 그리 무리가 따르지 않지만 그 규모가 확장되면 소수자의 권리 주장 등의 또 다른 사회문제의 대상이 되기도 하였다.

선진국의 이주자문제와 이민정책을 연구한 최충옥(2008)은 다문화사회로의 진행단계를 4단계로 제시하였다.

1단계는 다문화사회로의 도입단계로 전체 인구 중에서 이주민 비율이 낮고 초보적 이민정책 수준과 사회적 개방수준이 미미하여 갈등이 없고 이에 따른 사회적 비용도 발생하지 않는 시기이다. 대표적인 나라는 한국과 일본을 들 수 있다.

2단계는 이주민 유입이 본격화되는 시기로 제도적 정비가 이를 따라가지 못해 사회적 비용이 급속히 증가한다. 대만, 벨기에, 오스트리아, 이탈리아 등이 이 단계에 속한다.

3단계는 기반이 미약한 상태에서 이주민만 계속 밀려들어와 사회적 혼란이 큰 시기이다. 이주민의 증가에 비해 사회적 제도나 정책, 서비스가 마련되지 못해 기회불평등 문제, 인종차별에 대한 저항, 사회적 조건에 대한 강력한 요구가 늘어나 사회적 비용이 급격히 늘어나는 단계이다. 대표국가는 독일, 영국, 프랑스, 네덜란드 등이 있다.

4단계는 차별금지 및 평등, 제도화, 사회적 인식 변화, 소수자 지원과 참정권 인정, 기회평등에서 조건과정 결과의 평등 요구를 존중하고 다양한 문화에 대한 수용성이 증가하여 성공적인 다문화사회의 정착이 이루어지는 단계이다. 대표적인 나라는 캐나다, 호주, 미국, 뉴질랜드, 스웨덴 등이 있다.

최충옥(2008)은 이들 나라 중 2단계에서 사회적 비용 지출이 많은 3단계를 거치지 않고 다문화사회의 안정적 정착에 성공한 나라를 아일랜드와 스웨덴의 사례를 들어 한국사회도 다문화사회의 안정적 정착을 위한 정책과 제도 서비스에 대한 대안 마련이 시급하다고 강조하였다. 한국사회에서의 다문화가족을 이루는 인구는 최근 10년간 2.5배 증가하여 현재 전체 인구 구성의 3.5%를 차지하고 있지만 통계청의 장래인구통계 전망에는 2020년이면 전체 인구의 5%를 초과할 것이라 전망하고 있다. 한국사회의 다문화가족에 대한 사회적 · 제도적 대안 마련을 더 이상 늦추어서는 안 된다.

2) 다문화 청소년의 개념

(1) 다문화 청소년의 개념

다문화 청소년이라 함은 다문화가족의 자녀 중 청소년 기본법 상의 연령에 해당하는 청소년을 말한다. 다문화가족의 자녀를 지칭하는 다문화가족의 청소년은 여성가족부 등의 청소년복지를 관장하는 곳에서 명명되어지고 있다. 다문화가족의 아동은 아동을 관장하는 보건복지부 등에서 교육부에서는 다문화 학생 등 다양하게 사용되고 있다. 일반적으로 널리 쓰이는 다문화가정 자녀라 함은 다문화 아동과 청소년을 통칭하는 용어로 사용된다. 여기에는 국제결혼가정과 외국인 근로자 가정, 북한이탈주민 가정의 청소년을 포괄한다고 본다. 다문화가족의 현장전문가들은 다문화 청소년에 결혼이민자 자녀, 외국인 근로자 자녀, 외국인 유학생, 난민을 포함해야 한다고 주장하기도 한다(정현미 외, 2014).

다문화가족의 청소년이라는 용어에 대한 부정적 의미로 낙인효과가 담겨 있어 용어를 변경하자는 의견들도 상존하고 있다. 이에 대해 부정적 확대 재생산을 제한하고 다문화가족 전체를 지원 대상으로 확대하여 낙인을 순화하자는 의견이 있다. 다른 한편에서는 낙인화된 용어를 사용하지 말고 이주민가족을 총괄할 수 있는 용어로 대체할 수 있는 이주민가족, 이민가정, 이주가정, 이주배경가족 등을 제시하기도 한다. 하지만 아직 다문화 청소년에 대한 용어 변경에 대한 사회적 합의는 이루어지지 못하고 있다(전경숙 외, 2010).

다문화 청소년은 서로 다른 두 개 이상의 문화권에서 성장하고 생활하는 청소년을 말한다(정하성, 2010). 한국사회에서 다문화 청소년은 다문화가족지원법의 영향을 받는 국제결혼가정의 청소년과 외국인 근로자의 고용 등에 관한 법률의 영향을 받는 외국근로자가정의 청소년, 북한이탈주민의 보호와 정착지원에 관한 법률의 영향을 받는 북한이탈주민의 가정의 청소년으로 유형화할 수 있다. 기타 난민과 외국인 유학생에 관한 내용 차후에 관련 법령제정 등 제도적 장치가 마련된 후에 포함하도록 하겠다.

(2) 다문화 청소년의 유형

① 국제결혼가정의 청소년

한국인 아버지와 외국인 어머니, 한국인 어머니와 외국인 아버지가 결혼하여 태어난 청소년을 말한다. 국제결혼가정의 출산율은 2005년까지는 합계출산율이 1.54로 한국사회의 출산율보다 높았으나 2014년 현재 출산율은 0.9로 한국사회의 1.2보다 낮다. 이는 국제결혼의 재혼가정의 증가에 기인한다고 할 수 있다. 국제결혼의 재혼증가는 중도입국청소년의 증가와 관련성이 있다. 국제결혼가정의 자녀는 한국에서 태어난 경우와 외국에서 태어나 외국에서 거주하다 중도에 입국한 청소년으로 구분할 수 있다.

② 외국인 근로자 가정의 청소년

외국인 근로자 가정의 청소년은 자국에서 태어나 부모의 초청으로 입국한 경우와 한국에서 태어난 자녀도 있다. 한국사회는 외국인 근로자의 정주화를 인정하지 않는 사회로 외국인 근로자 가정의 청소년은 한국에서 태어났다고 해도 한국은 국적법상 속인주의를 채택하고 있어 국적취득이 불가능하다. 이로 인해 태어나면서 불법체류자로 분류되어 교육기회나 의료보장 등 기본적인 사회복지 서비스에서 제외될 수도 있다.

③ 북한이탈주민가정의 청소년

북한출신으로 탈북하여 한국에 살고 있는 청소년과 부모가 탈북하여 한국 내에서 새로운 가정을 형성하여 태어난 청소년으로 구분할 수 있다. 민족적 배경은 같지만 사회체제가 달라 문화적 갈등과 정체감의 혼란을 많이 겪게 된다.

(3) 다문화 청소년의 특징

청소년기는 개인의 내면에 대한 성찰과 자기인식을 통해 자아상을 만들어 가는 시기이다. 이 시기에 개인의 정체감을 형성하는 데 주요한 요인 중 하나는 자신에 대한 외부의 인식과 평가이다. 다문화가정의 청소년들이 적절히 수용되거나 통합하는 과정을 경험하지 못하고 편견과 배제의 대상이 된다면 건전한 청소년기 발달과 성장과정에 심각한 장애로 남게 된다. 다문화가정 청소년이 겪는 심리적 · 대인 관계적 · 사회적 어려움은 개인적 문제로 그치는 것이 아니고 가정, 또래집단과 학교, 전체 지역사회로까지 파급되어 문화 간 충돌을 야기하는 원인이 될 것이다(손성철, 2008). 다문화가정 청소년이 경험하는 어려움은 학업수준과 대인관계, 문화 부적응과 정서적 어려움, 경제적 어려움, 편견과 차별 등 다양하게 나타난다(김교정 · 정규석, 2008; 안권순, 2009).

다문화가정 청소년들은 한국가정의 청소년에 비해 정서적 측면에서 복잡한 환경에서 생활하는 것 등에 대한 심리적 부담이 더 많다. 이중문화의 경험과 낮은 언어소통, 학업능력 저하, 정체감 혼란 등은 상대적 박탈감, 무능력감, 억울함, 외로움과 답답함을 경험하게 된다.

사회적인 측면에서 다문화 청소년들은 또래집단보다 발달이 약간 지연될 수도 있다. 학업과 대인관계가 어렵고 자기효능감이 떨어지며 외로움과 불안감을 갖게 되고 지나치게 인간관계에 매달려 친구의 영향을 많이 받는 경우도 있다. 대인관계 기술 개발과 리더십 발휘가 의사소통의 어려움으로 활발한 활동을 기대하기 어렵다. 다문화가정의 청소년들을 위한 심리적 환경 조성과 성숙에 필요한 칭찬, 격려, 지지해줄 수 있는 사회적 지원이 매우 중요하며 사회성 개발을 위한 관심이 고조되어야 한다(천정웅, 2013).

2. 다문화가족과 청소년현황

1) 다문화가족 현황

한국사회에서 다문화가족이라 함은 2003년 이전에는 한국인과 외국인이 결혼하여 가정을 이룬 국제결혼 가족만을 의미하였다. 2003년 30여 개의 시민사회단체로 구성된 건강시민연대에서 국제결혼이라는 용어는 차별적, 편견적 내용을 내포하고 있다며 이 용어를 대신하여 한 가족 내에 다양한 문화가 공존한다는 의미를 내포한 다문화가족으로 통칭하자는 데서 다문화의 용어를 사용하기 시작하였다. 2008년 3월에 이를 뒷받침할 다문화가족지원법이 제정되어 다문화가족이 법률적 용어로 자리 잡게 되었다. 현재는 다문화가족이라 하면 한국남성과 외국여성과 결혼한 가족, 한국여성과 외국인 남성과 결혼한 가족, 외국인이 귀화하여 한국국적을 취득한 가족까지 모두 포함하고 있다(이영실 외, 2014).

이런 다문화가족의 현황은 2014년 12월 현재 결혼이민자 15만 명, 결혼 귀화자 14만 6천명, 외국인 자녀 20만 명으로 결혼이민자와 귀화자는 부부를 포함하고 자녀 수를 합하면 우리나라의 다문화가족은 80만여 명에 달한다(행정자치부 통계).

다문화가족 중 결혼이민자는 150,994명(2014.12.31. 현재)으로 2013년에 비해 0.1%증가하였다. 이 중 여성이 84.9%, 남성이 15.1%로 여성이 남성보다 5.6배가 많다. 여성과 남성의 비율이 2010년에 비해 여성은 2% 감소 남성은 2% 증가 추세를 보이고 있다.

〈표 8-2〉 다문화가족현황

(단위: 명)

계	결혼이민자			결혼귀화자 등			외국인 주민 자녀
	소계	본인	배우자	소계	본인	배우자	
795,288	298,928	149,764	149,764	292,156	146,078	146,078	204,204

출처: 행정자치부 외국인 주민통계활용 재작성(2014.1.1.)
*외국인 주민 자녀는 한국국적 취득자임

이는 외국인 체류자 증가 등으로 한국여성과 외국인 남성의 결혼이 증가한 것을 원인으로 들 수 있으며 결혼이민자는 여성의 전유물이 아닌 남성의 영역으로 확대될 것으로 전망된다. 국적별로는 중국 40.2%, 베트남 26.3%, 일본 8.3%, 필리핀 7.3%, 캄보디아 3.1%, 기타 14%로 나타났다. 한국사회에서 국제결혼이민자는 1990년대를 기점으로 농촌총각 결혼사업의 일환으로 국가 간의 인적교류 사업으로 시작되어 꾸준히 증가하여 2002년에는 전체결혼의 5%대를 유지하였다. 2003년부터 그 수가 증가하여 2005년에는 전체결혼의 13.5%를 차지하며 매년 10% 내외를 유지하였다. 2010년 국제결혼가족 내의 부적응 사고 등으로 인권문제와 외교적 문제로의 비화 가능성 등에 비추어 관련 법령개정과 결혼당사자의 사전교육 강화 등 절차보완으로 국제결혼 추세가 다소 완화되었다. 2009년의 결혼이민자는 125,087명이며 2010년에는 141,654명으로 전년대비 13.2%가 증가한 반면 2011년에는 144,681명으로 전년대비 2.1% 증가에 그쳤고 2012년은 148,498명으로 2.6% 증가, 2013년에는 150,865명으로 1.6% 증가하였고 2014년은 150,994명으로 전년대비 0.1% 증가에 그치고 있다.

〈표 8-3〉 결혼이민자 연도별 증감현황

(해당년도 12월 말 현재, 단위: 명)

구분	2009년	2010년	2011년	2012년	2013년	2014년
인원	125,087	141,654	144,681	148,498	150,865	150,994
증감률	-	▲13.2%	▲2.1%	▲2.6%	▲1.6%	▲0.1%

출처: 법무부 출입국 외국인정책본부(2014.12).

〈표 8-4〉 결혼이민자 국적별 · 성별 현황

(2014년 12월 말 현재, 단위: 명)

국적명	총계	중국	베트남	일본	필리핀	캄보디아	기타
계	150,994	60,663	39,725	12,603	11,052	4,618	22,333
구성비	100%	40.2%	26.3%	8.3%	7.3%	3.1%	14.8%
남	22,801	12,088	626	1,223	316	17	8,531
여	128,193	48,575	39,099	11,380	10,736	4,601	13,802

출처: 법무부 출입국 외국인정책본부(2014).

〈표 8-5〉 외국인과의 혼인 추이

(2014년 12월 말 현재, 단위: 명)

구분	총 혼인 건수	국제결혼 건수	국제결혼 비율
2002년	304,877	15,202	5.0%
2003년	302,503	24,776	8.2%
2004년	308,598	34,640	11.2%
2005년	314,304	42,356	13.5%
2006년	330,634	38,759	11.7%
2007년	343,559	37,560	10.9%
2008년	327,715	36,204	11.0%
2009년	309,759	33,300	10.8%
2010년	326,100	34,200	10.5%
2011년	329,100	29,800	9.1%
2012년	327,100	28,300	8.7%
2013년	322,800	26,000	8.1%
2014년	305,500	23,300	7.6%

출처: 통계청(2014. 12).

다음으로 다문화가족으로 합류하는 사람들은 혼인 귀화자 등 한국국적을 취득하여 한국문화에 적응하는 가족을 들 수 있다. 혼인귀화자 등은 행정자치부 외국인 주민통계에 의하면 2009년 41천명에서 2010년 57천명으로 전년대비 39%가 증가하였으며 2011년에는 70천명으로 전년대비 22.8%가 증가하였고,

2012년도에는 111천명으로 전년대비 58.6%가 증가하였으며 2013년에는 133천명으로 전년대비 19.8%가 증가하였으며 2014년에는 146천명으로 전년대비 9.8%가 증가하였다. 혼인귀화자 등 한국국적 취득자는 2009년 대비 2014년 증가추세는 3.56배가 늘어났다. 이는 체류외국인의 증가와 함께 지속적으로 늘어날 것으로 전망된다.

〈표 8-6〉 혼인 귀화자 등 증감현황(한국국적취득자) (단위: 천명)

년도	2009년	2010년	2011년	2012년	2013년	2014년
인원	41	57	70	111	133	146
증가율		▲39.0%	▲22.8%	▲58.6%	▲19.8%	▲9.8%

출처: 행정자치부 외국인주민통계 활용 재구성(2014. 1. 1. 기준).

외국인 주민 자녀는 결혼이민자와 한국국적을 취득한 사람의 자녀로 2014년 1월 1일 기준 204천명이다. 이는 한국 내 체류하는 외국인 주민 전체의 13%에 해당된다. 외국인을 부모로 둔 경우는 13,512명으로 외국인 주민 자녀의 6.5%를 차지하고 있으며 외국인과 한국인 부모를 둔 경우(대부분 결혼이민자의 자녀임) 179,283명으로 88%를 차지하며 한국인 부모 사이에서 태어났으나 부나 모가 이혼 후 외국인과 재혼한 부모를 둔 경우는 11,409명으로 5.5%에 해당된다. 외국인 주민 자녀는 미취학과 초등학생(12세 이하)이 83.9%를 차지하고 있다.

외국인 주민 자녀 수도 2009년에 108천명, 2012년에 122천명으로 전년대비 12.9% 증가, 2011년에 151천명으로 전년대비 23.8% 증가, 2012년에는 168천명으로 전년대비 11.2% 증가, 2013년에는 191천명으로 전년대비 13.7% 증가, 2014년에는 204천명으로 전년대비 6.8% 증가하였다. 외국인 주민 자녀도 다른 다문화가족과 함께 꾸준히 증가하고 있으며 2009년과 2014년을 대비하면 1.8배가 증가하였다.

〈표 8-7〉 외국인주민 자녀 증감현황

(단위: 천명)

년도	2009년	2010년	2011년	2012년	2013년	2014년
인원	108	122	151	168	191	204
증가율		▲12.9%	▲23.8%	▲11.2%	▲13.7%	▲6.8%

출처: 행정자치부 외국인 주민통계활용 재구성(2014. 1. 1. 기준).

2) 다문화 청소년현황

다문화가정 청소년현황은 〈표 8-8〉에 의하면 2014년 12월 기준 67,806명으로 한국에서 태어난 경우가 57,478명으로 전체의 84.8%를 나타내고 있고 이는 대부분 국제결혼가정의 자녀이기도 하다. 중도입국 자녀는 5,602명으로 전체의 8.3%로 북한이탈주민과 국제결혼가정의 자녀도 일부 포함되어 있다. 외국인자녀는 4,706명으로 대부분 외국인 근로자 가정의 청소년들이다. 다문화 청소년들은 초등학교가 48,297명으로 다문화 전체 학생의 71.2%를 나타내고 중학교는 12,525명 18.5%, 고등학생은 6,984명 10.3%를 나타내고 있다. 다문화가족의 청소년은 한국사회 청소년 6,333천명의 1.07%인 67천명으로 지난 6년간의 변동추이를 보면 꾸준히 증가하고 있어 앞으로도 증가할 전망이다. 국제결혼가정의 청소년, 외국인 근로자 가정의 청소년, 북한이탈주민 가정의 청소년으로 구분하여 현황을 살펴보고자 한다.

〈표 8-8〉 다문화 학생 현황(2014.12)

(단위: 명)

구분	2012년도				2013년도				2014년도			
	초	중	고	계	초	중	고	계	초	중	고	계
한국출생	29,303	8,196	2,541	40,040	32,831	9,174	3,809	45,814	41,575	10,325	5,598	57,498
중도입국	2,676	986	626	4,288	3,065	1,144	713	4,922	3,268	1,389	945	5,602
외국인자녀	1,813	465	348	2,626	3,534	976	534	5,044	3,454	811	441	4,706
계	33,792	9,647	3,515	46,954	39,430	11,294	5,056	55,780	48,297	12,525	6,984	67,806
비율	74.1%	19.7%	6.2%		70.7%	20.3%	9.0%		71.2%	18.5%	10.3%	

출처: 교육부(2015).

〈표 8-9〉 다문화 학생 증가 추이(최근 6년)

(단위: 명)

연도 인원수	2009	2010	2011	2012	2013	2014
다문화 학생 수(A)	26,015	31,788	38,678	46,954	55,780	67,806
전체 학생 수(B)	7,447,159	7,236,248	6,986,853	6,732,071	6,529,196	6,333,617
다문화 학생 비율 (A/B*100)	0.35%	0.44%	0.55%	0.70%	0.86%	1.07%

출처: 교육부(2015).

(1) 국제결혼가정 청소년

국제결혼가정의 청소년은 한국인 남성을 아버지로 외국인 여성을 어머니로 둔 경우와 한국인 여성을 어머니로 외국인 남성을 아버지로 둔 경우로 구분할 수 있다. 〈표 8-4〉에 의하면 2014년 12월 말 결혼 이민자는 150,994명으로 외국인 여성을 어머니로 둔(결혼이주여성) 가정은 128,193명으로 전체 가정의 84.9%이며 외국인 남성을 아버지로 둔(결혼이주남성) 가정은 22,801명으로 15.1%를 보이고 있다. 외국인 주민 자녀는 204천명이나 다문화 청소년은 교육부의 다문화 학생 현황을 근거로 전체 67,806명 중 한국출생을 국제결혼 청소년으로 간주하는 경우 57,498명으로 전체의 84.8%에 이르고 있다. 국제결혼 청소년 중 초등학생이 41,575명으로 72.3%를 중학교가 10,325명으로 18.0%를, 고등학교가 5,598명으로 9.7%를 차지하고 있다. 국제결혼가정 중 초등학생의 비율이 높은 것은 국제결혼의 81.5%가 2005년 이후에 이루어졌기 때문이다. 2005년 이후 출생한 자녀인 경우 갓 초등학교에 입학하였거나 재학 중인 경우가 많다.

(2) 외국인 근로자 가정 청소년

외국인 근로자는 대한민국의 국적을 가지지 아니한 사람으로서 국내에 소재하고 있는 사업 또는 사업장에서 임금을 목적으로 근로를 제공하고 있거나 제공하려는 사람을 말한다(외국인 근로자의 고용 등에 관한 법률 제2조, 2004.8.17. 시행). 한국사회에서 외국인 근로자는 1980년대 제조업 현장에서 급속한 산업화, 경제규모의 확장으로 3D업종의 중소기업의 인력난이 심각한 데 반해 내국인으로 충당이 곤란하여 외국으로부터 인력을 수입하기 시작하였다.

외국인 근로자 도입정책은 시기별로 변화하며 발전해 왔다. 1단계는 1988~1993.10월까지로 이때는 외국인에 대한 정책은 별도로 없었던 시기이다. 노동력이 부족하기 때문에 무등록 외국인을 묵인하거나 방관하였다. 다음 단계는 1993.11~2004.7월로 산업연수생 도입시기이다. 한국사회의 고임금 대안으로 저임금국가의 외국인을 초빙 처음 2년은 산업연수생으로 1년은 취업하는 형태로 운영하였다. 산업연수생제도는 고용하는 중소기업의 입장에서는 저임금 근로자 고용으로 생산단가를 낮출 수 있는 기회로 활용하였다. 근로자의 입장에서는 낮은 임금과 장시간의 노동에 노출되었다. 아울러 노동3법, 각종 복지제도에서도 배제되었다.

이런 일련의 상황들은 인권침해 등의 논란에 휩싸이게 되었다. 이를 보완하기 위한 고용허가제도입과 산업연수생제도 병행은 2004.8~2007.1에 이루어졌다. 고용허가제 도입은 근로자 입장에서는 취업 3년 보장과 노동 3권 보장, 산업재해, 건강보험의 적용을 받을 수 있게 되었다. 중소기업의 입장에서는 인건비 상승으로 기업부담이 늘어났다. 2015년 현재는 산업연수생제도는 폐지되고 고용허가제로 통합 운영되고 있으나 내국인 보호를 위한 정주화 금지 등의 규정에 의해 인권보장문제가 상존하고 있다. 취업자격 체류외국인은 총 617,145명으로 합법체류자는 547,220명이며 불법체류자는 69,925명으로 취업자격 체류외국인의 11.3%를 차지하고 있다. 취업자격 체류외국인 중 전문 인력은 49,503명으로 8.0%, 단순 기능 인력은 567,642명으로 92.0%를 차지하고 있다(법무부). 우리 사회에서 체류외국인 수는 2014년 12월 말 현재 1,797,618명으로 이 중 취업자격의 체류외국인은 617,145명으로 34.3%에 해당되며 외국인 수가 늘어나듯이 취업자격 체류외국인도 증가하고 있다.

이들은 가족단위의 이주를 하는 경우도 있고 한국에서 결혼하여 정착하는 경우가 있다. 국내 학교에 정착하는 외국인 근로자의 자녀 수도 증가하고 있다.

〈표 8-10〉 취업자격체류 외국인 현황 (2014. 12월 말 현재, 단위: 명)

구분	총 체류자	합법체류자	불법체류자
계	617,145	547,220	69,925
전문 인력	49,503	44,085	5,418
단순기능인력	567,642	503,135	64,507

자료: 출입국 외국인 정책본부.

외국인 근로자의 자녀는 2014.12월 말 현재 4,706명이다. 이 중 초등학생이 3,454명으로 71.2%를, 중학생은 811명으로 18.5%를, 고등학생은 441명으로 10.3%를 나타냈다.

외국인 근로자의 자녀는 유엔의 국제협약인 이주노동자와 그 가족의 권리보호에 관한 협약(UN, 1991)에 의거 우리나라 아동과 똑같은 교육 기본권을 가진다. 이 협약에 의해 불법체류자의 자녀도 합법체류자의 자와 동등한 교육기본권을 누릴 수 있다. 하지만 체류 자격문제로 인해 미취학 상태에 놓여있는 아동이 교육혜택을 못 받고 방치된 경우도 있다.

우리나라는 외국인 근로자의 정주화에 대해서는 금지하고 있는 입장이라 가족동반이 어려워 외국인 근로자들이 자녀에 대해 신고하지 않는 경우도 있어 적절한 지원의 한계가 있다.

(3) 북한이탈주민의 청소년

북한이탈주민은 북한에 주소나 지계가족, 배우지나 직장을 두고 있는 사람으로 북한을 벗어난 후 외국국적을 취득하지 않은 사람을 말한다(북한이탈주민의 보호 및 정작지원에 관한 법률 제2조 1호에 의함: 1997. 7. 14 시행). 북한이탈주민은 1990년 초까지만 해도 군사분계선을 넘어온 귀순자나 탈북자로 연간 10여 명 안팎이었다. 그러나 1994년 북한이 심각한 경제난을 겪으면서 북한주민의 주거지 이동에 대한 사회적 통제력이 상실하기 시작하면서 급증하였다.

북한이탈주민은 통일부의 2015년 통일백서에 의하면 2001년 이후 지속적으로 증가하여 연간 2000~3000명 내외의 사람들이 제3국을 통해 입국하였다. 2008년 한 해 동안에 2,803명이 2009년에는 2,914명이 입국하였다. 그러나 2012년 이후 탈북여건의 악화 등으로 입국추세가 다소 둔화되어 연간 1,500명 수준에 이르고 있으며 2014년에는 1,396명에 그치고 있다. 북한이탈주민은 2015년 3월 현재 27,810명으로 입국 성별 비율을 보면 여성의 입국비율이 2002년을 기점으로 남성을 추월하여 2015년 현재는 여성이 전체의 70%를 차지하고 있다.

북한이탈주민의 19세 이하의 아동 · 청소년현황은 4,512명으로 북한이탈전체 주민의 16.3%를 차지하고 있다. 2007년 1월 기준의 아동 청소년은 1,047명인데 비해 약 4.3배가 늘어났다. 이 추세는 더 빠르게 진행될 전망이다. 북한이탈주민의 자녀인 청소년은 북한에서 태어나 한국에 입국한 경우와 제3국에서 태어나 입국한 경우, 한국에서 출생한 경우도 있다.

〈표 8-11〉 연령별 입국현황('14.12월 말 입국자 기준)

(단위: 명)

구분	0~9세	10~19세	20~29세	30~39세	40~49세	50~59세	60세 이상	계
남	598	1,512	2,258	1,945	1,185	442	312	8,252
여	599	1,803	5,460	6,203	3,314	1,008	880	19,267
합계(명)	1,197	3,315	7,718	8,148	4,499	1,450	1,192	27,519

출처: 통일부(2015).

〈표 8-12〉 북한이탈주민 입국인원현황('15.3월 말 입국자 기준)

구분	~'98	~'01	'02	'03	'04	'05	'06	'07	'08	'09	'10	'11	'12	'13	'14	15.3 (잠정)	합계
남	831	565	510	474	626	424	515	573	608	662	591	795	404	369	304	51	8,302
여	116	478	632	811	1,272	960	1,513	1,981	2,195	2,252	1,811	1,911	1,098	1,145	1,092	241	19,508
합계 (명)	947	1,043	1,142	1,285	1,898	1,384	2,028	2,554	2,803	2,914	2,402	2,706	1,502	1,514	1,396	292	27,810
여성 비율	12%	46%	55%	63%	67%	69%	75%	78%	78%	77%	75%	70%	72%	76%	78%	83%	70%

출처: 통일부(2015).

*북한이탈주민 입국인원은 보호결정을 기준으로 집계.

3. 다문화가정의 청소년 문제

다문화가정 청소년의 문제는 다문화가족의 문제와 직·간접적인 관련성을 갖고 있다. 다문화 청소년은 원가족의 가족체계 안에서 상호작용을 하면서 일상생활을 영위하기 때문에 원가족의 문제는 바로 청소년의 문제와 직결되어 있다고 할 수 있다. 다문화가족의 문제는 가족의 형성과정과 한국사회의 다문화에 대한 부의 수용성으로 인해 긍정적인 측면보다는 부정적인 측면에서 접근하는 경우가 많다. 대체적으로 문화갈등과 의사소통의 장애, 빈곤과 취약한 복지서비스, 자녀양육의 애로, 법적 신분불안, 사회적 편견과 차별, 가정폭력 등을 들 수 있다. 이런 가족 내 문제들은 청소년들의 문제로 이어져 학교생활에서 부적응 등으로 나타나고 있다(천정웅, 2013).

첫째, 기초학습능력이 낮다. 다문화 청소년의 학업성취수준은 매우 다양하다. 학업성취수준이 높은 청소년도 있고 낮은 청소년도 있다(양계민 외, 2014). 그러나 한국가정의 청소년에 비해 학업 성취도가 낮다. 부모가 비정규직, 단순노무직에 근무하는 등 사회적, 경제적 기반인 소득수준이 낮기 때문이다.

〈표 8-13〉 다문화 학생 학업중단율(최근 2년)

(단위: 명, %)

연도	구 분	초	중	고	계
'13년도 ('12.3~'13.2)	재학생 수	33,792	9,647	3,515	46,954
	학업중단자 수	278	110	73	461
	학업중단율(%)	0.8	1.2	2.1	1.0
'14년도 ('13.3~'14.2)	재학생 수	39,430	11,294	5,056	55,780
	학업중단자 수	328	140	104	572
	학업중단율(%)	0.8	1.2	2.1	1.0

출처: 교육부(2015).

*재학생 수는 4월 1일 기준, 학업중단자 수는 해당 기간 동안 학업을 중단한 학생 수

*전체 학생 학업중단율('14: 초 0.6, 중 0.8, 고 1.6).

다문화 청소년의 최근 2년간의 학업중단율은 2013년과 2014년을 비교하면 대동소이하다. 그러나 한국가정의 청소년과 비교 시에는 학업중단율이 높게 나타나고 있다. 〈표 8-13〉에 의하면 초등학생의 경우 한국가정의 경우 0.6%인데 비해 다문화는 0.8%로 0.2% 높다. 중학생의 경우 한국가정의 경우 0.8%인데 비해 다문화는 1.2%로 0.4% 높게 나타났다. 고등학생인 경우 한국가정의 경우 1.6인데 반해 다문화는 2.1%로 0.5%가 높다. 학업중단율이 초 · 중 · 고에서 연령이 높을수록 높게 나타났다. 이 통계를 통해 고학년으로 갈수록 학교 부적응 청소년이 더 늘어남을 알 수 있다.

둘째, 문화적 차이, 문화 부적응 문제가 있다. 영유아기부터 한국말이 서툰 외국인 어머니나 아버지의 교육을 받으면서 성장한 청소년들은 언어발달장애와 문화 부적응을 겪게 된다. 또한 외국인 어머니나 아버지 말도 자유롭게 사용하지 못하는 등 한국어도 엄마 나라말이나 아빠 나라말 모두 미숙한 경우가 많다. 이런 문화 부적응은 학교수업에 대한 이해도 떨어져 학습부진으로 이어진다. 교육부의 다문화 청소년의 변화추이 분석에 의하면 다문화가정의 청소년이 학교공부에서 어려움이 시작되는 것은 '선생님께서 말하는 내용을 알아듣기 어렵다'가 2013년과 2014년 비교 시 약 2.5배 증가하였고 '공부할 내용이 어려울 때 물어볼 사람이 없다.'가 2013년에 비해 2014년에 2배 증가하였다. 이는 근원적으로 한국어 실력으로 인한 수업시간에의 이해력 부족도 있었다고 볼 수 있다. 다문화 청소년들에게 학습지원이 매우 필요한 부분임을 시사하고 있다(양계민 외, 2014).

〈표 8-14〉 학교 공부를 하는 데 가장 어려운 점 변화추이

빈도(%)

내용	2011	2012	2013	2014
별 어려움이 없다	1,103(67.5)	1,121(74.6)	1,138(78.8)	935(67.6)
책의 내용을 이해하는 것이 어렵다	125(7.6)	109(7.3)	105(7.3)	77(5.6)
공부시간에 나의 의견을 말하는 것이 어렵다	102(6.2)	62(4.1)	74(5.1)	64(4.6)
내 생각을 글로 나타내는 것이 어렵다	154(9.4)	97(6.5)	54(3.7)	47(3.4)
선생님께서 말하는 내용을 알아듣기 어렵다	94(5.7)	50(3.3)	33(2.3)	82(5.9)
공부할 내용이 어려울 때 물어볼 사람이 없다	47(2.9)	48(3.2)	32(2.2)	58(4.2)
숙제나 과제를 하는 것이 어렵다	-	-	-	97(7.0)
기타	10(.6)	15(1.0)	9(.6)	23(1.7)
합계	1,635(100)	1,502(100)	1,445(100)	1,383(100)

출처: 양계민 외(2014).

셋째, 정체성 혼란을 경험한다. 다문화가정 청소년의 부모는 외국인이기 때문에 한국 문화와 다른 나라 문화를 접하게 되고 문화적 · 언어적 차이는 정체성 형성에 부정적인 영향을 미친다. 다문화가정 청소년의 정체성 영역에 대한 종단연구(양계민, 2014)에 의하면 '자신이 어느 나라 사람이라고 생각하는지'에 대한 질문에 2011~2013까지는 거의 유사하게 나타났으나 2014년에는 약간 감소하였다. 또 '한국 사람인 동시에 부모님 나라 사람'이라는 응답은 꾸준히 증가하는 경향이 있다. 이는 다문화 청소년들이 자신의 정체성에 대해 고민하고 방황할 가능성을 엿볼 수 있는 통계이다. 청소년기는 발달단계상 정체감의 혼란을 경험하게 되는 시기인데 문화적 충격은 정체감의 혼란을 가중시키는 원인이 된다. 이런 현상은 심리적 건강에 부정적 영향을 미칠 가능성이 높다. 다문화 청소년에 대한 심리적응 프로그램의 활용을 시사하고 있다.

〈표 8-15〉 자신이 어느 나라 사람이라고 생각하는지 여부 변화추이

빈도(%)

내용	2011	2012	2013	2014
한국사람	1,194(73.0)	1,107(73.7)	1,084(75.0)	1,024(74.0)
한국사람인 동시에 부모님 나라 사람	355(21.7)	343(22.8)	344(23.8)	342(24.7)
외국인 부모 나라 사람	54(3.3)	24(1.6)	10(.7)	8(.6)
잘 모르겠다	31(1.9)	28(1.9)	7(.5)	10(.7)
기타	1(.1)	-	-	-
합계	1,635(100)	1,502(100)	1,445(100)	1,384(100)

출처: 양계민 외(2014).

넷째, 사회의 편견으로 인한 집단 따돌림 현상을 경험한다. 다문화 청소년이 집단 따돌림에 쉽게 노출되어 건강하지 못한 정서적 충격을 경험하게 된다. 이런 경험은 민감한 청소년에게는 편견과 차별이라는 심리적·정서적 문제로 발전하여 학교를 포기하는 결과를 초래하기도 한다. 〈표 8-16〉에 의하면 다문화 청소년의 학교폭력 피해경험 중 집단 따돌림 경험은 전체의 34.7%를 보이고 있다. 집단따돌림은 9~11세 37.0%, 12~14세 35.5%, 15~17세 27.3%, 18세 이상 0%로 저연령일수록 피해율이 크다.

〈표 8-16〉 다문화가족 자녀의 학교폭력 피해경험(복수 응답)

(단위: %, 명)

구분		말로 하는 협박, 욕설	집단 따돌림	강제 심부름 같은 괴롭힘	돈, 물건을 빼앗김	맞거나 갇힘	성적인 행동	인터넷, 휴대전화 욕설 등	기타
전체		66.5 (2,597)	34.7 (1,354)	7.6 (296)	15.3 (597)	16.3 (637)	3.1 (122)	7.1 (277)	1.0 (40)
거주 지역	동부	64.2	35.6	8.0	15.9	17.2	3.1	7.8	0.1
	읍면부	72.1	32.5	6.6	13.8	14.2	3.1	5.5	3.2
성별	여성	66.5	44.4	5.3	9.5	7.8	2.0	7.4	0.7
	남성	66.6	27.5	9.3	19.5	22.6	4.0	6.9	1.3
연령	9~11세	68.2	37.0	4.3	11.7	14.5	3.1	6.6	1.2
	12~14세	64.7	35.5	8.6	19.0	20.3	3.9	5.5	1.1
	15~17세	61.4	27.3	16.1	16.9	13.3	1.4	14.4	0.0
	18세 이상	88.2	0.0	26.2	26.2	0.0	0.0	11.8	0.0

출처: 여성가족부(2013).

다문화가정의 청소년은 본인의 의사와 상관없이, 본인의 노력에 의해 해결할 수 없는 이유로 학교에서 말씨, 피부색, 문화의 차이로 학습 결손과 학교 부적응으로 집단 따돌림의 대상이 되기도 하고 학업을 중단해야 하는 경험을 하게 된다. 〈표 8-17〉에 의하면 다문화 청소년의 학업중단 사유 중 친구나 선생님과의 관계가 가장 높은 데서 그 연유를 찾을 수 있다.

〈표 8-17〉 다문화가족 자녀의 학업중단 사유

(단위: %, 명)

구분		친구나 선생님과의 관계	한국어를 잘 몰라서	어려운 학교 공부	학교 생활, 문화가 달라서	나이 어린 아이들과 다니기 싫어서	어려운 가정 형편	가족 문제 (부모의 이혼 등)	질병 또는 사고	기타	합계
전체		23.8 (245)	5.0 (51)	9.7 (100)	5.1 (52)	2.7 (28)	18.6 (191)	5.1 (53)	0.7 (7)	29.4 (302)	100.0 (1,029)
거주지역	동부	27.0	6.3	6.4	4.7	3.4	19.5	5.6	0.0	27.1	100.0
	읍면부	10.7	0.0	22.7	6.7	0.0	14.9	3.3	3.3	38.4	100.0
성별	여성	14.4	10.3	12.4	2.3	5.6	20.4	9.1	1.4	24.0	100.0
	남성	32.6	0.0	7.2	7.7	0.0	16.8	1.3	0.0	34.4	100.0
연령	12~14세	26.1	0.0	0.0	0.0	37.4	0.0	0.0	0.0	36.4	100.0
	15~17세	25.9	0.0	19.9	9.4	0.0	1.8	2.8	0.0	40.3	100.0
	18세 이상	22.8	7.3	7.1	4.1	0.0	26.4	6.5	1.0	24.8	100.0
외국 성장 여부	국내 성장	26.1	0.0	9.7	1.7	4.0	13.5	7.6	0.0	37.5	100.0
	외국 성장	19.0	15.3	9.7	12.1	0.0	29.2	0.0	2.1	12.6	100.0

출처: 여성가족부(2013).

2) 다문화가정 청소년의 유형별 문제

(1) 결혼이주여성 다문화가정 청소년

결혼이주여성 다문화가정의 청소년은 성장과정과 생활에서 많은 어려움을 겪고 있다. 다문화에 대한 부정적인 인식과 피부색 등에 대한 편견으로 학교에 적응하는 데 애로를 많이 느낀다. 초등학교 저학년일수록 외모상의 특색과 언어 소통의 불편, 태도와 행동의 차이로 집단 따돌림을 받는 것으로 확인되고 있다. 특히 〈표 8-18〉에서와 같이 외국에서 출생과 성장 후에 모의 결혼으로 중도 입국한 청소년인 경우 언어장벽과 문화적 차이로 인해 학교 다니는 것이 힘들어, 학교 갈 필요성을 못 느껴, 등의 이유로 중도 탈락하는 등 사회문제로 등장하고 있다.

〈표 8-18〉 중도입국 청소년 중 학교 밖 청소년의 학교에 다니지 않는 이유

이유	빈도(비율)	이유	빈도(비율)
학교 다니는 것이 힘들어	54(22.5)	돈을 벌기 위해	38(15.8)
학교 갈 필요성을 못 느껴	42(17.5)	기타	19(7.9)
학교 허가를 못 받아	38(15.8)	무응답	58(24.2)
한국어가 안 되어	9(3.8)	계	240(100.0)

출처: 양계민 외(2011).

(2) 외국인 근로자 가정의 청소년

외국인 근로자 가정의 청소년도 한국적응의 어려움을 겪고 있다. 한국어 미숙으로 인한 의사소통에 문제가 있고 또래관계 형성에 어려움을 느끼고 있다. 부모가 외국인이라는 이유로 한국말이 서툴러서, 모습이 다르다는 이유로 또래집단으로부터 놀림을 받거나 집단따돌림을 당하기도 한다. 외국인 근로자 가정의 청소년들도 자신의 정체감에 혼란을 겪게 된다. 이런 연유로 한국인과 외모가 비슷한 조선족이나 중국계 외국인 근로자의 청소년은 자신이 외국인임을 숨기려는 경향이 높다(정하성 외, 2007; 주경란, 2009).

(3) 북한이탈 주민가정의 청소년

북한이탈청소년은 탈북해서 한국으로 입국하는 기간 동안 기근과 가족해체를 경험한다. 탈북과 타국에서 떠돌이 생활, 북으로의 강제소환, 재탈북 과정에서 입은 신체적·정서적 상처를 안고 있다. 남한 내 북한 이탈 청소년들의 심리적응에 영향을 미치는 적응 준비도에 관한 연구(백혜정 외, 2007)에 의하면 탈북과정에서 이국의 낯선 땅, 언어를 처음 대하고 몹시 두려웠던 경험을 72%가 가지고 있는 것으로 나타났다. 헤어진 가족, 친지에 대한 죄책감이 들 때가 있다

는 75%로 나타났다. 식량 부족이나 심한 추위로 생명의 위험을 느낀 경우는 63.8%, 다른 사람이 고문당하거나 공개 처형되는 것을 본 경험은 50.7%, 발각될 위험에 처했던 적이 있다는 56.5%로 나타났다. 이런 탈북이탈 주민 청소년들은 외상 경험이 큰 것으로 나타났으며 외상 후 스트레스에 대한 연구(양계민 외, 2008)에 의하면 초등학생인 경우 43%, 중고등학생은 35%가 심각한 심리적 곤란을 경험하여 정신건강의 치료가 필요한 실정이다.

4. 다문화가정 청소년의 문제에 대한 실천방법

1) 정책적 개입

다문화 청소년의 지원 정책은 교육복지에 관한 부분은 교육부, 가족교육, 상담 문화프로그램은 여성가족부, 취업 · 창업에 관한 부분은 고용노동부 중심으로 이루어지고 있다.

(1) 교육부

다문화가정의 청소년에 대한 제도권 정책은 교육부가 주무부처라고 할 수 있다. 교육부가 다문화가정 청소년의 범주에 학교 안의 청소년과 학교 밖 청소년에 대한 정책, 중도입국 청소년, 미래의 청소년이 될 다문화가정의 유아를 포함하고 있다. 교육부는 다문화가정 청소년을 위한 맞춤형 교육과 일반학생과 교원의 다문화이해교육을 지원하기 위한 「다문화 학생 교육 지원계획」을 2009년부터 수립하여 매년 그 계획을 보완 · 추진해 오고 있다.

교육부의 다문화 청소년의 정책 추진방향은 다문화교육기반구축, 현장지원의 맞춤형 교육 지원, 다문화 이해 교육 지원으로 하여 다양한 사업을 추진하고 있다.

교육부는 2015년 3월 17일 2015년 다문화 학생 교육 지원계획을 발표하였다. 2015년도 다문화 학생 교육 지원 방향은 다문화 학생을 위한 맞춤형 교육 및 일반학생과 교원의 다문화 이해교육 강화와 다문화가정의 미취학 아동을 위한 다문화 유치원 30개교의 시범사업을 운영하겠다는 내용이다. 여기서 주목할 점은 일반학령인구(초 · 중 · 고)는 매년 20만 명이 감소한 반면에 다문화 학생 수는 매년 약 8~10천 명 정도 증가하고 있어 2014년 현재 다문화 학생은 전체 초 · 중 · 고 학생의 1%를 넘어서고 있다는 것이다(2014년 12월 말 다문화 학생 67천 명). 다문화가정의 미취학 아동은 12만 1천명으로 앞으로 초 · 중등 교육에 진입하는 학생 수는 지속적으로 늘어날 것으로 예상하고 있다.

교육부는 2015년부터 유치원 단계에서부터 다문화 학생의 특성을 고려한 선제적, 맞춤형 교육을 실시하고 문화 다양성을 수용하는 다문화 이해 교육 확대와 범부처 협업 및 지역 내 연계를 강화하였다. 개략적인 세부내용은 첫째, 맞춤형 교육으로 기초학력 및 진로 교육의 강화이다. 여기에는 다문화 아동에게 취학 전 동등한 출발점을 보장하기 위해 유치원 단계에서 언어 및 기초학습을 지원하는 다문화 유치원 30개 시범운영과 중도입국이나 외국인 청소년을 위한 한국어와 한국문화 적응 프로그램을 제공하는 예비학교를 80개소에서 100개소로 확대 운영한다는 내용을 포함하고 있다. 이 중 언어, 수 · 과학, 예체능에 우수한 학생 발굴하여 전문교육을 실시하는 글로벌 브릿지 사업을 10개 대학에서 17개 대학으로 확대 운영한다.

둘째, 다문화 이해 교육 강화사업이다.

일반학생의 다문화 수용도 및 이해도를 높이기 위한 다문화 중점 학교 150개교를 지정 운영하고 우수 교육사례를 발굴하여 다른 학교로 확대할 계획이다.

셋째, 부처 간 연계, 지역 내 연계를 통한 정책 효율성 제고이다.

지역 내 다문화 정책 자원을 연계 활용하여 학교의 다문화교육을 지원하는 지역다문화교육 모델을 개발하기 위한 시범사업을 실시한다.

(2) 여성가족부

여성가족부의 다문화가족 지원 정책은 결혼이민여성의 출산 및 자녀양육, 전통적인 가족유지를 위한 정책에 중점을 두고 있다(정현미 외, 2014). 여성가족부의 다문화가족 지원 정책은 교육, 취업, 의료, 긴급, 생활지원과 한국생활 지원이 있으며 청소년에 대한 지원도 있다. 이런 지원 등은 가족생애주기별 맞춤형 서비스로 제공되고 있다. 첫째, 결혼 가족 형성기에는 결혼 준비교육을 실시하고 결혼이민 여성에게는 한국에 대한 정보를 제공하며 한국남성에게는 예비부부교육을 하여 가족형성을 지원한다. 둘째, 결혼 초기에는 결혼이민여성의 한국사회 조기 정착과 안정적인 생활을 위한 한국어 교육, 한국문화의 이해, 가족상담, 가족통합교육을 지원하며 한국 남편에 대한 교육지원을 통해 가족관계 지원을 한다.

셋째, 자녀양육 및 정착기는 아동양육 가정방문지도, 언어발달 진단, 이 중 언어 역량개발 사업을 지원한다. 넷째, 다문화가족의 역량강화를 지원한다. 다문화가족의 경제적 · 사회적 자립을 지원하는 직업교육, 통 · 번역요원, 이 중 언어 강사 양성사업, 결혼자조모임 활성 등의 사업을 지원한다. 다문화 청소년의 지원 정책은 중도입국 청소년을 위한 무지개 학교를 교육부와 연계 운영하고 대학생 멘토링 사업, 청소년 문화 다양성 사업, 다문화 청소년의 글로벌 리더십과 국제 감각을 함양할 수 있는 청소년 국제 네트워크 사업도 실시한다.

교육부와 여성가족부 외의 법무부, 문화체육관광부, 행정자치부, 농림축산식품부, 고용노동부 등에서 각 부처 특성에 맞는 다문화가족 지원정책을 추진하고 있다.

다문화가족에 대한 지원정책은 청소년을 포함한 정책으로 정책의 방향성에 주목할 필요가 있다고 본다.

2) 실천적 개입

다문화 청소년의 문제에 대한 실천적 개입은 다문화 청소년의 유형별, 맞춤형 개입이 필요하다. 결혼이주여성의 청소년인 경우 한국에서 태어난 청소년과 중도입국 청소년의 경우 그들이 겪는 문제는 같은 점과 다른 점 등 다양성을 내포하고 있다. 청소년 개개인의 문제를 정확히 진단하고 적절한 서비스를 제공함이 바람직하다고 본다. 특히 한국가정의 자녀교육 주관자가 대개 어머니인데 어머니가 외국인인 경우 언어소통의 부재로 인한 청소년의 갈등, 학교 부적응에 대한 실천적 대안들을 찾아 접근해야 한다.

외국인 근로자의 청소년인 경우 합법적 체류자와 불법체류자로 구분할 수 있다. 한국사회는 비전문 취업자나 생산기능직 외국인 근로자는 합법적 체류자라 할지라도 가족을 동반할 수 없게 되어 있다. 그렇지만 외국인 근로자들이 가족을 형성하고 있는 경우가 늘어나고 있다. 특히 외국인 근로자 부모 사이의 자녀는 한국에서 태어나도 한국 국적을 취득할 수가 없어 부모는 합법체류자라 할지라도 자녀는 불법체류자가 될 수밖에 없는 구조로 되어있다. 외국인 근로자의 청소년은 문화의 정체성에 대한 혼란이 크고 불법체류 신분인 경우 한국생활에 안정적으로 정착하지 못하고 불안한 생활을 하게 되어 사회 통합적 시각에서 유엔협약 등에 걸맞은 실천 대안이 필요하다.

북한 이탈주민 청소년은 탈북해서 한국으로 입국하는 동안에 많은 난관을 극복하고 생명의 위협까지 경험하였다. 한국청소년정책연구원의 탈북청소년사회통합을 위한 정책방안연구(2014)에 의하면 탈북청소년 37%가 "한국을 떠나 살고 싶다."고 응답하고 자신의 정체성을 '한국사람' 38.8%, '잘 모르겠다.' 26.9%로 나타났다. 탈북청소년의 55.2%가 주변 사람에게 차별받는 것이 두려워 자신이 북한 출신이라는 것을 알리지 않겠다고 응답하였다(임수경, 2014). 이는 탈북청소년의 심리적 안정감이 낮고 정체감의 혼란을 심하게 겪고 있다고 할 수 있다. 또한 북한 이탈 청소년들은 남북한 교육제도 및 교육내용의 차이 때문에 학업이 어렵고 탈북기간 동안의 교육 공백으로 인한 손실과 실제 나이와 학력의 차이로 인한 어려움을 완화할 수 있는 장치가 필요하다. 이런 면에서 먼저 온 미래 북한이탈주민의 청소년에 대한 실천적 대안이 마련되어야 한다.

chapter 09 학교폭력 예방과 대책

1. 학교폭력의 개념

우리사회는 모든 분야에서 빠른 성장을 가져왔고 가정이나 사회에서의 교육환경 또한 급속하게 변화하면서 여러 가지 청소년 문제에 직면하게 되었다.

최근 학교폭력은 언어 · 신체 폭력이 일어나고 있는 것은 물론이며 가 · 피해 연령이 낮아지는 저연령화 현상과 집단화 현상을 보이고 있다. 특히 청소년의 스마트폰 사용이 증가함에 따라 사이버폭력 또한 날로 심각해지면서 눈에 잘 띄지 않는 사각지대에서의 학교폭력이 이루어져 단속도 어려운 실정이다.

또 다른 특징은 ① 일부 학생에게만 국한된 것이 아니라 상당수 혹은 소그룹이 따돌림 집단으로 행하고 있는 경향이 높다. ② 강제적인 심부름(빵셔틀, 와이파이 셔틀), 협박, 집단따돌림, 놀림, 정신적 폭력의 형태로 이루어지고 있으며, 인터넷과 스마트폰, SNS를 활용하여 교묘한 방식으로 괴롭히고, 집단적으로 즐기는 사례가 증가하고 있다. ③ 특정 상대방을 대상으로 계속적 · 집중적으로 행사하는 경향이 있다. ④ 주로 중학생들 사이에서 가장 많이 발생하나 초등학생에 의한 학교폭력이 증가하는 등 저연령화 현상이 일어나고 있다. ⑤ 학교 현장 내에서 많이 발생하고 있다.

학교폭력이란 "학교 내외에서 학생을 대상으로 발생한 상해, 폭행, 감금, 협박, 약취 · 유인, 명예훼손 · 모욕, 공갈, 강요 · 강제적인 심부름 및 성폭력, 따돌림, 사이버 따돌림, 정보통신망을 이용한 음란 · 폭력 정보에 의하여 신체 · 정신 또는 재산상의 피해를 수반하는 행위를 말한다."라고 학교폭력 예방 및 대책에 관한 법률 제2조에 제시되어 있다.

다시 말하면 학교폭력이란 학생 상호 간에 힘의 불균형이 존재하는 상황에서 신체적 · 환경적 욕구를 충족하기 위한 의도적인 목적으로 대인과 대물에 관계없이 교내 · 외 또는 사이버 환경에서 발생하는 언어적 · 심리적 · 물리적 · 관계적 폭력을 의미한다.

2. 학교폭력 피해실태

1) 2014년 청소년폭력 예방재단 실태조사

(1) 연구대상

초등학교 4학년부터 고등학교 2학년을 대상으로 실시하였으며, 학년분포는 다음과 같다. 최종분석된 인원은 5,958명이다.

〈표 9-1〉 학년 분포

항목	빈도(명)	비율(%)
초등학교 4학년	519	8.7
초등학교 5학년	981	16.5
초등학교 6학년	963	16.2
중학교 1학년	590	9.9
중학교 2학년	641	10.8
중학교 3학년	463	7.8
고등학교 1학년	789	13.2
고등학교 2학년	1,012	17.0
합계	5,958	100

출처: 청소년폭력예방재단(2014).

(2) 연구방법

2014년 전국학교폭력실태조사는 무작위로 선정된 학교를 통해 온라인 설문과 오프라인 설문이 동시에 진행되었으며 자기보고방식으로 이루어져 있다.

본 조사의 내용은 인구 사회학적 문항(5문항), 학교폭력 인식 및 심각성 실태(12문항)와 학교폭력의 피해 실태(29문항), 학교폭력 가해 실태(12문항), 학교폭력 목격 및 방관 실태(6문항), 학교폭력 예방 및 근절대책에 대한 실태(17문항)로 총 81문항으로 구성되어 있다.

(3) 학교폭력 발생빈도 인식

최근 1년간 학교폭력이 얼마나 자주 일어났는지에 대해 78.0%의 학생들이 '일어나지 않았다'(일어나지 않았다 + 전혀 일어나지 않았다)고 응답하였다. 이는 2013년 대비 21.0% 증가한 것으로 학생들이 체감하는 학교폭력의 발생 빈도가 낮아졌다는 것을 알 수 있다.

〈표 9-2〉 2013년, 2014년 학교폭력 발생빈도에 대한 인식

(단위: %)

항목	2013	2014	증감
전혀 일어나지 않았다	24.9	42.6	17.7⬆
일어나지 않았다	32.1	35.4	3.3⬆
보통이다	30.1	15.3	14.8⇩
일어났다	10.5	5.3	5.2⇩
매우 자주 일어났다	2.4	1.4	1.0⇩
합계	100	100	-

출처: 청소년폭력예방재단(2014).

(4) 학교폭력 유형별 심각성 인식

학생들은 가장 심각하다고 생각하는 학교폭력으로 1순위를 '신체폭력'(32.6%), 2순위를 '집단따돌림'(25.5%)이라고 응답했다. 그러나 증감 비율을 보면 '신체폭력'과 '사이버폭력'의 응답비율만이 2013년도에 비해 각각 3.1%, 1.5% 증가해 학생들은 신체폭력과 사이버폭력이 심각해졌다고 인식하는 것으로 조사되었다.

〈표 9-3〉 2013년, 2014년 학교폭력 유형별 심각성 인식

(단위: %)

항목	2013	2014	증감
신체폭력	29.5	32.6	3.1⬆
금품갈취	5.9	5.0	0.9⇩
괴롭힘	6.5	4.9	1.6⇩
집단따돌림	26.1	25.5	0.6⇩
언어폭력	14.9	12.7	2.2⇩
위협이나 협박	2.2	2.0	0.2⇩
성적추행	8.8	8.8	-
사이버폭력	6.1	7.6	1.5⬆
강요 및 강제심부름	-	0.9	-
합계	100	100	-

출처: 청소년폭력예방재단(2014).

(5) 학교폭력 발생 시 효과적인 대처방안 인식

학교폭력 발생 시 효과적인 대처방안은 무엇이라 생각하는지 조사한 결과 25.7%의 학생들이 '부모님이나 어른들에게 알린다'고 응답하였고, 뒤를 이어 '선생님이나 학교에 알린다'는 응답이 24.5%로 나타나 2013년에 비해 각각 0.4%, 3.1% 증가하였다. 또한, '말로 하지 말라고 한다'라는 응답도 2013년 대비 4.7% 증가하여 가까운 주위 사람에게 신고를 하거나 직접 대처하는 적극적 대처방안에 대한 인식이 증가하였음을 알 수 있다.

〈표 9-4〉 2013년, 2014년 학교폭력 발생 시 효과적인 대처방안 인식 (단위: %)

항목	2013	2014	증감
그냥 참으면 해결된다	3.0	2.1	0.9⇩
말로 하지 말라고 한다	4.0	8.7	4.7⬆
친구와 방법을 의논한다	5.2	4.2	1.0⇩
함께 싸운다	7.4	5.2	2.2⇩
부모님이나 어른들에게 알린다	25.3	25.7	0.4⬆
선생님이나 학교에 알린다	21.4	24.5	3.1⬆
상대방을 피하거나 이사 또는 전학을 간다	3.6	2.6	1.0⇩
경찰서에 신고한다	17.2	16.6	0.6⇩
전문상담기관에 도움을 요청한다	12.9	10.4	2.5⇩
합계	100	100	-

출처: 청소년폭력예방재단(2014).

(6) 성별에 따른 학교폭력 피해유형

최근 1년간 어떤 유형의 학교폭력을 당하였는지 조사한 결과 신체폭력과 언어폭력, 집단따돌림에서 성별에 따른 차이가 크게 나타났다. 성별 학교폭력 피해유형을 구체적으로 살펴보면 남학생의 경우 여학생보다 신체폭력을 14.1% 더 당하였다. 반면, 여학생은 남학생보다 언어폭력을 10.4%, 집단 따돌림을 8.7%로 더 당한 것으로 나타나 학교폭력 피해유형에 성별 차이를 보였다.

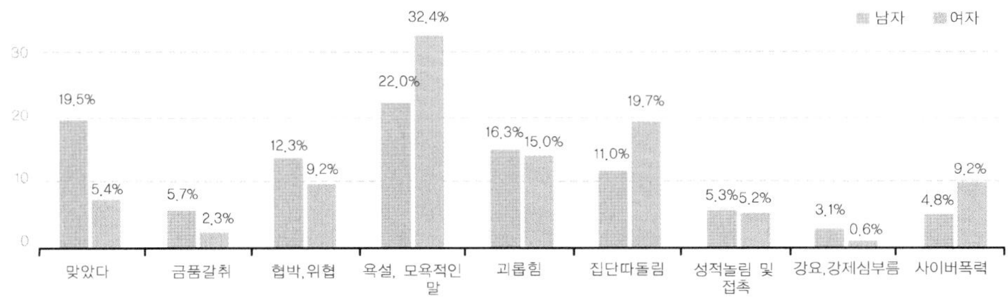

[그림 9-1] 2014년 성별 학교폭력 피해유형

출처: 청소년폭력예방재단(2014).

(7) 최근 1년 학교폭력 피해율 및 고통 정도

2014년 최근 1년 동안 학교폭력 피해 경험이 '있다'고 응답한 학생들은 3.8%로 나타나 2012년의 12.0%, 2013년 6.3%보다 낮아 학교폭력 피해율이 점차 감소하고 있는 것으로 조사되었다.

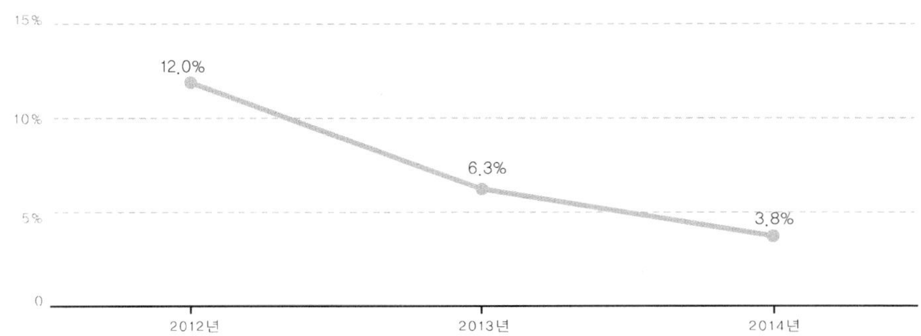

[그림 9-2] 2012~2014년 최근 1년 학교폭력 피해율

출처: 청소년폭력예방재단(2014).

또한 초등학교 때부터 현재까지 재학기간 중 학교폭력 피해 경험이 있는 학생들 가운데 2014년 최근 1년 동안 학교폭력 피해 경험이 '있다'고 응답한 학생들의 비율 또한 2012년 52.3%, 2013년 45.8%, 2014년 32.9%로 점차 감소하고 있는 것으로 나타났다.

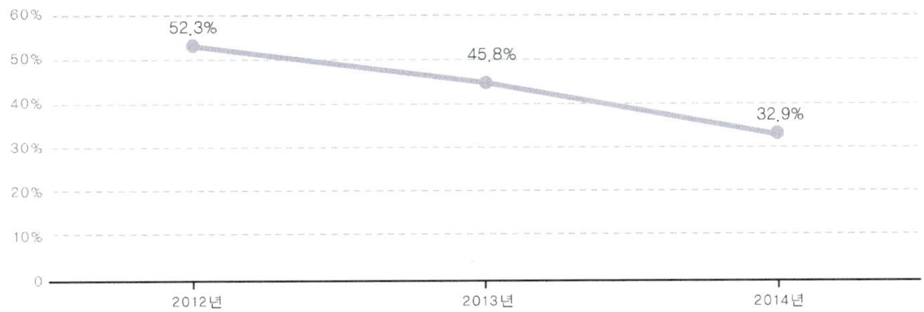

[그림 9-3] 2012~2014년 학교폭력 피해 경험 학생 중 최근 1년 학교폭력 피해율

출처: 청소년폭력예방재단(2014).

그러나 학교폭력 피해로 인해 '고통스러웠다'(고통스러웠다 + 매우 고통스러웠다)고 응답한 학생은 2014년에 50.0%로 나타나 2013년 56.1%와 비슷하게 피해 학생의 절반 또는 그 이상이 학교폭력으로 인해 심리적으로 많이 힘들어 하는 것을 알 수 있다.

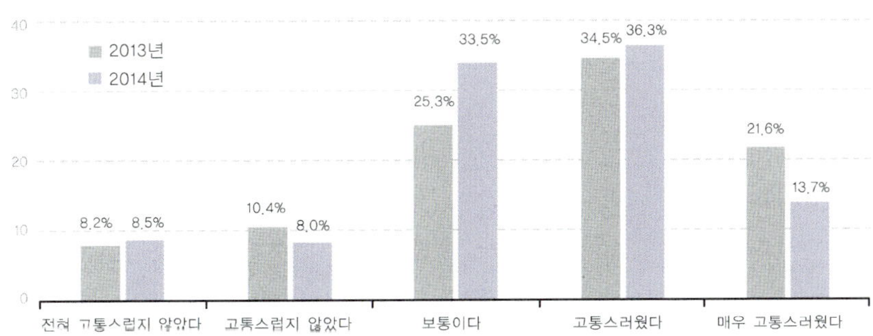

[그림 9-4] 2013, 2014년 학교폭력으로 인한 고통 정도

출처: 청소년폭력예방재단(2014).

특히, 구체적으로 어느 정도 고통스러운지에 대해 '고통스러웠다'(고통스러웠다 + 매우 고통스러웠다)고 응답한 학생들의 80.4%가 '10점 만점' 기준에서 '7점' 이상으로 응답했으며, '보통' 수준인 '5점' 이하의 응답자는 9.8%에 불과한 것으로 나타나 피해 학생들의 고통은 상상을 초월하는 것으로 나타났다.

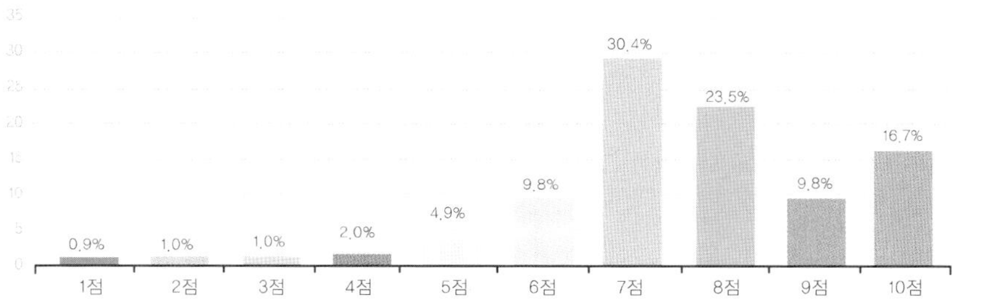

[그림 9-5] 2014년 학교폭력으로 인한 고통의 강도

출처: 청소년폭력예방재단(2014).

(8) 학교폭력 피해로 인한 자살 생각

학교폭력 피해를 당한 학생들 중 42.9%는 폭력으로 인해 자살을 생각해본 적이 있는 것으로 나타났다. 이는 2013년 42.1%의 수치와 불과 0.8%밖에 차이가 나지 않는 것으로 2013년에 이어 2014년에도 여전히 피해 학생 10명 중 4명은 자살을 떠올려 학생들의 고통은 줄어들지 않은 것을 알 수 있다.

[그림 9-6] 2013, 2014년 학교폭력으로 인한 자살 생각

출처: 청소년폭력예방재단(2014).

더욱 심각한 점은 이러한 자살 생각이 단순한 생각에서 그치지 않고 직접 자살을 시도하기까지 한다는 것이다. 학교폭력 피해로 인해 자살을 생각해본 적이 '있다'고 응답한 학생들의 41.8%는 자살시도까지 한 것으로 나타났고, 자살시도 빈도로는 '일 년에 1~2번' 44.6%, '한 달에 1~2번' 21.1%, '일주일에 1~2번' 21.1%, '하루에 1번 이상' 13.2%로 분석되었다.

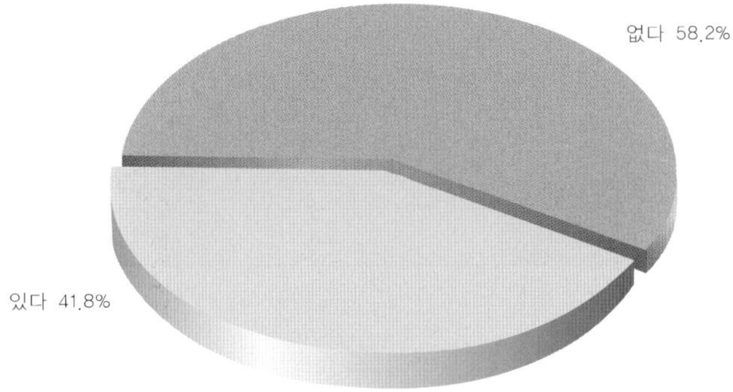

[그림 9-7] 2014년 학교폭력으로 인한 자살 시도 경험

출처: 청소년폭력예방재단(2014).

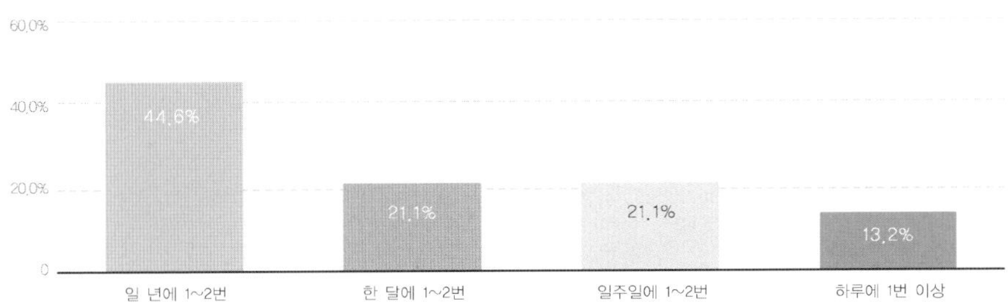

[그림 9-8] 2014년 학교폭력으로 인한 자살 시도 빈도

출처: 청소년폭력예방재단(2014).

한편, 학교폭력 피해로 인해 자살을 생각해본 적은 있지만 자살을 시도한 경험은 '없다'라고 응답한 학생들에게 자살 생각을 극복한 방법에 대해 불어본 결과 '엄마, 아빠를 생각해서' 42.6%, '미래에 대한 기대를 해서' 23.4%, '내 편이 있다고 느껴서' 17.0% 순으로 나타났다.

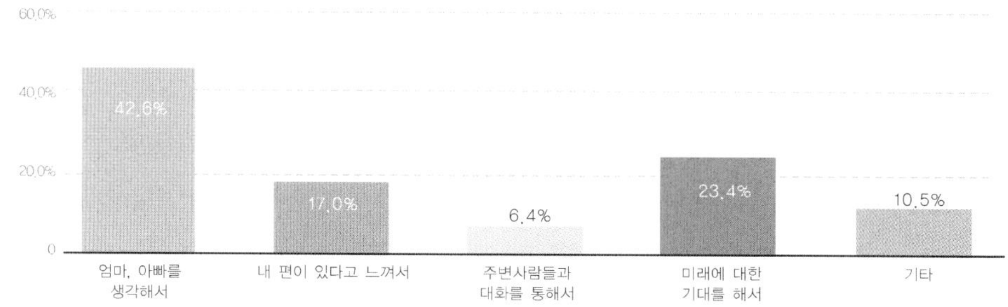

[그림 9-9] 2014년 학교폭력으로 인한 자살 시도 극복 방법

출처: 청소년폭력예방재단(2014).

(9) 학교폭력 첫 피해 경험 시기

재학 기간 중 학교폭력 경험이 '있다'고 응답한 학생 중, 학교폭력 피해를 처음 당한 시기에 대해 조사한 결과 '초등학교 5학년'이 18.2%로 가장 높게 나타나 '초등학교 6학년' 시기가 초등학교 중 1순위로 나타났던 2013년 때보다 더 저연령화됐음을 확인할 수 있다. 또한, 초등학교 저학년(1~3학년) 때 학교폭력 피해를 당한 학생은 32.4%, 초등학교 고학년(4~6학년) 때 피해를 경험한 학생은 47.2%로 초등학교 시기에 피해를 당한 경우는 전체의 79.6%로 분석되었다. 이는 2013년도의 75.1%보다도 높은 것으로 학교폭력의 저연령화가 심화되고 있는 것으로 나타났다.

(10) 학교폭력 피해 장소

학생들에게 최근 1년간 학교폭력 피해를 당한 장소를 조사한 결과 57.0%의 학생들이 학교폭력을 '학교 안'에서 당했다고 응답하였고, '학교 안 · 밖 모두'에서 당했다는 학생도 36.0%나 나타나 학교폭력 발생은 장소에 크게 구애받지 않는 것으로 볼 수 있다.

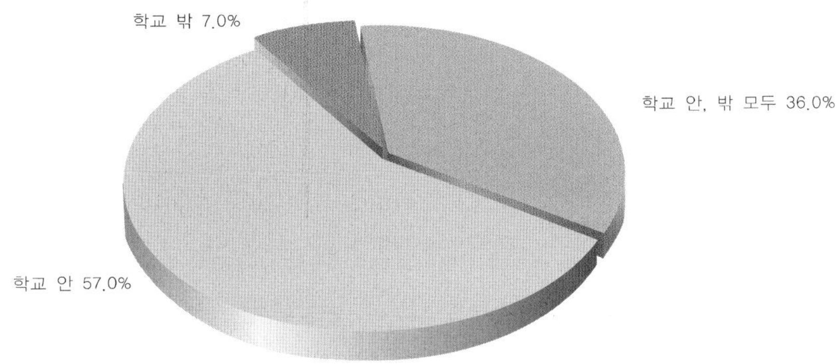

[그림 9-10] 2014년 학교폭력 피해 장소

출처: 청소년폭력예방재단(2014).

학교폭력 일어나는 장소를 구체적으로 살펴보면 학교 안에서는 '학교 교실'에서 피해를 당한 경우가 44.6%로 가장 많았고, '학교 복도'가 22.3%로 그 뒤를 이었다.

학교 밖의 경우에는 '사이버 공간' 20.5%, '기타' 18.8%, '놀이터' 16.2%의 순으로 나타났다. '기타' 장소로는 길거리와 상점, 집주변 등의 응답이 있어 '사이버 공간'과 같은 은폐된 공간뿐만 아니라 다른 사람들이 볼 수 있는 공개된 공간에서도 학교폭력 많이 이루어진 것을 알 수 있다.

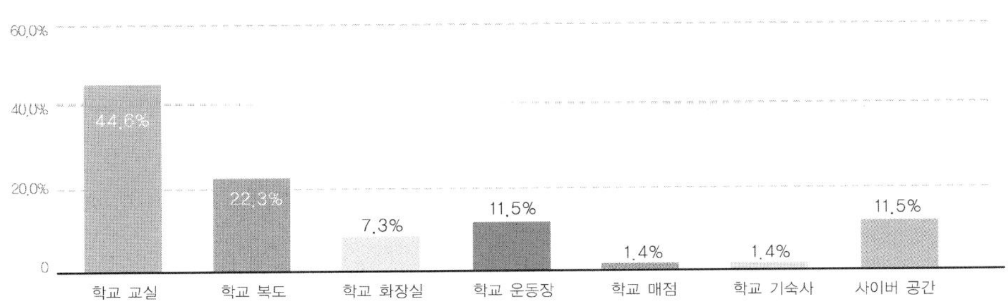

[그림 9-11] 2014년 학교폭력 피해 공간(학교 안)

출처: 청소년폭력예방재단(2014).

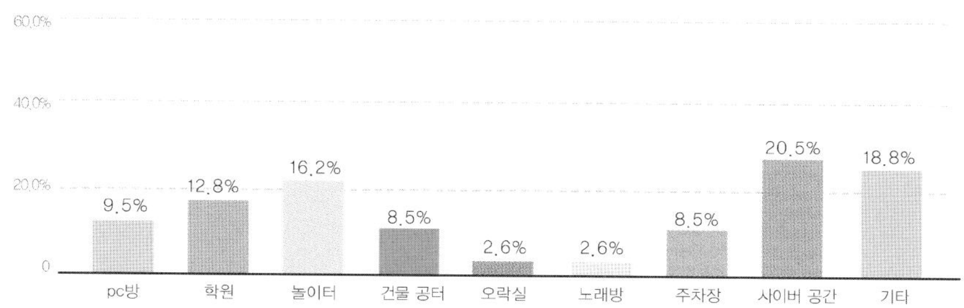

[그림 9-12] 학교폭력 피해 공간(학교 밖)

출처: 청소년폭력예방재단(2014).

학교폭력 피해를 어느 공간에서 당했는지와 관련하여 '사이버 공간'(학교 안+학교 밖)에서 피해를 당했다고 응답한 학생이 32.0%로 나타났다. 특히 주목할 만한 점은, 학교 안에 있을 때 사이버폭력을 당한 경우보다 학교 밖에 있을 때 사이버폭력을 당한 비율이 9.0%나 높게 나타났다는 것이다. 이러한 비율의 차이가 나타나는 이유는 학교 안에 있을 때보다 학교 밖에 있을 때 스마트폰이나 PC 사용이 훨씬 자유롭기 때문인 것으로 생각된다.

3. 학교폭력 가해 청소년의 특성과 이해

1) 학교폭력 가해 청소년

학교폭력 가해는 강한 한 명 혹은 그 이상의 사람이 좀 더 약한 사람에게 심리적, 물리적 억압을 계속 가하는 것을 의미하며 가해 청소년은 공격적이고, 거칠고, 강하고, 충동적이며 자신감을 보이는 특징을 가진다. 즉, 가해 청소년들은 힘과 결합된 공격적인 행동을 통해 지배와 권력을 추구하는데(Olweus, 1997) 이로 인해 얻게 되는 지위와 타인을 괴롭히는 데서 오는 즐거움이 이들의 공격적인 행동을 강화시키게 된다(Farrington, 1993).

일반적으로 학교폭력 가해 청소년의 심리사회적 특성으로 충동성, 타인에 대한 강한 지배욕, 피해자에 대한 낮은 공감 등을 들고 있는데(Olweus, 1997) 이들은 폭력적 행동과 관련하여 폭력행동에 있어서 책임을 인정하지만 피해 학생이 폭력을 사용하게 만든 이유를 제공했다는 식으로 폭력을 정당화하는 경향이 있다. 또 대부분 다른 비행문제를 동시에 갖고 있어서 비행하위집단에 소속되어 동료들과 함께 폭력행위에 가담하게 되는 경우가 많다.

청소년기의 폭력적 행동은 주로 유년기의 경험과 관련되는데 가해 행동은 가정폭력, 학대경험 등과 관련이 있는 것으로 밝혀져 있다. 또 공격적인 청소년들의 부모들은 교육방식에 있어 물리적 방법을 선호하고, 적대적이고, 자녀의 공격적 행동에 대해 묵인하거나 혹은 종종 강압적이고 폭력적인 태도로 개입하는 경향이 있다. 이러한 환경적 특성은 가해 청소년들의 공격적 행위를 촉발하며(Olweus, 1994) 부모의 빈약하고 잘못된 문제해결방식을 습득함으로써 낮은 자기통제능력을 형성하게 될 수 있다.

학교폭력 가해 청소년들은 우울/불안과 같은 정서적 요인에서 취약하며, 정서조절능력이 매우 결여되어 또래와의 지속적인 갈등을 형성할 수 있다는 연구결과들이 밝혀져 있다.

따라서 가해 청소년들은 공격적인 행동과 통제능력의 부족, 우울/불안, 폭력의 태도 측면에서 일반청소년들과 다른 특성을 보인다고 할 수 있다.

2) 학교폭력 가해 학생의 특성

1970년대 말까지 이루어진 연구에 따르면, 가해 행동을 하는 대부분의 이유는 물리적 이득을 얻기 위한 것이었으나, 최근에는 또래 간의 우월성을 드러내 보이고 또래 지지를 통해 또래에 대한 지배력을 강화·유지하기 위한 수단으로 가해 행동을 하는 경향이 관찰되고 있다(곽금주, 2006).

학교폭력 가해 청소년들은 낮은 자기 통제력을 가지는데, 이들은 충동적, 공격적이고 다른 사람들을 쉽게 이용하며 피해자들에게 준 상처를 무시하고 그들의 행동으로 인한 처벌 가능성에 의해 행동이 통제되지 않는 특성을 가지고 있다. 학교폭력 가해 청소년들은 그들의 행동으로 인해 자신이 받게 될 처벌, 타인의 고통을 인식하지 못하고 충동적으로 행동하는 경향이 있다.

3) 학교 폭력 가해 행동으로 인한 결과

반복적인 학교폭력에 노출될 경우 가해 학생들은 폭력으로 모든 것을 해결할 수 있다는 왜곡된 가치관을 형성할 수 있으며, 법을 위반하는 행동이 강화되고 다른 비행행동들이 수반되는 등, 반사회적인 규범이 학습된다는 측면에서 개인에게 좋은 영향을 미치게 된다.

Olweus(1994)의 연구에 따르면, 청소년기 폭력 가해자들의 1/3 이상이 성인기로의 범죄자로 낙인찍힌 삶을 살아가게 된다고 한다. 스웨덴에서 이루어진 이 종단연구에 따르면 초등학교 6학년에서 중학교 3학년 때 가해자였던 남학생들의 약 60%가 24세 때 최소한 한 가지 이상의 범죄를 저지른 것으로 보고되었다.

4. 학교폭력 피해 청소년의 특성과 이해

1) 학교폭력 피해 청소년

Olweus(1978)에 따르면, 한 학생이 반복적 · 지속적으로 한 명 또는 그 이상의 다른 학생들로부터 부정적인 행동을 당하는 것을 학교폭력 피해자로 정의하고 있다.

이후 점점 확장되어 피해자와 가해자 간의 힘의 불균형 상태를 포함하게 되었으며, 언어적 · 물리적 · 관계적 측면에서 괴롭힘의 주요한 타깃이 되는 학생을 의미한다.

학교폭에 지속적으로 노출된 청소년의 경우 다른 또래에 비해 우울하고 낮은 자존감을 나타내며, 외로움을 느낀다.

학교폭력에 노출 피해자들은 불안과 두려움, 심리적 위축, 대인기피 등이 나타나며 적절한 시기에 치료하지 않으면 적응장애나 우울장애, 외상 후 스트레스 장애와 같은 심리적 장애가 나타난다.

5. 학교폭력 방관자의 특성과 이해

1) 학교폭력 방관자 특성

방관자의 사전적 의미는 어떤 일에 직접 나서서 관여하지 않고 곁에서 보기만 하는 사람이다. 그러나 방관자 집단은 단순하게 곁에서 보기만 하는 데 그치지 않고 학교폭력 상황에서 도와주거나, 암묵적 지지를 제공하여 학교폭력 상황에 영향을 미치는 중요한 집단이다.

Oliver(1994)는 갈등 상황에서 방관자들은 가만히 있는 수동적인 존재가 아니라 분위기를 형성하고, 때로 개입을 통해서 갈등을 감소시키는 역할을 할 수도 있고, 갈등을 더 야기시키는 선동자가 될 수도 있고, 폭력을 인정하는 선동적인 청중이 될 수 있다고 하였다.

학교폭력 방관자는 학교폭력의 책임 주체에서 소외되어 왔지만 실상은 학교폭력 전파에 적극적으로 기여하는 주체라고 볼 수 있다.

6. 학교폭력 예방과 대책

1) 학교현장의 다양한 자율적 예방활동 지원

학교현장의 다양한 자율적 예방활동을 지원하기 위한 세부 내용은 연극교육 및 청소년 경찰학교 등 체험형 교육 확대, 어울림프로그램 개발 및 보급 등 예방교육 내실화, 학교의 자율적인 예방활동 활성화이다.

(1) 체험형 교육 확대

우선 체험형 교육을 확대하기 위하여, 학교폭력의 심각성을 체감하고 공감할 수 있도록 관련 연극, 뮤지컬 관람 등 문화체험형 예방교육 기회를 확대하고, 연극 및 역할극을 활용한 교육활동을 활성화하여 학생들의 상호소통과 이해 및 자기만족감을 증대하며, 청소년 경찰학과 프로그램을 운영하여 준법의식 및 학교폭력 인식을 제고하고 학생 스스로를 보호할 수 있는 역량을 강화해야 한다.

(2) 예방교육 내실화

어울림프로그램 개발 및 보급 등 예방교육을 내실화하기 위해 학급단위 체험형 예방교육 프로그램인 어울림프로그램을 수정 · 보완하여 확산하고 학교폭력 예방교육을 학교 정규교육과정에 반영하여 운영할 수 있도록 법적 근거를 마련해야 한다. 또한 학교폭력 목격 시 대처방법 교육 등 방관자를 적극적인 방어자로 육성하기 위한 프로그램을 확대하여 보급하고 학생 눈높이에서 개그맨, 아이돌이 출연하는 에듀테인먼트를 제작하고 보급하여 학기 초에 학교폭력 예방교육을 실시를 지원하는 한편, 학교폭력 유형별 예방교육 전문 강사를 육성하여 학교별 맞춤형 예방교육 확대 및 내실화 기반을 마련해야 한다.

(3) 학교의 자율적인 예방활동 활성화

학교의 자율적인 예방활동을 활성하기 위해 학생들의 건전하고 자율적인 또래 문화 형성을 지원한다. 또래보호, 또래상담, 학생자치법정 등 다양한 또래활동을 통해 학생 스스로 문제를 해결하는 역량 신장 및 문화를 확산하고 단위학교의 자율적 예방활동 촉진을 위해 어깨동무학교(학교폭력 예방 선도학교) 지원을 확대해야 한다.

2) 폭력유형별 맞춤형 대응

학교폭력유형별 맞춤형 대응을 위한 세부 방안은 사이버폭력 및 언어폭력에 대한 맞춤형 대응, 관계회복을 통한 집단따돌림해소, 성폭력 예방 및 피해 학생 치유 · 보호 강화, 전담경찰관과의 협력을 통한 폭력서클 대응이다.

(1) 사이버폭력 및 언어폭력 맞춤형 대응

첫째, 사이버 및 언어폭력 감지 및 대응을 강화하기 위한 방안으로 폭력으로 의심되는 문자 수신시 부모에게 알려주는 프로그램인 '학교폭력 의심문자 알림서비스'를 개발하여 보급하고 유해정보 차단 및 스마트폰 이용형태 정보 제공 필터링 서비스를 확대하여 중독예방 및 스마트폰 이용 지도 및 관리를 강화한다. 또한 사이버폭력 및 언어폭력도 신체적 폭력과 마찬가지로 엄격하게 조사 및 선도 · 조치를 강화하고 학교폭력 위험성이 높은 인터넷 카페, SNS 등에 신고 및 전문기관 상담 정보 등을 제공하여 학교폭력을 예방하는 한편, 청소년 문자 상담 서비스와 카카오톡 연계를 통해 사이버폭력 예방 메시지 전송 및 상담을 활성화해야 한다.

둘째, 사이버폭력 및 언어폭력 예방활동 지원을 위해서는 폭력적인 상황에서 학생들이 보다 적극적으로 대응할 수 있는 언어능력 학습을 지원하고 언어습관 자가진단을 통한 맞춤형 언어습관 개선을 지원하며 사이버폭력 폐해에 대한 경각심과 공감능력을 배양할 수 있도록 가상체험 시뮬레이션 및 활용 프로그램을 개발해야 한다.

셋째, 사이버폭력 및 언어폭력 맞춤형 상담 및 학부모 · 교원 연수 지원을 위해 사이버폭력의 효과적인 대응을 위한 Wee 센터를 확대 운영하고 사이버폭력 분야 상담역량 강화를 위한 전문상담(교)사 양성 및 연수를 확대하고, 사이버폭력 피해 상담 후 적용할 수 있는 사이버폭력 피해자에 대한 진단 · 치료프로그램을 개발하여 보급해야 한다. 또한 학부모와 교원 대상 예방교육에 사이버폭력과 언어폭력을 필수과목으로 포함하고 찾아가는 학부모교육을 확대하는 한편, 사이버폭력과 언어폭력 관련 교원양성 및 연수 강화로 대응 역량을 제고해야 한다. 특히 교원양성기관 교직소양 분야의 '학교폭력예방의 이론과 실제' 과목에 사이버폭력과 언어폭력 예방 내용을 확대 반영하고 교장 · 교감 · 교원 자격연수에 사이버폭력과 언어폭력 예방교육 내용을 포함하고 교원 직무연수를 통해 학교별 예방교육을 강화해야 한다.

넷째, 민 · 관 협력 언어문화개선을 위해 주관 방송사와 함께 하는 '범국민 언어문화 개선' 운동을 확산하고 사이버폭력 및 언어폭력 예방 캠페인을 전개하며 바른말 누리단, 우리말 사랑 동아리 등 학생동아리 운영을 지원하는 한편 선플 동아리, 청소년 선플 SNS 기자단, 선플 공모전, 선플 활동 결과 보고대회 등 선플 달기 캠페인의 자발적 참여 및 확산을 유도해야 한다.

(2) 관계회복을 통한 집단따돌림 해소

조기에 따돌림을 파악할 수 있는 따돌림 진단도구를 개발 · 보급하여 교원들이 적기에 따돌림 문제에 개입할 수 있도록 지원하고, '회복적 관점'을 적용한 '교우관계 회복기간'을 도입하고 집단 따돌림 피해 학생이 자존감, 관계성을 개선하여 학교적응을 할 수 있도록 지원하는 치유 프로그램을 마련해야 한다.

(3) 성폭력 예방 및 피해 학생 치유 · 보호 강화

성폭력 예방교육 내실화를 위해 국가수준의 학교 성교육 표준안 개발 및 성 인권 교과서 등 학생 발달 특성에 맞는 교육자료를 개발하여 보급하고, 피해 학생 사생활 보호 강화를 위하여 학교의 성폭력 사안처리 시 피해 학생 및 보호자의 의사를 존중하여 사생활이 최대한 보호될 수 있도록 법령 개정을 추진해야 한다. 또한 전문기관을 활용한 피해 학생 치유 지원을 강화하기 위해 원스톱 통합지원센터를 확대하고 피해 학생 및 가족을 위한 의료비 지원을 확대해야 한다.

(4) 전담경찰관의 협력을 통한 폭력서클 대응

일반 또래집단이 폭력서클화 되지 않도록 건전한 집단 활동 여건을 마련하고, 학교와 학교전담 경찰관이 협력하여 고위험 징후 감지활동을 강화하는 한편 범죄성이 심각하거나 외부와 연계된 경우 경찰 수사 등 엄중 대응하여 수준에 따른 폭력서클 대응체계를 구축해야 한다. 또한 학교와 경찰 간 연계를 강화하고 협력체계를 구축하는 방안을 마련해야 한다.

3) 피해 학생 보호 및 가해 학생 선도 내실화

피해 학생 보호 및 가해 학생 선도 내실화를 위한 세부 방안은 피해 학생 보호 및 치유 지원 확대와 가해 학생 선도 내실화이다.

(1) 피해 학생 보호 및 치유 지원 확대

피해 학생의 특성 및 사안의 성격 등을 고려한 맞춤형 상담 및 교육 프로그램을 운영하고 특히, 피해 정도가 심각하고 장기 치유가 필요한 학생을 위한 기숙형 장기위탁과정을 운영하는 등 피해 학생 전담 지원기관의 운영을 내실화해야 한다. 피해 학생의 자존감 회복, 재발 시 대응방법, 극복 사례, 주변인의 지지 등 맞춤형 지원을 통한 근본적인 치유를 강화해야 한다.

(2) 가해 학생 선도 내실화

가해 학생에 대한 조치를 강화하기 위해 법령 특히, 교사행위에 대한 정의(definition) 가중조치, 강제전학 시 인근학교 재전학 금지, 재심 청구 시 학교장 긴급조치 등 관련 법령 개정을 추진하고 가해 학생의 생활 및 성장환경, 심리분석 등을 통해 맞춤형 교육프로그램을 확대해야 한다.

4) 학교역량 제고 및 은폐·축소에 대한 관리·감독 강화

학교역량 제고 및 은폐·축소에 대한 관리·감독 강화를 위한 세부 추진방안을 학생 생활지도 및 상담여건 개선과 단위학교 대응역량 제고, 은폐·축소 및 부적절 대처 관리·감독 강화이다.

(1) 학생 생활지도 및 상담여건 개선

전문상담인력을 확충하고 이들의 역량개발을 위한 온라인 연수 강화 등 전문성을 제고하는 한편, 일반교원의 상담연수를 통해 생활지도 역량을 강화해야 한다.

(2) 단위학교 대응역량 제고

시·도교육청별 현장 컨설팅단을 운영하기 위해 기 양성된 컨설턴트를 중심으로 현장 컨설팅을 실시하여 단위학교의 예방활동, 사안 처리 등 지원을 강화하고 학생 생활지도에 어려움을 겪는 학교에 대한 지원을 강화해야 한다.

(3) 은폐·축소 및 부적절 대처 관리·감독 강화

학교폭력관련 민원에 대한 신속한 해결을 지원하기 위해 중앙 및 교육청 단위 '학교폭력 민원 신문고'를 운영하고 은폐·축소 등의 민원 발생 시 신속하고 공정한 처리를 지원하기 위해 '사안처리점검단'을 운영하며, 운영 성과 및 우수 사례 공유 등을 통한 지속적인 운영 개선을 추진해야 한다.

5) 안전한 학교환경 조성 및 전 사회적 대응체계 구축

안전한 학교환경 조성 및 전 사회적 대응체계를 구축하기 위한 세부 방안은 학교폭력 조사 및 신고 시스템 개선, 학교전담경찰관 증원 등 운영 활성화, 학교안전 인프라 확충 및 운영 내실화, 지역사회의 예방 및 근절 활동 확산이다.

chapter 10 학교 밖 청소년 이해와 개입방안

1. 학교 밖 청소년에 대한 이해

1) 학교 밖 청소년의 개념

학교 밖 청소년의 개념을 정의하는 데 있어서 어떤 의미의 용어를 사용하느냐에 따라 원인규명과 문제해결에 영향을 끼치기 마련이다. 이전에 주로 사용했던 '중도탈락'은 다양한 이유로 학교 공부를 지속하지 못하고 학교를 졸업하지 못한 상태를 의미한다. '중도탈락'은 귀책사유를 개인에게 돌림으로써 사회적인 관심을 돌리는 데 소극적이라고 볼 수 있다. 그리고 '중도탈락'이란 용어는 정상적인 학교로부터 벗어났다는 일탈이나 패배를 의미하는 부정적인 의미를 내포하고 있다.

2002년부터 교육부에서 용어의 혼란을 막기 위해 '학업중단청소년'이란 용어를 권장하여 사용하기 시작했다(윤여각 외, 2002). 당시 교육부에서 학업중단청소년 종합대책을 수립하고 평생교육차원에서 청소년들이 학업을 잠시 중단한다는 의미를 부각시킨 학업중단이라는 용어를 통용하여 사용하도록 하였다.

'학업중단'은 일탈이나 탈락이라는 부정적인 의미보다는 '현상'을 나타내는 중립적인 용어(금명자, 2008)로써 학업을 지속하지 못하는 원인과 책임을 청소년의 개인적인 측면과 사회적인 측면을 모두 포함하는 개념이라고 할 수 있다(조성연 외, 2009).

'학업중단'은 어느 한 시점에서 발생하는 하나의 사건이라기보다는 학생들이 학교 안팎에서 겪는 일련의 긍정적, 부정적 경험에서 나타나는 역동적인 과정이라고 볼 수 있다(권이종, 2010).

학교 밖 청소년지원법률(2014. 5. 28 제정, 2015. 5. 29 시행) "학교 밖 청소년"이란 다음 각 목의 어느 하나에 해당하는 청소년을 말하고 있다.

「초 · 중등교육법」 제2조의 초등학교 · 중학교 또는 이와 동일한 과정을 교육하는 학교에 입학한 후 3개월 이상 결석하거나 같은 법 제14조 1항에 따라 취학의무를 유예한 청소년, 제18조에 따른 제적 · 퇴학처분을 받거나 자퇴한 청소년 또는 상급학교에 진학하지 않은 청소년을 학교 밖 청소년이라고 말하고 있다.

2) 학업중단청소년의 현황

2008년~2012년부터 초 · 중 · 고를 통틀어 학교를 떠나는 아이들은 6~7만 명에 달한다. 증가하는 추세는 아니지만 그렇다고 줄어들지도 않는다. 학령기 인구자체가 감소하는 점을 감안하면 상대적으로 늘고 있다.

(1) 학업중단 청소년의 현황

교육부(2013)는 학교 밖 청소년 중에서도 '학업중단학생'에 대한 현황 조사 결과를 발표한 바 있다. 2012학년도('12. 3. 1~'13. 2. 28) 초 · 중 · 고 학생 학업중단 현황 조사결과에 따르면, 이 기간 동안 학업중단 학생은 총 68,188명이며, 재적학생 수 기준 학업중단율은 1.01%로 나타나 미국 7.4%('10년)나 독일 6.5%('10

년), 일본 1.3%('11년)에 비해서는 아직 낮은 수준으로 조사되었다.

학업중단율을 학교급별로 살펴보면, 초등학교는 16,828명(0.57%), 중학교는 16,426(0.89%)명이며, 고등학교는 34,934명(1.82%)로서 의무교육이 아닌 고등학교에서의 학업중단율이 상대적으로 높게 나타났다. 학업중단 이유는 학교급별로 차이를 보이고 있었는데, 의무교육 단계인 초등학교의 학업중단 사유는 해외출국(45.3%), 미인정 유학·유예(38.64), 가사·품행·부적응 등의 유예(9.85), 장기결석유예(3.15%) 순으로 나타났고, 중학교의 경우에는 미인정 유학·유예(31.69%), 장기결석·유예(30.35%) 등이 가장 큰 원인이었으며, 그 외 퇴학(2.99)이나 특수교육 대상자 중 유예(0.92%) 등의 사유가 있는 것으로 조사되었다. 고등학교에서 가장 높은 비율로 조사된 자퇴 사유에는 학교 부적응(49.96%)이 가장 큰 원인으로 지목되었고, 이 외에도 조기진학 및 종교 등으로 인한 자발적 학업중단(22.81%), 해외출국(12.53%), 경제사정 및 가정불화와 같은 가사(6.66%), 질병(4.09%) 등의 원인으로 학업을 중단하는 것으로 분석되었다. 자퇴자 중에서 학교 부적응 사유는 학업관련(28.30%), 학교규칙(2.92%), 대인관계(1.39%), 기타 부적응(17.35%)이었으며, 퇴학사유는 학칙위반(2.92%), 학교폭력(0.36%)인 것으로 나타났다. 고등학교 학업중단의 계열별 현황을 살펴보면 특성화고가 11,238명(3.40%)으로 가장 높은 학업중단율을 나타내었으며, 특수목적고(1,114명, 1.73%), 일반고(20,772명, 1.50%), 자율고(1,810명, 1.26%) 순으로 학업중단율이 높은 것으로 조사되었다.

교육부에서 2013년 발표한 자료에 따르면, 앞서 살펴본 바와 같이 평균 100명 중 1.01명이 학업중단을 하고 있는 것으로 조사되었는데, 이러한 통계적 수치는 2010년 이후 증가하였다가 2013년에 잠시 주춤하는 추세를 보이는 것으로 나타났다. 이러한 추이 현상은 다음 〈표 10-1〉에서 살펴볼 수 있는 바와 같이 초, 중, 고 모든 학교급에서 동일하게 관찰되었다.

〈표 10-1〉 연도별 학업중단율 변화 추이('09~'13)

(단위: 명, %)

구분		2013	2012	2011	2010	2009
초등학교	재적학생 수	2,951,995	3,132,477	3,299,094	3,474,395	3,672,207
	학업중단자	16,828(9,192)	19,163(10,771)	18,836(10,404)	11,634	17,644
	학업중단율	0.57%(0.31%)	0.61%(0.34%)	0.57%(0.32%)	0.33%	0.84%
중학교	재적학생 수	1,849,094	1,910,572	1,974,798	2,006,972	2,038,611
	학업중단자	16,426(14,231)	17,811(15,337)	18,866(16,509)	15,736	19,675
	학업중단율	0.89%(0.77%)	0.93%(0.80%)	0.96%(0.84%)	0.78%	0.97%
고등학교	재적학생 수	1,920,087	1,943,798	1,962,356	1,965,792	1,906,978
	학업중단자	34,934(30,558)	37,391(33,057)	38,887(34,091)	34,540	34,450
	학업중단율	1.82%(1.59%)	1.92%(1.70%)	1.98%(1.74%)	1.76%	1.81%
전체	재적학생 수	6,721,176	6,986,847	7,236,248	7,447,159	7,617,796
	학업중단자	68,188(53,981)	74,365(59,165)	76,589(61,004)	61,910	71,769
	학업중단율	1.01%(0.80%)	1.06%(0.85%)	1.06%(0.84%)	0.83%	0.94%

주: 1) 학업중단율=학업중단자 수/재적학생 수×100(학업중단자 수에서 사망자는 포함되지 않음)
2) 연도는 조사년도임(2013년에 조사된 학업중단자는 2012. 3. 1~2013. 2. 28 기준이며 재적학생 수는 2012. 4. 1 기준임)
3) 2011년도부터 유학자가 학업중단자에 포함됨. 2011~2012년의 ( )는 2010년 이전 기준(유학이민 제외)으로 산출한 값임

출처: 교육부 보도자료(2013. 9. 4.).

〈표 10-2〉 학업중단 현황(전국)

시·도	2011년 4월 1일 기준			2012년 4월 1일 기준			2013년 4월 1일 기준		
	전체 학생 수	학업중단 학생 수	비율	전체 학생 수	학업중단 학생 수	비율	전체 학생 수	학업중단 학생 수	비율
서울	1,274,028	18,578	1.46%	1,219,799	17,924	1.47%	1,161,632	16,126	1.39%
부산	463,347	4,290	0.93%	438,795	4,439	1.01%	413,989	4,011	0.97%
대구	384,930	2,834	0.74%	368,376	2,931	0.80%	351,183	2,683	0.76%
인천	408,650	4,180	1.02%	391,241	3,810	0.97%	376,113	3,328	0.88%
광주	253,929	2,335	0.92%	246,570	2,173	0.88%	237,425	1,918	0.81%
대전	239,711	2,845	1.19%	231,775	2,853	1.23%	223,759	2,554	1.14%
울산	186,315	1,642	0.88%	178,473	1,588	0.89%	170,293	1,422	0.84%

시 · 도	2011년 4월 1일 기준			2012년 4월 1일 기준			2013년 4월 1일 기준		
	전체 학생 수	학업중단 학생 수	비율	전체 학생 수	학업중단 학생 수	비율	전체 학생 수	학업중단 학생 수	비율
세종	-	-	-	-	-	-	11,744	101	0.86%
경기	1,791,766	21,551	1.20%	1,750,261	20,341	1.16%	1,701,253	19,602	1.15%
강원	214,916	2,104	0.98%	208,283	2,029	0.97%	201,546	1,981	0.98%
충북	229,043	1,848	0.81%	222,166	1,923	0.87%	212,585	1,730	0.81%
충남	293,841	2,652	0.90%	288,186	2,695	0.94%	271,566	2,436	0.90%
전북	279,160	2,394	0.86%	269,784	2,312	0.86%	259,686	2,009	0.77%
전남	270,656	2,187	0.81%	259,737	2,226	0.86%	248,886	1,932	0.78%
경북	359,488	2,667	0.74%	345,747	2,658	0.77%	332,449	2,358	0.71%
경남	493,422	3,715	0.75%	477,086	3,787	0.79%	459,039	3,389	0.74%
제주	93,046	767	0.82%	90,568	676	0.75%	88,028	608	0.69%
전국	7,236,248	76,589	1.06%	6,986,847	74,365	1.06%	6,721,176	68,188	1.01%

〈표 10-3〉 현황은 어떠한가?

구분		2009	2010	2011	2012	2013
초등학교	학생 수	3,672,207	3,474,395	3,299,094	3,132,477	2,951,955
	학업중단자 수	17,644	11,634	18,836	19,163	16,828
	중단 비율	0.48%	0.33%	0.57%	0.61%	0.57%
중학교	학생 수	3,038,611	2,006,972	1,974,798	1,910,572	1,849,094
	학업중단자 수	19,675	15,736	18,866	17,811	16,426
	중단 비율	0.97%	0.78%	0.96%	0.93%	0.89%
고등학교	학생 수	1,906,978	1,965,792	1,962,956	1,943,798	1,920,087
	학업중단자 수	34,450	34,540	38,887	37,391	34,934
	중단 비율	1.81%	1.76%	1.98%	1.92%	1.82%
합계	학생 수	7,617,796	7,447,159	7,236,248	6,986,847	6,721,176
	학업중단자 수	71,796	61,910	76,589	74,365	68,188
	중단 비율	0.94%	1.83%	1.06%	1.06%	1.01%

*북한이탈, 다문화청소년이 포함된 현황으로 학업중단 사유는 사망, 유학, 이민, 유급 등이 제외된 가사, 품행, 부적응 등의 문제임. 단, 초 · 중학교는 의무교육이므로 학업중단이 아닌 유예, 면제 통계치임.
출처: 교육과학기술부 교육통계서비스(2013). 초 · 중 · 고 학업중단 현황 조사결과를 재구성한 것임.

아직 학업을 중단하지 않았으나 학업을 중단할 가능성이 높은 '학업중단 위기학생'의 경우는 '학교중단의 가능성'이라는 주관적인 판단 기준으로 규정되기 때문에, 정확한 수치를 산출하는 것이 불가능하다. 한유경 외(2012)의 연구에 의하면 초등학생 28.8%, 중학생 40.9%, 고등학생 48.6% 등 초·중·고생 전체의 40.3%가 학교를 그만두고 싶다는 생각을 해본 적이 있는 것으로 나타나 위기에 노출된 정도는 심각한 수준인 것으로 볼 수 있다. 학교에 다니기 싫은 이유는 학업성적, 재미없는 학교생활, 친구 관계 순으로 나타나고 있으며 학교교육의 문제가 83.5%를 차지하는 것으로 나타났다. 하지만 단순히 학교를 그만두고 싶은 마음을 가졌던 것만으로 학업중단 위기학생으로 진단하기는 어렵다.

학업중단의 주요 사유가 학교부적응인 것을 고려할 때, 학교에 재학하고 있는 학생 중 위기행동을 하거나 위기상황에 노출된 위기학생의 비율을 고려해 보는 것은 유의미할 수 있다. 이러한 연구는 윤철경 외(2013)의 연구를 살펴볼 수 있는데, 이 연구에 의하면 전체 학생 가운데 위기학생은 전체 재학생 중 23.9%로서, 이 중에서 고 위기학생은 남학생(5.1%)이 여학생(3.6%)에 비해 많고, 초등학생(2.3%)에서 중학교(6.4%)로 넘어가는 시기에 급격하게 많아지며, 일반계열(4.8%)보다는 직업계열(9.5%)학생이 가장 많은 것으로 나타났다. 지역적 특성을 보았을 때 읍면지역(5.2%)과 대도시(4.2%)가 중소도시(4.5%)에 비해 많고, 가정의 특성과 관련하여서는 한부모가정(9.6%)과 재혼가정(11.6%)의 학생이 친부모가정(3.8%)의 학생보다 더욱 많은 것으로 조사되었다. 본드 및 가스 흡입, 성병 및 임신 성매매, 성폭력과 같은 고위험 행동을 할 가능성이 다른 학생들에 비해 현저하게 높게 나타난 위기학생의 위험 행동을 제어시키는 보호요인 중 가장 큰 영향력을 미치는 것이 '학교의 긍정적 경험'으로 나타난 것을 고려할 때, 학교 차원에서 이들을 대상으로 적극적인 개입과 보호를 하는 것이 중요한 요인으로 볼 수 있다.

(2) 학업중단의 원인

윤여각 외(2002)는 학업중단의 원인을 학업중단의 유형과 관련지어 분류하였는데, ① 가정에 대한 불만족, ② 생계 부담, ③ 학교에 대한 불만족, ④ 교과공부에 대한 어려움, ⑤ 심각한 교칙위반, ⑥ 건강악화, ⑦ 조기유학이나 이민이 서로 영향을 끼치면서 학업중단에 이르는 것으로 보고하고 있다. 즉, 한 가지 요인이 학업중단에 작용하는 것이 아니라 다양한 요인들이 문제행동과 문화를 만들고 이것이 영향을 끼쳐서 결국 학업중단을 선택하게 된다는 것이다. 또한 가출이나 심각한 교칙위반이 비행이나 학업중단의 결정적 요인이 될 수 있음을 시사하고 있다. 이는 비행청소년들의 학업중단을 설명해주는 하나의 모델이 될 수 있을 것으로 보이나 모든 학업중단청소년의 학업중단 이유를 설명한다고 보기는 어렵다. 그러나 여러 가지 요인들이 서로 복합적인 영향을 미치며 문제 행동으로 표출되고 학업중단으로 이어지는 과정을 설명하는 것으로는 유용한 측면이 있다고 하겠다.

① 개인요인

학업중단과 관련된 개인요인으로, 학업중단청소년은 비학업중단청소년에 비해 자아통제 및 자기조절 기능이 부족한 경향이 있으며(김혜영, 2002; 이숙영, 1997), 자아정체감, 자아개념, 자아존중감 부족(신현숙 · 구본용, 2002; 황정숙, 1998; Bernstein, 1991), 임신 여부(구본용 · 유제민, 2003) 등으로 나타났다. 특히 학교중퇴자의 53%가 우울증이 단독으로 혹은 불안장애와 공존하는 것으로 나타났다.

또한 학업중단청소년은 일이나 법의 준수, 성공의 기회, 교육에 대한 가치관이 부족했으며(유성경, 1998), 비행경험이 영향을 미쳤으며(금명자 외, 2005; 유성경 · 이소래, 1998), 흡연(구본용 외, 2002), 마리화나나 금지된 약물사용과 관련이 있었으며(Mench & Kandel, 1988; Swaim, Beauvais, Chavez, & Oetting,

1977), 부적절한 성행동 역시 학업중단과 상관이 있었다(금명자, 2008). 특히, 가출은 학업중단과 매우 밀접한 관련성을 갖고 있으며(전경숙, 2006), 가출 기간이 길수록 학업중단으로 이어지는 것으로 나타났다(김지혜 · 안치민, 2006). 또한 이들의 노동시장에의 참여 경험도 학업중단과 관련이 있는 것으로 나타났다(McNeal, 1977).

② 가정요인

학업중단과 관련된 가정요인으로, 가족이 구조적으로 결손된 가정의 청소년들이 학업중단이 많았는데(Jancek, 1999; Peraita & Pastor, 2000). 한부모가정의 학생들이 학업중단의 위험이 높고(표갑수, 1993; Dupper, 1993). 재혼가정 역시 비슷하였다(이경림, 2000; Suet-Ling Pong & Dong-Beom Ju, 2000). 가족 구조의 경우 가족결손이 가족체계의 긴장을 초래하고 가족의 기능을 약화시켜 가족이 수행해야 할 다양한 역할을 상실하게 함으로써 청소년의 학업중단에 영향을 미치는 것으로 보인다(김순규, 2004).

또한 부모의 낮은 교육수준, 부모의 무직 혹은 비전문적 종사가 학업중단에 영향을 미치며(구자경, 2003; 김순규; 2004, 이숙영, 1997; 조아미, 2002; Frank & Frank, 1991; Marin, 1995), 낮은 가정경제수준(구자경, 2003; 구본용 외, 2002; 김순규, 2004), 부모의 낮은 사회경제적 지위(유성경 · 이소래, 1998; Rumberger, 1983)가 영향을 미치는 것으로 나타났다. 특히 가족의 경제 수입 수준이 전체 평균의 1/3 이하일 경우 중산층의 학생들보다 3~4배 더 중퇴할 확률이 높다고 보고 있다(문선화, 2003).

부모의 낮은 자녀에 대한 낮은 기대(구본용 외, 2002; 김경식, 1997; 유성경, 1998), 무기력한 부모(김혜영, 2002), 부모의 낮은 정서적 지지(구자경, 2003), 자녀의 학업에 대한 부모의 무관심(구자경, 2003), 가족 간의 갈등(구자경, 2003), 부모의 음주, 가정폭력, 학대와 같은 역기능적인 문제를 많이 가지고 있을 때(김준호 · 박정선, 1993; Frankline, 1992), 가족 내에 학업중단경험이 있을 경우(문선화, 2003), 학업중단 발생률이 높았다.

부모의 양육태도에서도 부모가 자녀에게 지나치게 허용적일 경우 자녀의 적응에 부정적인 영향을 미치고 부모가 자녀에게 지나치게 허용적이거나(Astone & McLanahan, 1991), 방임적 양육태도(성윤숙, 2005)를 가졌을 때 그렇지 않는 부모의 자녀들보다 학업중단이 더 일어나는 것으로 나타났다.

③ 또래요인

학업중단과 관련된 또래요인을 살펴보면, 또래집단의 정서적 지지(이근창, 2003), 또래집단의 비행성향(전병재, 1991)이 영향을 미치는 것으로 나타났다. 먼저 또래의 정서적 지지측면에서 보면 친구가 없는 청소년은 친한 친구가 있는 청소년보다 더 외롭고 우울하고 자긍심도 낮으며 행복하지 않은 것으로 보고되었으며(Buhrmester, 1989), 또래 없이 혼자 외로이 지내는 청소년일수록 학업중단 가능성이 높았다(구자경, 2003). 반면 또래의 지지를 받고 있는 청소년일수록 학업중단이 줄어들었다(구자경, 2003; 김혜영, 2002). 지속적으로 또래들에게 괴롭힘을 당하거나(구자경, 2003), 또래와의 동질적인 부분이 부족할수록(성윤숙, 2005), 또래와의 관계에서 사귀는 방법이 미숙할수록(이명선, 2004) 학업중단이 높은데, 청소년 시기 부모보다 또래 친구의 영향을 더 받는 시기이기 때문으로 풀이된다(Rumberger, Ghatak, Poulos & Ritter, 1990).

또래의 비행성향이 또한 학업중단에 영향을 미치는 것으로 드러났다. 먼저 학업을 중단한 친구(구자경, 2003; 김경식, 1997), 비행에 쉽게 빠져들 수 있는 불량친구(이숙영, 1997; 조아미, 2002), 규칙위반성향이 높은 친구(김경연 · 하영희, 2003), 일탈행동 지향적인 친구(배주미 외, 2006), 약물 남용친구(성윤숙, 2005) 등이 있는 경우는 학교 적응에서 문제를 보였으며 비행친구와 접촉이 많고 밀접한 관계를 보일수록 학업중단으로 가기가 쉬운 것으로 나타났다. 이것은 일탈지향적 친구는 청소년의 학업중단을 부추기는 반면 성취지향적 친구는 학업중단을 막는 역할을 한다(Kasen, Cohen & Brook, 1998)는 연구의 맥을 같이 한다.

이러한 연구결과들이 시사하는바 학업중단청소년들의 학업복귀 강화를 위해서는 비행성향이 높은 친구 관계와 도움이 될 만한 친구 관계를 살펴볼 필요가 있고 또래를 통한 지지자원을 구축할 필요가 있을 것으로 보인다. 또래는 청소년들에게는 중요한 정보제공자로서의 역할 뿐만 아니라 학업복귀의 역할모델로서 학업 동기를 고취해 줄 수 있을 것을 시사되므로 이를 잘 활용하는 것이 필요하다고 보인다.

④ 학교요인

학업중단청소년은 공부가 싫거나 학업에 대한 흥미가 떨어진 경우가 많았다(금명자 외, 2004; 김경식, 1997; 신현숙 · 구본용, 2002; 조아미, 2002). 공부에 대한 흥미가 떨어지면서 학습능력이 부족하게 되고 이것은 학교성적으로 이어져 학업중단에 영향을 미치는 것으로 나타났다(구자경, 2003; 금명자 외, 2008; 안현의 외, 2002; Kushman & Heariold-Kinney, 1996).

또한 결석이나 지각 등과 같은 수업결손(구본용 외, 2002)과 교칙위반이나 교칙의 엄격성으로 학교에 적응하지 못하고 학교를 그만두는 경우가 있으며(구자경, 2003; 안현의 외, 2002; 유성경, 1998; 조아미, 2002), 체육행사나 축제 등과 같은 수업 외 활동이 적은 것(구자경, 2003)도 영향을 미치는 것으로 나타났다. 학교를 다닐 필요성을 느끼지 못하는 것도 영향을 미쳤다(안현의 외, 2002).

교사와 관련된 영역에서는 교사의 관심이 낮고(문선화, 2003), 교사의 정서적 지지가 낮거나(구자경, 2003; 성윤숙, 2005; 조아미, 2002; Marin, 1995), 교사가 공정하지 못하다고 청소년이 지각하는 경우(구자경, 2003), 교사에 대한 존경심이 낮고 적대감이 있을 때(구자경, 2003) 학업중단이 일어날 수 있었다. 교사가 무책임하다고 지각하거나(성윤숙, 2005), 자신과 어울리는 친구에 대한 교사의 평가가 좋지 않을 때(구본용 외, 2002), 교사와의 갈등이 있을 때(금명자, 2008)에도 학업중단이 발생하는 것으로 나타났다.

학업중단청소년들이 학업중단 이유로 가장 많이 꼽는 것이 학교부적응이었다(한국아동청소년가족포럼, 2010). 학교는 이들에게 공부에 대한 흥미를 잃게 하거나 교사와의 갈등을 경험하거나, 엄격한 학교규율로 견딜 수 없게 한다는 것이다. 학업중단청소년들은 학교에서 존중받고 공정하게 대우받는다는 느낌을 갖지 못하며 행사나 활동이 너무 적어 학업에 대한 흥미가 떨어지는 한편 결석, 지각 규율위반 등의 문제행동을 일으킨다. 따라서 프로그램 개발 시 이들이 학교를 못 견뎌 했던 특성들을 반영하여 회기 수나 시간, 신체활동을 적절하게 배분할 필요가 있으며, 프로그램지도자가 권위적인 학교교사와 다른 새로운 성인 모델로서 관계를 맺어갈 필요가 시사된다. 또한 학교에서 인정받지 못한 주변인이 아니라 진정한 삶의 주인공으로서 다시 조명되어 해결되지 못한 감정 실마리를 풀어본다든지 자신의 과거와 미래를 새롭게 조망해보는 기회를 제공할 필요가 있다고 보인다.

⑤ 지역사회요인

학업중단과 관련된 지역사회 요인으로는 청소년들이 유해환경에 노출되거나(성윤숙, 2005), 청소년 주변의 지지환경이 부족하거나(성윤숙, 2005), 청소년들이 밤늦게까지 배회하거나 외박 등을 손쉽게 할 수 있는 주변 환경(유미경, 2002)일 때 학업중단 가능성이 높은 것으로 나타났다. 또한 대중문화 지향적인 청소년 중에서는 자기가 좋아하는 음악, 영화, 그림, 만화 등의 활동에 몰두하기 위해 학업을 중단하는 것으로 보고되기도 하였다(이혜영, 2001). 금명자(2008)는 이와 관련하여 역사적, 거시적 환경체계의 맥락을 제시하였다.

금명자(2008)는 학교를 다니던 학생이 갑자기 학업을 중단하는 것이 아니라

보다 근원적인 거시체계의 변화에 촉발된 것이므로 청소년에 대한 보다 폭넓은 조망에서 개입이 필요하다는 것을 시사하고 있다. 즉, 우리나라의 대학입시나 사회구조 갈등, IMF 사태 등과 같은 사회 · 경제적 환경이 가정의 심리적, 경제적 지원을 약화하고 학교의 교권이나 교칙의 약화, 학업흥미 상실 등에 영향을 미쳐 청소년의 학업중단으로 이어지는 도미노 현상이 있음을 간과하지 않아야 할 것이다(금명자, 2008).

이러한 관점에서 볼 때 지도자는 학업중단청소년을 둘러싼 환경적 맥락과 문제가 발생한 맥락을 고려하여 이들을 이해하는 것이 필요하며 학업중단청소년들의 문제를 이들의 내적 책임통제로만 귀인 할 것이 아니라 전체적인 맥락에서 균형 잡힌 시각과 폭넓은 조망을 가지고 접근할 필요가 있다고 보인다. 또한 학업중단청소년이 학업에 복귀하기 위해서는 학업중단청소년뿐 아니라 가족과 학교가 속한 생태학적 기반에 미칠 영향을 함께 고려할 필요가 시사되었다.

2. 학교 밖 청소년 지원방안

1) 정부부처별 학업중단 청소년정책

정부 부처별 학업 청소년 관련 정책을 보면 여성가족부, 교육부를 비롯하여 법무부, 보건복지부, 고용노동부 등 여러 부처의 정책과 직 · 간접적으로 관련되어 추진되고 있으나 지원 대상의 설정과 접근방식의 차이로 인해 일관성과 연계가 이루어지지 않고 있는 실정이다.

(1) 여성가족부

① 학교 밖 청소년 지원센터 지정 · 운영

여성가족부에서는 학교 밖 청소년지원에 관한 법률(2014.5.28 제정, 2015.5.29 시행)에 총 200개의 학교 밖 청소년 지원센터가 개소되었다.

학교 밖 청소년 지원센터는 학교 밖 청소년의 개인적 특성과 수요를 고려한 상담지원, 교육지원, 직업체험 및 취업지원, 자립지원 등 학교 밖 청소년이 건강한 사회구성원으로 성장할 수 있도록 지원하는 것을 목적으로 하고 있다.

- 추진체계

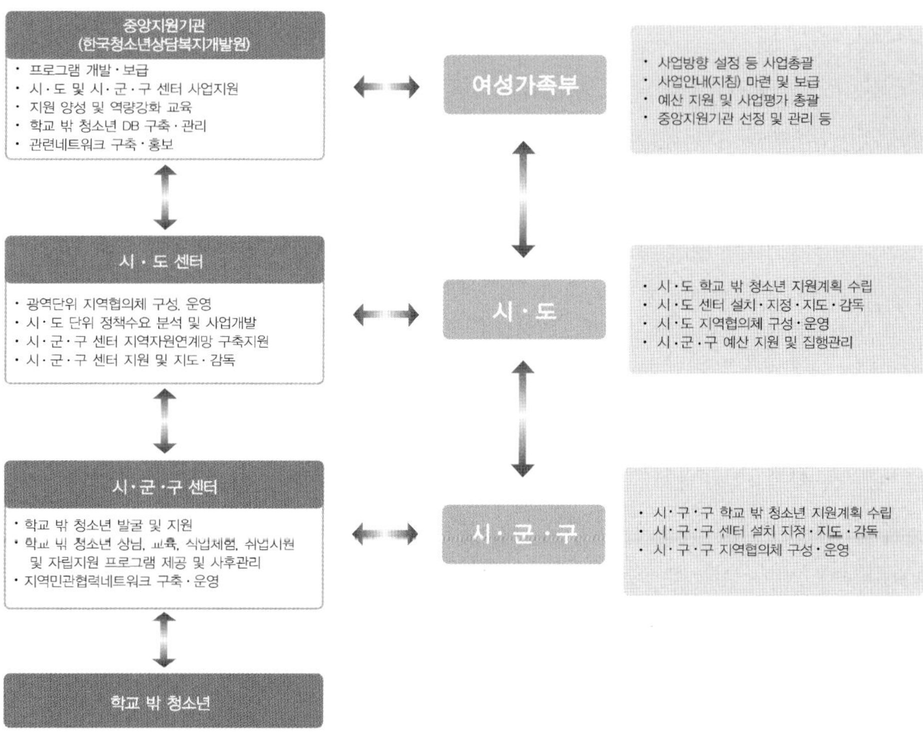

[그림 10-1] 학교 밖 청소년 지원센터 관련 행정 기관

연혁

<table>
<tr><th>년도</th><th>내용</th></tr>
<tr><td>2007</td><td>- 청소년 자립준비 아카데미 시범 운영
• 운영기관(총 12개소): 시도(상설, 2개소), 시군구(시범, 10개소)
- 학업중단 청소년지원 사업(해밀) 지역사회통합지원체계(CYS-Net) 사업과 통합운영</td></tr>
<tr><td>2008</td><td>- 청소년 자립준비 아카데미 사업 운영 확대
• 운영기관(총 15개소): 시도(상설 2개소), 시군구(시범, 13개소)</td></tr>
<tr><td>2009</td><td>- 청소년 자립준비 아카데미 사업 운영 확대
• 운영기관(총 20개소): 시도(상설, 3개소), 시군구(시범, 17개소)
- 학업중단 청소년지원 사업(해밀) 3개 지역 운영
• 운영기관(총 3개소): 대전, 광주, 제주</td></tr>
<tr><td>2010</td><td>- 청소년 자립준비 아카데미 사업 운영 확대
• 운영기관(총 30개소): 시도(상설, 10개소), 시군구(시범, 20개소)
- '상설' 운영기관을 지자체 보조 사업 「취약계층 청소년 자립지원」으로 변경</td></tr>
<tr><td>2011</td><td>- 「취약계층 청소년 자립지원 사업」 16개 지자체로 확대
• 운영기관(총 36개소): 시도(16개소), 시군구(시범, 20개소)
- 학업중단 청소년지원사업(해밀) 16개 광역자치단체로 확대(민간경상보조)</td></tr>
<tr><td>2012</td><td>- 「취약계층 청소년 자립지원 사업」을 시군구 지역 지자체 보조사업으로 일원화
• 운영기관(총 49개소): 시도(16개소), 시군구(33개소)
- 여성가족부에서 교육부에 '학업중단숙려제' 시행요청('12.6월)
• 운영기관: 시도센터 16개소, Wee센터 등</td></tr>
<tr><td>2013</td><td>- 「취약계층 청소년 자립지원 사업(일반회계)을 「학업중단 청소년자립 및 학습 지원사업(청소년육성기금)으로 변경
• 운영기관(총 50개소): 광역(16개소), 기초(34개소)
- 취약계층 청소년자립지원(두드림) 및 학업중단지원사업(해밀) 사업 통합 · 운영
- 여성가족부, 교육부 합동 「학업중단 예방 및 학교 밖 청소년 지원방안」 마련(11월)
- 학업중단 숙려제 법적근거 마련(초중등교육법 시행령) 및 전면시행('14년~)</td></tr>
<tr><td>2014</td><td>- 「학업중단 청소년자립 및 학습지원 사업」을 「학교 밖 청소년 통합지원프로그램(두드림 · 해밀)으로 변경
• 운영기관(총 54개소): 광역(16개소), 기초(38개소)
- 학교 밖 청소년 지원에 관한 법률 제정</td></tr>
<tr><td>2015</td><td>- 학교 밖 청소년 지원센터 지정 · 운영
- 총 200개소(16개 시도, 184 시군구) 학교 밖 지원센터</td></tr>
</table>

(2) 법무부

법무부의 비행 청소년 교육기관으로는 대안교육센터가 있다. 대안 교육센터에서는 법원으로부터 대안교육 명령을 받은 청소년을 대상으로 다양한 인성 교육을 받는다. 대안교육센터는 2013년도 현재 전국에서 13개소가 설치되어 있으며 명칭은 대안교육센터 또는 청소년비행예방센터라는 복수의 명칭을 사용하고 있다.

대안교육센터에서는 학교폭력과 절도, 성 비행, 흡연 및 인터넷중독, 교통안전 등 문제의 유형별로 전문 교육과 생활 도예, 법 교육, 자기 극복 훈련, 장애체험 등 다양한 교육프로그램을 운영하고 있다.

대안교육센터에서는 학생들에게 올바른 가치관 형성 및 인격 함양에 주력하고 있는데, 일반적으로 교육기간은 5일 과정과 10일 과정으로 운영하고 있으나 별도로 70시간이나 140시간 등 시간 단위로 교육이 이뤄지는 경우도 있다. 또한 청소년비행 예방을 위한 대안교육과 인성교육 프로그램 연구·개발, 전문적인 청소년 심리상담 등 청소년의 건전 육성을 체계적으로 지원하고 있다.

법무부의 비행 청소년 교육기관으로는 대안교육센터 이외에 보호관찰소와 소년원을 들 수 있다. 보호관찰제도는 비행 청소년들을 교정시설에 수용하지 않고 사회 내에 둔 채로 교정·교화하여 사회에 복귀할 수 있도록 함으로써 재범을 방지하려는 사회 내의 처우제도의 하나이다.

소년원은 법원 소년부의 보호처분을 받은 10세 이상 19세 미만의 소년을 수용, 규율 있는 생활 속에서 교과교육, 직업능력개발훈련, 의료·재활교육 등을 통하여 전인적인 성장·발달을 도모하고 한정적인 사회복귀를 지원한다.

소년원 직업능력개발훈련은 현재 서울, 부산, 대구, 광주, 안양소년원 등에서 중장비, 제과제빵, 사진영상, 자동차용접, 카일렉트로닉스, 건축환경설비, 헤어디자인, 피부미용, 텔레마케팅 과정 등을 실시하고 있다.

소년원 학교는 전국에 10개가 설치되어 있으며 각각의 명칭과 교육과정은 〈표 10-4〉와 같다.

〈표 10-4〉 소년원 학교 명칭 및 교육과정

기관(학교명)	처우과정	교육과정
서울소년원(고봉중 · 고교)	9호, 10호	- 중 · 고등학교 교과교육, 컴퓨터, 검정고시 - 직업능력개발훈련 - 보호자 교육
부산소년원(오륜정보산업학교)	10호 위탁	- 컴퓨터, 검정고시 - 직업능력개발훈련 - 보호자 교육
대구소년원(읍내정보통신학교)	9호, 10호	- 인성교육, 컴퓨터, 검정고시 - 직업능력개발 훈련 - 보호자 교육
광주소년원(고룡정보산업학교)	10호 위탁	- 컴퓨터, 검정고시 - 직업능력개발훈련 - 보호자 교육
전주소년원(송천정보통신학교)	9호, 10호	- 중학교 교과교육, 컴퓨터, 검정고시 - 보호자 교육
대전소년원(대신학교)	7호, 8호, 9호, 10호	- 7호처분자 및 의료처우자 교육 - 8호처분자 교육 - 컴퓨터, 검정고시 - 보호자 교육
청주소년원(미평여자학교)	8호, 9호	- 인성교육, 컴퓨터, 검정고시 - 8호처분자교육(여자보호소녀) - 보호자 교육
안양소년원(정심여자정보산업학교)	9호, 10호	- 중학교 교과교육, 컴퓨터, 검정고시 - 직업능력개발원 - 보호자 교육
춘천소년원(신촌정보통신학교)	9호, 10호	- 인성교육, 컴퓨터, 검정고시 - 직업능력개발원 - 보호자 교육
제주소년원(한길정보통신학교)	8호, 9호, 10호	- 인성교육, 컴퓨터, 검정고시 - 8호처분자교육(제주지역남자보호청소년) - 보호자 교육

(3) 고용노동부

고용노동부가 운영하는 청년층 뉴스타트 사업은 고졸 이하 비진학 미취업자, 장기구직자, 위기청소년들 취업이 어려운 청소년에게 개인별로 직업진로상담에서 취업까지의 전 과정에 대해 종합 취업지원서비스를 제공하는 사업이다. 이 사업의 내용은 총 3단계로 나누어 제공되는데, 단계별 추진 체계는 다음과 같다.

1단계 프로그램(3~6주)은 개별 심층상담을 통해 개인별 취약점 및 극복방안을 탐색하고 이를 바탕으로 개인별 취업계획을 수립하고 수립된 계획을 통해 직업진로프로그램 등에 참여하여 취업에 필요한 역량을 함양하는 과정이다. 이 단계를 수료하면 참여수당 30만 원도 지급받는다.

2단계 프로그램(1~8개월)에서는 1단계에서 수립한 개인별 취업계획이나 적성에 따라 직장에 대한 이해화 경험이 필요한 청년은 직장체험, 중소기업 청년 인턴취업 인턴제 등에 연계하고, 직업훈련이 필요한 청년은 직장체험, 중소기업 청년취업 인턴제 등에 연계하고, 직업훈련이 필요한 청년은 1인당 2백만 원까지 지원(자부담면제)이 가능한 직업능력개발 계좌제를 발급하여 직업훈련을 실시한다.

3단계 프로그램(집중알선취업, 1~3개월)에서는 1 · 2단계를 통해 파악된 참여자의 적성과 능력을 고려하여 동행면접, 기업탐방, 구인정보 제공 등 집중 취업알선을 실시하여 참여자가 취업에 이르도록 돕는다. 뉴스타트 수료자에 대해 참여자의 경력관리를 활용할 수 있도록 수료증을 교부 받는다. 3단계가 완료된 이후에도 참여자가 취입을 하지 않았을 경우 본인의 희망에 따라 다시 1단계를 시작할 수 있지만 수당을 받을 수 없다.

2011년도부터 청년층 뉴스타트 사업은 고령자 뉴스타트 프로그램, 디딤돌 일자리 사업과 함께 정부재정지원 일자리 효율화 방안에 따라 취업성공패키지 사업으로 통합되었다. 이에 따라 2011년도에는 추진규모가 5만 명으로 확대되어 전국적으로 210개의 민간위탁사업자를 추가 선정하여 사업을 시행하고 있다(고용노동백서, 2012).

또한, 2011년도에는 위기청소년, 노숙인, 출소(예정)자, 비주택거주자, 신용회복자, 여성가장 등의 취약계층에 대해서는 소득요건 확인 절차 없이 참여가 가능하도록 취업지원을 더욱 강화하였다(고용노동백서, 2012).

2) 학교 밖 청소년의 지원방안

(1) 통합적 지원을 위한 전문가 양성

학교 밖 청소년의 다양한 욕구에 부합하는 통합적 지원을 위하여 전문가 양성이 필요하다. 청소년들은 다양한 이유로 학업을 중단하게 되지만, 중단 이후 이들이 공통적으로 고민하는 것은 자신의 학업 및 진로문제로 나타났다. 학교 밖 청소년들은 대부분 검정고시, 취업, 복교의 세 가지 진로를 준비하고 있다. 이들 중에는 검정고시 준비를 위해 학원을 다니거나 취업을 위해 다양한 기술을 비롯한 직업교육을 받기도 하였다. 다만 복교를 희망하는 청소년은 뚜렷하게 준비할 것을 찾지 못한 채 막연히 두려움을 갖고 있는 경우가 많다. 학업 및 진로 준비를 하고 있는 청소년들은 자신이 속한 기관(청소년상담복지센터, 청소년쉼터, 소년원, 취업사관학교 등)에서 제공하는 서비스를 받고 있었지만, 개인별 욕구에 맞는 맞춤형의 추가적인 지원을 필요로 하고 있었다. 예를 들어 혼자 해결하기 어려운 학업문제, 심리적 갈등, 진로 및 취업준비를 지원할 수 있는 멘토가 그것이다. 이를 위해 학습코치, 취업 및 창업을 위한 커리어 코치, 복교 준비 및 학교생활 재적응을 도울 수 있는 학업중단청소년을 도울 수 있는 전문가의 양성이 필요하다.

(2) 검정고시 준비 청소년을 위한 학습전문가 양성

검정고시 준비 청소년을 위해 학습전문가의 양성이 필요하다. 학교 밖 청소년들은 개인차가 있지만, 대부분 학업에 대한 관심부족으로 인한 기초학력 저하로 검정고시 준비에 어려움을 겪고 있다. 또한 독자적인 학업지속에 어려움이 있어서 스터디 그룹 등과 같은 형태의 도움을 원하기도 하였다. 따라서 청소년들의 학습결손을 개인차에 맞게 보충해주고, 스터디그룹을 구성해서 학업 수월성과 학업지속을 도울 수 있는 학습전문가의 양성이 필요하다.

(3) 복교청소년을 위한 '학업중단 코디네이터' 양성

복교를 희망하는 청소년들을 위해 학업중단 코디네이터의 양성과 배치가 필요하다. 학교 밖 청소년 중에서 복교를 희망하는 청소년들에 대한 기관의 지원은 미약한 편이다. 이로 인해 청소년들은 복교을 위한 최소한의 행정 절차만을 준비할 뿐 학교 생활재적응을 위한 대비를 하지 못하고 있는 실정이다.

청소년상담복지센터, 청소년쉼터, 소년원, 취업사관학교 등 학교 밖 기관에 소속되어 있으면서 복교를 희망하는 청소년이 있는 경우, 기관 실무자는 복교할 학교에 사전 연락하여 청소년의 학교생활 재적응을 준비할 수 있도록 도울 필요가 있다.

(4) 학업중단 이후 지속적 연락 유지

학교 밖 청소년은 중단 이후부터 지속적인 연락 유지 및 관심이 필요하다. 청소년들은 처음에는 학업을 중단하더라도 학교에 소속된 학생이라는 생각을 가지고 있다. 그러나 자퇴의 행정적인 절차를 마치면 더 이상 학교로부터 관심이나 연락을 받지 못한다는 사실을 알게 되면서 오히려 배척받았다는 느낌이 든다. 특히, 즉흥적으로 자퇴를 했다가 2~3주 후에 복교를 희망하는 청소년도 있었는데, 취했어야할 조치를 모르거나 용기가 나지 않아 복교를 포기하는 경우도 있었다. 학교 밖 청소년의 대부분은 가족 구성원으로부터 심리적 지원을 받기 어려운 가정환경에 있는 경우가 많다는 점을 고려할 때, 이들에게는 어려움이 있을 때 상의 또는 도움을 청할 어른이 필요하다. 따라서 학업중단 숙려상담을 실시한 학업중단 코디네이터는 학생이 학업을 중단할 때 최소한의 인적사항과 연락처를 확보하여 지속적인 관심을 보여줄 필요가 있다.

(5) 취업으로 자립한 청소년에 대한 지속적 관심

취업으로 자립한 청소년에게도 지속적인 연락과 관심이 필요하다. 학교 밖 청소년이 취업을 통하여 자립한 경우, 기관에서는 더 이상 연락이나 지원을 하지 않고 있다. 그러나 학교 밖 청소년들은 취업한 이후에도 사회적응 중에 발생하는 당면과제에 대해 의논하거나 심리적 지원을 받을 수 있는 어른들의 보살핌을 필요로 한다. 이는 가족구성원의 심리적 지원을 받기 어려운 학교 밖 청소년의 가정환경적 특성 때문이다. 특히, 소년원에서 기술을 습득하여 취업하고자 하는 청소년들은 소년원을 출소하면 혼자가 된다는 두려움과 막막함이 크다. 이들은 소년원의 교사들처럼 자신에게 관심과 보살핌을 줄 수 있는 멘토를 필요로 한다. 따라서 학교 밖 청소년 지원기관에 배치된 커리어코치는 구직과정뿐 아니라 취업 후 자립한 청소년들과도 지속적인 연락을 통해 심리적 안정을 도모해야 한다.

chapter 11

청소년의 자살 예방과 대책방안

1. 자살의 개념

자살의 국어사전적 의미는 "행위자가 자신의 죽음을 초래할 의도를 가지고 자신의 생명을 끊는 행위"이며, 자살의 영어적 표현인 Suicide의 어원은 라틴어의 sui(자기 자신)의 caedo(죽이다)라는 두 단어가 합성되어 만들어진 것으로써 그 원인이 개인적이든 사회적이든 당사자가 자유의사에 의하여 자신의 목숨을 끊는 행위를 말한다(두산백과사전 encyber.com).

황보종우(2012)는 "자살은 피해자 자신이 스스로에게 일어날 결과를 알고서 행하는 적극적 또는 소극적 행동의 직접적 또는 간접적인 결과로 발생하는 모든 죽음을 의미한다."고 하였다.

이와 비슷하게 세계보건기구에서는 자살을 치명적 결과를 초래하는 자해행위라고 하며, 여기서 자해행위란 어느 정도의 자살의도를 갖고 그 동기를 인지하면서 자기 자신에게 행한 상해라고 하였다.

결국자살이란 죽음을 스스로 선택한다는 개념인데, 종종 자살을 스스로 상하게 하려는 의도가 아니라 실망, 절망, 분노 등의 복잡한 감정을 극단적으로 표현하거나, 자신의 극단적인 정서를 전달하기 위한 방법으로 사용되기도 한다.

자살은 크게 자살생각, 자살기도, 자살행동으로 나뉠 수 있다. 자살생각은 인생이 가치 있는 삶이 아니라는 것으로, 매우 잘못된 자기 파괴적인 망상을 갖고 죽기 위한 계획을 구체적으로 생각하는 행동, 사고, 정서를 의미하며, 자살기도란 죽음으로 끝나지 않은 자해행동으로, 자살행동은 어느 정도의 자살의도를 가지고 그 동기를 인지하면서 자기 자신에게 가한 상해로 각각의 개념을 정의할 수 있다.

2. 청소년 자살

최근 우리 사회에서 자살 문제는 크게 주목받고 있다. 우리나라 자살률은 전 세계에서 가장 높은 수준으로 인구 10만 명당 약 29.1명이며, OECD회원국의 평균 자살률보다 2.5배가량 높은 것(통계청, 2013)으로 나타났다.

청소년 자살은 죽고자 하는 의지가 없더라도 충동적으로 혹은 도움을 요청하려는 목적으로 자살을 시도하는 경우가 많으며(신민섭 외, 1991; 최병목, 2002), 청소년기의 자살에 대한 생각은 자살행위로 이어지지 않더라도 무의식 중 잠복되어 성장과정을 통해 언제든지 표출될 수 있기 때문에(김현순 · 김병석, 2008) 청소년 자살은 사회적으로 심각한 문제가 대두되었다.

2009년 청소년백서 자료에 의하면 지난 1년 동안 2주 내내 일상생활에 지장이 있을 정도로 슬프거나 절망감을 느낀 적이 있다고 응답한 청소년의 비율은 남자 32.1%, 여자 43.5%로 여학생이 남학생보다 높았으며 학년이 올라갈수록 우울감 경험률이 증가하여 여고생의 우울감 경험률은 50%를 넘었다.

2013년 통계청 자료를 보면 2013년은 2012년 대비 267명 증가하여 14,427명이 자살로 사망하였다. 이는 1일 평균 39.5명에 해당하는 수치로서 전년 대비 1.9% 이상 증가한 것이다. 특히 9~24세 청소년의 사망원인 1위는 자살로 나타났다. 청소년에 대한 지속적인 자살예방교육과 대응상담이 필요함을 알 수 있다.

2009년 통계청 자료를 보면 중고등학생 2,203명 중 30.7%가 자살 사고를 5.3%가 자살시도를 하였으며, 여자가 남자보다 높았다. 자살 사고는 중고등학생이 차이가 없었으나, 자살 시도율은 고등학생이 중학생보다 높았다. 하지만 성공적인 자살의 남녀비율을 2:1 이상인 것으로 알려져 있고, 청소년에게서 자살사고를 결정짓는 요인으로는 외로움, 자존감 저하, 스트레스, 공격성, 자살에 대한 긍정적 태도 등이다.

자살사고는 매우 흔하고 자살 시도율도 상당히 높은데, 자살 사고와 자살 시도 및 성공적인 자살의 현상이 서로 관련이 없을 수는 없지만 최근 세 가지가 다른 현상일 가능성을 제시하고 있다. 예를 들어, 성공적인 자살은 심한 우울증이나 술, 약물남용, 정신분열과 밀접한 관련이 있는 반면, 자살시도는 여러 가지 정신과적 문제들, 특히 성격장애나 행동문제, 환경적인 요소의 관련이 큰 것으로 보인다. 특히, 자살시도는 심각한 자살 행위의 일환일 수 있지만, 죽겠다는 의도보다는 도움을 요청하거나 문제해결의 방법, 다른 사람을 조정하는 방법, 심한 고통으로부터의 도피, 보복의 수단, 죽은 부모와의 결합 목적으로 시도되는 수가 있다.

3. 자살의 이론적 배경

자살에 관한 체계적인 연구는 프랑스의 사회학자 에밀 뒤르켐(1897)의 사회학적 연구를 통해 내놓은 "자살론(Le Suicide)"에서 시작되었다(하상훈, 2001). 그는 사회통합가설(hypothesis of social integration)에서 자살을 개인이 사회에 통합되고 통제되는 정도에 따라 개인주의와 사회에 대한 불충분한 통합결과로 나타나는 이기적 자살(egoistic suicide), 사회의 급작스런 변동으로 인해 가치혼란을 겪을 때 나타나는 아노미성 자살(anomic suicide), 그리고 개인이 사회에 지나치게 통합된 나머지 자신보다 사회집단을 중요하게 생각하여 나타나는 이타적 자살(altruistic suicide)의 3가지 유형으로 구분하였다. 하지만 사회적 모델은 자살을 외적인 사회구조적 요인으로만 설명하고 개인적인 특성이나 차이를 고려하지 않아서 자살과 관련된 개인의 심리적인 요인들을 심층적으로 이해하는 데 어려움이 있다(육성필, 2002).

프로이트는 자살에 대한 심리적 통찰을 처음으로 제시하였고, 자살을 세상에 태어나기 이전의 상태로 돌아가고자 하는 죽음의 본능으로 이론화하기도 하였다(육성필, 2002).

바우마이스터(1991)는 자살을 '자기로부터의 도피(Escaping the self)'라는 책과 이 책이 나오기 한 해 전에 발표한 논문(Suicide as escape from self, 1990)에서 인간은 자신의 고통으로부터 도피하는 수단으로서 자살 행동을 한다고 주장했다(하상훈, 2001).

학문적으로 자살을 연구함에 있어서 다양한 각도에서의 접근이 시도되고 있는데, 자살이라는 현상을 한 개인의 상황으로 보는 시각(심리학적 접근)과 개인을 둘러싼 사회적 상황으로 보는 시각(사회학적 접근)으로 크게 나누어 살펴볼 수 있으며, 이 외에 실존주의적으로 접근하는 시각과 생물학적으로 접근하는 시각이 있다.

1) 심리학적 접근 이론

자살이라는 문제를 자살자의 개인적인 차원, 즉 정신분석학적 측면에서 접근한 것이 심리학적 이론인데, 정신분석은 인간의 의식 속에서 도덕적 규제로 인해 억압된 형태로서 개인의 성격형성에 영향을 주는 잠재적 소망들을 파헤치는 것이라고 하였다. 또한 정신분석학적 이론으로 볼 때 살해되는 자는 정말 자기가 아니고 자기 안에 있는 다른 사람일 경우도 있다. 즉, 자기 마음 가운데 자기와 동일한 사람처럼 섭취(Introjection)되었던 타인을 상징적으로 공격하고 죽여 버리고자 하는데 흔히 자살의 잠재 동기가 있다고 본다. 정신분석학의 대표 학자 프로이트는 그의 정신 분석학 이론에서 인간의 정신세계를 운용하는 정신 역학에 대한 이해를 통해 겉으로 보이는 인간의 행위와 생각들 이면에는 '무의식적 세계'가 있음을 주장하였는데 1917년에 발행한 「애도와 심리학」에서 인간의 대상, 부착(object-cathexis)과 대상관계(object-relation)가 자살충동과 밀접한 연관이 있음을 밝혀냈다. 여기서 그는 우울증에 대한 연구를 통해 '한 개인이 자기와 같다고 생각하는 사람에 대한 공격으로서 자기 파괴 충동이 자살의 동기'라고 결론을 내렸다. 또 「쾌락의 원칙을 넘어서」라는 그의 저서에서 '인간이 가지고 있는 자기 파괴적인 죽음의 본능(death instinct)이라는 개념을 정립하였다.

이러한 프로이트의 이론을 더 구체화시킨 학자는 칼 메닝거(Karl Menninger)이다. 칼 메닝거(1966)는 죽음의 본능이론으로 자살을 잘 규명하고 있다고 하였다(설영환, 1991). 즉, 그는 인간의 자살심리 배경에는 세 가지 의식적 혹은 무의식적 동기가 작용하고 있다고 주장하였다. 이것은 죽기, 죽이기, 그리고 죽임을 당하기이다. 이 동기들은 대개 무의식적인 것으로 정신분석을 통해서만 밝혀진다. 그는 인간의 자살심리를 분석하면서 인간에게는 죽기나 죽이기와 같은 소망 이외에 죽임을 당하고 싶은 욕구가 있어, 어떤 죄를 짓고 나서 벌을 받으면 마음이 후련해지고 편안해지는 것은 죽임을 당하고자 하는 욕구, 즉 피학적 욕구가 있기 때문이라고 했는데 이러한 피학적인 소망은 고의로 자신을 곤경에 빠뜨린다거나 무의식중에서 사고를 내는 것과 같은 형태로 나타난다고 하였다. 자살을 심리학적 차원에서 접근한 헨딘(H. Hendin)은 '속죄'를 자살의 주요한 요인으로 생각하고 있다. 이것은 무가치, 감정, 공포, 벌을 받을 만하다는 감정, 무능함에 대한 자기증오 등을 포함한다. 그래서 자살행위는 죄책감에 대한 자기처벌, 즉 다른 사람에 대한 속죄에 의한다고 하는 해석이 일반적이다(이상현, 2002).

2) 사회학적 접근 이론

자살이라는 문제를 자살자 개인이 아닌 사회학적 차원에서 접근한 것이 사회학적 이론인데, 자살에 관한 연구학자 중 뒤르켐(Durkheim)은 자살현상을 하나의 사회병리로 보았고 자살현상의 연구대상은 개인이 아니라 사회라고 주장하면서 자살이 개인적인 행위로 보이지만 사실은 사회의 특정한 상태를 반영하는 것이라고 하였다. 또, 그는 자살현상을 이기적 · 이타적 · 아노미적 자살로 분류하였다(황보종우, 2012).

첫째, 이기적 자살은 개인주의 경향으로 사회그룹에서 참여하지 않기 때문에 발생한다는 것으로 사회가 지나친 개인주의로 인해 개인을 통제할 수 있는 힘이 약화되기 때문에 자살이 증가하여 개인 간에 상호 유대관계가 형성된 사회는 정서적으로 안정감을 주고 치료적인 효과를 유발한다는 것이다.

둘째, 이타적 자살은 개인이 특정한 사회그룹에 지나치게 참여하여 의무감으로 자살하는 경우로, 고대 그리스나 로마인들의 영웅적 자살이나 일본인들의 할복자살, 군인의 전우를 위한 희생이 범주에 속한다. 뒤르켐은 이러한 자살은 "사회적 압력 때문에 타인의 칭송을 받게 된다."고 한다. 뒤르켐은 군대 자살문제에 대해서 언급하였는데, 군대는 강한 집단의식을 요구하는 사회이므로 어떤 면에서는 종교집단과 비슷하다고 분석했다. 전쟁 시에 전우나 국가를 위해 죽음을 무릅쓰고 임무를 수행하는 것은 일종의 이타적 자살에 속한다는 것이다.

셋째, 아노미적 자살은 사회가 병적으로 혼란스럽거나 무질서하여 개인에게 아무런 영향력도 행사하지 못하는 경우에 발생하는 것을 마한다. 뒤르켐은 "종교적 권위와 같은 강한 권위의 상실이 사회의 아노미 현상을 촉진하며 이와 같은 현상은 자살의 증가로 이어진다."고 경고하였는데, 결국 자살의 증가는 사회의 아노미를 보여주는 증거라는 것이다.

뒤르켐은 세 가지 자살유형 중에서 가장 흔히 발생하는 자살의 형태가 이기적 자살이라고 하며 이기적 자살과 아노미적 자살의 구분이 쉽지 않다고 하였다. 그리고 사회의 아노미성 여부를 판단하기 어려운 점을 주장하며, 정신질환이나 상실 등에서 오는 자살을 사회와의 결속력의 약화에서 오는 이기적 자살로 볼 수도 있기 때문에 자살현상의 궁극적인 원인은 사회적 결속력 약화라고 주장하였다.

3) 실존주의적 접근 이론

실존주의에서 바라보는 자살은 '부조리'이며, 결코 인간의 삶을 의미 있게 하지 않으며, 자연사보다는 더 의미 있는 죽음이 될 수 없는 것이다. 실존주의적 자살관을 대표하는 까뮈(Albert Camus)는 소설가로서의 그의 저서 「시지프의 신화」에서 인간의 삶이 부조리(absurdity)하기 때문에 살 가치가 없는 것이라고 말하고 있다. 시지프는 신의 저주를 받아 큰 바윗돌을 산 밑에서 꼭대기로 옮기는 형벌을 받는다. 산꼭대기까지 바위를 올려놓으면 다시 밑으로 굴러 떨어진다. 시지프는 다시 똑같은 일을 반복해야만 한다. 인간은 이렇게 목표도 가치도 없는 일을 반복하며 생을 유지하고 있다. 그러나 까뮈는 부조리란 삶의 궁극적 본질이며 인간은 이 부조리를 축하하며 살아야 한다고 고백한다. 숙명적 부조리에 애한 자각은 우리를 거짓된 희망이나 삶 속에서 의미를 찾으려는 노력으로부터 해방시켜주기 때문이다. 까뮈는 자살행위를 진리를 회피하는 비겁한 행위로 보았다. 그의 실존주의적 삶이란 인간이 피할 수 없는 부조리를 잊지 않고 끌어안으며 사는 것이다. 이것이야말로 인간의 지고한 덕이며 진정으로 가치 있는 삶을 사는 것이다.

또 한 명의 실존주의자 사르트르(Jean Paul Charles Aymard Sartre)는 '자살은 나의 삶을 결코 부조리 속으로 침몰시키는 부조리이다'라고 말하면서 자살을 부정하였다. 그리고 인간이 자살할 수 있는 선택권이 있을 때야 비로소 완전한 자유를 지니게 된다고 하면서 자살할 수 있는 자유와 주어진 삶에 모든 책임을 다하는 자유를 모두 소유하고 있는 상태야 말로 실존적인 인간의 삶이라고 설명하였다.

4) 생물학적 접근 이론

자살에 대한 생물학적 접근은 '생물학적 자살성향'과 그것을 유발시키는 촉발제 사이의 관계를 설명하기 위한 '스트레스-소인' 모델이 제시되면서 시도되었다. 이는 몇몇 소인들이 자살성향에 영향을 끼치기도 하지만, 두 가지가 함께 작용할 때에는 자살행동에 문지방효과를 발생케 할 수 있다는 것이다. 그러한 소인들에는 가족력, 세로토닌계 작용 등의 유전적 취약성들이 있다. 그 외에도 공격성과 충동성에는 기질적 변수, 만성 알코올 중독 및 약물 남용, 만성적 내과질환들, 부모의 조기 사망, 사회적 고립, 어린 시절의 신체적 혹은 성적학대 경험 등의 특정한 사회적 요인들도 포함된다. 자살행동의 문지방 효과는 어느 정도까지는 종교적 신념, 자녀에 대한 책임, 경제적 안정, 강력한 사회적 자원 혹은 좋은 결혼 등에 의해 높아질 수 있다. 즉, 어느 한계까지는 자살위험으로부터 보호받을 수 있다. 하지만 자살성향이 아주 강할 경우에는 이러한 보호 장치들도 한계가 있다.

자살촉발제에는 정신질환, 심각한 약물 혹은 알코올 중독, 개인적 혹은 경제적 위기 또는 다른 이들의 자살이 끼치는 나쁜 영향과 같은 스트레스 소인들이 있다. 물론 문지방 요인과 촉발 요인 간의 상호작용은 복잡하게 뒤얽혀 있다. 유전적 조울 성향이 있고, 세로토닌계 작용이 손상된 상태고, 가족 중에 자살자가 있는 집안에서 태어난 사람이라면 자살 가능성이 아주 높다. 또한 조울증을 겪을 때 술을 마신다면 , 그 같은 위험은 훨씬 더 증가할 것이다. 왜냐하면 인간관계외 일에서 문제가 생길 가능성도 높아질 수 있기 때문이다. 또한 병이 악화될 가능성, 치료효과가 떨어질 가능성, 세로토닌 기능이 훨씬 더 나아질 가능성도 높아질 것이다. 유전적 소인이든 촉발요인이든 단 하나의 위험 요인만 작용한다면 자살 가능성이 약간 올라가고 말지도 모른다. 하지만 유전적 혹은 다른 생물학적 소인과 같은 요인이 심각한 정신질환과 겹쳤을 때는 심각해진다. 태어날 때부터 자살에 대한 문지방이 낮고 또한 촉발요인까지 작동한다면 자살 가능성은 매우 높아질 것이다. 치명적인 요인들의 조합이 이루어졌을 경우에는 가벼운 모욕이나 상실감조차도 일촉즉발의 위기를 만들어낼 수 있을 것이다.

4. 청소년 자살의 원인

모든 자살 통계를 보면 자살은 15세 미만에서는 극히 드물다가 15세 이후에 급증하는 것을 볼 수 있다. 이렇게 15세를 전후로 자살이 급증하는 이유를 살펴보면 다음과 같다.

첫째, 청소년기란 신체적 · 정서적 · 지적변화가 가장 빠른 격동의 시기다. 따라서 그 자체가 스트레스가 되고 어려움이 된다.

둘째, 청소년 자살은 정신장애의 증가와 관련이 있다. 중고등학생 중 정신장애가 31%라는 보고가 있다. 청소년들에게 정신장애는 날로 증가하고, 특히 우울증 의 증가와 약물남용, 반사회적 행동장애, 정신분열의 시작은 자살의 증가를 가져온다.

셋째, 공부 스트레스와 관련된다. 중고등학생의 가장 큰 스트레스와 걱정은 성적으로서 장래 문제와 관련하여 가장 큰 고민거리로 부각되고 있다. 입시실패는 인생실패로 간주된다. 수능시험을 전후하여 일어나는 자살은 대학입시가 우리나라 청소년에게 얼마나 큰 심리적 부담인가를 증명하고 있다.

넷째, 가족 간의 유대가 느슨해지면서 사회변화 속에서 가정은 청소년에 대한 지지체계의 역할을 제대로 하지 못하고 있다. 정서적 지지의 일차적 원천인 부모와 가정이 성적만을 강조하여 견디기 힘든 스트레스의 원인이 되고, 부모로부터의 정서적 버림과 불인정을 받게 되면 희망이 없는 상황이 되어 자살행동에 이를 수 있다.

5. 청소년 자살의 특징

청소년기는 신체적 · 정신적 발달이 급격히 일어나기에 내 · 외적으로 스트레스를 많이 받고 정서적으로 불안해 지기 쉬운 때이다.

청소년 자살은 성인과 다른 특성을 가지며 실제로 자살을 시도하는 청소년들의 대부분은 정말 자기가 죽으려는 의도를 가지고 있는 것은 아니다. 자살을 시도하는 청소년의 대부분이 죽음에 대한 불확실한 생각을 가지고 있으며, 단지 고통을 회피하려는 한 방법으로 자살을 생각하는 경향이 있다. 어떤 경우에는 자살 행동을 통해 자신의 절망이나 희망의 상실, 그리고 분노 등의 감정을 표현하려는 목적을 갖기도 한다. 따라서 청소년 자살문제를 이해하기 위한 청소년기 자살의 특징을 살펴보면 다음과 같다.

첫째, 부모로부터 심한 꾸중이나 심리적 거절, 외모에 대한 고민, 이성친구와 헤어짐, 성적 저하, 왕따, 입시실패 등 대부분 분명한 동기가 있다(신민섭 외, 1991). 물론 청소년 자살자는 정신건강의 문제(우울, 자기애적/경계선 성격장애, 품행장애, 충동성 등)를 가졌을 뿐만 아니라 불안정하고 정서적 지지가 결여된 가족의 역기능이 배경에 깔려 있어서 평소에도 자살 생각이나 충동이 높을 수 있다. 이때 앞에 열거한 사건들이 자살 충동에 방아쇠의 역할을 하는 것으로 볼 수 있다.

둘째, 충동성이 강하게 작용한다. 자살계획이나 준비가 안 된 상태에서 '나가 죽어버려라'는 부모의 한마디에 잠시 후 '좋아, 죽으라면 죽지.'의 반응과 함께 충동적으로 아파트에서 뛰어내리는 행동을 보인다. 때로는 자존심이 크게 상하는 사건이 있을 때 자기 분노에 못 이겨 충동적으로 자살 행동을 하기도 한다.

셋째, 피암시성이 강해 동반자살이나 모방자살이 많이 일어난다. 청소년의 경우, 특히 같은 처지에 있는 여학생들 사이에서 동반자살이 흔히 일어난다.

이는 가정, 학교 또래집단으로부터 소외된 청소년들에게서 흔하다. 또 청소년 특유의 현상으로 연예인의 자살, 친구의 자살에 영향을 많이 받는다.

넷째, 치사도가 높은 자살수단을 사용한다. 미국의 경우, 총기, 목매달기, 약물과다복용, 달리는 차에 뛰어들기가 흔하나, 우리나라의 경우 쉽게 구할 수 있는 약물을 복용하거나 목매달기, 고층 아파트에서 뛰어내리는 등 청소년 자신도 죽을 의도가 심각하게 없음에도 불구하고 자살방법이 치명적이다. 이러한 청소년의 행동화 경향과 대부분의 자살 시도자들의 죽음에 대한 양가적 감정을 고려한다면 자살행위는 항상 도움을 청하는 울부짖음이라 할 수 있다.

다섯째, 청소년들은 다른 연령층에 비해 외부 요인의 영향을 많이 받기 때문에 평상시 친하게 지내던 또래와 모방 자살이나 동반자살을 시도하는 경우가 많다.

여섯째, 청소년들은 인터넷게임이나 판타지 소설류 등의 영향으로 죽음에 대한 환상을 가지는 경우가 많다. 현실세계에서 압력과 위기를 느낄 때 죽음을 일종의 도피수단으로 보고, 자살로서 문제를 해결해 보려는 의존성을 가진다(한국청소년상담원, 2008).

이처럼 청소년의 자살은 청소년기의 발달단계와 밀접한 관련이 있으며, 이 시기를 어떻게 극복하느냐에 따라 미래의 삶에 큰 변화가 있게 된다.

청소년의 자살은 그 시도가 사망으로 이어지지 않더라도 당사자나 주변인들에게 심리적으로 큰 상처를 입히며, 사회적 기능을 저하시키는 계기가 된다. 따라서 청소년기에 자살 위험성이 있는 이들을 조기에 파악하여 위기에 대처할 수 있도록 도와줌으로써 이를 극복하고 정상생활에 복귀할 수 있도록 도와주는 것이 중요하다.

6. 청소년의 다양한 자살심리

문제해결의 기미가 전혀 보이지 않거나 대처할 능력이 없다고 판단하고, 세상에 자신을 생각해 주고 도와줄 사람이 전혀 없다고 느낄 때 충동적으로 자살을 선택하게 된다. 청소년들의 자살심리를 분류하면 다음과 같다.

1) 어려운 상황을 피하기 위한 도피성 자살

불량청소년의 협박에 못 이겨 학교 가기가 두렵고 학교를 안가자니 부모의 야단이 두려운 상황이나 나쁜 짓을 한 것이 부모에게 탄로 날까 두려워 이러지도 저러지도 못하는 딜레마 상황에서 죽음으로 도피하여 문제를 해결하려는 경우이다. 대개 타인과의 의사소통이 단절된 청소년에게서 흔히 볼 수 있다. 때로는 자신의 자아상과 상반된 자신의 처지, 자신의 내적 고통에서 벗어나려는 시도일 수 있다.

2) 보복심리에 의한 자살

'누구는 1등 하는데, 너는 왜 이 모양이냐?'는 부모의 꾸중에 대한 반발이나 '돈을 내가 훔쳤지?'하는 교사의 추궁에 결백을 주장하기 위하여 죽음을 선택하는 경우로, 저변에는 부모나 교사에 대한 복수심, 적개심이 강하게 포함되어 있다. '내가 죽음으로써 너희도 고통을 받아라' 라는 보복적 내면심리가 작용한다. 대개 가족 내 갈등이 많은 청소년에게 볼 수 있다.

3) 자기처벌로서 자살

성취욕이 높은 아동이나 청소년의 현실이 자신의 기대수준에 미치지 못할 경우, 자신의 능력에 대한 회의로 인한 절망감, 주위 사람의 기대에 못 미치는 죄책감으로 '못난 자신'을 응징하기 위해 '못난 나를 용서해 달라'는 유서를 남기고 자살하는 경우다. 입시경쟁이 심한 우리나라 청소년의 자살 특징으로서, 독립성이 부족하거나 기존의 우울증, 특히 정신건강 문제가 있을 때, 특히 자식에 대한 과잉 기대로 비현실적인 높은 자아상을 가질 수밖에 없는 청소년에게서 흔히 볼 수 있다.

4) 욕구좌절에 의한 자살

성질이 급하고 인내력이 없고 자기중심적인 청소년, 욕구좌절 심한 분노 발작을 흔히 보이는 주의력결핍 과잉행동장애, 품행장애 청소년에게서 볼 수 있다.

7. 청소년 자살의 원인적 위험요인

다양한 문제로 자살을 시도하지만 기저에 깔려 있는 정신역동적 측면과 정신과적 측면을 살펴보면 그들의 상당수는 이미 우울증에 걸려 있거나 정신분열의 초기 또는 가정의 정서적 지지 상실을 심하게 경험한 청소년임을 알 수 있다.

① 정신과적 장애: 적어도 60~90%의 자살 시도자와 자살자들은 정신과적 문제를 가지고 있는 것으로 분석되고 있다. 그중에서 가장 흔한 것이 주요 우울증, 양극성 장애, 약물남용, 품행장애 등이다. 특히 청소년기에는 충동성이 문제가 되는데, 비행청소년, 적대적 반항장애, 약물남용 등의 행동문제를 가진 청소년이 충동적으로 자살을 하고 그것이 자살로 끝날 수 있다.

② 발달 및 성격적인 측면: 자살한 청소년들의 성격유형을 보면, 남의 비난에 과민하고 민감하게 반응하는 유형, 충동적이고 정서적으로 불안정하여 예측할 수 없는 유형, 남에게 자신을 드러내지 않고 조용하여 접근이 어려운 유형, 높은 기준을 고집하는 완벽주의자로 실수를 두려워하며 자신에게 지나치게 엄격한 유형 등이 있다.

③ 스트레스: 청소년기에는 자살 당시 부모 또는 친척의 죽음이나 동생의 출생, 가족의 병원 입원, 잦은 이사 등 스트레스가 높은 생활사건이 많은 것으로 보인다. 특히, 가정의 불화와 잦은 싸움, 별거 및 이혼 등과 관련되어 일어나며 가족 내에 일어나는 아동학대와 가족폭력 등이 자살행동과 밀접하게 관련되어 있는 것으로 보인다. 사춘기 전 아동은 부모의 꾸중이나, 정서적 거절, 버림을 받았을 때 자살충동이 증가하다. 또한 학교폭력, 왕따에 시달리는 학생은 극심한 스트레스를 피하기 위해 자살을 선택할 수도 있다.

④ 정서적 지지기반의 약화와 버림받음: 아동기나 청소년기에 제대로 기능하고 있는 가정은 자살의 예방적 · 보조적 역할을 하는 반면, 역기능적이고 실제적 · 정서적으로 소외를 낳은 가정에서는 자살행동이 증가한다.

8. 청소년들의 자살징후 및 편견

① 자살하겠다고 위협하거나 과거에 자살을 시도한 일이 있었던 경우, 다시 자살을 기도할 가능성은 20~30배 높다.

② 부모나 다른 가족 구성원이 자살을 시도한 경우 또는 자살 시도를 했거나 자살에 성공한 친구가 있는 경우에 가족은 조심해야 한다.

③ 죽음과 관련된 말과 행동을 하는 경우는 주의해야 한다. 일기장에서나 친구에게 자살이나 죽음에 관해 자주 언급하거나, 먼저 세상을 떠난 친지나 친구에 관해 자주 말하거나, 자살시도를 한 사람을 찾는 등의 언어와 행동이 관찰되면 주의 깊게 관찰해야 한다.

④ 청소년 스스로 자신을 받아들이지 못하거나 심한 열등의식에 사로잡혀 있는 경우 더욱 조심해야 한다. 자신이 신체적 결함을 가지고 있거나 이상과 현실 간에 심각한 차이를 가질 때 자살 가능성이 높다.

⑤ 이혼이나 불화로 가정 기능이 붕괴되어 가정이 자녀에 대한 보호, 양육, 교육 기능을 다하지 못할 때, 아이들은 절망에 빠지기 쉽고 자살 행동이 증가한다.

⑥ 학교 등교 등 평상시 해오던 일상 활동을 거부하거나, 학업성적이 지속적으로 떨어지거나, 낙제, 장기결석, 가출, 학교중퇴 시 자살시도가 급격히 증가한다.

⑦ 행동에 큰 변화가 있을 때 주의해야 한다. 평소에 순종적이던 아동청소년이 사소한 일로 부모에게 짜증을 내고 비난하며 도전적인 발언을 하거나, 무모한 행동을 하거나, 평상시와 다른 반항과 파괴적 행동 및 급격한 성격 변화를 보일 때 자신의 위험성을 생각해야 한다.

⑧ 상당기간 지속되는 우울이 있을 때 조심해야 한다.

⑨ 부모 몰래 약을 사 모으거나 위험한 물건을 감추는 것이 발견되는 경우 또는 항정신성 약물, 담배, 알코올 섭취가 증가하는 경우
⑩ 오랫동안 불안정하고 침울해 있던 아이가 뚜렷한 이유도 없이 갑자기 평화스럽게 보이며 자기 주변을 정리하거나 평소 아끼던 소유물을 다른 사람들에게 나누어 줄 때
⑪ 자살을 모험적이고 로맨틱하게 생각하는 청소년들은 특히 주의해야 한다.
⑫ 입시 실패 전후를 조심해야 한다.

9. 청소년 자살의 상담 개입방법

1) 고위험 청소년 자살자에 대한 기본원칙

(1) 일단 의심이 되면 자살 의도를 직접 물어 확인한다. 자살 의도가 없었을 경우에는 내담자가 자신의 상태에 대하여 심각하고 신중히 대해주고 있는 상담자에게 감사하고 신뢰하는 마음을 가지게 된다. 자살의도가 있을 경우에는 상담자가 지금 자신의 마음을 정확하게 파악하고 있다는 것에 대한 안도감과 그에 따른 신뢰감을 가지게 되어 자살을 막을 수 있다.

(2) 청소년 자살자의 75%는 어떤 형태로든 자신의 자살에 대한 의사표시를 사전에 한 것으로 나타나다. 이를 표현할 때 잘 대처하면 자살을 막을 수 있다.

(3) 생각하고 있는 자살의 구체적 방법에 대하여 묻는 것은 자살의 위험도를 평가하는 데 큰 도움이 된다. 좀 더 위험한 방법을 더 구체적으로 생각하고 있을수록 위험하다.

(4) 실제로 그 방법을 쓰기 위해 준비하였거나 실행에 옮겨본 적이 있었는지

를 확인해본다. 그런 경험이 있을수록 더 위험하다.

(5) 자살을 고려하고 있는 사람에게 '모든 것이 잘 될 거다', '당신은 장점이 더 많다.'는 식의 막연한 낙관론을 펴는 것은 옳지 않다. 그것은 곧 상담자가 현 상황을 제대로 파악하고 있지 못하고 있다는 느낌과 공감 받지 못하고 있어 더 외롭다는 느낌을 줄 수 있다. 내담자의 입장에서 순수하게 귀 기울이고 공감해야 한다.

(6) 자살시도의 위험이 커 보이고 그것이 우울증의 증상과 함께 있어 보일 때는 정신과 의사의 협조를 받는 것이 안전할 때가 많다.

(7) 평소에도 죽겠다는 말을 많이 하고 또 그것이 일종의 관심을 받으려는 시도인 줄 뻔히 안다고 하더라도, 자살에 대한 의사표시는 언제나 심각하고 신중하게 받아들여야 한다. 자살이란 단 한 번의 행위이고 철저히 불가역적인 것이기 때문이다.

2) 청소년 자살을 막는 개입방법

(1) 생명을 구하는 일곱 단계(개입이 어렵지 않은 경우)

● 1단계: 질문을 하라!

잠재적으로 자살할 가능성이 있는 사람과 함께 있다면 적어도 그의 일부에는 살기를 소망하는 마음이 남아있는 것이다. 따라서 상담자는 잘못될 것에 대한 두려움으로 회피하지 말고 질문을 통해 자살가능성을 확인해야 한다.

자살사고에 대한 사정을 시작할 때 여러 방법이 있을 수 있지만 내담자는 직접적인 접근을 가장 잘 받아들인다.

- 몹시 힘들어 보이는데, 혹시 죽음이나 자살에 대해 생각하고 있나요?
- 더 이상 살고 싶지 않다고 생각해 본적이 있나요?
- 때로 사람들은 우울할 때 차라리 죽는 것이 더 낫다는 생각을 합니다. 이런

생각이 한 번이라도 든 적이 있나요?

- 나한테 이야기 한 모든 것을 생각해 볼 때, 살만한 가치가 없다고 생각할 만큼 그렇게 우울한 적이 있나요? 주저하는 마음과 내담자가 자살을 할 수 있다는 두려움 때문에 어떤 경우에는 도움이 되지 않는 질문을 하기도 한다.
- 자살을 생각하고 있는 건 아니죠, 그렇죠?(×)

● 2단계: 좀 더 구체적으로 질문하라!

자살행위와 관련된 좀 더 구체적인 질문을 통해 자살행위를 평가하고 내담자를 좀 더 편안하게 할 수 있다.

- 자살사고가 적극적인 경우 자살계획의 정교성, 현실성에 대한 질문 시도
  - 칼로 자해할 생각을 해본 적이 있습니까?
  - 약 먹고 자살할 생각을 해본 적이 있습니까?
- 구체적인 자살계획이 있는지, 계획을 행동으로 옮기는 데 얼마나 가까이 온지에 대한 질문
  - 집에 밧줄이나 끈이 있나요?
  - 집에 약이 있나요?
- 자살계획이 얼마나 현실적이며 임박했는지를 묻는 질문
  - 유서를 썼나요?
  - 사랑하는 사람이 당신의 죽음에 준비할 수 있도록 무엇인가를 했나요?
  - 지금 자살하고 싶은가요? 자살하려는 특정한 계획이 있나요?

● 3단계: 안전한 상담 환경을 조성하라!

안전한 환경을 만들어간다는 것은 그 사람이 가지고 있거나 근처에 두고 있는, 자신에게 해를 미칠 수 있는 어떠한 수단도 제거한다는 것임. 이것은 칼이나 면도날, 권총 또는 그가 소지하고 있는 알약 같은 것을 달라고 요청하는 것

이다. 만일 10층 건물의 창문 밖 난간에 기댄 채 뛰어내리겠다고 하는 사람과 대화를 하고 있다면 안에 들어와서 이야기하자고 하는 것이 안전한 환경을 만드는 것이다. 자살의 수단이 집에 있다면 그것을 버리겠다고 하는 동의를 얻는 것이 중요하다. 또한 내담자가 어린이나 청소년이라면 집안을 안전하게 만들 책임이 있는 어른의 이름을 목록으로 만들어 놓아야 한다. 때로 치료적 관계 형성이 잘 될 때까지 안전한 환경을 조성하는 것이 불가능할 수 있다. 그런 경우에는 폐쇄 병동에 입원시키는 것이 필요할 수 있다.

- 4단계: 자살하려는 사람이 계속 얘기할 수 있도록 하라!

- 적극적 경청과 공감을 통해 내담자의 얘기를 주의 깊게 듣고 반응해 주어야 한다.
- 자살에 대해 일상적인 이야기를 하게 하고 개방적으로 이야기를 해야 한다.
- 내담자가 어떤 상태에 있든 간에 상담자는 그를 돕기 위해 존재하며 노력할 것임을 알려주어야 한다.
  → 처음으로 자신의 자살성에 대해 드러낸 사람들에게 가장 도움이 되는 것은 이해와 수용이며, 인간의 고통에 대해 측은하게 여기는 마음이다. 또한 긍정적인 결과가 나타날 것이라는 굳건한 신념도 도움이 된다.

- 5단계: 안전망을 형성하라!

안정한 환경을 조성했고, 문제에 대해 파악하는 시간을 가졌으며, 자살하려는 사람과 무슨 일이 일어날 수 있는지를 살펴보았다면 이것을 어떻게 안전하게 지킬 것인지에 관한 것이다.

- 정보를 수집해야 한다: 왜 지금 자살하려고 한 것일까? 자살의 가족력, 역할 모델 등에 대한 정보를 최대한 수집하는 것이다. 신중한 결정과 자문을 통해 얻는 자료들을 바탕으로 병원에 입원할 것인지 외래로 치료를 받을 것인

지를 정해야 한다(특히 가족에게 정보를 얻는 것은 매우 중요하다. 내담자는 자신의 상태를 축소할 수 있지만 가족은 좀 더 정확한 사실을 알고 있을 수 있어 종종 위험성을 평가하는 데 결정적 역할을 한다).

- 자문 또는 의뢰, 수퍼바이져, 자문관 등을 통해 문제해결에 대한 도움을 구하도록 한다.

● 6단계: 생존계획을 수립하라!

내담자가 병원에 가지 않을 것이라면 좋은 계획은 안전성, 전화연락, 상황이 악화되었을 때 어떻게 해야 할 것인지에 대한 분명한 지침 등의 요소를 포함하고 있어야 한다.

● 7단계: 안전에 대한 동의를 구하라!('자살하지 않겠다는 계약')

만약 상담 이후 며칠 지나서 또 자살하고 싶은 생각이 든다면, 실제로 그 생각을 행동으로 옮기기 전에 누군가와 전화 통화할 수 있다고 약속할 수 있겠습니까? 또는 너무 고통이 심해서 도와달라고 요청하지 않겠습니까?

계약서를 작성하는 것은 논쟁의 여지가 많지만, 계약은 상담자가 내담자의 생명에 지대한 관심을 가지고 있고, 내담자가 죽지 않고 삶의 희망을 갖게 되기를 진정으로 바란다는 메시지를 전달하는 효과가 있다. 자살하지 않겠다는 계약서에는 내담자가 자살하고 싶을 때 연락할 수 있는 사람의 이름과 전화번호 그리고 상담자가 그와 연락할 수 있는 방법을 기재한다.

3) 위기상황에 대한 상담 면접 기술

상담자는 위기를 촉발한 주제나 사건을 확인하고 관련된 감정을 안정시키며 문제의 해결이나 적응적 대응을 촉진하는 전략을 개발하도록 도와야 한다. 위기상황에 처해있는 내담자를 면접할 때 필요한 기술과 책임사항은 다음과 같다.

(1) **면접의 초점 맞추기**: 위기상황에 처한 내담자들은 자기조절이 되지 않으며 감정의 홍수에 휘말리는 경우가 많다. 내담자들을 통제하기 위해 상담자는 부드럽지만 단호한 태도로 지시하는 동시에 공감을 전달해야 한다. 예를 들면, "저는 당신이 고통받고 있으며 당신은 마음속에 여러 가지 할 이야기가 많다는 것을 알 수 있습니다. 하지만 저는 이 상담에서 당신 스스로를 돌보기 위해 가장 필요한 일이 무엇인지 분명해 질 수 있다면 당신에게 큰 도움이 될 것이라고 생각 합니다"라고 말할 수 있다.

(2) **위기상황 이해하기**: 내담자의 증상과 그 증상을 촉발시킨 주제나 사건 사이의 관련성에 대해 조명하는 것이다. 상담자가 단순히 질문함으로써(예: 당신은 언제부터 그렇게 희망이 없다고 느끼기 시작했습니까?) 위기를 촉발시킨 주요사건을 분명하게 알 수 있다.

(3) **왜곡된 사고 교정하기**: 위기에 처한 동안, 내담자는 사고의 명료성을 잃고 겁을 먹기 때문에 종종 비현실적인 결론으로 비약시킨다. '~라면, ~이면 어쩌지.'라는 생각은 내담자를 압도하고 고통스럽게 한다.

내가 죽으면 어쩌지, 내가 하지 않으면 어찌 될까, 내가 그것을 잃으면 어쩌지 와 같은 생각들은 이해하기는 쉽지만 그런 생각에 도전할 필요가 있다. 상담자는 자신의 상황에 대해 그가 가진 생각이 스스로의 삶을 더 비참하게 만들 뿐 아니라 타당하지 않다는 상담자의 생각을 전하면서 동시에 사려 깊은 태도로 공감과 지지를 전달할 필요가 있다.

(4) **강한 감정에서 거리 두게 하기**: 내담자가 불시에 큰 상실감, 죄책감, 분노, 혹은 슬픔에 사로잡혔을 때 그들이 다른 것을 고려한다는 것은 어려운 일이다. 이런 상황에서 내담자를 진정시킬 수 있는 조치는 내담자가 그 감정을 경험할 때 허용하고 견디는 것이다. 어떤 때에는 감정의 표출이나 정화가 위로가 되기도 한다. 내담자에게 자신의 감정을 표현하도록 하는 가장 쉬운 방법은 그들에게 물어보는 것이다. 그리고 상담자가 그의 감정

을 이해하고 싶다는 소망을 표현하는 것이 도움이 된다. '전 당신이 어떻게 느끼는 지에 이해하고 싶습니다, 제가 이해하도록 도와주시겠습니까?' 이러한 질문이나 요약, 반영을 통해 내담자에게 상담자가 이해한다는 사실을 전달할 수 있다.

(5) **분석에서 문제해결로 전환하기**: 상담자와 내담자가 작업할 문제에 대한 합의가 이뤄지면 그 문제를 해결할 전략을 세워야 한다. 위기상황에 처한 내담자에게 효과적인 방안을 마련할 때 상담자가 기억해야 할 몇 가지 전략은 다음과 같다.

① 성공적인 대응전략 찾기: 상담자는 내담자가 현재 사용하는 전략 가운데 유용하고 적응적인 전략이 무엇인지 알 필요가 있다. 스스로를 보살피거나 자기수용을 시사하는 행동에 귀를 기울일 필요가 있다. 더불어 내담자의 계획은 좀 더 효과적이고 적응적이 되도록 부분적으로 바뀌거나 섬세하게 조율될 필요가 있다.

② 자신을 돌보게 하기: 위기에 처한 내담자는 먹고 자는 것을 잊거나, 스스로 진정시켜야 한다는 사실에 둔감할 수 있다. 상담자는 자신을 보살피지 못했다고 훈계할 것이 아니라 무엇이 자신을 돌보지 못하도록 방해하는지 내담자가 이해하도록 도와주어야 한다.

③ 지지체계 형성하기: 위기상황에 있는 사람들에게는 사회적 지지가 큰 도움이 된다. 상담자는 내담자가 자신의 자원을 가장 효율적으로 활용할 수 있는 방법을 생각하도록 도와주어야 한다.

④ 구체적인 계획세우기: 내담자가 괴로워하면 할수록 상담자는 더 구체적인 계획들을 세워야 한다. 게다가 상담자는 단기계획을 세움으로써 서서히 나아가야 한다. 상담자가 고안한 계획이 실제로 수행할 만한 것인지를 거듭해서 물어보아야 한다. 상담자는 '우리는 어떤 것이 당신에게 도움이 될지 찾는 것이 매우 중요합니다. 따라서 우리가 논의하

는 계획이 당신에게 도움이 되는지, 아니면 되지 않는지 말해 주기 바랍니다.' 라고 말함으로써 내담자의 의견을 들을 수 있다.

⑤ 의뢰하기: 상황이 심각하다면 내담자를 병원이나 약물치료센터, 보호시설 등으로 의뢰할 수 있다. 이런 경우에는 내담자의 관점에 초점을 맞추면서 추천할 만한 근거를 다지는 것이 매우 중요하다. 내담자의 고통과 괴로움을 완화시킬 수 있는 대안으로 상담자가 내담자에게 말을 전할 때 가장 안전하다. 예로 "당신은 명료하게 생각하지 못하고 잠을 자지 못하고 있어요. 이 상황에서는 병원에 가는 것이 당신이 쉴 수 있고 당신에게 일어나는 일을 이해하며, 가족과 친구들에게 걱정을 끼치지 않는 최선의 방법인 것 같습니다. 어떻게 생각하세요?"라고 전할 수 있다. 내담자가 거절할 수 있지만 내담자의 목표를 반복적으로 일깨우고 자기를 돌보는 일이 이러한 목표를 성취하는 데 가장 효과적인 방법임을 지적해야 한다.

4) 상담자 자신을 돌보기

대부분의 상담자는 살 이유가 없다고 느끼는 깊은 우울에 빠진 내담자에게서 영향을 받으며, 동시에 충동조절을 잘 하지 못하는 무서운 얼굴의 내담자, 마음이 제 구실을 하지 못하는 내담자로 인해 불안해진다. 위기상황에서는 경험이 많은 상담자들도 종종 당황한다. 상담자는 내담자에게 제공하는 조언에 주의를 기울여야 하며, 또한 상담자 자신도 지지와 이해가 필요하므로 비밀보장을 원칙으로 하면서 깊은 관심을 가지는 동료와 상담에서 일어난 일을 나눌 필요가 있다. 이러한 경험을 통해 상담자는 위기에 처한 내담자를 상담하면서 받은 영향뿐 아니라 상담자 개인의 삶에서 발생한 사건과의 관련성에 대해서도 논의할 수 있다. 그러면 상담자는 그동안 이러한 상황에서 받은 스트레스에서 회복되고 자신을 돌보기 위해 필요한 일에 대한 더 좋은 아이디어를 가질 수 있다.

chapter 12

청소년 성문제의 이해와 실천방법

청소년기는 이차성징의 발달과 함께 급격한 신체적 · 심리적 변화를 겪게 된다. 이때 청소년들은 성에 대한 호기심과 성적 욕구를 느끼게 된다. 이와 함께 청소년을 둘러싼 사회 환경의 변화는 청소년들의 성에 대한 관심을 증가시키는 요인으로 작용하고 있다. 학교생활에서의 개방적인 성 문화의 확산과 정보통신의 발달로 청소년 유해환경을 쉽게 접할 수 있으며 폭력적이고 선정적인 대중매체는 청소년들을 성도덕의 혼란으로 빠지게 만든다(박정란 외, 2014). 이런 청소년 성도덕의 혼란은 성에 대한 왜곡과 함께 성문제에 매몰되기도 한다. 빠르게 변화하는 생활양식과 사회의 변화는 청소년의 성의식, 성행동, 성문화에 많은 영향을 미친다. 본 장에서는 청소년의 성에 대한 올바른 이해와 그 특성, 성문제의 원인과 유형, 성문제 예방을 위한 실천방법에 대해 살펴보고자 한다.

1. 청소년 성문화의 이해

청소년기의 특성은 성에 대한 전체적인 이해와 지식습득, 성 욕구해소 방법을 훈련 받는 일은 당면과제이다(정하성 외, 2012). 청소년기의 성은 발달과정 상 매우 중요한 과업이다. 그러므로 청소년기의 강한 성적 호기심은 당연하고 자연스러운 것으로 받아들여야 하며 올바른 성 지도가 선행되어야 한다. 한편으로는 청소년들의 성에 대한 호기심은 매우 개방적이고 행위지향적인 특성을 띠고 있어 성 가치와 윤리성의 희박으로 성을 쾌락의 도구나 욕구의 충족수단으로 생각하는 경향도 있다. 이는 청소년기는 건전한 가치관의 미성숙 상태에서의 개방적이고 자율적인 성 문화에 대한 성의식과 성 윤리의 미 확립의 문제에서 출발하였다고 할 수 있다. 청소년기의 성 문화의 올바른 이해를 돕기 위하여 성의 개념과 생식에 대해 살펴보고자 한다.

1) 성의 개념

성은 일반적으로 생물학적 성인 sex와 사회문화적인 성인 gender와 성욕구와 성 경향성을 나타내는 sexuality로 구별할 수 있다.

(1) 생물학적인 성(sex)

남녀 간의 해부학적인 생김새의 기준으로 구분한다. sex는 신체적인 남녀 간의 차이를 말하며 생물학적 특성에 의해 태어나면서부터 생득적으로 얻어지는 결정을 말한다.

(2) 사회문화적 성(gender)

사람은 태어나서 일상생활을 영위하면서 성장한다. 이때 남자다움을 나타내는 남성성과 여성스러움을 나타내는 여성성을 사회문화적 성이라고 한다. gender는 성차이가 생물학적 운명이 아니라 사회문화적 산물임을 설명하는 분석틀이다(송현주, 2008). gender의 형성과정은 한 사회 내에서 권력과 기회를 차등화하는 과정이라 할 수 있으며 차별적 성의 기제가 사회 각 영역에서 어떻게 작용하는가를 가능케 하는 분석틀이 gender이다.

(3) 성욕구와 성경향성(sexuality)

19세기에 만들어진 용어로 성교, 성기, 남녀의 성행위뿐만 아니라 성에 대한 태도나 규범, 이해 가치관, 행동, 이와 관련된 사회 문화 제도를 포함하는 광의의 의미를 가지고 있다. 인간의 구체적인 성행위뿐만 아니라 그 사람이 지니게 된 성적 관념, 이미지, 매력, 기호, 선호 등을 지칭한다(송현주, 2009).

2) 생식에 대한 이해

생식은 선천적인 본능에 의해 남녀 간에 이루어진 행위로서 육체적으로 성장한 성의 결실로 보아야 한다. 여성은 대체로 11세(초등학교 4학년)가 되면 초경을 시작하며 남자는 13세(초등학교 6학년)가 되면 몽정을 한다. 남녀 간의 결합을 통한 새 생명의 창조가 가능하다는 육체적 성숙의 표현으로 입증되는 시기이다. 인간의 생식활동은 젊은 시기에 이루어지는 일정한 시간의 한계성을 지니고 있다. 여성은 초경에서 폐경까지 35년을 남자는 몽정기로부터 발기가 가능한 기긴을 45년 동안에 생식기능이 가능하다. 이는 사람에 따라 다소 차이가 있을 수 있다. 생식활동은 인간의 기본욕구충족과 종족 보존을 위한 남녀 공동의 사랑과 노력의 결합으로 일정기간 지속된다. 새로운 생명의 창조를 통해서 끊임없이 사회를 존속시키는 원천적인 중요한 기능이 성의 본질이다. 모든 사람은 성에 대한 지식과 정보를 습득하며 생식에 관한 지식을 가져야 한다. 매우 복잡한 성기관의 구조와 기능을 알아서 생식체계를 이해해야 원만한 남녀 관계를 유지할 수 있다. 인간생명의 창조적 시발점이 되는 성기관의 생물학적 기능과 사회 규범에 의한 관계를 올바로 이해해야 한다(정하성, 2012).

2. 청소년 성문화의 특성

청소년의 성의식 형성에 작용하고 있는 다양한 사회적 환경을 청소년 성문화라고 설명할 수 있다. 건강한 청소년의 성문화 육성을 위한 성 가치관의 확립과 성 인격을 함양하는 일이 필요하며 지속적인 교육과 지도가 요망된다.

1) 청소년의 성문화

청소년기는 신체적 사회적으로 급진적인 변화를 겪는 시기이다(송현주, 2008). 성에 대한 가치관과 윤리관이 형성되며 성역할에 대한 순응 및 도전이 일어난다(한국양성평등교육진흥원, 2012). 청소년기의 남녀는 신체의 성장으로 성인과 비슷한 몸을 가지며 성역할에서는 고정관념이 증가되고 전형화되는 현상을 나타낸다. 전형적인 성인 여성 또는 전형적인 남성을 모방하는 행동을 더 많이 하게 된다. 청소년기에 성역할의 전형화가 일어나는 이유는 생물학적 · 사회적 · 인지적 요인 때문이다. 이성교제를 하면서 상대에게 매력적으로 보이기 위해 전형화된 행동을 선택하며 진로선택에서도 부모와 교사로부터 전통적인 성역할에 맞는 선택을 하도록 압력을 받는다. 청소년기는 다른 사람이 자신을 어떻게 생각하는지 신경을 쓰다 보니 다른 사람의 성역할 기대에 어울리는 행동을 선택하고자 노력한다.

2) 청소년의 성에 대한 인식

청소년의 성의식이라 함은 성에 대한 가치관으로 개인에게 내재하고 있는 성에 대한 신념과 선호의 형태 및 정도를 의미한다(백혜정, 2008).

성의식에 대해 학자마다 다양한 정의를 내리지만 대표적인 기준은 도덕성이라는 패러다임이다. 도덕성에 기초한 성의식을 4가지로 분류한 Reiss(1960)는 절제, 애정적 허용성, 비애정적 허용성, 이중적 기준을 제시하였다.

첫째, 절제는 결혼한 배우자 외에는 어떤 성관계도 허용하지 않는 기준으로 많은 사회에서 공식적 규범으로 받아들여져 왔다. 한국사회에서도 공식적인 성규범이다.

둘째, 애정적 허용성은 사랑하는 사이면 당사자 간의 합의가 이루어진다면 혼전 성관계는 개인의 자유선택으로 여긴다는 기준이다. 서구사회는 이미 널리 받아들인 규범이고 한국사회도 젊은 층은 일부 받아들이고 있는 추세이다.

셋째, 비애정적 허용성은 사랑과는 상관없이 성적 충동에 의해 혼전 성관계까지도 정당하다고 보는 입장이다. 성행위에 대한 신체적 측면만을 강조한 입장이다.

넷째, 이중적 기준은 성행동에 있어서 남녀 차별적인 입장을 취하며 여성에 비해 남성에게 성적으로 더 허용적인 경향을 보인다. 대부분 남성에게는 혼전 성관계를 허용하지만 여성에게는 허용하지 않는 것이다. 한국사회의 전통적인 기준이며 현재도 이를 묵인하고 있는 기준이다.

이런 성의식의 개념을 활용하여 연구한 백혜정(2009) 연구에 의하면 한국사회의 청소년의 성의식 중 성 개방성에 대해서는 성인들이 생각하는 것보다 훨씬 보수적인 것으로 나타났다. 혼전 성관계 허용 여부에 약 68%가 '절대 해서는 안 된다'는 응답이었고 '상황에 따라서 할 수도 있다'는 20%, '내 맘대로 해도 된다'는 약6%로 대다수의 청소년들이 이성친구와의 성관계에 대해 보수적인 태도를 보였다. 여성가족부의 청소년유해환경접촉종합실태조사(2012)에 의하면 혼전순결에 대해 남자는 40.4%, 여자는 48.6%가 찬성으로 응답하였으며 혼전 성관계에 대해서는 반대(37.2%)가 찬성(29.5%)보다 많이 나타났다. 이는 한국사회의 청소년들은 여전히 성의 개방성에 대해서는 보수적인 태도를 가지고 있음을 알 수 있다. 성 평등성에서 청소년들은 성 행동에 있어서 남자와 여자가 동등하지 않다고 인식하고 있음을 보였다. 성평등성 인식에서 남학생은 24.18(표준편차 5.03), 여학생은 28.29(표준편차 7.27)로 남학생들은 여학생들에 비해 성불평등적인 의식을 더 많이 견지하는 것으로 나타났다. 성매매에 대한 허용적 태도는 남자 고등학생 24~34%, 중학생은 21~31%가 허용적인 태도를 보여주고 있는데 이는 한국사회의 성매매 문화와 무관하지 않으며 사회 전반적으로 성매매 근절에 대한 노력이 필요하다고 본다.

3. 청소년 성문제의 원인과 유형

1) 청소년 성문제의 원인

청소년과 관련된 성문제의 원인은 다양하지만 크게 개인적인 요인과 사회문화적인 요인으로 구분할 수 있다(박정란 외, 2014). 개인적인 요인으로는 순간적인 충동에 대한 자제력 부족, 성욕이상자. 보상적 행동 등 심리적 기제가 성적으로 나타나는 경우를 들 수 있다. 사회문화적 요인은 이중적인 성윤리, 성의 상업화, 임금구조의 문제 등 사회구조와 불가분의 관계가 있다. 청소년의 성문제와 관련된 사회구조적인 문제를 살펴보면 다음과 같다(박정란 외, 2014: 전영실 외, 2007)

첫째, 청소년의 성의식 구조의 변화: 서구사회의 개방적인 성의식이 왜곡되어 쾌락 추구를 위한 성행위가 증가하고 있다.

둘째, 잘못된 성역할 고정관념: 성욕과 공격성을 남성다움으로 받아들이는 사회문화권에서는 성폭력을 남성다움의 상징이나 행위로 받아들인다. 남성의 성쇼핑은 문제 삼지 않고 여성의 순결만을 강조하는 이중적인 윤리체계는 여성에게는 아량과 인내를 가지고 남성의 성 방종을 감수할 것을 요구하나 남성의 성 일탈에 대해서는 관대하고 허용적이다.

셋째, 성의 상업화: 성의 상업화를 규제한 각종 법의 규제와 단속은 강화되고 있으나 법망을 교묘히 뚫고 성을 상품화하는 업소가 증가하고 있어 이들 업소에 취업하는 청소년들이 여전히 상존하고 있다.

넷째, 경제적인 이유로 성을 파는 직업을 선택하는 청소년이 늘고 있다.

다섯째, 부모와 자녀 간의 대화 부족, 부모와 갈등적인 관계 및 부정적인 가정 분위기가 문제인 경우가 많으며 ,특히 부모와의 애착관계형성이 제대로 되어 있지 않은 경우, 부모로부터 받은 상처에 대한 반응으로 청소년들은 성적으로 무모한 행동을 하게 된다.

여섯째, 대중매체 및 통신: 인터넷 포르노그래피 등은 청소년의 성에 대한 호기심을 자극하고 무분별한 성적 행위를 부추기고 있다.

일곱째, 현행교육제도: 입시위주의 고질적인 교육제도는 학교 부적응, 학교 탈출, 가출 등 학교 밖에서 활동하는 청소년이 증가하고 있다. 이들 학교 밖 청소년들은 가출하여 독립적인 생활을 할 수 없는 사회 여건에서 쉽게 불법 성행위 유혹에 빠져들게 된다.

2) 청소년 성문제의 유형

(1) 성고민

청소년기는 이차성징의 발현으로 신체적 · 심리적 · 정서적인 변화와 함께 이성에 대한 호기심과 동경을 갖게 되며 성충동과 성적 갈등으로 고민하게 된다(이현지, 2003). 이성교제와 성에 대한 호기심은 초등학교 고학년에서 시작되며 이성교제와 성충동은 중학교에서 구체화 된다. 이런 충동을 건강한 방법으로 해결하지 못한 경우 성 비행으로 이어질 가능성이 높다.

여성가족부의 청소년 유해환경접촉종합실태조사(2012)에 의하면 성 관련 고민이나 문제를 부모나 학교교사, 전문 상담기관보다는 혼자 해결(38.4%)하거나 친구나 선배와 상담(24.9%)이 높게 나온 것은 성에 대한 왜곡된 이미지와 부정확 지식을 갖게 될 가능성이 높은 것으로 나타났다.

〈표 12-1〉 성고민 상담상대-집단 비교

	사례 수 (명)	상담 상대(%)							
		혼자서 해결	아버지	어머니	형제/자매	친구나 선배	학교 선생님	전문 상담기관	기타
초등학생(5~6학년)	1,456	25.4	7.4	38.9	2.5	7.1	4.4	2.5	11.7
중·고교생	4,907	38.4	3.9	16.5	2.6	24.9	1.0	2.0	10.6
위기청소년	413	30.0	3.6	4.4	1.5	39.7	1.7	3.4	15.7

출처: 여성가족부(2012).

(2) 이성문제

청소년기는 이성에 대한 막연한 호기심을 갖게 되는 시기이다. 이런 호기심은 누구나 느낄 수 있는 자연스런 감정이다. 개인에 따라 차이가 있지만 많은 청소년들이 이성을 신비하게 여기고 동경하며 그리워한다. 반대로 자기가 흠모하는 이성에게 거부당하거나 흠모하는 마음을 이성 친구에게 들킬까 봐 불안해하기도 한다(박정란 외, 2014).

청소년기의 진정한 의미의 이성교제는 상대의 존재가치를 존중하고 대등한 인간관계를 통해서 남녀 간의 바람직한 인간성을 창조하고 확립해 가는 것이다.(정하성, 2012) 남녀 간의 사귐을 통해 사회관계를 촉진시키고 정서생활을 도모해 주며 성역할을 이해하게 된다. 즉, 이성교제는 남녀의 인간관계를 통하여 사회적 성장을 꾀하며 인격을 닦아가는 사회화 방법의 하나이다. 이성교제는 사랑과 진실의 터전 위에서 서로에게 발전적이며 개개인의 능력을 존중하고 스스로에 대한 책임 있는 태도에서 출발하여야 하는데도 불구하고 원하지 않는 임신

등 잘못된 이성교제로 인해 고통 받는 청소년이 늘어나고 있다. 한국사회는 아직도 이성교제에 대한 올바른 문화가 빈약하여 청소년들이 쾌락을 위하여 성에 몰두하거나 성을 단순한 게임 혹은 필요한 것을 충족해 줄 수 있는 수단으로 생각하는 경우가 있다. 이로 인한 성희롱, 성폭력, 성매매 등에 빠질 위험이 높다(안양여성의 전화 전문상담원 교육 자료집, 2000).

한국사회에서 청소년의 성 경험은 서구사회보다는 낮지만 조금씩 증가하는 것으로 나타났다. 1980년대의 연구인 정원식(1985)의 연구에서는 조사대상 청소년의 11.2%가 성경험이 있는 것으로 나타났으나 1990년대 연구인 김윤정(1996)의 연구에서는 남학생 16.7%, 여학생 5.4%가 성경험이 있는 것으로 나타났다. 강영삼(1997)의 연구에서는 남학생 17.7%, 여학생 10.2%가 성 경험이 있는 것으로 나타났으며 이 중 남학생의 88.2%, 여학생의 88.9%가 이성 친구와 성관계를 가진 것으로 나타났다. 2000년대 연구인 김혜원(2000)에서는 남학생의 13.5%, 여학생은 8.1% 성경험이 있으며 상대는 이성교제의 이성친구가 많다(남학생의 70.4%, 여학생 80.8%). 성관계의 이유로 남학생은 성충동(29.6%)과 호기심(18.4%)을 가장 큰 이유로 꼽았으며 여학생은 상대가 원했다거나(26.9%), 사랑하기 때문에(23.1%)를 이유로 들었다.

〈표 12-2〉 성관계의 상대방-집단 비교

	사례수 (명)	성관계 상대방(%)			
		이성 친구	본인보다 나이 많은 선배	본인보다 나이 어린 후배	어른 (20세 이상)
중 · 고교생	137	60.2	15.0	10.7	14.1
위기청소년	209	68.4	16.7	11.0	3.8

*가장 최근의 경험을 기준으로 한 응답결과임
출처: 여성가족부(2012).

여성가족부의 조사(2012)에서도 성관계의 상대방이 이성친구가 60.2%로 나타나 여전히 청소년의 성관계 상대방은 이성교제로 만난 이성친구가 많은 것으로 나타났다. 성관계를 가진 계기는 서로가 원해서가 69.7%로 가장 많았고 상대가 싫어했지만 강제적으로 14.6%, 술 등에 취해서 나도 모르게 9.4%, 나는 싫었지만 상대방이 강제적으로 6.3%로 나타났다. 이는 자신이 주도적으로 또는 타인에 의해 강제적으로 성관계를 가진 청소년이 전체의 1/5 수준에 달하고 음주 등으로 인한 우발적인 성관계도 상당한 비율을 차지하고 있다. 강제적인 성관계에서 남자는 자신이 강제적으로 여자는 다른 사람에 의해서 강제적으로 행위가 이루어졌다고 응답하였다. 이런 이성교제에서 책임, 상대의 배려보다는 성충동, 호기심으로 성경험을 하는 경우 원하지 않는 임신 등으로 당사자 둘만이 해결하기 어려운 상황에 직면하게 된다. 이성교제는 단순한 이성교제의 문제로 끝나는 것이 아니고 원치 않는 임신, 임신중절, 성병감염, 청소년 한 부모, 가출 등 심각한 개인적으로는 보건위생상의 문제와 사회적으로는 빈곤, 자녀양육의 문제 등 사회문제로 이어질 위험을 안고 있다.

(3) 청소년 성매매

청소년 성매매란 성인이 청소년을 대상으로 금품을 주고 성관계를 갖는 행위를 말한다. 청소년 성매매는 「아동 · 청소년의 성보호에 관한 법률」의 규정에 의하여 성인이 성의식이 미숙한 청소년을 대상으로 한 성범죄이다.

「아동 · 청소년의 성보호에 관한 법률」에서 청소년 성매매를 다음과 같이 정의하고 있다.

"아동 · 청소년, 아동 · 청소년의 성을 사는 행위를 알선한 자, 아동 · 청소년을 실질적으로 보호 · 감독하는 자에게 금품이나 그 밖의 재산상의 이익, 직무 · 편의 제공 등 대가를 제공하거나 약속하고 성교행위, 구강 · 항문 등 신체의 일부나 도구를 이용한 유사 성교행위, 신체의 전부 또는 일부를 접촉 · 노출하는 행위, 자위행위를 아동 · 청소년을 대상으로 하거나 아동 · 청소년으로 하여금 하게 하는 것"으로 정의하고 있다.

여성가족부의 조사(2012)에 의하면 성관계 경험이 있는 청소년 중 금품이나 편의 제공을 대가로 하여 이성과 성관계를 가진 경우가 27.7%로 전체의 1/5 수준에 달하고 있다. 심각한 수준이라고 할 수 있다. 하지만 일반 청소년의 성인과의 성매매에 대한 태도는 남자 79.5%, 여자 75.7%가 반대하는 것으로 나타나 대부분의 청소년은 성매매에 대해 부정적인 태도를 보이고 있다. 청소년 성매매는 청소년에게 신체적 · 정신적 손상을 초래하며 자아발달에 부정적인 영향을 미친다. 임신 · 낙태, 성병 등 신체적 건강에 치명적인 해를 입을 수 있으며 임신과 낙태를 가볍게 생각하는 등 생명존중에 대한 의식이 약화되기도 한다. 아울러 자신의 성을 놀이와 돈벌이의 수단으로 여기게 되어 성 가치관이 왜곡될 수 있다(정규석, 2014). 청소년의 성매매는 건전한 사회의 성윤리를 파괴하며 가정과 사회를 파괴시키는 한 요인이 되기도 한다. 또한 제2의 범죄인 영아살해, 살인, 강간, 성폭력, 절도 등의 범죄를 유발할 우려가 있다. 청소년이 성매매로 유입된 경우는 다양한 요인이 작용하여 청소년에게 영향을 미치고 있지만 대체적으로 다음과 같은 이유를 들 수 있다.

첫째는 청소년 본인이 호기심과 유흥비와 생활비 마련, 놀이와 여가생활, 성적 탐닉 등 물질주의적 가치관과 왜곡된 성 가치관의 결합이 원인인 경우가 있다. 이 경우는 성매매 자체를 부정적으로 여기지 않고 죄의식을 느끼지 않는 경우가 상당수 있는 것으로 나타났다.

둘째는 청소년의 성매매는 부모와 가족과의 부정적인 관계에서 방황 끝에 유입되는 경우도 있다. 특히 부모와의 부정적 애착관계는 청소년을 벼랑 끝으로 내모는 경우가 있다. 셋째는 또래의 부추김, 유혹, 소개 등에 의해 유입되는 경우인데 이는 청소년들의 성매매에 대한 허용적 문화가 요인이 되고 있다.

넷째 학교의 부적응이 성매매의 원인이 되기도 한다.

다섯째 우리사회의 왜곡된 성문화와 성의식을 들 수 있겠다.

(4) 조건만남

청소년에게 금품이나 편의제공의 대가로 조건부 성관계 경험에 대한 여성가족부 조사(2012)에 의하면 남자 23.1%, 여자 17.0%로 남자가 여자보다 조건부 경험이 높은 것으로 나타났다. 일반적으로 우리 사회에 사회문제로 관심을 끌었던 원조교제라 함은 성인 남성이 어린 여학생에게 경제적 원조를 해주면 그 대가로 교제를 해준다는 의미로 통용되어 왔다. 교제의 내용에는 단순한 데이트에서 성관계를 포함시킬 수 있다. 신체적으로나 정신적으로 미성숙한 소녀들이 전화방이나 채팅을 통해 성인 남자를 만나 돈을 받고 성매매를 하는 원조교제는 초기에는 가출 10대 소녀들이 생활비와 유흥비를 벌기 위한 수단으로 시작되었다(정규석, 2014).

그 이후 모범생 등 일반학생들도 다른 일보다 손쉽게 돈을 버는 수단으로 생각하는 경향이 높아졌다. 다른 한편으로 원조교제 중인 청소년이 다른 친구를 소개해 주고 소개비를 챙기다 적발된 사례도 있고 매월 일정액을 받는 계약원조교제를 하는 경우도 있었다. 중년 여성과 남자 청소년의 조건만남도 있다는 것은 여성가족부 통계로 알 수 있다. 오히려 여성 조건만남보다 남성 조건만남이 더 높게 나타나고 있음을 알 수 있다.

청소년의 조건 만남을 제안받은 경험은 전체 조사자 중 2.1%로 소수이지만 조건 만남을 제안 받은 뒤 바로 성매매로 연결된 비율이 24.7%로 전체의 1/5 수준이었다. 자신이 직접 조건 만남을 제안한 경험이 있는 청소년은 0.9%이나 이를 실제 '성매매로 연결되었다는 58.3%'로 나타나 조건 만남은 일부이지만 만남이 이루어지면 성매매로 연결될 확률이 매우 높음을 알 수 있다. 조건 만남을 제안 받은 경로는 친구나 선후배의 소개가 26.0%, 휴대폰을 통한 채팅이나 문자메시지가 25.9%로 유사한 수준이었고 길거리나 공원에서는 16.6%, 채팅이나 이성교제 사이트는 15.6% 식당, 술집, 나이트클럽 등 업소에서는 12.0%, 조건만남 전화서비스는 2.1%로 나타났다. 조건만남의 주요경로는 휴대폰과 인터넷이 되고 있음을 알 수 있다.

성별로는 남자는 친구나 선후배의 소개, 식당이나 술집 등 업소에서 조건 만남을 제안 받았다고 응답하였으며 여자는 길거리나 공원, 채팅이나 이성교제사이트, 휴대폰 채팅이나 문자메시지가 높게 나타났다. 특히 휴대폰 채팅이나 문자메시지는 중학생은 41.8%인 반면에 고등학생은 15.3%로 나타나 조건만남의 휴대폰 활용이 중학생이 고등학생보다 2.7배 높게 나타나 중학생들이 조건만남의 대상자로 그 위험성이 높다고 할 수 있다.

(5) 청소년의 성폭력 경험

성폭력 범죄라 함은 「성폭력범죄의 처벌 등에 관한 특례법」에서 규정하고 있는 음행매개, 음화반포, 음화제조, 공연음란, 추행, 간음, 약취와 유인, 강간, 강제추행, 미성년자에 대한 간음, 추행, 업무상 위력 등에 의한 간음, 강도강간 등을 말한다.

청소년 성폭력이라 함은 청소년을 대상으로 강간, 추행, 음화제조 및 음화반포 등의 행위를 하거나 청소년 본인이 가해행위를 하는 경우를 말한다.

여성가족부의 조사(2012)에 의하면 성폭력 피해 경험률은 4.4%로 나타났으며 이 중 여자가 6.3% 남자가 2.5%로 여자가 남자보다 2.5배 높게 나타났다. 성폭력 피해 경험률은 중1 때 3.2%인데 비해 고2 때 6.4%로 학년이 올라갈수록 피해율이 높게 나타났다.

자신에게 성폭력을 행사한 가해자는 평소 친분관계가 있는 아는 사람이 55.0%로 아는 사람에 의해 성폭력을 당하는 경우가 더 높게 나타났다. 아는 사람으로부터 성폭력을 당한 비율이 중1이 71.6%에 고3은 44.6%로 학년이 낮을수록 아는 사람으로부터 성폭력을 당하는 사례가 많음을 알 수 있다. 성폭력을 당한 후 신고율은 12.7%에 그치고 있어 자신의 피해사실을 부담 없이 신고하여 가해자를 처벌할 수 있는 성폭력 신고체계의 체계화가 필요하다. 자신이 성폭력을 당한 사실을 부모가 인지하고 있다는 39.6%로 부모가 모르는 경우가 더 높게 나타났다. 부모의 인지는 여자가 47.6% 남자가 19.7%로 여자가 더 높게 나타났다.

〈표 12-3〉 성폭력의 가해자-집단비교

	사례수 (명)	성폭력의 가해자(%)	
		아는 사람	모르는 사람
중·고교생	219	55.0	45.0
위기청소년	35	74.3	25.7

출처: 여성가족부(2012).

다른 사람에게 성폭력을 행사한 경험이 있는 청소년은 1.2%로 피해경험률(4.4%)보다 3.6배 낮다. 자신이 성폭력을 행사한 피해자는 평소 알던 사람이 75.7%로 전체의 3/4를 차지하였다. 청소년에게 성폭력을 행사한 가해자나 피해자 모두 평소에 알고 지내는 사람이 더 많음을 알 수 있다. 자신에게 성폭력을 당하고 신고한 경우는 15.3%로 신고하지 않는 경우가 더 많게 나타났다. 남자로부터 성폭력을 당한 경우의 신고율은 21.2%인데 비해 여자로부터 성폭력을 당하고 신고한 사례는 발견되지 않고 있다. 성폭력을 행사하고 부모가 아는 경우는 34.2%로 부모가 모르는 경우가 더 많음을 알 수 있다.

〈표 12-4〉 성폭력의 피해자-집단비교

	사례수 (명)	성폭력의 피해자(%)	
		아는 사람	모르는 사람
중·고교생	60	75.7	24.3
위기청소년	32	71.9	28.1

출처: 여성가족부(2012).

청소년 성폭력 피해자는 심각하고 다양한 문제를 겪게 된다. 초기에는 불안이나 두려움, 분노와 적대감과 같은 정서적 경험과 과도한 성적 호기심, 무단결석, 가출 등 행동문제를 겪게 된다. 장기적으로는 우울증, 불안과 긴장, 낮은 자존감, 부정적인 자아개념, 사회적 상호작용 및 대인관계에서의 장애를 경험하게 된다(고선영 외, 2004). 성폭력 피해자들은 성폭력증후군과 손상된 상품증후군의 증세를 겪게 된다(박용순, 2000). 피해자 자신을 정숙하지 못한 여자로 인식하며 순결 이데올로기로 인하여 자신을 가치 없는 존재로 여기고 자포자기에 빠지게 되며 성폭력의 원인을 자신에게 돌리면서 죄의식을 갖는다. 공포감, 불안, 악몽 등의 심리적인 불안감으로 기본적인 생활을 제대로 할 수가 없으며 우울증을 앓거나 자살을 시도하는 경우가 많다.

성폭력 가해자의 폭력 발생의 이유는 다양하지만 첫째는 개인적인 가해자의 심리적 특성을 들어 성장과정에서 성적 학대 경험이나 다른 폭력의 피해경험이 폭력의 이유로 작용하는 경우가 많다. 둘째는 가해자의 가족관계의 문제가 폭력으로 이어지는 경우도 있다. 가족 내의 의사소통이 원활하지 못한 가정의 자녀가 성폭력 가해 비율이 높았다(한인영 외, 2001). 셋째는 가부장적 이데올로기에 근거한 이중적인 성윤리 의식과 여성을 하나의 대상물로 하는 여성차별주의, 성의 상업화 등을 들 수 있다.

(6) 십대임신

십대의 임신은 혼전의 임신을 말한다. 법률상으로는 정당한 혼인관계에 의하지 않은 성관계를 통해 자녀를 임신한 것으로 출산하는 경우 미혼모가 된다. 미혼여성의 혼외임신에 대한 사회적인 거부감과 낙인은 어느 나라고 그 정도의 차이는 있지만 존재한다고 본다, 특히 한국사회에서는 유교적인 영향이 잔존하고 있어 그 정도는 더 심하다고 할 수 있다. 이로 인해 미혼여성의 임신율과 발생요인을 파악하기는 매우 어려워 미혼모의 규모와 의미를 축소하는 결과를 낳았다(김혜영 외, 2009). 한국사회에서 미혼모는 개인의 부도덕한 성행위의 결과로 간주하고 그 책임을 미혼모 개인에게 돌리기 때문에 미혼의 정체성을 유지하기 위해 인공임신중절을 선택하는 여성의 수도 많다는 것은 공공연한 비밀이 되고 있다. 보건복지부 통계에 따르면 연간 낙태건수가 169천 건에서 미혼여성이 74천 건으로 43%를 차지하고 있다(보건복지부, 2012). 이는 미혼상태에서의 자녀 출산을 용인하지 않는 사회적 분위기를 반증한 사례라 할 수 있다.

여성가족부는 미혼모를 한부모 가족지원법에 의해 청소년 한부모로 구분하고 있다. 청소년 한부모 현황은 2015년도 한부모 가족지원 사업안내에 따르면 1995년에 94천명으로 한부모 가족 전체의 9.8%를 차지하고 있었으나 2010년에는 185천 가구로 한부모 가족 전체의 11.6%로 나타났다. 청소년 한 부모는 15년 동안에 약 2배 증가하였다(미혼모와 미혼부 합산 통계임). 이 추세는 계속이어 질 것으로 전망된다. 십대 미혼모의 특징은 다음과 같다.

① 미혼모의 저연령화

여성가족부의 통계에 의하면 미혼모의 저연령화 현상은 이어지고 있다는 것이다. 미혼모 중 19세 이하가 30.6%이고 20~24세도 31.8%로 나타나 전체 미혼모의 62.4%가 청소년 미혼모라고 할 수 있다. 미혼모의 가족관계를 분석하면 80-90년대는 가족 내 문제가정의 자녀가 많았으나 90년 이후 미혼모는 정상가정, 모범생 등 가족형태나 계층에 국한하지 않고 다양한 배경을 가지고 있다. 또한 과거에는 낮은 교육 수준이나 교육기회의 박탈과 함께 성에 대한 무지, 특정한 가족요인에 의했다면 최근에는 개인의 생각, 사회적 배경, 성장환경, 우발적인 요인 등 복합적인 현상에 의한다고 할 수 있다.

십대의 임신은 여러 가지 건강상의 문제를 가져올 수 있는 발달상의 위기라 할 수 있다(김신정 외, 2004). 십대 임산부는 임신에 대한 지각이 늦어 제대로 영양관리를 하지 못할 뿐만 아니라 약물을 분별없이 사용하거나 건강에 대한 주의가 부족하기 때문에 의학적으로 심각한 문제들을 갖게 될 수 있다. 어린 미혼모는 임신중독, 빈혈, 조산아 · 미숙아 · 기형아 분만, 자연유산, 사산 등을 경험한 비율이 일반 임신에 비해 훨씬 높다. 생물학적으로도 미혼모 자신이 아직 발육이 제대로 되지 않은 상태이기 때문에 아기나 산모 모두 건강과 생명에 위험할 수 있다(송말희 외, 2004).

② 학업중단

미혼모의 교육수준은 1980년대만 하더라도 중졸 이하의 학력이었지만 90년대 이후 는 약 2/3 가량이 고등학교 교육을 경험했거나 이와 비슷한 수준의 교육수준을 가지고 있는 것으로 나타났다. 이는 전 국민의 교육수준의 향상과 맥락을 같이한다고 볼 수 있다.

김혜영 외(2009)의 조사에 의하면 미혼모의 86.8%가 학업을 지속하고 하는 의사가 있다고 하여 대부분의 미혼모들의 학업을 지속하고자 하는 의지가 높은 것으로 나타났다. 십대 미혼모의 대부분은 학업을 지속하기를 원했으나 학교로부터 휴학이나 자퇴를 권유받아 학업을 포기하는 경우가 많았다. 임신으로 학업을 중단하는 경우 학력미달로 취업 경쟁력이 낮아질 수밖에 없고 미래 사회의 노동생산성 저하를 가져오는 사회문제로 이어질 수 있다. 학교나 사회로부터 지속적인 거부를 경험한 경우 자포자기하여 재임신하게 되거나 돈벌이가 쉬운 성산업에 빠져들어 갈 가능성이 높다. 학교에 재학 중인 미혼모의 경우 분만으로 인한 심리적 갈등과 학교의 친구나 교사들이 알게 되는 것에 대한 두려움 때문에 가족의 특별한 배려가 없으면 쉽게 학교를 중단하거나 심리적인 장애, 학교부적응의 문제를 경험하고 학업을 중단하게 될 가능성이 크다(송말희 외, 2004).

③ 성에 대한 왜곡된 정보

가정과 학교에서 성교육이 강조되고 있지만 청소년들이 성지식을 습득하는 경로는 과거와 별 차이가 없다. 청소년들의 성교육 경험이 전문적인 성교육보다는 비공식적인 경로를 통한 성교육 경험이 높은 것으로 나타났다(여성가족부, 2009). 첫 성관계 연령은 갈수록 낮아지고 있으나 피임에 대한 인식도는 여전히 부족한 실정에서 건전하고 체계적인 성지식을 습득하기보다는 친구나 인터넷과 같은 비전문적인 통로를 통해 성지식을 습득하고 있는 점은 미혼모 발생원인과 무관하지 않다고 볼 수 있다.

④ 임신인지의 시기가 늦음

임신 인지에 대한 조사(김혜영 외, 2009)에 의하면 임신경과 3개월 전후하여 임신사실을 알게 된 것으로 나타났다. 임신에 대한 인지가 늦어지면 늦어질수록 모자보건을 위한 진료나 주의사항에 대한 조치 등을 적절한 시기에 취하지 못할 경우 산모나 태아에게 치명적인 의료적인 문제가 발생할 가능성도 높다.

⑤ 취업문제

미혼모들은 갑작스런 임신으로 다양한 어려움을 경험하지만 출산 후 하고 싶은 일에 취업이 40.1%로 가장 많이 나타났으며 아기만 키우고 싶다는 15.9%, 학업지속 13.2%, 나의 가족과 함께 사는 것이 7.9%, 아기 아버지와 결혼이 7.5%, 자유로운 생활이 3.8% 순으로 나타났다(김혜영 외, 2009). 여기서 미혼모가 가장 원하는 것은 취업인데 이에 대한 대책이 막연하여 분만 전의 생활로 돌아가는 경우가 많다. 전문적인 기술이나 지식이 없어 저임금 직장을 전전하다가 청소년 유해업소 등에 유입될 위험성이 높다(김신정 외, 2004).

⑥ 미혼부의 무책임성

미혼모가 임신과 출산 후에 미혼부와 단절된 경우가 많다. 이 중 출산 후 입양을 결정한 경우에는 64.0%가 미혼부와 전혀 연락을 하지 않는 다고 응답하였으며 자녀를 양육하는 경우에는 47.3%가 연락두절 상태로 나타났다. 19세 이하의 청소년인 경우 9.4%가 미혼부와 동거 중이고 전혀 연락이 안 된다는 46.2%

로 나타났다. 여기서 10대의 미혼모들의 경우 미혼부와 동거한다는 응답은 재임신 가능성과 연계되어 있다고 볼 수 있다.

미혼모의 84%가 임신한 후 미혼부에게 임신사실을 고지한 후 10대인 경우 결혼하자가 23.7%, 낳으라가 33.3%, 임신중절하라 고 20.5%, 자기 아이임을 부인이 7.3%, 소식이 끊어짐이 6.8%, 헤어지자가 4.6%로 다양한 반응을 보였다. 이중 낳으라와 임신중절 하라는 상반된 반응이 가장 많이 보이는 것은 미혼부도 임신사실을 수용하는 과정에서 많은 혼란을 경험하고 있음을 알 수 있다. 미혼부의 낙태권유는 미혼모의 경제적, 육체적 고통에 정신적 고통까지 겪게 함과 동시에 미혼부로서의 무책임감의 극치를 보여줌과 동시에 생명경시 태도를 보여주고 있다. 10대 청소년 미혼모의 양육비 청구에 대해 38.5%는 받고 있다고 응답했으나 책임회피 23.1%, 주겠다고 했으나 받지 못함 38.5%로 나타나 미혼모의 경제적 빈곤으로 이어져 여성빈곤의 핵심집단이 될 가능성이 있다(김혜영 외, 2009).

4. 청소년 성문제 예방을 위한 실천방법

청소년의 성문제의 원인은 다양하지만 크게 개인적인 요인과 사회문화적인 요인이 있었음을 앞 절에서 살펴보았다. 성 문제의 유형도 성에 대한 궁금증에서부터 성매매에 이르기까지 그 양태가 다양하다는 것을 알 수 있었다.

다행스런 것은 한국사회의 청소년들의 성 의식 중 성개방성에 대한 조사(여성가족부, 2009)에 의하면 성인들이 생각하는 것보다 훨씬 보수적이라는 것이다. 오히려 극히 일부를 제외하고는 건강한 청소년기를 보내고 있다고 볼 수 있다. 다만 우려되는 것은 과거에는 성매매 등 청소년의 성문제와 관련된 경우 청소년들의 가족관계가 역동적이지 않거나 가정형편 등이 어렵다는 등 결손가정이나 문제가정의 청소년들이 대부분이었다. 그러나 최근에는 놀이삼아 쉽게 버는 돈벌이의 의미로 접근한 정상적인 가정의 청소년이나 모범생까지도 호기심으로 성문제에 연루되기도 하고 저연령화 현상들은 청소년 성문제의 심각성을 말해주고 있다. 청소년기는 신체적 · 성적, 심리적 · 정서적 발달이 미성숙단계이므로 성매매, 10대임신과 관련지어 진다면 보건위생상 치명적인 손상을 입을 수 있다. 이로 인한 심리적 · 정서적 장애는 성인이 된 후에도 지속적으로 발병할 가능성도 높다.

청소년기의 성문제는 당사자 문제로 끝나는 것이 아니고 가족체계의 붕괴와 해체와 연관될 수도 있고 이미 이루어진 경우도 있지만 나아가서는 지역사회의 하나의 해결해야 하는 사회문제로 전락할 수도 있다. 다른 사회문제도 마찬가지지만 특히 청소년의 성문제와 관련해서는 문제발생 후의 사후약방문격의 치료는 근원적 치료가 안 된다고 본다. 성문제 발생 예방을 위한 청소년 관련 기관들 학교, 가정, 지역사회차원의 실천적 대안과 국가차원의 정책적 대안이 필요하다고 본다.

1) 학교 차원의 실천적 방법

청소년들의 하루일과 중, 학교에서 보내는 시간이 가장 많으므로 학교 차원의 전문적이고 기술적인 접근이 필요하다고 할 수 있다. 성문제 예방법 중 가장 일반적인 방법이 성교육이라고 할 수 있다. 성교육 경험에 대한 조사(여성가족부, 2012)에 의하면 조사자중 최근 1년간 성교육을 받은 경험이 있다고 응답은 75.6%로 전체의 3/4수준에 달했으며 이 중 중학생은 87.6%인데 반해 고3은 53.7%로 학년이 올라갈수록 성교육 경험률이 감소하고 있다. 성교육을 받은 기관은 90.8%가 학교라고 응답하고 있어 실질적으로 청소년에게 성교육을 실시하는 곳은 학교라고 할 수 있다. 성교육을 받은 청소년 중 실제 도움이 되었는가에 대해 33.2%만 도움이 되었다고 응답하였다. 성교육의 부족한 점에 대해서는 교육과 강의방식이 재미가 없다가 31.3%, 교재 내용이 부실했다가 8.5%로 응답했다.

이런 조사결과는 교육강의 방식을 좀 더 흥미롭고 재미있게 구성해야 교육의 효과를 높일 수 있다는 점이다. 아울러 성폭력예방, 성매매 예방을 위한 성의식 교육이 병행되어야 하고 성교육 활성화를 위해 지역의 청소년 성문화센터 등 전문기관의 역할 확대가 필요하다.

2) 가족 차원에서의 실천방법

청소년 성범죄와 관련한 통계(전영실 외, 2007) 에 의하면 청소년 성범죄자는 가족관계에 문제가 있는 경우가 많다고 제시하였다. 청소년 성범죄자들의 경우 부모에 대한 애착이 제대로 형성이 안 되어 다른 사람과의 친밀한 관계를 형성하는 데 어려움이 있는 것으로 나타났다. 청소년기에 가족은 중요한 영향을 미치는 일차적 집단으로 부모와의 관계가 가장 핵심이라고 하고 있다.

청소년들의 성문제는 빈곤과 부모자녀간의 정서적 유대관계의 부족과 밀접한 관련이 있다. 청소년의 대중매체나 유해매체 이용 장소 조사(여성가족부, 2009) 에 의하면 이런 매체를 가장 많이 이용하는 곳은 집(60.4%)이라고 답하였다. 이는 부모세대의 매체접근 능력 부족도 있지만 부모의 무관심과 무책임도 한 몫 하였다고 볼 수 있다.

청소년들이 성문제에 매몰되지 않고 건강한 청춘으로 성장할 수 있도록 어려서부터 성에 대한 올바를 이해와 태도 등에 대한 조기교육이 시작되어야 한다고 본다. 특히 부모는 성에 대한 대화기술과 정확한 지식을 가져야 한다.

아울러 건강한 가족의 역량강화를 위한 생활주기단계마다의 과업을 잘 수행할 필요와 함께 가족생활교육이 필요하다고 본다.

3) 지역사회차원의 실천방법

지역사회 내의 청소년 유해업소 및 매체 생애경험률(여성가족부, 2009)에 의하면 가장 낮은 연령이 초등학교 5~6학년으로 저연령화 하고 있음을 알 수 있다. 이 조사에 의하면 청소년 등 유해업소의 유해성을 몰라서 접촉하는 것이 아니라 알면서도 이용한다고 보여준다. 청소년들은 유해업소 및 유해매체에 대한 비판적 수용능력이 무비판적으로 받아들여 성문제와 관련지을 개연성이 많다.

〈표 12-5〉 업소 이용 생애경험률-집단비교

	사례수 (명)	이용 경험(%)							
		만화방	전자 오락실	PC방	노래방	멀티방/ 룸카페	비디오/ DVD방	성인용 주점	성인용 무도장
초등학생(5~6학년)	1,514	12.9	40.7	59.2	80.0	9.6	12.0	-	-
중·고교생	15,487	29.9	60.0	85.8	90.9	24.4	12.6	13.8	1.9
위기청소년	1,351	34.1	64.4	93.8	92.9	4.7	39.5	60.4	21.1

*무응답을 포함한 전체 사례수임.
출처: 여성가족부(2012).

지역사회 차원에서 청소년 유해업소 출입금지 운동, 유해환경퇴치운동, 음란사이트 단속운동 등 시민들의 적극적인 참여가 요구된다. 지역사회내의 관련기관 과의 유대강화와 시민단체, 종교단체, 청소년 단체 등 체계적이고 행동화 할 수 있는 구체적인 전략이 필요하다(박정란 외, 2014). 구와 동, 생활권역별 교회, 학교, 복지관, 청소년상담실이 중심이 되어 청소년과 부모를 대상으로 실질적인 성교육 프로그램과 성문제 예방을 위한 다양한 서비스를 활성화시켜야 할 것이다. 지역사회 성교육 상담실의 전문성을 강화하기 위해 상담원과 자원봉사자들을 대상으로 정기적인 보수교육과 심화 교육이 제공되어야 한다. 2014년 12월 말 현재 전국에 52개 운영 중인 청소년 성문화 센터를 통해 청소년들이 자기주도적인 체험학습을 통해 올바른 성지식을 습득하고 성문화에 대한 비판적 시각과 건강한 성정체성을 갖도록 지원을 강화해 나가야 할 것이다(전국청소년성문화센터협의회 홈피).

4) 국가 차원의 정책적 실천방법

청소년 성문제와 관련 심각성을 일깨워 줄 수 있는 교재개발 및 정부의 재정적인 지원이 필요하다. 건전한 성문화조성을 위한 계속적이고 지속적인 활동들이 요청된다. 특히 청소년 보호법의 입법취지를 충분히 발휘할 수 있는 적극적인 장치와 제도 마련이 필요하다. 청소년 유해환경들에 대한 대국민 홍보와 당사자들인 청소년을 대상으로 한 교육과 정보제공 등 섬세한 접근이 필요하다.

chapter

13 청소년복지의 과제와 전망

이 장에서는 우리나라 청소년복지의 과제와 발전방향을 몇 가지 측면에서 제시하고자 한다. 첫째는 청소년복지와 관련한 제도의 문제이다. 두 번째 문제는 날로 강조되고 있는 청소년의 인권과 권리보장에 관한 제안이다. 셋째는 청소년복지를 전달하는 체계와 전문인력 확보에 관한 문제이다. 네 번째는 학교사회복지의 제도화이다. 다섯 번째는 청소년을 위한 종합적인 자립지원체계 구축이다. 이를 바탕으로 우리나라 청소년복지의 미래를 전망해보고자 한다.

1. 청소년복지의 과제

1) 법체계의 개편

우리나라에서의 청소년복지는 사회복지의 연장선상에서 발전하였다기보다는 청소년정책의 발달과 그 궤를 같이 하고 있다. 따라서 각종 사회복지 관련법이나 정책과 연계되지 못해 고립화의 특징을 보이고 있다. 예를 들어 청소년복지지원법에는 청소년상담복지센터가 복지시설로 규정되어 있으나 사회복지 서비스의 실질적인 지원에는 많은 어려움을 가지고 있다.

우리나라에서 본격적인 청소년복지의 시발점은 1961년도에 제정된 아동복리법과 미성년자보호법이다. 이를 기점으로 해 1987년 청소년정책을 위한 근거법으로 청소년육성법이 제정되었다. 청소년육성법이 그 의의를 갖는 것은 청소년 정책대상이 요보호청소년을 대상으로 한 보호위주의 정책에서 육성으로 그 방향을 전환함으로써 모든 청소년들이 정책 대상이 되었다는 점이다. 한편 1991년도에는 청소년육성법을 전면 개정한 청소년기본법이 제정되면서 청소년을 위한 기본법제와 조직을 갖추게 되었다. 또한 청소년 헌장의 제정(1990)과 개정(1998), 청소년보호법의 제정(1997)과 개정 등 다양한 법과 제도가 정비되기 시작하였다.

이런 변화과정을 거치면서 청소년 관련법은 몇 가지 의미를 가지고 있다. 첫째, 청소년정책의 대상을 명확히 하고 청소년복지가 국가의 책임이라는 것을 분명히 하여 국가정책의 차원에서 다루게 되었다는 점이다.

둘째, 청소년정책을 수행할 조직과 기구를 정비하였다. 청소년정책에 관한 국가의무를 수행하기 위한 정책을 심의기구와 청소년육성에 관한 국가 및 지방자치단체의 업무를 총괄하는 부서를 둠으로써 청소년서비스 전달체계를 갖추고 책임행정이 이루어지도록 시도하였다.

셋째, 청소년헌장을 통해 청소년의 권리와 책임을 규정하였다. 의무사항이 아닌 선언적인 의미에서 청소년헌장이 마련되었지만 청소년과 관련한 정책과 제도의 방향성, 청소년에 대한 인권의 보장, 청소년이 사회에 대해 갖는 책임과 권리 등을 명시함으로써 청소년의 권익을 옹호하고 보장하는 데 근거를 제시해주고 있다.

넷째, 청소년복지를 청소년정책 중의 한 분야로 인정하게 되었다. 그럼에도 불구하고 청소년복지사업의 가장 큰 문제점은 청소년기본법 속에 사회복지사업법과의 연계성을 규정하지 않아 청소년복지의 수행을 위해서 불가피하게 필요한 사회복지법인의 등록, 사회복지사의 채용, 사회복지시설에 대한 국가의 책임 등이 모두 배제되어 대부분의 청소년복지시설은 법적 · 행정적 지원을 받지 못하고 있으며 사회복지체계와 연계되지 못하고 있다는 점이다.

다섯째, 성장과정에 있는 청소년을 각종 유해한 사회환경으로부터 보호 · 구제하기 위해 법과 조직이 설치되었다는 점이다.

여섯째, 교육보호의 제도화이다. 생활보호법의 개정(1982)으로 기존의 생계보호, 의료보호, 해산보호, 장제보호에 교육보호와 자활보호가 추가됨으로써 빈곤청소년들이 실질적인 혜택을 받았다. 기존에 의무교육이 실시되고 있다고는 하지만 그 수준이 미흡하여 실제적인 도움을 제공하는 데 한계가 있었는데 교육보호를 위한 지원을 제도화함으로써 빈곤청소년들의 교육권을 확대시켰다고 할 수 있다.

한편 노혁(2010)은 1993년부터 시행된 청소년지도사 자격시험에 청소년복지론이 독립교과목으로 등장한 것에 대해 의미를 부여하였다. 청소년지도사 교과목에 청소년복지가 독립교과목으로 채택되면서 본격적으로 청소년복지의 정체성과 방향에 대한 관심을 기울이기 시작했다는 데 매우 큰 의미가 있다는 것이다.

그렇지만 아직도 청소년복지가 사회복지에서 어떤 위상으로 정립되어야 하는지에 대한 충분한 논의는 이루어지지 않고 있다는 점을 강조하고 있다. 이제 청소년복지는 사회복지의 새로운 분야로서 성격과 방법 그리고 내용에 대한 경험이 축적되고, 깊이 있게 연구되어야 할 시점에 와 있다.

이와 함께 청소년복지를 주요 교과목으로 가르치는 청소년학과 아동 관련학과의 협력과 소통을 통하여 통섭적 관점에서 청소년복지의 내용과 방법을 표준화하는 작업도 필요한 일이 될 것이다, 또한 아동복지법과 연계하는 작업도 거시적인 복지 안목에서 진행되어야 할 일이다. 이와 같은 측면에서 살펴보면 복지영역에서는 청소년복지지원법과 아동복지법을 통합하여 하나의 법체계로 일원화하고 대상연령을 절충하여 일원화시키는 것이 필요하다.

2) 청소년의 권리보장과 참여의 확대

국제사회에서 청소년의 권리는 아동의 권리차원에서 논의되어 왔다. 국제사회에서 통용되는 아동의 나이는 18세 미만이다. 이러한 연령 기준은 청소년의 연령과 겹친다. 따라서 아동의 권리에 관한 국제협약의 내용과 청소년헌장을 중심으로 청소년의 권리를 살펴본다. 우리나라의 청소년과 관련한 기본 이념에는 아동의 권리에 관한 국제협약의 정신이 담겨 있기 때문이다.

20세기에 들어오면서 청소년의 권리에 관한 국제적인 논의가 활발해졌다(하승수, 2008). 제1차 세계대전과 같은 전쟁으로 수많은 아동이 기아, 질병, 영양실조 등으로 고통받는 현실에서 아동권리에 관한 최초의 국제적인 선언인 '아동권리선언'이 작성되었다. '제네바 선언'으로도 불리는 이 선언은 1924년 11월 26일 국제연맹총회에서 채택되었다. 이 선언은 전문과 5개 조항으로 구성되었다. 그 내용은 '아동에게 최상의 것을 제공할 의무'를 명시하고 아동의 기본적인 생존을 위해 필요한 것에 초점을 맞추고 있다. 아동권리선언은 이후에 이루어지는 국제조약 제정의 출발점이 되었다는 점에서 그 의미가 있다(정규석 외, 2013).

제2차 세계대전 당시에도 대량학살과 인권침해가 있었다. 이런 결과로 인해 국제사회는 인권보장을 위한 노력을 기울이게 되었고 결국 1948년 12월 10일에 유엔총회에서 '세계인권선언'이 채택되었다. 전문과 30개조로 이루어진 '세계인권선언'은 시민적, 정치적, 권리와 경제적, 사회적, 문화적 권리에 대한 내용을 담고 있다. 이와 같은 보편적 인권을 위한 노력과 함께 아동과 청소년의 인권에 대한 논의도 활발하게 이루어져 1959년 11월 20일 유엔총회에서 제네바 선언의 내용을 확대 보완하고 세계인권선언을 아동에게 반영한 '유엔아동권리선언'을 채택한다. 전문과 10개 조항으로 구성된 이 선언은 아동을 보호의 대상으로 간주한 것이 아니라 인권의 주체로 인식함으로써 시각의 진전을 보여주고 있다.

1960년대부터는 법적 구속력이 없는 선언에 그쳤던 인권과 관련한 선언들을 법적 구속력이 있는 국제조약으로 발전시키려는 움직임이 본격화되었다. 이런 배경 하에서 1989년 11월 20일 유엔총회에서 아동의 권리에 관한 국제협약이 채택되고 1990년 9월 2일 20개 국가가 협약을 비준함으로써 이 협약이 발효되었다. 우리나라는 1991년 11월 20일 이 협약을 비준하였으며 일반적으로 승인된 국제법으로서 국내법과 동일한 법적 효력을 가지고 있다.

아동의 권리에 관한 국제협약은 전문과 54개 조항으로 구성되어 있다. 그 구체적인 내용은 다음과 같다(Save the Children Korea, 1999: 이혜원, 2006에서 재인용). 첫째, 생존권이다. 생존권은 아동이 생명을 유지하고 기본적인 삶을 누리는 데 필요한 권리를 말한다. 두 번째는 보호권이다. 보호권은 아동이 모든 형태의 신체적, 정신적 폭력, 상해나 학대, 유기나 유기적 대우, 성적 학대를 포함한 혹사나 착취, 고문이나 기타 모든 형태의 잔혹하거나 비인간적인 굴욕이나 처벌, 경제적 착취, 위험하거나 교육에 방해가 되거나 아동의 건강이나 신체적 · 지적 · 정신적 · 도덕적 · 사회적 발전에 유해한 노동의 수행으로부터 보호받을 권리를 말한다. 이러한 권리를 보호하기 위하여 국가가 모든 입법적 · 행정적 · 사회적 · 교육적 조치를 적절하게 취해야 할 것을 규정하고 있다. 셋째는 발달권이다. 발달권은 아동의 건강한 신체적 · 인지적 · 정서적 · 사회적 발달과 아동의 잠재력 실현을 위한 권리이다. 이와 관련하여 아동국제권리협약에서는 아동의 사상, 양심, 종교의 자유에 대한 권리와 아동의 사회적 · 정신적 · 도덕적 복지와 신체적 · 정신적 건강의 향상을 목적으로 하는 정보와 자료에 대한 접근권, 신체적 · 지적 · 정신적 · 도덕적 · 사회적 발달에 적합한 생활수준을 누릴 권리를 가지고 있음을 규정하고 있다. 또한 교육, 휴식과 여가, 놀이와 오락 활동, 문화생활과 예술에 참여할 수 있는 아동의 권리를 명시하고 있다. 마지막으로 참여권은 아동이 자신의 견해를 자유롭게 표현하고 자신에게 영향을 미치는 모든 문제에 있어 발언할 수 있는 권리를 말한다. 이와 관련하여 아동에게 영향을 미치는 어떠한 사법적·행정적 절차에 있어서 직접적 또는 대표자나 적절한 기관을 통하여 진술할 기회가 주어져야 함을 규정하고 있으며 표현의 자유, 결사의 자유, 평화적 집회의 자유에 대한 권리를 명시하고 있다.

1990년에 제정되고 1998년에 청소년의 주체적 삶과 자율성 및 참여를 강조하는 내용으로 개정된 청소년헌장에도 우리나라 청소년이 누려야 할 권리를 명시하고 있다. 청소년헌장에 명시된 청소년의 권리는 정신적·신체적으로 균형 있게 성장할 권리, 차별 받지 않을 권리, 폭력으로부터 보호 받을 권리, 사적인 삶의 영역을 침범 받지 않을 권리, 표현의 자유에 대한 권리, 건전한 모임을 만들고 활동할 권리, 배움을 통한 자아실현의 권리, 일할 권리와 직업을 선택할 권리, 여가를 누릴 권리, 문화와 예술활동에 참여할 권리, 정보에 접근할 권리, 정책에 참여할 권리가 이에 속한다(정규석 외, 2013).

지금까지 우리사회에서는 청소년을 보호의 대상으로 간주해온 것이 사실이다. 이런 관점에서 탈피하여 청소년복지정책을 시행함에 있어서 청소년이 중심이 되고 청소년들의 권리와 이익이 보장되는 관점에서 시행되어야 할 것이다. 그리고 노동인권을 포함한 청소년 인권이 침해 받았을 경우에는 보다 적극적인 처벌 조항도 만들어져야 한다.

한편 홍봉선 등(2011)은 청소년의 성적 주체성을 인정해야 한다는 점을 강조하고 있다. 지금 우리가 아무런 비판 없이 받아들였고 지금의 청소년에게도 강요하고 있는 기존의 금욕적, 절제적 관점이 과연 새롭게 변화하는 청소년의 욕구와 문제를 충족시키고 있으며 급증하는 청소년의 성문제의 예방 및 해결에 적합한지를 다각적으로 논의해야 할 시점이라는 것이다.

선진국의 경우 1차 세계 대전 이후 여성 지위의 향상 등 여러 가지 사회적 변화에 따라 청소년의 성에 대한 긍정적인 관심과 접근이 행해지고 있으며 청소년

성문제에 대한 접근방법과 가치관, 효과성과 나아갈 방향에 대해 여러 가지 연구와 논의가 활발히 진행되어 왔다. 그 결과 청소년의 성적 주체성을 인정하자는 주장들이 확대되고 있으며 특히 지금까지 우리나라에서는 청소년 성문제에 대한 많은 연구들이 시도되어 왔으나 대부분 기존의 전통적 관점이나 혹은 실천방법에 대해 비판적이고 전환적인 논의를 찾기 어려웠다. 최근 이러한 척박한 환경에서도 일부에 의해 청소년 성주체성이라는 새로운 논의가 제기되고 있는 것은 청소년 성문제에 대한 새로운 대안적 패러다임으로 발전될 가능성을 보여주는 것이어서 매우 고무적이라 하겠다.

청소년에게 성적 결정 능력이 있음을 전제로 하는 주장도 조금씩 제기되고 있다. 윤가현(1999)에 따르면 우리 문화권에서 1950년대까지만 하더라도 10대 중반이나 후반의 남녀가 혼인하는 일이 보통 일이었다고 하면서 최근 청소년에게 음주 및 흡연에 관한 연령 기준을 설정하는 것과 마찬가지로 19세 이상부터는 성행위를 허용하는 기준을 설정하는 것이 필요하다고 주장하였다. 김한경(1997)은 청소년의 성과 관련된 예방과 치료의 과정은 연령별로 구분되어야 한다고 제시하고 15~17세 사이에는 예방적 차원에서 성과 관련된 지도 및 피임서비스를 행해야 하며 필요한 경우 책임 있는 이성 관계, 책임 있는 성행위, 임신의 유보 등의 문제를 다루는 것이 필요하다고 하였다.

성(性) 그 자체가 어떤 문제가 될 수는 없다. 성(性) 그 자체는 범죄나 비행이 아닌, 인간 아니 생물의 존재조건이 된다. 여기서 중요한 것은 성 문제에 있어서만은 당사자의 책임 있는 판단과 결정을 존중해야 한다는 점이다 여기서 청소년도 예외가 될 수 없다. 청소년도 엄연한 한 인간으로서 존재하고 있으며, 정상적이라면 스스로의 성 문제를 스스로 판단할 수 있도록 해야 하는 것이 가장 바람직할 것이다(이경재, 2001).

이러한 관점의 전환은 청소년들에게 바람직한 성정체감 형성에 기여, 청소년의 성범죄 예방, 청소년의 자기결정권 신장, 청소년 성 건강권 보장, 양성평등한

성가치관 확립 및 건강한 성문화 정착에 기여할 수 있을 것이라는 점이다.

또한 앞으로 새로운 형태의 청소년 권리에 대한 관심을 기울여야 한다. 탈북 청소년, 다문화청소년, 장애청소년 문제, 가출청소년 문제, 근로청소년 문제, 학교 밖 청소년 등이 다루어져야 한다. 이를 위해 청소년권리에 대한 홍보활동과 모니터링이 활성화될 필요가 있다. 우리나라 청소년의 권리 증진을 위해서는 시급하게 해야 할 일 중 하나는 청소년권리에 대한 교육의 강화이다. 이는 청소년 자신으로 하여금 자신의 권리에 대해 인식을 하게 할 뿐 아니라 청소년을 둘러싼 환경이 청소년의 권리를 보장하게끔 하는 주된 기능을 함이 틀림없다. 청소년 인권교육의 목적은 청소년에게 인간존엄성의 존중을 발전시키고 인권의 기본적 원리를 주장하는 데 적극적으로 참여하게 하여 결과적으로 정당하고 인간적인 사회를 건설하게 하는 것이다. 청소년에게 행하는 인권교육은 첫째, 인권의 보장과 인권침해를 예방, 치유할 수 있는 굳건한 토대를 마련할 수 있고 둘째, 인권을 위한 교육은 그 자체가 이미 인권이며 사회적 정의와 평화, 그리고 발전을 위한 전제조건이다. 셋째, 청소년 인권교육의 과정이 민주적이고 참여적이기 때문에 삶의 질 향상에 도움이 된다. 따라서 청소년 인권교육을 위해서는 학교교육과정을 통한 인권교육, 청소년 인권에 대한 교사교육, 자녀의 인권에 대한 학부모교육 등이 행해져야 하겠다(홍봉선 · 남미애, 2011).

반면 청소년의 권리증진과 참여 확대와 병행되어야 할 것은 청소년의 시민성 강화 방안을 마련하여 시행하는 일이다. 청소년들이 공동체 구성원으로서의 권리와 의무를 이해하여 사회에 적극적으로 참여하며 공동체 이익에 기여하고자 하는 의식과 행동을 시민성이라고 한다. 시민성을 함양하는 것은 청소년에게 요구되는 중요한 발달과업의 한 가지다. 그러나 입시 위주의 경쟁 사회에서 생활하고 있는 우리 청소년들은 시민성에 대한 지식수준은 낮지 않지만 정의적이고 행동적인 영역에서의 발달로 연결되지 못하고 있다(김위정, 2012). 따라서 시민성을 증진시키기 위한 다양한 활동을 기획하여 운영함으로써 상대방을 배려하고 존중하며 협력과 자기절제를 통해 공동체 이익에 기여할 수 있도록 해야 한다.

3) 청소년복지 전달체계 개선 및 전문인력 확보

정책전달체계는 공공성을 담보할 수 있도록 하는 것이 필요하다. 또한 우리나라의 청소년복지 전달체계는 일원화가 필요하다. 청소년복지가 사회복지의 한 분야로서의 정체성을 확립하여 보다 효과적이고 효율적인 서비스를 제공하기 위해서는 이를 전담할 기관을 정하고 기관 간에 역할의 배분과 함께 협력방안을 체계화한 전달체계를 만드는 것이 중요하다. 그러나 우리나라는 정부가 바뀔 때마다 중앙단위의 청소년정책부서가 자주 바뀌고 행정을 전담하는 부서가 자주 바뀌어 정책을 수립하고 집행하는 데 많은 문제점을 보여 왔다.

또한 중앙정부와 지방자치단체 간의 협력과 소통뿐만 아니라 지역사회 내 유관기관들끼리도 상호협력이 효과적으로 이루어질 수 있는 체제가 정비됨으로써 통합적인 청소년복지정책이 이루어져야 한다.

한편 사회가 발전하고 변화함에 따라 청소년들이 요구하는 욕구나 사회적인 문제는 다양화되어 가고 있다. 현재 청소년복지를 수행하고 있는 시설들은 종합적인 서비스를 제공하고 있기 때문에 전문성은 상대적으로 미흡하다. 따라서 청소년에게 맞는 서비스를 제공하기 위해서는 청소년상담사나 청소년지도사 등의 전문인력 확보가 시급하다. 전문인력의 확보를 위해서는 근무여건의 개선과 소진을 방지할 수 있는 프로그램의 개발과 시행, 역량강화를 위한 재교육 등이 시급하다.

청소년복지의 질적인 서비스 향상을 위해서는 청소년복지시설의 안정성을 확보하고 전문인력들이 주어진 직무나 소속 집단에 몰입할 수 있는 근무 여건을 마련해주는 것이 무엇보다 우선되어야 한다.

4) 학교사회복지의 제도화

대부분의 청소년들이 가장 많은 활동시간을 보내는 장소가 학교이므로 학교사회복지는 가장 접근성이 뛰어난 사회복지라고 할 수 있다. 또한 학교라는 안정적인 환경에서 일시적으로 서비스를 제공하기보다는 지속적인 서비스 제공이 가능하기 때문에 서비스의 효과성이 높은 것으로 평가되고 있다. 이렇게 큰 장점을 가지고 있는 학교사회복지를 제도화하기 위해 많은 노력을 기울여 왔다.

이런 노력이 국회의 입법과정을 거치면서 결실을 보는 듯하였으나 아직 미완의 단계에 머물러 있다. 제도화의 노력과 함께 사회복지사의 역량강화를 위한 교육과 연수에 관련한 아이디어를 모으고 준비해 나가는 태도와 자세가 필요하다.

5) 청소년을 위한 종합적 자립지원체계 구축

청소년복지의 궁극적인 목표는 청소년의 사회적 자립이다. 부모나 보호자에 의지하지 않고 스스로 사회구성원으로서 기능하며 건강한 삶을 살아갈 수 있게 하는 것이다. 현재 청소년의 사회적 자립을 위해 다양한 서비스들이 시행되고 있다. 문제는 체계적이고 종합적인 형태를 갖추지 못하고 단편적으로 서비스가 제공되고 있다는 것이다. 청소년을 위한 종합적인 자립지원체계를 구축하기 위해서는 진로탐색 및 진로준비를 위한 진로지원사업, 직업능력향상을 위한 취업지원, 문화역량을 기르기 위한 문화사업을 주요 서비스 내용으로 하는 청소년진로지원센터의 설립이 제안되고 있다(정규석 외, 2009). 현재도 청소년의 자립을 위한 두드림, 취업성공 패키지 등 다양한 프로그램들이 제공되고 있고 이를 조금 더 효과적이고 종합적으로 지원하기 위하여 지역사회청소년통합지원체계(CYS-Net)의 운영위원회나 실행위원회 등 각종 네트워크가 활발하게 운영되고 있다.

2. 청소년복지의 전망

1991년도에 청소년기본법이 제정되면서 청소년복지에 대한 사회적인 관심이 증가되기 시작했다. 청소년복지는 다른 복지 분야에 비해 상대적으로 역사가 짧아 전문인력의 부족과 체계화된 서비스가 잘 이루어지지 않고 있다는 평가를 받고 있으나 정부와 지방자치단체 그리고 관련 분야 전문가들의 노력으로 괄목한 만한 성과를 거둔 것도 사실이다.

청소년의 개념이 불명확하고 연령의 범주도 다양하여 청소년복지정책을 시행하는 데 많은 제한점이 있다. 그러나 사회의 급속한 변화, 가정의 해체 등으로 청소년과 관련된 사회문제가 대두됨에 따라 청소년에 대한 국가 차원의 관심이 높아지고 있다.

우리나라 청소년복지의 사회적 관심은 양적인 측면에서나 질적인 측면에서 지금보다 심화되어 갈 것이다. 또한 선별적 복지서비스보다는 보편적 복지 서비스를 지향할 것으로 보인다. 아울러 예방과 발달적 차원에서 복지 서비스가 제공될 것이다.

김경신 등(2007)은 우리나라 청소년복지의 변화를 다음과 같이 예측하고 있다.

첫째, 청소년복지의 대상은 모든 청소년으로 확대될 것이다. 즉, 청소년복지의 대상자가 지금까지는 일부 문제 청소년이나 요보호 청소년에 국한되었다면 앞으로는 전체 청소년 요구에 맞는 다양한 청소년복지 서비스가 제공될 것이다. 따라서 청소년복지는 통합적 관점에서 전개되어야 하며 다른 복지 분야와 상호 교환적 방향 설정이나 사회의 다양한 변화에 맞추어 나갈 수 있는 적극적인 관점이 요구된다.

둘째, 정부는 청소년복지정책을 수립하면서 청소년의 참여를 통해 그들의 의견을 더욱 적극적으로 반영할 것이다. 청소년의 인권을 보장하고 참여를 확대하여 청소년 개인에게만 초점을 맞추는 것이 아니라 청소년을 둘러싼 가족 및 그 지역사회까지 포괄하는 보다 다양화되고 전문적인 청소년복지 서비스가 실시될 것이다.

셋째, 청소년복지제도가 확충되고 청소년복지시설이 확대될 것이며 청소년들의 욕구와 서비스에 대한 관심이 높아질 것이다. 복지시설은 요보호 청소년전문기관에서부터 일반청소년에 이르기까지 보다 다양하고 특성화된 서비스를 제공하게 될 것이다. 또한 청소년복지에 대한 기반을 마련하고 더욱 전문화된 훈련과 프로그램 운영을 통해 양적인 확대에 대비하여 실효성을 거둘 수 있는 체계적인 조직화가 이루어질 것이다.

아울러 청소년의 전인적인 발달을 위해 체험활동이나 수련활동을 다양화하고 이러한 활동을 시행할 수 있는 수련기관을 보다 많이 설치하여 사각 지대에 있는 농촌 지역의 청소년들도 경험해볼 수 있는 기회가 더욱 증가할 것이다.

넷째, 네트워크의 발달로 지역 간 혹은 세계적인 문화교류가 활발해짐에 따라 새로운 청소년문화가 생겨날 것이다. 새로운 문화를 올바르게 받아들이고 정착시키기 위해 국가는 청소년교류의 장을 활성화시키고 청소년복지 프로그램을 개발하고 실시해야 한다.

다섯째, 청소년기는 학업에서 직업으로 이행하는 단계이므로 직업교육이나 진로를 준비할 수 있도록 체계적인 교육 및 경험을 해볼 수 있는 기회를 제공해주어야 한다. 이를 위한 국가정책이 수립되고 그것을 실행할 수 있는 정부 전담기관이 설립되며 각종 프로그램이 개발되고 시행되어야 한다.

여섯째, 인터넷문화, 대중매체 전파 등 급속한 사회 환경에 따라 청소년의 정신건강 문제가 심각해져 가고 있다. 따라서 청소년의 진정한 삶의 질 향상과 정신건강의 함양을 위한 국가정책의 수립에서 청소년복지가 최우선시되어야 한다. 또한 청소년의 독립적인 판단력과 자기통제력을 키워주기 위한 서비스와 프로그램들이 시급하게 확대 · 정립되어야 한다.

참고문헌

강석영 (2008). 상담자 자기효능감과 상담성과의 관계에서 상담자 역전이 행동 및 내담자 협력관계의 매개효과. 단국대학교 박사학위논문.

강영삼 · 이기종 · 조원호(1997). 청소년의 성에 대한 인지도 조사 및 심층면접조사 연구. 교육논총, 17(1), 159-321.

강은희 · 이은희 · 임은정(2002). 집단따돌림 행동유형과 심리적 특성. 한국심리학회지: 상담 및 심리치료, 14(2), 445-460.

강진령 · 노기호 · 김범구 · 윤소민(2014). 학교 밖 청소년 욕구조사를 통한 정책개발 연구. 여성가족부.

강진령(2012). 집단상담의 실제(제3판). 학지사.

경기도교육청(2012.4). 2012 학교생활기록부 작성 매뉴얼(중등).

경찰청(2013). 경찰통계연보.

고선영 · 양종희 · 이수정(2004). 성폭력 범죄의 원인과 개입전략에 대한 고찰. 한국심리학회지: 사회문제, 10, 117-146.

고용노동부(2012). 고용노동백서.

고재홍 · 윤경란(2007). 청소년의 스트레스와 자살생각: 자아탄력성의 완충효과. 한국청소년연구, 18(1), 185-212.

곽금주(2000). 또래 간 사회적 관계: 부정적 측면에 관한 개관. 한국심리학회지: 발달, 13(3), 77-89.

______(2006). 학교폭력과 왕따의 구조적 특징. 문용린 외, 학교폭력 예방과 상담, pp. 66-90.

______(2008). 한국의 왕따와 예방프로그램. 한국심리학회지: 사회문제, 14(1), 255-272

관계부처합동(2012). 학교폭력근절 종합대책(2012.2.6).

교육과학기술부 · 법무부(2009). 굿바이! 학교폭력-학교폭력 · 성폭력예방 및 대처가이드북.

교육과학기술부 · 한국교육개발원(2012). 학교폭력 NO!! Wee프로젝트 YES!!-학교폭력 이렇게 대처하세요.

교육과학기술부(2012). 학교폭력근절종합대책.

____________(2013). 교육통계서비스.

교육부(2013). 2012학년도 초중고 학업중단 현황 조사 결과 발표. 2013. 9. 4 교육부 보도자료.

교육부(2015). 2015 다문화 학생 교육지원계획.

교육부 · 여성가족부(2013). '학업중단 예방 및 학교 밖 청소년 지원방안' 자료집. 2013. 11.

교육인적자원부(2010). 학교폭력예방 및 대책 5개년 기본계획(2010~2014).

구본용(2013). 학업중단숙려제 상담 안내서. 한국청소년상담복지개발원.

구본용 · 신현숙 · 유제민(2002). 데이터마이닝을 이용한 중퇴 모형에 관한 연구. 청소년상담연구, 10(2), 35-57.

구본용 · 유제민(2003). 중퇴에 관한 위험 및 보호요인의 신경망 모형. 한국심리학회지 건강, 8(1). 133-146.

구자경(2003). 청소년의 심리사회적 특성이 학교자퇴생각에 미치는 영향. 청소년학연구, 10(3), 309-330.

국영희(2008). 비행 청소년의 사회복귀를 위한 단기 임파워먼트 프로그램 효과에 관한 연구: 소년원 가퇴원 청소년을 대상으로. 서남대학교 대학원 사회복지학과 박사학위논문.

권은희(2009). 청소년 자살생각에 영향을 미치는 요인에 관한 연구: 심리사회적 요인을 중심으로. 원광대학교 대학원 박사학위논문.

권이종(1996). 청소년학개론. 교육과학사.

______(2010). 학업중단 아동과 청소년의 문제점과 해결방안. 한국아동청소년가족포럼자료.

권일남 · 박광민(1998). 청소년의 문화의식과 여가활동실태에 관한 연구. 인문과학연구논총, 18(12), 361-376.

권해수 · 서정아 · 정찬석(2007). 대안학교와 소년보호교육기관 청소년의 학교 밖 경험 비교: 개념도 방법론을 통하여. 상담학연구, 8(2), 657-674.

권혜진 · 김경희 · 최미혜 · 김희영(2006). 여자청소년의 성경험 예측요인. 정신간호학회지, 15(2), 170-178.

권희경 · 홍혜영 · 홍지영 · 김태현 · 윤재호(2004). 학교를 떠난 청소년에 대한 개인상담모델 개발: 지지적 접근을 중심으로. 2004 청소년상담 심포지엄 자료집. 서울시청소년종합상담실.

금명자(2008). 우리나라 학업중단청소년에 대한 이해. 한국심리학회지: 사회문제, 14(1), 299-317.

금명자 · 주영아 · 이자영 · 김태성 · 김상수 · 신현수(2005). 학교 밖 청소년 평가도구 개발. 한국청소년상담원.

김경식(1997). 중 · 고교 중퇴생 문제의 고찰. 한국교육사회학회, 7(1), 1-24.

김경신 · 박옥임 · 임형택 · 이민창 · 김오남(2007). 청소년복지론. 청록출판사.

김경연 · 하영희 (2003). 죄책감, 도덕적 이탈, 및 친구의 규칙위반성향과 청소년의 규칙위반행동. 한국심리학회지, p39-52.

김경준 · 최인재 · 설인자 · 원구환(2007). 청소년 우대제도의 국제적 동향과 발전 방안. 한국청소년정책연구원.

김경희 · 권혜진 · 정혜경(2004). 남자청소년의 성경험에 영향을 미치는 예측요인. 대한간호학회지,

34(6), 954-946.

김고연주(2006). 원조교제를 통해 본 청소녀의 섹슈얼리티와 행위자 성. 청소년문화 포럼, 14, 253-284.

김교정 · 정규석(2008). 다문화 청소년 성장환경에 대한 탐색적 연구. 한국콘텐츠학회 논문지, 8, 272-285.

김교헌(2004). 한국청소년의 우울과 자살. 한국심리학회지: 사회문제. 10(특집호), 55~68.

김규태 · 방경곤 · 이병환 · 윤혜영 · 우원재 · 김태연 · 이용진 · 엄재춘(2013). 학교폭력 예방의 이론과 실제. 양서원.

김기환(1999).“사회복지관의 학교사회사업 성과와 발전 방향.” 학교사회사업학. 학교사회사업학회.

김남성(2001). 행동요법. 양서원.

김동일 · 김은하 · 김은향 · 김형수 · 박승민 · 박중규 · 신을진 · 이명경 · 이영선 · 이원이 · 이은아 · 이제경 · 정여주 · 최수미 · 최은영(2014). 청소년상담학 개론. 학지사.

김미숙 · 김성천 · 정익중 · 이혜원 · 이주연 · 신어진(2009). 아동청소년복지 수요에 기반한 복지공급체계 재편방안 연구 II. 한국보건사회연구원.

김미현 · 이현우 · 정영근(2011). 청소년 문화활동의 참여동기, 참여태도, 참여빈도 및 자기효능감의 구조적 관계 분석. 미래청소년학회지, 8(2), 79-80.

김민정(2000). 한국청소년 문화복지지표체계 개발과 타당화 연구. 숙명여자대학교 대학원 박사학위 논문.

김범구 · 조아미(2013). 잠재계층분석(LCA)을 이용한 학업중단 청소년의 유형과 특성. 한국청소년연구, 24(3), 5-31

김선아(2010). 학업중단청소년 유형별 현황 및 맞춤형 정책 개발. 한국청소년정책연구원 세미나 자료집.

김성이(1993). 청소년복지론. 한국청소년개발원.

김성이 · 조학래 · 노충래 · 신효진(2013). 청소년복지학. 양서원.

김순규(2004). 가족환경 요인이 청소년 학업중퇴에 미치는 영향 -농촌지역을 중심으로. 청소년학연구, 11(3), 43-63.

김순혜(2011). 현대아동상담. 학지사.

김시업 · 김지영(2002). 미성년자 원조교제의 사회문화적 구성에 관한 탐색적 연구. 한국심리학회지 사회문제, 8(1), 1-15.

김신정 · 양순옥 · 정금희(2004). 시설에 입소한 미혼모의 실태. 아동간호학회지, 10(4), 468-478.

김애순 · 윤진(1997). 청년기 갈등과 자기 이해. 중앙적성출판사.

김예랑(2012).청소년업무 실무자와 다문화가정 청소년을 위한 문화 간 훈련방안에 대한모색: 다문화교육 및 세계시민교육을 바탕으로. 한국청소년연구, 23(3), 171-204.

김위정(2012). 가정환경과 학교경험이 청소년의시민성 형성에 미치는 영향: 사회참여의식과 공동체의식을 중심으로. 한국청소년연구, 23(1), 201-222.
김윤정 · 이창식(2005). 부모의 성교육이 청소년들의 성행동에 미치는 영향. 청소년학 연구, 12(2), 250-268.
김정열 · 김산용(2014). 청소년복지론. 공동체.
김정원 · 이혜영 · 배은주 · 허창수(2005). 외국인 근로자 자녀 교육복지실태 분석 연구(연구보고RR 200-5). 한국교육개발원.
김준호 · 박정선(1993). 청소년의 가출과 비행의 관계에 관한 연구. 한국형사정책연구원.
김지혜 · 안치민(2006) 가출청소년의 학업중단 영향 요인과 대책. 한국청소년연구, 17(2), 133-157.
김진숙(1999). "집단상담의 시작은 어떻게 하는가" 제1차 집단상담WORKSHOP-집단상담의 과정과 기법. 한국집단상담학회.
김진희 · 김경신(2003). 청소년의 심리적 변인과 인터넷중독, 사이버관련 비행의 관계. 청소년복지연구, 5(1), 88-89.
김창대(2002). 청소년 집단상담프로그램의 개발과 평가: 청소년 집단상담의 운영, 한국청소년상담원.
______(2009). 청소년집단상담의 이론(2장). 홍경자 · 김창대 · 박경애 · 장미경(2009). 청소년집단상담. 한국청소년상담원.
김창대 · 이정윤 · 이영선 · 남상인(1994). 청소년 문제유형분류체계: 기초연구. 청소년대화의광장.
김창대 역(2011). 상담 및 심리치료의 기본기법. 학지사.
김춘경 · 정여주(2001). 상호작용놀이를 통한 집단상담. 학지사.
김한경(1997). 가족의 출산건강 및 성문제에 관한 가족복지적 개입전략. 한국가족복지학, 창간호, 105-132.
김현수(2012). 청소년의 인터넷 중독과 해결방안에 관한 고찰. 한국중독범죄학회보, 2(1), 73-86.
김현주(2002). 학업중도탈락자녀의 심리와 가족관계. 청소년복지연구, 4(1). 1-22.
김형심(2006). 청소년의 문화활동 경험이 자아정체감에 미치는 영향. 인제대학교 대학원 석사학위논문.
김혜영(2002). 학교중도탈락의 사회적 맥락에 관한 연구. 청소년학연구, 9(3), 213-242.
김혜영 · 선보영 · 김은영 · 정재훈(2009).미혼부모의 사회통합방안 연구(2009연구보고서-10). 한국여성정책연구원.
김혜원(2010). 청소년기에 나타나는 심리적 특성과 관련 부적응행동, 세계 청소년학 아카데미 편, 글로벌 시대 비판 청소년학. 세계청소년아카데미.
김혜원 · 이해경(2000). 청소년들을 위한 양성평등 성교육 방향의 모색: 남녀 고등학생들의 성의식과 성행동 실태에 근거하여. 한국심리학회지: 여성, 5(2), 29-45
남영옥 · 이상준(2005). 청소년의 인터넷중독유형에 따른 위험요인 및 보호요인과 정신건강 비교연구. 한국사회복지학, 57(3), 195-222.

노상우(2004). 학업중단 청소년을 위한 프로그램 개발과 운영 전략. 한독교육학연구, 9(2), 45-64.

노충래(2002). "Impact of multicultural experiences on identity formation among Korean American adolescents". 이화사회복지연구 1, 274-308. 이화사회복지연구센터.

노혁(2007). 청소년복지론. 교육과학사.

____(2010). 청소년복지론. 교육과학사.

류방란 · 김경애 · 이재분 · 송혜정 · 강일국(2012). 중 · 교육 학령기 다문화가정 자녀 교육 실태 및 지원방안. 한국교육개발원.

모경환 · 이미리 · 김명정(2014). 청소년 문제와 보호. 교육과학사.

문미자(2002). 중퇴청소년들을 위한 학교복귀 소집단훈련프로그램의 효과 및 치료적 요인에 관한 연구. 경성대학교 대학원 석사학위논문.

문선화(2003). 복교청소년의 학교생활 부적응에 영향을 미치는 요인. 부산대학교 대학원 석사학위논문.

문선화 · 김지영 · 현안나 · 김현옥 · 김지연 · 김현지(2010). 크는나무아동상담소 편, 아동학대의 이해. 양서원.

문재우 외(2014). 인터넷중독상담센터(IAPC) 상담기록을 이용한 인터넷중독자 특성 분석 및 상담기록 표준화 연구. 한국정보화진흥원.

박광배 · 신민섭(1990). 고등학생의 지각된 스트레스와 자살생각. 한국심리학회지, 임상, 10(1), 298-314.

박광준(2007). 사회복지의 사상과 역사. 양서원.

박성길(2003). 인터넷중독과다사용의 위험요소 분석. 서울대학교 대학원 석사학위논문.

박성수 · 김혜숙 · 이숙영 · 김창대 · 유성경(1997). 청소년상담원리. 청소년대화의 광장.

박소영(2014). 개인, 가족, 학교요인이 청소년의 인터넷중독 위험에 미치는 영향에 관한 연구. 고려대 인문정보대학원 석사학위논문.

박승민(2005). 온라인게임과다사용 청소년의 게임행동 조절과정 분석. 서울대학교 대학원 박사학위논문.

박승민 · 조영미 · 김동민(2011). 청소년인터넷중독의 이해와 상담. 학지사.

박용순(2000). 청소년 성폭력 예방을 위한 사회복지적 접근-가해자와 피해자를 중심으로. 청소년학연구, 7(2), 137-159.

박정란 · 서홍란 · 장수한(2014). 청소년복지론. 양서원.

박정미(2006). 자기주도적 학습이 심폐소생술 수행능력 및 유지에 미치는 효과. 경북대학교 대학원 박사학위논문.

박창남 · 도종수(2003). 청소년 학교중퇴의도의 원인에 관한 연구. 청소년학연구 10(3), 207-238.

박현선(2004). 학업중퇴 청소년의 적응유연성. 청소년상담연구, 12(2), 69-82.

______(2010). 고위험군 청소년을 위한 멘토링프로그램의 효과분석. 사회복지연구 41(1), 175-201.

박희경(1998). 현대청소년심리학. 학문사.

배주미 · 김동민 · 정슬기 · 강태훈 · 박현진(2010). 2010년 전국 청소년 위기 실태조사. 한국청소년상담원.

배주미 · 오경자 · 이기학 · 이상선 · 양현정 · 지승희 · 송미경 · 신효정(2006). 다중체계 치료(Multisystemic Therapy)의 한국적 적용. 한국인지행동치료학회, 1-22.

배주미 · 이승연 · 김은영(2010). 청소년 자살 사후개입 매뉴얼 개발-학교장면에서의 개입을 중심으로. 2010 청소년상담연구, 156, 한국청소년상담원.

배주미 · 이은경 · 허지은(2009). 가출청소년을 위한 단기쉼터 초기사정매뉴얼 개발. 한국청소년상담원.

배주미 · 조영미 · 정혜연(2012). 인터넷중독청소년 가족치유캠프 프로그램 개발연구. 한국청소년상담복지개발원.

백혜정 · 길은배 · 윤인진 · 이영란(2007). 남한 내 북한이탈 청소년들의 심리적응에 영향을 미치는 적응준비도에 관한 연구. 한국청소년연구, 18(2), 183-211.

백혜정 · 김은정(2008). 청소년 성의식 및 행동 실태와 대처방안(연구보고08-R08), 한국청소년정책연구원.

법무부(2015). 2014외국인통계.

변숙영 · 이수경(2011). 학업중단청소년의 직업기초능력 실태 및 지원방안. 교육문화연구, 17(2), 283-302.

보건복지부(2009). 청소년백서.

__________(2012). 낙태율 보도자료(2012.9.23).

부산청소년상담복지센터(2011). 학업중단청소년 복교 프로그램 '학교 가는 길' 심성수련교육 프로그램.

서정아 · 권해수 · 정찬석(2006). 학교 밖 청소년의 실태와 정책적 대응방안. 한국청소년개발원 연구보고서.

서정애(2009). 십대미혼모의 임신경험 구성에 관한 연구. 한국청소년연구, 20(1), 281-308.

석재호 · 김경식 · 손봉기 · 함웅 · 기백석(1980). 자살기도자에 관한 연구. 신경정신의학, 19, 288-293.

설동훈 · 서문희 · 이삼식 · 김영아(2009). 다문화가족의 중자기 전망 및 대책연구 :다문화가족의 장래인구추계 및 사회·경제적 효과분석을 중심으로. 보건복지부.

성윤숙(2005). 학교중도탈락 청소년의 중퇴과정과 적응에 관한 탐색. 한국청소년연구, 16(2), 295-343.

성윤숙 · 박병식 (2009). 여성청소년의 인터넷성매매 실태와 대응방안 연구. 한국청소년정책 연구원 연구보고서.

성정현 · 김지혜 · 신원우(2011). 청소년 미혼모의 대안학교 경험에 관한 연구. 한국가족복지학, 33,

223-258.

손성철(2008). 다문화주의와 관련된 몇 가지 쟁점들. 철학연구, 107, 1-25.

송광성 · 구정화 · 이명아 · 김소희(1992). 정학 · 퇴학 청소년 선도방안 연구. 한국청소년정책 연구원.

송말희 · 배선희 · 송현애 · 전길양 · 천혜정(2002). 십대미혼모를 위한 교육프로그램 및 실시: 새로운 꿈을 가꾸는 터. 한국가족관계학회지, 7(3), 19-40.

송수민 · 박승민(2008). 인터넷중독유형별 개입 프로그램 개발 연구보고서. 청소년상담연구, 143. 한국청소년상담복지개발원.

송원영 · 오경자 · 신의진(2008). 청소년 성폭력범죄자를 위한 인지행동치료의 개발 및 단기효과 검증. 한국심리학회지: 임상, 27(2), 547-569.

송현주(2008). 성차이와 성차별(2008 전문강사기본과정). 한국양성평등교육진흥원.

______(2009). 섹슈얼리티의 이해(2009 전문강사기본과정). 한국양성평등교육진흥원.

신민섭 · 박광배 · 오경자 · 김중술(1990). 자살성향에 관한 연구; 우울-절망-자살간의 구조적 관계에 대한 분석. 한국심리학회지: 임상, 9(1), 20-32.

신민섭 · 박광배 · 오경자(1991). 우울증과 충동성이 청소년들의 자살 행위에 미치는 영향. 한국심리학회지: 임상, 10(1), 286-297.

신현숙 · 구본용(2002) 중퇴생, 중퇴 고위험 및 저위험 재학생의 비교: 개인 및 사회 · 환경 변인들을 중심으로. 교육심리연구, 16(3), 121-145.

신혜섭 · 양혜원(2005). 청소년의 성폭력 실태와 예측요인: 성별차이를 중심으로. 한국가족복지 학회지, 15, 135-154.

심혜숙 · 이현진(2003). 사이버상담에서 상담자의 경력에 따른 자기대화 및 가설형성 차이분석. 한국심리학회지, 15(1), 1-16.

안권순(2009). 다문화 청소년의 건전 육성방안. 청소년학연구, 16(7), 99-126.

안양여성의 전화(2000). 여성의 전화 전문상담원 교육자료집.

안영숙 · 안태용(2011). 복교청소년의 학교적응 사례 연구. 청소년학연구, 18(8). 237-263

안현의 · 이소영 · 권해수(2002). 학교 중도탈락 청소년의 욕구와 심리적 경험 조사, 학교를 떠나는 아이들. 한국청소년상담원.

양계민 · 김승경(2010). 다문화가족 아동 청소년의 발달과정 추적을 위한 종단연구(연구보고10-R12). 한국청소년정책연구원.

양계민 · 김승경 · 김윤영(2012). 다문화가족 아동 청소년의 발달과정 추적을 위한 종단연구 III(연구보고12-R08).한국청소년정책연구원.

양계민 · 김승경 · 박주희(2011). 다문화가족 아동 청소년의 발달과정 추적을 위한 종단연구 II(연구보고11-R07).한국청소년정책연구원.

양계민 · 박주희(2013). 다문화청소년 종단조사 및 정책방안연구 I : 총괄보고서(연구보고13-R12). 한국청소년정책연구원.

양계민 · 신현옥 · 박주희(2014). 다문화 청소년 종단조사 및 정책방안 연구II: 총괄보고서(연구보고14-R16) 한국청소년정책연구원.

양계민 · 황순택(2008). 입국초기 새터민 청소년들의 심리적 건강상태에 관한 탐색적 연구. 한국 청소년연구, 19(2), 333-358.

양미진 · 지승희 · 이자영 · 김태성(2007). 학업중단청소년의 사회적응력향상을 위한 캠프프로그램 개발 연구. 상담학연구, 8(4), 1657-1675.

양석호(1991). 청소년 건전육성을 위한 지역사회의 역할, 밝은 사회 건전한 청소년, 체육청소년부.

여성가족부(2011). 2011 청소년백서.

_________(2012). 2012년 청소년유해환경접촉종합실태조사.

_________(2012). 2012년도 청소년사업 안내.

_________(2013). 2012년 전국다문화가족실태조사연구.

_________(2014). 2014 청소년종합실태조사 결과보고서.

_________(2014). 2014년 청소년백서.

_________(2014). 청소년성문화센터현황.

여성가족부 · 통계청(2014). 청소년통계.

여성가족부 · 한국청소년정책연구원(2012). 제5차 청소년정책기본계획 수립을 위한토론회 자료집.

오승근(2009). 학업중단 청소년을 위한 국가 정책의 비판적 고찰. 미래청소년학회지, 6(4), 1-21.

오현애(2002). 학교중퇴 청소년에 대한 지원방안 연구-학교중퇴 청소년의 사회적 지원체계에 대한 욕구조사를 중심으로-. 연세대학교 행정대학원 석사학위논문.

오혜영 · 안현의 · 김은영(2011). 재난 피해 청소년 개입 매뉴얼 개발. 2011 청소년상담연구, 161, 한국청소년상담원.

오혜영 · 지승희 · 박현진(2011). 학업중단에서 학업복귀까지의 경험에 관한 연구. 청소년상담연구, 19(2), 125-154.

우영숙(1999). 청소년의 사회기술향상을 위한 조직캠프 프로그램의 효과. 서울여자대학교 박사학위논문.

유성경(1998). 중도탈락학생 사회적응 상담정책 개발연구: 잠재적 중도탈락학생에 대한 개입체제 개발 연구 2. 청소년 대화의 광장.

유성경 · 이소래(1998). 잠재적 중도탈락학생에 대한 개입체제 개발연구. 청소년 대화의 광장.

유영주(2008). 청소년의 문화활동이 주관적 안녕감과 사회성에 미치는 영향에 관한 연구: 저소득층 밀집지역 청소년을 중심으로. 강남대학교 사회복지전문대학원 석사학위논문.

유용식 · 손호중(2009). 다문화사회 대응정책 우선순위에 관한 연구. 사회복지정책, 36(2), 447-470.

유진이(2009). 학교중도탈락 청소년의 심리적 지도 방안. 청소년학연구, 16(11), 229-257.

육성필(2002). 자살관련변인의 탐색과 치료 프로그램 개발. 고려대학교 대학원 박사학위논문.

육성필 · 이혜선 · 김현지 · 라수현 · 조민호(2008). 자살위기 청소년 긴급구조 및 위기개입 매뉴얼. 국가청소년위원회.

윤가현(1999). 성과 성의식의 변화. 역사비평, 겨울호. 역사문제연구소.

______(2000). 한국 10대청소년들의 성행동 양상. 청소년복지연구, 2(2), 31-42.

윤미경(2002). 잠재적 중도탈락 학생을 위한 적응유연성 집단상담 프로그램의 개발. 홍익대학교 석사학위청구논문

윤미현 · 이재연(2000). 10대 미혼모의 임신관련 요인에 관한 연구. 아동학회지, 21(4), 105-121.

윤여각 · 박창남 · 전병유 · 진미석(2002). 학업중단 청소년 및 대안교육 실태조사. 한국교육개발원.

윤철경(2013). 학업중단 청소년현황 및 정책과제. 학교 밖 청소년 문제 대책 마련 토론회 자료집, pp. 1-32. 교육부 · 여성가족부, 이화여자대학교 학교폭력예방연구소.

윤철경 · 류방란 · 김선아(2010). 학업중단현황 심층분석 및 맞춤형 대책 연구. 교육과학기술부.

이경림(2000). 실업계 고등학생의 중퇴와 관련된 환경적 특성에 관한 연구-체계론적 접근을 중심으로. 서울여자대학교 사회복지대학원 석사학위논문.

이경상 · 조혜영(2004). 한국청소년패널조사(KYPS) II: 조사개요보고서. 한국청소년개발원.

이경재(2001). 무엇이 진정한 청소년보호인가?. 한국형사정책연구소식, 통권 제66호, 한국형사정책연구원.

이경한(2007). 청소년 문화활동: 그 실태와 대안 모색: 전북지역을 중심으로. 교육종합연구, 5(1), 123-128.

이계원(2001). 청소년의 인터넷중독에 관한 연구. 이화여자대학교 대학원 박사학위논문.

이규미 외 역(2009). 아동 및 청소년상담. 센게이지러닝코리아.

이근창(2003). 학교중퇴 청소년의 중퇴이후 적응관련 요인에 관한 연구. 충남대학교 대학원 석사학위 논문.

이명선(2004). 사회적 기술 훈련 프로그램이 집단따돌림 피해 중학생의 사회적 기술, 교우관계, 학교적응, 자아존중감에 미치는 효과. 계명대학교 대학원 석사학위논문.

이미정(2010). 사회적 편견과 미혼모관련 통계, 제60차 여성정책포럼 미혼모의 현실과 자립 지원방안, 한국여성정책연구원, pp. 2-24.

______(2012). 미혼모 자녀양육 및 자립지원을 위한 정책과제, 한국여성정책연구원.

이성식(2005). 청소년 인터넷음란물 접촉이 성폭력에 미치는 영향에서의 조건적 효과. 청소년학 연구, 11(2), 22-45.

이수미(2009). 생활권청소년수련시설 이용 청소년의 문화복지 실태에 관한 연구: 경기도 군포시를 중심으로. 경희대학교 경영대학원 석사학위논문.

이숙영(1997). 중도탈락학생의 사회적응 상담정책 개발 연구. 청소년 대화의 광장.

______(2001). 청소년상담프로그램 개발과정과 절차(2장). 이숙영 · 김광수 · 임은미 · 이창호. 청소년상담프로그램 개발론. 한국청소년상담원.

이숙영 · 남상인 · 이재규(1997). 중도탈락학생의 사회적응 상담정책 개발연구. 청소년상담연구, 한국청소년상담원.

이영선 · 이동훈 · 김은영 · 강석영 · 김래선 · 최영희 · 윤민지(2013). 청소년 스마트폰 중독예방 프로그램 개발. 청소년상담연구, 171. 한국청소년상담복지개발원.

이영숙(2005). 청소년의 성태도와 성폭력 사건 인식에 대한 연구. 한국생활과학회지, 14(5), 709-720.

이영실 · 김재경 · 김봉순 · 박용권 · 조명희 · 홍성희(2014). 가족복지론. 양서원.

이용교(1999). 청소년학총론. 한국청소년학회.

______(2000). 원조교제에 대한 연구 2: 10대 청소년의 원족Y제의 실태, 대한청소년복지학회 춘계 학술대회 발표논문집.

______(2012). 한국청소년복지론. 정민사.

이자영 · 강석영 · 김한주 · 이유영 · 양은주(2010). 학업중단 위기청소년이 지각한 학업중단의 위험 및 보호요인 탐색. 청소년상담연구, 18(2). 225-241.

이장현(2009). 청소년 문화활동 활성화 방안: 평택 청소년 문화의 집을 중심으로. 청소년 보호지도 연구, 14, 78-81.

이장호(2005). 상담심리학(제4판). 박영사.

이장호 · 김정희(1996). 집단상담의 원리와 실제(제3판). 법문사.

이춘재(1988). 청년심리학. 중앙적성출판사.

이치열(2010). 학업중단 청소년 문제에 대한 성찰과 전망. 교육생각, 봄호(2010. 03. 17).

이현아(2004). 대학생의 인터넷중독유형에 따른 특성과 인터넷중독의 영향. 대전가정학회지, 42(3), 27-49.

이현지(2003). 중학생들의 성의식에 관한 연구. 중등교육연구, 51(2), 487-508.

이형득(1979). 집단상담의 실제. 중앙적성출판사.

이혜선 · 육성필 역(2011). 자살 심리치료의 실제. 학지사.

이혜성 · 이재창 · 금명자 · 박경애(1996). 청소년개인상담. 한국청소년대화의광장.

이혜영(2001). 학업중도탈락의 실태와 학교에서의 대처방안. 학업중도탈락과 청소년복지. 한국청소년복지학회 추계학술대회 자료집, 7-23.

임상록 외(2010). 청소년복지론. 학지사.

임수경(2014). 북한이탈청소년정착지원을 위한 정책제언. 2014 국정감사정책자료집(여성가족위원회).

임영식(1999). 청소년 발달의 이론적 관점, 한국청소년학회 편, 청소년학총론. 양서원.

장인엽 · 오정수(1984). 아동 · 청소년복지론. 서울대학교출판부.

장재홍 · 유정이 · 김형수 · 최한나(2003). 중학생의 인터넷중독 및 인터넷 보상경험에 영향을 주는 심리 환경적 요인. 상담학연구, 4(2), 237-252.

전경근 · 이은정(2006). 아동양육에 관한 기본법(안) 마련을 위한 연구. 여성가족부.

전경숙(2006). 10대 학업중단 청소년 지원정책에 관한 연구. 안양대학교 석사학위청구논문.

______(2006). 10대 학업중단 청소년의 근로실태에 관한 실증적 고찰 연구: 가출 경험 학업중단 청소년을 중심으로. 청소년상담연구, 14(1), 3-21. 한국교육개발원(2012). 교육통계연보.

전경숙 · 임양미 · 양전선 · 이의정(2010). 경기도 다문화가정 청소년 생활실태와 지원방안 연구. 경기도가족여성연구원. 정책보고서 2010-11.

전선미 · 오인수(2011). 성별에 따른 청소년의 정서처리과정 유형과 심리적 안녕감의 관계. 상담학연구 12(5), 1737-1752.

전영실 · 강은영 · 박형민 · 김혜정 · 황태정 · 정유희(2007).성폭력범죄의 유형과 재범억제방안(연구총서 07-03), 한국형사정책연구원.

전춘애 · 박철옥 · 이은경(2008). 청소년의 인터넷중독 관련 변인 탐색 연구. 상담학연구, 9(2), 709-726.

정규석 · 김영미 · 김지연(2013). 청소년복지의 이해. 학지사.

정규석 · 유순화 · 장수한 · 김서정(2009). 청소년자활서비스 모형 구축에 관한 연구. 사회과학연구, 25(2), 157-178.

정원식 외(1985). 청소년의 의식구조 조사연구. 서울대학교 사회과학연구소.

정유미(2003). 청소년문화복지 활성화 방안에 관한 연구. 신라대학교 사회정책대학원 석사학위논문.

정익중(2009). 아동청소년정책 전달체계의 통합방안에 대한 비판적 고찰. 사회복지연구, 40(1), 297-322.

정하성(2010). 다문화청소년개론. 이담.

정하성 · 유진이 · 이장현(2007). 다문화청소년이해론. 평택대학교 다문화가족센터. 양서원.

정하성 · 유진이(2012). 청소년문화. 양서원.

정해숙 · 오은진 · 최자은(2011). 학업중단 여성청소년의 실태와 정책과제. 한국여성정책연구원

정현미 · 장명선 · 박귀천(2014). 사회적통합을 위한 다문화가족서비스 대상범위 확대방안 연구: 이

화여자대학교 젠더법학연구소. 한국건강가정진흥원.
정현주(2007). 학업중단 청소년들이 위탁형 대안학교에서 겪는 경험. 가톨릭대학교 대학원 석사학위논문.
조규필 · 박현진 · 김래선 · 김범구 · 양대희 · 이현진 · 황수진(2011). 학업중단 청소년의 학교 재적응 과정 연구. 중등교육연구, 59(4), 969-1000.
조남근 · 양돈규(20002). 청소년이 지각한 사회적 지지와 인터넷중독경향 및 인터넷관련 비행 간의 관계. 세명논집, 8, 118-120.
조병주 · 소수연 · 오충광 · 정민재 · 박성호(2004). 학교를 떠난 청소년의 어려움에 대한 분석과 이해. 2004 청소년상담 심포지엄. 서울시청소년종합상담실.
조성연 · 유진이 · 박은미 · 정철상 · 도미향 · 길은배 외(2008). 청소년복지론. 창지사.
조성연 · 이미리 · 박은미(2009). 학업중단청소년. 아동학회지, 30(6), 1-13.
조성연 외(2000). 원조교제에 대한 연구 1: 원조교제가 청소년에 미치는 영향, 한국청소년복지학회 춘계 학술대회 발표논문집.
조아미(2002). 청소년의 학교중퇴 의도 결정요인. 청소년학연구, 9(2), 1-22.
조찬식(2002). 인터넷중독에 관한 연구. 정보관리학회지, 19(3), 189-210.
주경란(2009).다문화가정의 자녀교육정책방향에 관한연구. 조선대학교 정책대학원 석사학위논문.
주영신(2007). 비행청소년의 중퇴경험에 대한 현상학적 연구. 청소년학연구, 15(1), 247-270.
주영아 · 정현희(2002). 복교생의 학교적응을 위한 사회적 유능성 증진 프로그램의 개발 및 효과 검증. 한국청소년상담원, p127-146.
천정웅(2013). 청소년복지론. 양서원.
천정웅 · 김삼화 · 남부현 · 도승자(2012). 다문화청소년활동론. 신정.
청소년폭력예방재단(2014). 학교폭력실태조사보고서.
최동선 · 이상준(2009). 학교중단 청소년을 위한 진로개발 지원 방안. 한국직업능력개발원.
최원기 · 김창남 · 전경숙 (2000). 청소년 문화감수성 함양을 위한 정책적 대안 연구. 한국청소년개발원 연구보고서, 3-224.
최윤진(2008). 청소년 호칭의 역사에 관한 연구, 청소년학연구 15(7), 369-386.
최충옥(2008). 선진국이민정책과 다문화교육의 동향 및 시사점: 경기도다문화교육센터. 제7회 경기다문화교육포럼자료집. 13-19. 경기도다문화교육센터.
최현미 · 이혜경 · 신은주 · 최승희 · 김연희 · 송성실(2008). 다문화가족복지론. 평택대학교 다문화센터편. 양서원.
통계청(2009). 자살통계자료.

______(2013). 자살통계자료.

______(2014). 2014년 청소년통계.

통계청 · 여성가족부(2014). 2014 청소년통계.

통일부(2015). 통일백서.

표갑수(1993). 중, 고등학생의 중퇴요인과 대책. 청소년학연구, 1(1), 127-147.

하상훈(2000). 청소년의 자살충동과 심리사회적 변인과의 관계. 인하대학교 대학원 박사학위논문.

______(2004). 청소년 자살과 정신건강. 삼성아동교육문화센터 자료실. http://www.samsungchild.org.

______(2005). 청소년 자살의 원인과 특성. 청소년 자살예방 교육전문가과정 자료집.

하지현(2015). 청소년을 위한 정신의학 에세이. 해냄.

한국아동청소년가족포럼(2010). 학업중단 아동과 청소년의 문제점과 해결방안. 정책토론회 자료.

한국양성평등교육진흥원(2012). 2012년도 생애주기별 양성평등의식교육 자료집.

한국자살예방협회(2012). 자살의 이해와 예방.

한국정보화진흥원(2009). 중학생 대상 인터넷중독 생애주기 상담프로그램(인터넷! 건강한 내 친구) 워크북.

______________(2009). 초등학교 고학년생 대상 인터넷중독 생애주기 상담프로그램(인터넷! 건강한 내 친구) 워크북.

______________(2011). 2011년 인터넷중독 실태조사 요약보고서.

______________(2012). 스마트 미디어 중독 개입 및 해소 전략방안 연구.

______________(2014). 인터넷중독 실태조사 최종보고서.

한국청소년개발원(1992). 지방자치제하 청소년 행정체계의 활성화 방안.

______________(2000). 청소년 문화감수성 함양을 위한 정책적 대안 연구.

한국청소년상담원(2005). 청소년의 자살: 예방과 상담. 청소년상담문제 연구보고서, 53.

______________(2007). 청소년자살예방체제 구축방안 연구. 청소년상담연구(총서), 1-307.

______________(2008). 청소년자살 예방프로그램 및 개입방안 개발. 한국청소년상담원.

______________(2009). 맞춤형 학습클리닉 프로그램 매뉴얼 개발.

한국청소년연구원(1993). 외국의 청소년복지정책연구.

한국청소년정책연구원(2011). 2011 한국청소년정책연구원-전북발전연구원 공동세미나 자료집.

__________________(2014). 청소년복지론. 교육과학사.

한나리(2009). 한국 대학생의 대인관계 유능성과 갈등 상황에서의 인지 및 행동 반응. 연세대학교 대학원 석사학위논문.

한상철(2009). 청소년학. 학지사.

한인영 · 박인선 · 백연옥(2001). 청소년 성행동 위험요인에 관한 연구. 소아청소년정신의학. 12(1), 138-148.

행정자치부(2014). 외국인주민통계.

홍경자(2009). 청소년집단상담의 운영(4장). 김창대 · 박경애 · 장미경(2009). 청소년집단상담. 한국청소년상담원.

홍경자 · 김태호 · 남상인 · 오익수(1996). 청소년집단상담. 청소년대화의광장.

홍봉선 · 남미애(2011). 청소년복지론. 공동체.

____________(2011). 청소년양육미혼모의 자녀양육과 자립을 위한 지역사회 지원체계구축방안. 청소년학연구, 18(9), 19-52.

홍봉선 · 남미애(2014). 청소년복지론. 공동체.

홍혜영(1995). 완벽주의 성향, 자기효능감, 우울과의 관계. 이화여자대학교 대학원 석사학위논문.

황보종우 역(2012). 자살론. 청아출판사.

황수민 · 이성애 · 한덕현(2013). 청소년 인터넷중독 임상집단에서 공병질환에 따른 심리적 특성: 우울, 충동성을 중심으로. 한국심리학회지 일반, 32(4), 992-993.

황순길 · 정현주 · 이은경 · 김범구 · 양대희(2011). 학업중단청소년 기숙형 대안캠프 프로그램 개발, 한국청소년상담원.

황정숙(1998). 중퇴경험생과 일반재학생의 자아정체감 및 성격특성 비교연구. 강원대학교 대학원 석사학위논문.

Angoff, W. H.(1971). *Norms, scales, and equivalent scores.* In R. L. Thorndike (Ed.). Educational measurement(2nd Ed.). Washington, D. C.: American Council on Education.

Arthur E. Jongsma, Jr., L. Mark Peterson., & William P. McInnis(1996). *The Child Psychotherapy Treatment Planner.* 아동 심리치료 치료계획서. 강위영 · 송영혜 역(2002). 시그마프레스.

Astone, N. M., & McLanahan, S. S.(1991). 'Family structure, parental practices and high school completion'. *American Sociological Review, 56*(3), 309-320.

Baechler, J.(1979). *Suicide*, NY: Basic books.

Bandura, A.(1969). Social learning theory of identificatory processes. In D.A.Goslin(Ed.), Handbook of socialization theory and research. Chicago: Rand McNally.

_________.(1997). *Self efficacy: The exercise of self control.* NY: W.H.Freeman.

Banks, J. A.(2008). *An introduction to multicultural education.* Boston, MA: Pearson Education Inc, Allyn & Bacon.

Baumeister, R. F.(1990). Suicide as escape from self. *Psychological Review, 97*, 90-113.

Beck, A. T.(1967). *Depression, Clinical, experimental and theoretical aspects.* NY: Hoebner Medical Devision, Harner & Row.

Beck, A. T. & Kovacs, M. & Weissman, A.(1979). Assessment of suicide intention: The scale for suicide ideation. *Journal of Consulting and Clinical Psychology, 47*(2), 343-352.

Benedict, R.(1938). Continuities and discontinuities in cultural conditioning. *Psychiatry, 1*, 161-167.

Bernstein, G(1991). Comorbidity and severity of anxiety and depressive disorders in a clinical sample. *Journal of American Academy of Child and Adolescent Psychiatry, 30*, 43-50.

Blanton, C.(1988). OSHA and the academic laboratory. *Professional Safety, 13*, 13-16.

Blos, P.(1962). *On Adolescent.* NY: Free Press

Buhrmester, D(1989). *Changes in friendship, interpersonal comepetence, and social adaptation during early adolescence.* Unpublished manuscript, Department of Psychology, UCLA, Los Angeles.

Chpple, C. L.(2005). Self control, peer relations, and delinquency. *Justice Quarterly, 22*(1), 89-106.

Conyne, R. K.(2004). *Prevention Counseling* 2nd Edition, Taylor & Francsis Books, Inc.

D'zurillar, R, J., & Goldfnied, M. R.(1971). Problem solving and behavior modification. *Journal of Abnormal Psychology, 78*, 107-126.

Domino, G.(1991). *Attitudes of high school students toward suicide.* 27-37. In A. A. Leeaars, & S. Wenckstern(Eds.). Suicide prevention in schools. NY: Hemisphere Publishing Corporation.

Dupper, D. R.(1993). Preventing School Dropouts; Guidelines for School Social Work Practice. *Social work in Eudcation, 87*(3), 141-149.

Durkheim, E.(1974). *Sociology and Philosophy*. Free Press.

__________.(1897). *Suicide*, NY: The Free Press.

Early, J.(2004). Interactive group therapy: Interacting, interpersonal, action-orientated, and psychodynamic approaches. (김창대 외 9인 역). 상호작용중심의 집단상담. 시그마프레스.

Erikson, E. H.(1963). *Childhood and Society.* NY: W.W. Norton.

__________.(1968). *Identity: Youth and crisis.* NY: W.W. Norton.

Farrington. D. P.(1993). Understanding and Preventing Bullying Understanding Preventing Bullying. *Crime and Justice, 17*, 381-458.

Folkman, S, & Lazarus, R.(1985). An analysis of coping in middle-aged community sample. *Journal of Health and Social Behavior, 21*, 219-239.

Frank, J. D., & Frank, J. B.(1991). *Persuasion and bealing* (3rd. Ed.). BaltimoreL Johns Hopkins

University Press.

Franklin, C.(1992). Family and individual patterns in a group of middle-Class dropout youths. *Social Work, 37*(4), 338-343.

Freud, A(1948). *The ego and mechanisms of defense*. NY: International Universities Press.

________(1958). Adolescence. In R. Eisser, A Freud, H. Hartman, & M. Kris(Eds.), *Psychoanalytic study of the child, 13*. NY: International Universities Press.

Friedberg, R. D., & McCure, J. M.(2009). Clinical Practice of cognitive therapy with children and adolescents. Guilford Press. 정현희 · 김미리혜 역. 아동과 청소년을 위한 심리치료. 시그마프레스.

Gilbert, N., & Specht, H. (1986). *Dimensions of Social Welfare Policy*(2nd ed.). Englewood Cliffs, NJ: Prentice-Hall.

Hall, G. S(1904). Adolescence: Its psychology and Its relations to physiology, anthropology, sociology, sex, crime, religion, and education. NY: D. Appleton & Company.

Hammond, C., Linton, D., Smink, J., & Drew, S.(2008). *Dropout Risk Factors and Exemplary Programs: a Technical Report*. National Dropout Prevention Center/Network.

Henggeler, S. W.(1982). The family ecological systems theory. In S. W. Henggeler(Ed.), *Delinqurency and adolescent psychopathology: A family-ecological systems approach*(pp.1-26), Littleton, MA: John Wright.

Hoghughi, M.(1992). *Assessing child and adolescent disorders:* A practice manual. London: Sage Publication.

Jancek, R.(1999). *High school drop out factors and effects:* An analysis of a small school in rural Illinois, ED, 435-521.

Johnson, F. N.(1984). *Psychiatric classification and diagnosis: Beyond DSM-IV*, IRCS Medical Science, 94, 94-83.

Kasen, S., Cohen, P. & Brook, J.(1998). Adolescent school experience and dropout, adolescent pregnancy, and young adult deviant behavior. *Journal of Adolescent Research, 13*, 49-72.

Kohlberg, l.(1969). Stage and sequence: The cognitive developmental approach to socoalization. In D.A.Goslin(Ed.), Handbook of socialization theory and research. Chicago: Rand McNally.

Krueger, R. A.(1998). *Analyzing and reporting focus group results*. Thousand Oaks, CA: Sage.

Kushman, J. W., & Heariold-Kinney P.(1996). *Undersanding and Preventing School Dropout*, In D. Capuezi and D.R.Gross (Eds.) Youth at Risk. Alexandria:American Counseling Association.

Lever, N., Sander, M. A., Lombardo, S., Randall, C., Axelrod, J., Rubenstein, M., & Weist, M. D.

(2004). Adrop-out prevention program for high-risk inner-city youth. *Behavior Modification*, 513-527.

Maccoby, E, & Martin, j.(1983). Socoalization in the context of the family: Parent-child interaction. In E. M. Hetherington(Ed.), Handbook of child psychology: *Socialization, personlity, and sox-ial development, 4*, 1-101. NY: Wiley.

Marcia, J.(1966). Development and validation of ego identity status. *Journal of Personality and Social Psychology, 3*, 551-558.

Marin, P.(1995). Using open-ended interviews to determine why Puerto Rican students drop out of school. *Journal of Multicultural Counseling & Development, 23*, 158-170.

Mead, M.(1950). *Coming of age in Samoa*. NY: Morrow.

________(1953). *Growing up in New Guinea*. NY: Mentor Books.

Mench, B. S, & Kandel, D. B.(1988). Dropping out of high school and drug involvement. *Sociology of education, 61*, 95-113.

Menniner, K.(1996). *Man against himself.* NY: Harcourt, Brace, & World.

Muha, D. G., & Cole, C.(1991). *Dropout prevention and group counseling.* San Francisco: Jossey-Bass.

Nedelsky, L.(1954). Absolute grading standards for objective test. *Educational and Psychological Measurement, 14*, 3-19.

Oliver, W.(1994). *Violent social world of black men*. NY: Lexingt on books.

Olweus, D.(1978). Aggression in the schools: Bullies and whipping boys. Oxford: Hemispjere.

_________(1994). Annotation: bullying at school. *Journal of child Psychology and Psychiatry, 35*, 1171-1190.

_________(1997). Bully/victim problems in school: Knowledge base and an effective intervention program. *The Irish Journal of Psychology, 18*(2), 170-190.

Peraita, C. & Pastor(2000). The Primary School Dropout in Spain: The Influence of Family Background and Labor Market Conditions. *Education Economics, 8*, 157-169.

Piaget, J.(1952). *The origins of intelligence in children(M. Cook Trans.).* NY: International Press.

Price, R.(1974). Etionlogy, the social environment, and the prevention of psychological dysfuntion. In P. Insel & R. Moos(Eds.), Health and the social environment. Lexington, MA: Health.

Quay, H. C., & Werry, J. S.(1986). *Psychopathological disorders of childhood.* New York:John Wiley & Sons, Inc.

Reiss, I. L.(1960). Premarital sexual standards in America NY: The Free Press.

Ross, J. G., Saavedra, P. J., Shur, G. H., Winters, F., & Felner, R. D. (1992). The effectiveness of an after-school program for primary grade latchkey students on precursors of substance abuse. *Journal of Community Psychology. (OSAP Special Issue)*, 22–8.

Rumberger, R. W. (1983). Dropping out of high school: The influence of race, sex, and family background. *American Educational Research Journal, 20*, 199-220.

Scheel, M. J., Madabhushi, S., & Backhaus, A.(2009). The academic motivation of at-risk students in a counseling prevention program, *The Counseling Psychologist, 37*(8), 1147-1178.

Smink, J. & Reimer, M.(2005). *Fifteen Effective Strategies for Improving Student Attendance and Truancy Prevention*, National Dropout Prevention Center/Network, Clemson U., Clemson, SC. US

Steinberg, l.(1991)."Schools, children's mental health, and the advocacy challenge". *Journal of Clinical Child Psychology, 20*(1), 102-111

Suet-Ling Pong, & Dong-Beom Ju(2000). The effects of Change in Family structure and Income on Dropout of Middle and High School. *Journal of Family Issues, 21*(2), 141-169.

Sullivan, H. S.(1953). *The interpersonal theory of psychiatry*. NY: Norton.

Swaim, R. C., Beauvais, F., Chavez, E. L., & Oetting, E. R.(1997). The Effect of School Dropout rates on estimates of Adolescent Substence use among three Racial/Ethnic Groups. *American Journal of Public Health, 87*(1), 51-55.

UN보고서(2013).

Wilson, S. D., Tanner-Smith, E. E., Lipsey, M. W., Steinka-Fry, K., & Morrison, J.(2011). Dropout prevention and intervention programs: Effects on school completion and dropout among school-aged children and youth. *Campbell Systematic Reviews, 8*.

http://www.law.go.kr

http://blog.naver.com/besterik/220026058210

https://www.kyci.or.kr/specialserv/specialserv05_2.asp

경찰청 홈페이지. http://www.safe182.go.kr

한국청소년성문화센터협의회 홈페이지.

CBS(2012). 2012. 2. 25일자 기사.

한국일보(2012). 2012. 3. 21일자 기사.

해럴드생생뉴스(2011). 2011. 4. 25일자 기사.

저자소개

백 사 인

현) 전남청소년미래재단 전라남도청소년상담복지센터 상담 · 복지지원팀장

전) 전남청소년상담지원센터 사무국장, 전라남도청소년성문화센터장, 전남대학교, 순천대학교, 목포대학교, 동신대학교, 초당대학교 외래교수

배 양 자

현) 동신대학교 사회복지학과 교수

전) 전라남도 보건복지여성국장

박 병 훈

현) 광주광역시 청소년상담복지센터 센터장, 조선대학교 상담심리학과 겸임교수

전) 한국청소년상담지원센터 협의회장

염 영 미

현) 우리아동상담센터장

전) 전라남도청소년상담복지센터 상담원

여수시청소년상담복지센터 상담원

숙명여자대학교, 전남대학교, 순천대학교 외래교수

청소년상담사 1급

청소년복지론

초판 1쇄 인쇄 2015년 10월 21일
초판 1쇄 발행 2015년 10월 28일

지은이 | 백사인 · 배양자 · 박병훈 · 염영미
펴낸이 | 김기섭
편집인 | 추윤정
펴낸곳 | 창지사 www.changjisa.com
153-802 서울시 금천구 가산디지털 1로 83 파트너스타워 1차 (9F, B1F)
전화 (02) 719-2211~3
팩스 (02) 701-9386
등 록 | 1977년 4월 28일 · 제1-421호

ISBN 978-89-426-2302-0 (93330)

값 20,000원

이 도서의 국립중앙도서관 출판예정도서목록(CIP)은 서지정보유통지원시스템 홈페이지(http://seoji.nl.go.kr)와 국가자료공동목록시스템(http://www.nl.go.kr/kolisnet)에서 이용하실 수 있습니다.(CIP제어번호: CIP2015029094)